高等继续教育财经类专业精品系列教材

U0656889

GUOJI MAOYI

国际贸易

王培志　主编

东北财经大学出版社　大连
Dongbei University of Finance & Economics Press

图书在版编目（CIP）数据

国际贸易 / 王培志主编. —大连：东北财经大学出版社，2025.2
（高等继续教育财经类专业精品系列教材）. —ISBN 978-7-5654-
5528-5

Ⅰ. F74

中国国家版本馆CIP数据核字第20251SG979号

东北财经大学出版社出版

（大连市黑石礁尖山街217号　邮政编码　116025）

网　　　址：http://www.dufep.cn

读者信箱：dufep@dufe.edu.cn

大连图腾彩色印刷有限公司印刷　东北财经大学出版社发行

幅面尺寸：185mm×260mm　　　字数：436千字　　　印张：18.75

2025年2月第1版　　　　　　　　2025年2月第1次印刷

责任编辑：张晓鹏　　　　　　　　责任校对：赵　楠

封面设计：原　皓　　　　　　　　版式设计：原　皓

定价：37.00元

教学支持　售后服务　　联系电话：（0411）84710309

版权所有　侵权必究　　举报电话：（0411）84710523

如有印装质量问题，请联系营销部：（0411）84710711

前　言

以习近平同志为核心的党中央坚定不移地实施科教兴国战略和人才强国战略，党的二十大报告对"办好人民满意的教育"做出部署，为我们在新时代、新征程中推动继续教育改革发展，提供了根本遵循。

为积极落实《教育部关于推进新时代普通高等学校学历继续教育改革的实施意见》，推动高等学历继续教育提质增效、内涵式发展，山东财经大学组织相关专家和一线教师，编写了这套高等继续教育财经类专业精品系列教材。

该系列教材的编写，依托学校雄厚的学科实力，紧密结合高等学历继续教育教学工作实际，突出优势，深入开展教学研究，不断凝练教育改革经验，及时进行内容更新，努力将教学成果固化到系列教材中，将站在学科前沿的新技术、新理论补充到教材中，将思政元素和创新元素融入教材中，较好地实现了教材系统性和科学性、创新性和实践性的有机结合。

该系列教材注重适应财经类专业教学改革和发展趋势，针对高等学历继续教育的特质，在内容上紧扣财经类专业课程设置和教学大纲，科学、系统地阐述财经类专业教学的基本内容，并以此为基础，建设完成了覆盖所有开设专业的线上课程，适用于经济、管理学科，尤其是经济学、会计学、金融学和工商管理等专业高等学历继续教育的教学，对指导和帮助学生获取专业基础知识和基本技能具有较强的针对性。该系列教材在提升高等学历继续教育财经类专业人才培养质量方面发挥着基础性作用，在使用范围和地域上，具有广泛的适应性。

在全球化浪潮汹涌澎湃、世界经济联系日趋紧密的当今时代，国际贸易已然成为驱动全球经济发展的核心引擎之一。其规模的持续扩张、交易模式的日益多元以及对各国经济影响力的不断深化，都使得深入探究国际贸易的运行机制、理论体系、政策导向以及发展脉络成为财经专业师生学习与研究的关键领域。在此背景下，编者参阅国内外相关教材并结合自身在这一领域多年的教学与研究经验，精准定位国际贸易的运行机制这一核心要素，以一种更加全面、深入且系统的方式，对国际贸易的理论根基、政策架构以及第二次世界大战（以下简称"二战"）后的发展轨迹展开了详尽的解析与阐释，从而完成了本书。全书共分为三个重要部分：

第一部分是国际贸易理论部分，不仅对亚当·斯密的绝对优势理论、大卫·李嘉图的比较优势理论等传统的国际贸易理论进行了细致入微的阐释，使学生能够深入理解国际贸易产生的根源与基础逻辑，还对二战后蓬勃发展的诸如产业内贸易理论、新贸易理论等各种贸易理论流派进行了介绍，让学生能够紧跟国际贸易理论发展的前沿步伐，了解不同理论视角下国际贸易的内在规律与特点。

第二部分聚焦国际贸易政策部分，详细介绍了关税、配额、补贴等各种贸易政策措施，通过对这些政策措施的深入分析，学生能够清晰地了解到各国政府是如何运用政策工具来干预和调节国际贸易的。同时，还深入探讨了发展中国家和发达国家在不同历史时期、不同经济发展阶段所采取的贸易政策及其背后的战略考量与经济逻辑，有助于学生从宏观层面把握国际贸易政策的多样性与动态性。

第三部分着重探讨国际贸易问题，涵盖商品贸易和服务贸易这两大核心领域，深入分析了商品贸易的结构、流向、市场竞争格局以及服务贸易的兴起、发展特点、主要模式等内容。此外，对地区经济一体化问题也进行了深度探究，包括欧盟、北美自由贸易区等典型区域经济一体化组织的形成、发展历程、运作机制及其对全球贸易格局产生的深远影响等，使学生能够全面认识国际贸易在不同层面和领域所呈现出的复杂问题与发展趋势。

本书每章最后附有本章小结（以二维码的形式呈现）和复习思考题，学生可以扫码回顾本章重点并通过复习思考题更好地掌握所学内容，期望通过系统的教与学，让学生在扎实地了解并掌握国际贸易理论知识的基础上，能够借助丰富的案例分析、实践讨论等教学环节，更好地培养自身的实践能力，为其将来在国际贸易相关领域就业或深入研究奠定坚实而全面的基础。

本书由山东财经大学王培志教授负责框架搭建并担任主编，参加本教材编写的还有：山东财经大学刘鲁浩（前言、第1章）、刘宁（第2、3章）、刘来会（第4、11章）、王磊（第5、6章）、刘晶（第7、8章）、刘雯雯（第9、10章）、张照玉（第12章），以及山东政法学院董晓旭（第13、14章）。全书最后由王培志教授总纂定稿。

本书在编写过程中参阅了大量的著作和文献，并得到了同仁的大力支持，谨此说明并致以诚挚的谢意！

国际贸易是一门理论性和政策性非常强的课程，又与实际应用紧密结合。由于编者水平有限，书中难免存在疏漏之处，敬请广大读者批评指正。

编　者
2024年11月

目　录

第1章

导论

学习目标

知识目标：

1.熟练掌握国际贸易所涉及的基本概念，包括对外贸易额、对外贸易值、贸易依存度、对外贸易条件；

2.理解生产可能性曲线、机会成本、消费者偏好与社会无差异曲线等微观工具的内涵。

能力目标：

1.能够结合数据围绕国际贸易相关概念、相关分类等阐释国际贸易的现实表现；

2.能够熟练应用生产可能性曲线、机会成本、消费者偏好与社会无差异曲线等工具分析现实世界中的贸易现象和问题，提高分析能力。

素养目标：

1.能够通过对国际贸易相关概念及数据表现的理解，扩展学生的全球视野，并提升从国际贸易表面现象挖掘贸易本质的能力；

2.通过熟练应用国际贸易微观分析工具，培养学生科学严谨的研究态度，提升其独立解决现实问题的能力。

引导案例

2001年12月11日，中国正式加入世界贸易组织，自此之后中国对外贸易快速发展，并成长为世界第一大货物贸易国。

（1）中国货物贸易快速扩张，贸易总量和顺差规模都成为世界第一。2002—2020年，中国的货物贸易年均出口增速是13.67%，年均进口增速是13.01%。在此阶段，世界货物贸易的年均增速是6.38%。其结果是，中国在2009年成为世界第一大货物出口国，在2013年成为世界第一大货物贸易国。加入世贸组织后，中国的外贸一直保持顺差态势。虽然外贸顺差占GDP的比重在稳步下降，但是外贸顺差规模一直居于世界前列。2001年，货物贸易顺差规模是225.45亿美元，2020年已达到5 239.9亿美元，扩大22倍多。

（2）加工贸易地位从原来的"半壁江山"下降到现在的略微超过1/4的比重。2001年，加工出口在中国货物总出口中的比重是55.45%。2002—2007年，加工出口的平均比重是53.07%。可以说，加工贸易是中国外贸的"半壁江山"。但是，从2009年开始，加工贸易的比重持续下降。2020年，加工出口占货物总出口的比重仅为27.14%。与此同时，一般贸易在中国外贸中的比重持续上升。

（3）货物贸易伙伴从依赖美欧日到国际市场的多元化。中国在刚加入世贸组织时，对美欧日市场的依赖很大。2002年，中国与美欧日三大市场的贸易占中国外贸的比重为46.05%。其原因在于，中国货物出口激增，能消费中国出口产品的市场只能是具有更高消费能力的发达经济体。除能源外，能够满足中国进口需求的市场也只能是具有更高生产能力的发达经济体。2013年，习近平主席提出"一带一路"倡议，中国与"一带一路"共建国家的外贸比重开始上升，外贸伙伴逐渐多元化。很典型的表现是，中国与海上丝绸之路的东盟外贸关系增强。东盟现已成为中国第一大贸易伙伴。中国与东盟的货物贸易额占中国外贸总额的比重从2002年的8.82%上升到2020年的14.70%。与此同时，中国与美欧日的货物贸易额占比下降到33.37%，与2002年相比下降12.68个百分点。

20世纪70年代以来，以国家为主体的国际贸易活动日益频繁，所涉及的范围也越来越广泛。国际贸易使各国经济之间的相互依赖程度不断增强。当今世界，没有哪一个国家能在经济上孤立存在。

生活中我们也能真切地感受到这一点。比如，当我们购买一辆法拉利轿车、一部苹果手机、一瓶XO、一件意大利名牌时装、一块劳力士手表等，显然我们买的是外国货。其实更多的时候我们并没有意识到，我们所使用的产品的零部件是国外生产的。如电脑芯片、显示器、内存条、衣服面料等很多都来自国外，不过，许多产品我们现在很难分清是进口还是国产（生产国际化）的。

像所有其他经济学的分支一样，国际贸易学也研究如何利用资源来实现意图中的经济目标，研究国际上的交易如何影响一国的社会福利、收入分配、就业和经济增长。例如，在国际贸易学的学习过程中我们会问：为什么会产生国际贸易？贸易双方如何从中受益及如何分配？为什么要实行贸易保护主义？为什么又要主张全球经济一体化和贸易自由化？为什么中国要加入WTO？生产要素在全球范围内的自由流动会对相关国家产生哪些影响？为什么一些新兴工业化国家实施出口导向战略并取得了初步的成功？

学习国际贸易学虽然不能确保所有的国际贸易问题都能找到正确答案，但有助于你掌握和理解国际贸易问题的工具和框架，并为你提供判断的依据。

本章重点介绍国际贸易的基本概念，通过本章的学习，学生应对国际贸易学科有总体上的把握，对国际贸易学的研究对象、任务以及与贸易有关的基本概念有一个明确的了解，为以后各章的学习打下基础。

1.1 国际贸易的研究对象

随着经济全球化的发展，世界各国在经济上的相互联系、相互作用、相互依赖日益增强。这种相互联系、相互作用、相互依赖主要表现为国际贸易、国际金融和国际投资，其中国际贸易是最基本的表现形式。国际贸易包括理论、政策和实务等内容。在具体阐述这三部分内容之前，我们首先需要对国际贸易学的研究对象有一个了解，并掌握国际贸易的定义、特点、类型及国际贸易中的一些基本概念。

国际贸易学是研究国际商品交换关系及其运动规律的一门学科。商品交换包括有形商品和无形商品的交换活动，即包括商品贸易、服务贸易和技术贸易等方面的交换关系和运动规律。

随着经济的发展和科技的进步，以及信息化时代的到来，服务贸易在国际贸易中所占的比重越来越高。我们一般把国家间有形商品的交换称为狭义的国际贸易，把包括全部有形商品和无形商品（服务）在内的国际交换称为广义的国际贸易。随着国际贸易实践的发展，国际贸易学的研究对象已从狭义的国际贸易向广义的国际贸易延伸。

1.1.1 研究国际贸易的历史沿革与发展

14—15世纪，西欧出现了萌芽状态的资本主义生产，意大利北部的威尼斯、热那亚等城市以及波罗的海和北海沿岸的诸多城市都已成为欧洲的贸易中心。到15世纪末16世纪初，随着资本主义生产关系的发展和"地理大发现"，欧洲贸易中心由地中海区域扩展到大西洋沿岸，逐渐形成区域性的国际商品市场。18世纪50年代后的100年内，西方主要资本主义国家相继完成产业革命，机器大工业替代工厂手工业，相应形成了以主要资本主义国家为中心的国际分工体系，并推动了国际贸易的发展；在19世纪的前70年中，世界贸易额增长了6倍多。二战后，在第三次科技革命（信息革命）的影响下，在资本输出迅速增长和贸易自由化的作用下，国际贸易更加迅猛增长，世界货物出口额由1970年的607亿美元跃升到2006年的121 200亿美元，贸易增长速度甚至超过了世界生产的增长速度。2007年以后，受金融危机和欧债危机的影响，世界贸易增长缓慢，2009年世界货物出口额为125 420亿美元，与2006年水平相当。随着危机的缓和，世界经济逐渐恢复，2010年世界货物出口额为143 580亿美元，超过金融危机前的水平。2018年由于美国对中国加征关税以及2020年开始的新冠肺炎疫情，国际贸易又遭受重创。自2020年以来，世界经济一直处于恢复期。

1.1.2 研究国际贸易理论与学说

国际贸易理论试图对贸易为何会发生（贸易基础），如何进行（贸易模式），对生产、消费、福利的影响（贸易结果）等诸多问题做出理论解释。

以亚当·斯密在《国富论》中首次提出的绝对优势理论为开端，200多年来，国际贸易理论也不断发展，可分为三个基本阶段：

第一阶段从18世纪末到19世纪末，为古典国际贸易理论时期，主要包括亚当·斯密的绝对优势理论和大卫·李嘉图的比较优势理论，以及穆勒的相互需求理论等。

第二阶段从19世纪末20世纪初到20世纪40年代，为新古典国际贸易理论时期，主要是赫克歇尔-俄林提出的要素禀赋理论。

第三阶段从20世纪50年代至今，为现代国际贸易理论时期。众多经济学家从国际贸易的新趋势角度出发，对传统的国际贸易理论进行了继承和发展，极大地拓宽了国际贸易理论的范围和视野。其中最著名的包括保罗·克鲁格曼的规模经济理论、弗农的产品生命周期理论、林德的重叠需求理论等。20世纪90年代以来，以异质企业模型和企业内生边界模型为代表的新新贸易理论，打破了以往贸易理论关于企业同质性的假定，把国际贸易建立在异质性企业这一微观经济主体的基础之上，对当今国际贸易成因、结构和模式进行了具有相当说服力的全新解读。

1.1.3 研究国际贸易政策

国际贸易的发展史也是一部各国制定有利于本国的贸易政策和措施的发展史。研究国际贸易政策主要研究各国贸易政策根源、种类和演变过程，及其对国际与国内经济利益的影响。

在资本主义原始积累初期，重商主义认为国际贸易是一场零和博弈（Zero-Sum Game），即一国的贸易所得建立在另一国的贸易损失基础之上，因而主张尽可能地获得贸易盈余，采取"奖出限入"的保护贸易政策。

资本主义进入自由竞争时期后，鼓吹"自由放任"的经济哲学认为国际贸易是一场双方互惠的"正和博弈"（Positive-Sum Game）。英、法等资本主义国家以自由贸易政策为主，但美、德等国家为保护民族工业也辅以保护贸易政策。

资本主义发展进入垄断时期后，经济危机频繁爆发。为转嫁危机，占领国外市场，加强垄断地位，主要资本主义国家纷纷实行"以邻为壑"的超保护贸易政策，结果使世界贸易量大大萎缩。二战后，各国都意识到贸易自由化的重要性，所以普遍实行了自由贸易政策，极大地促进了国际贸易的发展。但20世纪70年代中期以来，随着西方发达国家纷纷陷入"滞胀"危机，贸易保护主义又有所回潮。

贸易政策发展到今天，其种类可谓多种多样，既有关税壁垒，包括传统关税壁垒及新型碳关税壁垒等，也有日渐翻新、名目繁多的非关税壁垒，如配额、自动出口限制、歧视性政府采购政策、苛刻的技术标准和卫生检疫规定等。

1.2 国际贸易的概念

1.2.1 国际贸易的定义

国际贸易是人类社会发展到一定历史阶段的产物，是指世界各国（或地区）之间进行的商品交换。它既包括有形商品（实物商品）交换，也包括无形商品（劳务、技术、教育、咨询等）交换；既包括本国与他国之间的交换，也包括其他国家之间的交换。

1.2.2 国际贸易的相关概念

（1）国际贸易与对外贸易。世界各国（或地区）间的交换活动，从一个国家（或地区）的角度看，称为该国（或地区）的对外贸易（Foreign Trade）；从世界范围看，世界各国（或地区）对外贸易的总和构成了国际贸易，也称世界贸易（World Trade）。对外贸易与国际贸易都是指越过国界所进行的商品交换活动。在这一点上，两者是一致的。它们的区别在于，前者是着眼于某个国家，即一个国家（或地区）与其他国家（或地区）之间的商品交换；而后者着眼于世界范围，即世界上所有国家（或地区）之间的商品交换。

对外贸易亦称"国外贸易"或"进出口贸易"，是指一个国家（地区）与另一个国家（地区）之间的商品和劳务的交换。这种贸易由进口和出口两部分组成。对运进商品或劳务的国家（地区）来说，就是进口；对运出商品或劳务的国家（地区）来说，就是出口。

国际贸易泛指国际上商品和劳务的交换。它由各国（或地区）的对外贸易构成，是世界各国对外贸易的总和。

（2）对外贸易值（额）与对外贸易量。

第一，对外贸易值（Value of Foreign Trade）。它是以货币表示的贸易金额，因此也叫对外贸易额，是反映一个国家（或地区）对外贸易规模的重要指标。一定时期内一国从国外进口的商品的全部价值，称为进口贸易总额或进口总额；一定时期内一国向国外出口的商品的全部价值，称为出口贸易总额或出口总额。两者相加为进出口贸易总额或进出口总额，一般用本国货币表示，也有用国际上习惯使用的货币表示的，如美元、欧元、日元。联合国编制和发布的世界各国对外贸易值的统计资料，是以美元表示的。对外贸易额可分为对外货物贸易额和对外服务贸易额，而对外直接投资额单独统计和公布。

把世界上所有国家的进口总额或出口总额用同一种货币换算后加在一起，即得世界进口总额或世界出口总额。从国际贸易的角度看，一国的出口就是另一国的进口，如果把各国的进出口值相加作为国际贸易总值，就出现了重复计算。因此，国际贸易值（额）是指一定时期内所有国家和地区的出口总值（额）之和（按同一种货币单位换算后相加）或者是进口总值（额）之和。由于各国一般都是按离岸价格（FOB，即启运港船上交货价，只计成本，不包括运费和保险费）计算出口额，按到岸价格（CIF，即成本、保险费加运费）计算进口额，因此世界出口总额略小于世界进口总额。

第二，对外贸易量（Quantum of Foreign Trade）。它是指一个国家（或地区）在一定时期内（一年、一季或一月）进口商品和出口商品数量的总和。它是反映一个国家（或地区）对外贸易实际规模的重要指标。

对外贸易量与对外贸易额都可以反映一国某一时期对外贸易情况的变化。由于贸易额中未剔除价格和汇率变动因素，因此，对外贸易额不能确切地反映一国对外贸易的实际变化情况。而对外贸易量则剔除了价格和汇率变动因素，因而用贸易量来反映一国（或地区）一个时期的对外贸易发展变化情况，比较接近实际。但由于进出口商品的品种繁多，各类商品的实物计量单位各异，不同种类的计量单位不能相加，因此，人们在计算某国在某个时期的对外贸易量时，一般是从对外贸易额中剔除进出口商品价格变动和所用货币汇率变动的因素，计算出对外贸易量的近似值，用此近似值来反映对外贸易量的实际变化。

具体计算方法是用以固定年份为基期而确定的出口或进口价格指数去除当期的出口或进口总额，得到的是相当于按不变价格计算的出口额或进口额，就是当期的出口贸易量或进口贸易量，两者之和就是对外贸易量。

如果用以固定年份为基期的贸易量指数同各个时期的贸易量指数相比较，就可以得出准确反映贸易实际规模变动的贸易量指数。大多数西方工业国家和联合国每年都编制和发布进口量或出口量指数。

（3）对外贸易差额（Balance of Foreign Trade）。它是一国在一定时期内（如一年、半年、一季、一月）出口总值与进口总值之间的差额。当出口总值与进口总值相等时，称为"贸易平衡"；当出口总值大于进口总值时，出现贸易盈余，称"贸易顺差"或"出超"；当进口总值大于出口总值时，出现贸易赤字，称"贸易逆差"或"入超"。通常，贸易顺差以正数表示，贸易逆差以负数表示。

贸易差额是衡量一国对外贸易状况的重要指标。一般来说，贸易顺差表明一国在对外贸易收支上处于有利地位，贸易逆差则表明一国在对外贸易收支上处于不利地位。因此各国都希望有贸易顺差，以增强本国的对外支付能力，稳定和提高本国货币对外币的比值，并将其视为经济成功的标志。单纯从国际收支的角度来看，当然顺差比逆差好，但是长期保持顺差也不一定是件好事。顺差过多会使资金大量积压，同时，巨额顺差还会使本国货币升值，不利于扩大出口，并且会造成同其他国家的贸易关系紧张。

有贸易逆差也并不一定是坏事，应分析造成逆差的原因。如果贸易逆差是由进口大量奢侈品等造成的，这种逆差对一国的经济发展来说是不利的；但如果逆差是由进口机器设备和技术等造成的，是为了扩大再生产，这种逆差对经济发展来说不是坏事。

（4）贸易条件（Terms of Trade）。它又称交换比价或贸易比价，即出口价格与进口价格之间的比率，是一个国家以出口交换进口的条件。

贸易条件有两种表示方法：一是用物物交换表示，即用实物形态来表示的贸易交换条件，它不涉及货币因素和物价水平的变动。当出口产品能交换到更多的进口产品时，贸易条件就改善了；反之，则贸易条件恶化了。

另一种是用价格来表示的贸易条件，即一国所有出口商品的价格与所有进口商品的价格的比率。由于现实中参与国际交换的商品很多，而且价格水平也在不断变化，因此这种贸易条件通常用出口商品价格指数与进口商品价格指数之比（即商品贸易条件指数，表示一国每出口一个单位商品可以获得多少单位的进口商品）来表示。

如果 P_x=出口商品价格指数，P_m=进口商品价格指数，T=商品贸易条件指数，则有：

$$T=（P_x/P_m）×100$$

如果商品贸易条件指数大于100，表明同等量的出口商品换回了比基期更多的商品，贸易条件得到了改善；如果商品贸易条件指数小于100，则表明贸易条件恶化。可见，贸易条件的实质是国际贸易利益的分割问题。

例如，假定2014年为基准年份，某国进出口价格指数均为100，商品贸易条件指数也是100。2024年年底该国出口价格指数下降了5%，为95；进口价格指数上升了10%，为110。则这个国家的贸易条件指数为：

T=（95/110）×100=86.36

这就意味着商品贸易条件指数从2014年的100下降到了2024年的86.36，下降了13.64，贸易条件恶化了。

（5）对外贸易的商品结构（Composition of Foreign Trade）。它是指一定时期内一国进出口贸易中各种商品的构成，即某大类或某种商品的进出口贸易额与整个进出口贸易额之比，以份额表示。

国际贸易的商品结构是指在一定时期内，各类商品或某种商品在整个国际贸易总额中所占的比重，即各大类商品或某种商品贸易额与整个世界出口贸易额相比所占的份额。国际贸易商品一般分为初级产品和工业制成品两大类。初级产品指未经加工或只有简单加工的农、林、牧、渔、矿产品；工业制成品是指经过机器完全加工的产品。

为便于分析比较，世界各国和联合国均以联合国《国际贸易标准分类》（SITC）公布的国际贸易和对外贸易商品结构为依据。

一国出口商品的构成取决于它的国民经济状况、自然资源状况以及对外经济政策等因素。一国出口制成品所占比重越大，该国的生产水平越高，在国际分工中越占有更大优势。

发展中国家主要出口初级产品和进口制成品，发达国家主要出口制成品和进口初级产品。

（6）对外贸易的地理方向（Direction of Foreign Trade）。它也叫对外贸易地理分布或国别构成，指一定时期内各个国家或地区在一国对外贸易中所占有的地位，一般以这些国家或地区在该国进口额、出口额或进出口总额中的比重来表示。对外贸易的地理方向指明一国出口货物和服务的去向及进口货物和服务的来源，从而反映一国与其他国家或地区之间经济贸易联系的程度。一国的对外贸易地理方向通常受经济互补性、国际分工的形式与贸易政策的影响。

国际贸易地理方向亦称"国际贸易地区分布"（International Trade by Region），用以表明一定时期世界各大洲、各国或各个地区在国际贸易中所占的地位。考察各国在国际贸易中的比重，既可以考察各国的进出口额在世界进出口总额中的比重，也可以考察各国的进出口总额在国际贸易总额（世界进出口总额）中的比重。

考察和研究不同时期的国际贸易地理方向，对我们掌握市场行情的变化、认识世界各国间的经济交换关系及密切程度、开拓新的国外市场，均有重要的意义。

（7）对外贸易依存度（Foreign Trade for Existence Degrees）。它是指一国进出口总额与其国内生产总值之比，又叫对外贸易依存率或外贸系数，反映一国对外贸易的依赖程度。对外贸易依存度分为出口依存度和进口依存度，分别指一国出口总额、进口总额与其国内生产总值之比。比重的变化意味着对外贸易在国民经济中所处地位的变化。对外贸易依存度的计算公式为：

对外贸易依存度=（进出口总额/GDP）×100%

对外贸易进口依存度=（进口额/GDP）×100%

对外贸易出口依存度=（出口额/GDP）×100%

对外贸易依存度是衡量一个国家对外开放程度的重要指标之一，它反映了一个国家参与国际分工和国际经济合作的程度。

随着经济全球化的发展，全世界平均外贸依存度不断提高。20世纪80年代至2020年间，全世界平均外贸依存度自30%左右上升到近50%。受中美贸易摩擦以及新冠肺炎疫情的影响，近年来世界经济增长乏力、外部需求不振，世界范围内的国际贸易呈现出放缓态势，外贸依存度也在不断下降，2021年世界平均外贸依存度为29%，2022年回升到31.6%，2023年又下降到29%，与历史最高点差距较大。

1.3 国际贸易理论的微观基础

1.3.1 国际贸易研究方法的特点

国际贸易理论在研究方法上主要借助微观经济的分析工具。有所不同的是，微观经济学通常以单个消费者和厂商为基本单位，研究个体之间的经济关系，经济行为主体背后政治、文化背景的差异，而国际贸易则涉及国家的界限，所以，经济学家在研究国际贸易时，都是以国家为单位，既考虑个体的行为，又考虑国家（或政府）的行为。概括起来，国际贸易理论在研究方法上，具有以下几个基本特征：

（1）国际贸易理论分析不涉及货币因素，不考虑各国货币制度的差异与关系的影响，即在分析时假定这是一个物物交换的世界。因此，国际贸易理论分析实际上是一种实物分析（Real Analysis[①]）。至于货币因素的影响，则在国际金融理论部分专门探讨。这种分析方法与微观经济学的分析方法是一致的，都基于一个假设：经济行为主体的决策取决于相对价格，将经济行为主体排除在"货币幻觉"（Money Illusion）之外，因为如果两种商品的货币价格同比例变化，则相对价格并不改变，因此相对价格表达的是一种纯粹的物物交换关系，与货币因素无关。这里，经济行为主体的行为只取决于相对价格，而与名义价格无关。

（2）在分析框架上，绝大多数贸易理论模型都假定世界上只有两个国家、两种商品（或部门）以及生产要素不超过两个，即2×2×2模型。

（3）国际贸易理论多采用一般均衡分析方法。这是因为，研究国际贸易必然会涉及不同国家的价格体系，所以一般均衡分析方法是必需的。

（4）大多数国际贸易理论都建立在一种静态或比较静态的分析框架上，很少考虑时间因素。

1.3.2 主要分析工具

人们从事国际贸易的动机，与其从事国内贸易的动机一样，都是为了自身利益的改

[①] 新古典经济学对物物交换经济学（Barter Economy）中所谓"实物分析"的特别偏好是熊彼特一个经常性的话题："进行实物分析有个原则，即经济生活中的所有基本现象都能够以货物和劳务、以货物和劳务的相关决策或是相互关系的形式来描述。"

善。具体地说，就是消费者追求个人效用的最大化，厂商追求利润最大化。因此，微观经济学中的消费者行为理论和厂商理论，也适用于分析国际贸易的相关问题。

1）生产可能性曲线（Production Possibility Curve）

资源的稀缺性决定了在一定社会的一定时期内，可以利用的资源是有限的，从而可以生产的产品数量也是有限的。生产可能性是指在一定的技术条件下，一国的全部资源所能生产的各种物品或劳务的最大量。

生产可能性曲线主要用来考察一个国家应该怎样分配其相对稀缺的生产资源问题。我们知道，一国可利用的资源，按用途来说，主要用来生产资本品和消费品。由于资源总量是一定的，因此，要多生产消费品就必须减少资本品的产量。那么，一个国家如何兼顾目前利益和长远利益，把有限的资本分配用于消费品和资本品的生产，是经济学必须要回答的一个重要问题。这个问题可以用生产可能性曲线来解释。

假定一国现有资源用来生产两种产品：X（消费品）和Y（资本品）。如果全部用来生产X产品，可生产OD单位；如果全部用来生产Y产品，可生产OA单位；如果同时用来生产X和Y两种产品，则可能有各种不同的X与Y的产量组合。将X和Y各种不同的产量组合描绘在坐标图上，便可得出生产可能性曲线，如图1-1所示。

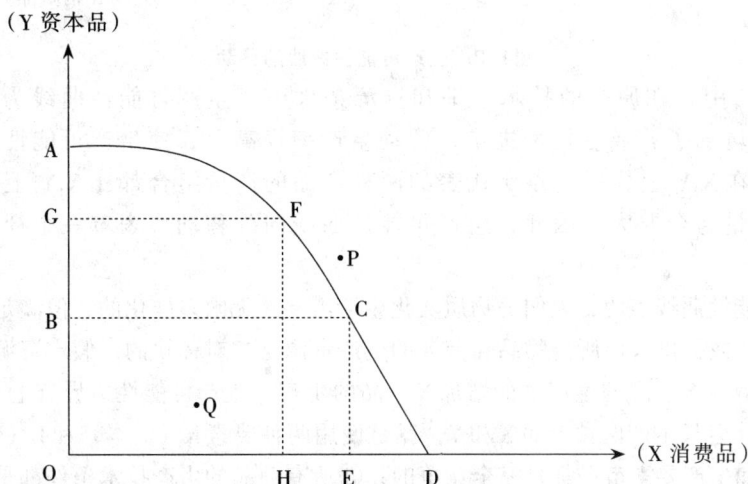

图1-1 生产可能性曲线

图中的AD线即生产可能性曲线，或称生产可能性边界（Production Possibility Frontier），也可称为转换线。

生产可能性曲线是用来说明和描述在一定的资源与技术条件下可能达到的最大的产量组合曲线，它可以用来进行各种生产组合的选择。如图1-1中F点和C点比较，少生产GB数量的Y产品（资本品），就可以多生产HE数量的X产品（消费品），因此，生产HE单位X产品的机会成本就是GB单位的Y产品。

生产可能性曲线还可以用来说明潜力与过度的问题。生产可能性曲线以内的任何一点（如Q点），说明生产还有潜力，即还有资源未得到充分利用，存在资源闲置；而生产可能性曲线之外的任何一点（如P点），则是现有资源和技术条件所达不到的。只有生产可能性曲线之上的点，才是资源配置最有效率的点。因为它说明一个社会的全部资源都得到了充分利用，不存在闲置资源和失业，社会经济达到了充分就业的状态。

在资源数量和技术水平不变的条件下，一个社会现有资源可能生产的产品产量组合是既定的；但当资源数量和技术条件改变时，生产可能性曲线会相应移动。随着资源数量的增加和技术的进步，生产可能性曲线会向外平行移动，如图1-2所示。

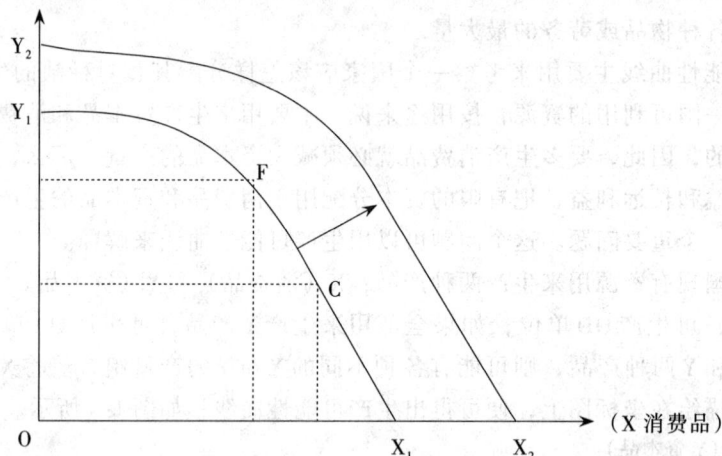

图1-2　生产可能性曲线的移动

在图1-2中，在原来的技术水平和资源条件下，生产可能性曲线为 X_1Y_1。现假定资源数量增加了，或者技术进步，劳动生产率提高了，使生产可能性曲线向外平移至 X_2Y_2。在 X_2Y_2 上，每一点所代表的两种产品的产量组合都比 X_1Y_1 上相应的一点所代表的产量组合要大。因此，生产可能性曲线向外移动代表着一个社会生产能力的提高。

生产可能性曲线表明，人们的物质文化生活需要是无限多样化的，但满足这些需要的手段，即制造或提供人们所需物品和劳务的生产资源是相对稀缺的；假定资源得到充分利用，则只有减少Y产品的生产才能增加X产品的生产。生产可能性边界有七个假设条件：①整个经济社会只生产两种产品X和Y，就是使用两种要素K（资本）和L（劳动）；②所有商品市场和生产要素市场都是完全竞争的；③所有商品的生产技术条件都是既定的，并且规模收益不变；④所有生产要素的总供给都是固定不变的；⑤生产要素可在各部门间自由流动；⑥所有生产要素都被充分利用；⑦经济活动中不存在外在性（Externality）。

2）机会成本（Opportunity Cost）

生产可能性边界包含了在前面基本假设中资源配置达到均衡的各项条件。给定一国的资源总数，则该国的生产只能发生在这条曲线上（如图1-1中的F点）或处于曲线内部（如Q点）。生产可能性曲线以内的点所反映的不是资源未充分利用，就是生产无效率；对于生产可能性曲线以外的点（如P点），仅就现有资源和技术而言是无法实现的；当生产处于生产可能性曲线上时，资源则得到了充分利用，这时，要想增加某一产品的生产，必须减少另一产品的生产，也就是说，增加某一产品的生产必须以牺牲另一产品的生产为代价。这里，我们引入机会成本（或社会成本）这一概念，来表述这种"替代"关系。

机会成本是指当一定的资源用于生产某种产品时所放弃的该资源用于生产其他产品

可能获得的最大收益。它是对资源配置效率的一种度量。资源配置的效率越高，则生产的机会成本就越低；反之，机会成本就越高。

例如，土地有多种用途，既可以种稻谷，也可以种棉花、蔬菜或其他农作物。假如有一亩土地，用来种粮食，可产稻谷500千克，价值800元；如果用来种棉花，投入同样多的资本与劳动可产棉花100千克，价值700元，则这一亩土地用来生产粮食的机会成本是100千克棉花或700元。同样，用来生产棉花的机会成本是500千克稻谷或800元。机会成本还可表述为一种资源用来获得某种收入时所放弃的另一种收入。

再如，某学生大学毕业后面临多种选择，可以去银行工作，年薪200 000元；去某公司工作，年薪280 000元；或继续深造，读研究生，收入为零。那么，如果他去公司工作，机会成本就是所放弃的到银行工作可能获得的收入200 000元。如果继续读研究生，3年研究生学习的机会成本就是放弃去公司工作可能获得的收入280 000元。

由此可见，所谓机会成本，实质上是指选择的代价，即"择一成本"。它可以帮助人们进行可行性研究和做出最优化决策。当然，运用机会成本概念时，要满足以下三个条件：第一，资源本身要有多种用途；第二，资源可以自由流动且不受限制；第三，资源能够充分利用。如果以上条件不具备，机会成本便毫无意义。

（1）机会成本不变（Constant Opportunity Costs）。从机会成本的含义我们可以看出，机会成本可以用生产可能性曲线来表现。

从表1-1可以看出，美国每放弃30单位小麦的生产，所节省的资源恰好可以多生产20单位布；而英国每放弃10单位小麦的产量，可增加20单位布的产量。

表1-1 　　　　　　　　　　美英两国小麦、布匹的生产可能性组合

美　国		英　国	
小麦	布匹	小麦	布匹
180	0	60	0
150	20	50	20
120	40	40	40
90	60	30	60
60	80	20	80
30	100	10	100
0	120	0	120

通过表1-1可以绘制出两国生产可能性曲线，如图1-3所示。

需要说明的是，满足机会成本不变的基本条件有两个：①生产资源或要素是完全替代品或者在两种商品中各要素比例固定；②同一要素的所有组成部分是相同的或确切地说具有同等质量。

（2）机会成本递增（Increasing Opportunity Costs）。在现实条件下，一国在生产中通常面对的是递增的而不是固定的机会成本。机会成本递增意味着一国每多生产一单位某种产品而必须放弃的另一种产品的产量越来越多。

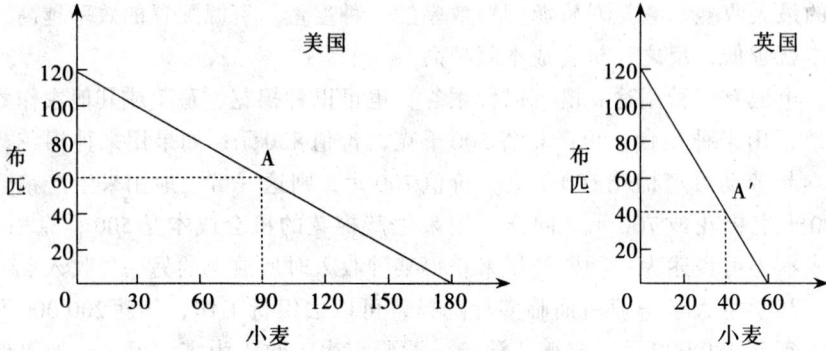

图1-3　美国和英国的生产可能性曲线

图1-4给出了机会成本递增的直观说明。我们看到，A国为了获得相同的X增量，必须放弃越来越多的Y；同理，B国为了获得相同的Y增量，要放弃越来越多的X。

A国和B国凹向原点的生产可能性曲线表明两国在生产X和Y两种商品时都是机会成本递增的。

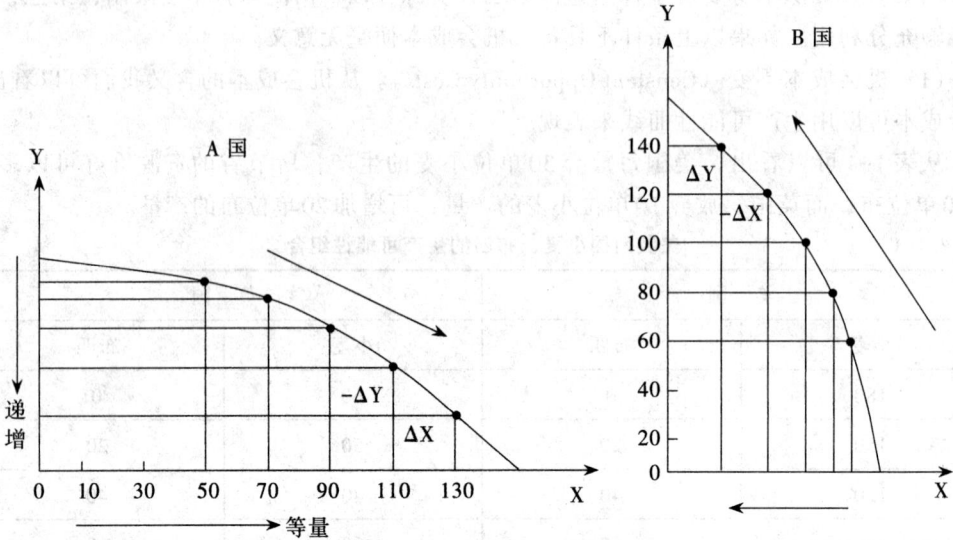

图1-4　机会成本递增

（3）机会成本与边际转换率（Marginal Rate of Transformation，MRT）。X对Y的边际转换率就是每多生产一单位X而少生产Y的数量。生产可能性曲线上某个点X对Y的边际转换率可用生产可能性曲线在该点的斜率来表示。在机会成本不变的情况下，生产可能性曲线是一条直线（如图1-3所示）。也就是说，不论X的产量是多少，X对Y的边际转换率始终是一个常数，也就是直线的斜率。

那么，为什么会出现机会成本递增？生产可能性曲线为什么存在类似图1-4那样的差异呢？

造成机会成本递增的原因有两个：第一，生产要素不是同质的。第二，在商品生产中，生产要素的比例也可能是不同的。例如，平原和山地对乳制品生产来说，是不同的生产要素，而且在平原和山地上生产乳制品的投入比例也可能不同。

A国和B国生产可能性曲线的差异是由以下原因造成的：两国有不同的要素或资源禀赋（这一论点详见第3章）；两国使用了不同的生产技术。

（4）机会成本与相对商品价格。生产可能性曲线的斜率称作边际转换率。基于价格等于成本及每个国家都生产两种商品的假设，小麦（Wheat）的机会成本等于小麦与布匹（Cloth）的相对价格（P_w/P_c）。

依据表1-1提供的数据我们可以知道，在美国，P_w/P_c=2/3；相反，P_c/P_w=3/2=1.5。在英国，P_w/P_c=2，P_c/P_w=1/2。美国的P_w/P_c值小于英国的值（2/3小于2），这表明美国在小麦生产上有比较优势。同样，英国的P_c/P_w值较低，表明它在布匹生产上有优势。注意：在固定成本条件下，P_w/P_c值是由本国的生产或供给决定的。在相对商品价格（Relative Commodity Prices）决定中，我们不考虑需求因素。

作为结论，我们可以说两国相对商品价格的不同（由生产可能性曲线的斜率决定）是它们的比较优势的反映，这为两国开展互惠贸易提供了基础（对这一点的阐述，详见第2章）。

（5）商品市场均衡。生产可能性边界上任何一点都表示生产效率和充分就业得以实现，但究竟选择哪一点，还要看两个商品的相对价格，即它们在市场上的交换比率。

现在假设X和Y的价格分别为P_x和P_y。根据假设，商品市场和要素市场都是完全竞争的，因此，在均衡时，商品的价格应等于其边际成本。如果用Y来衡量X的价格和成本的话，则相对价格P_x/P_y就是用Y衡量的X的价格，X的机会成本则是以Y衡量的X的边际成本。因此，当两者相等，即相对价格等于机会成本时，生产点在生产可能性边界上的位置也就确定了。

若改用图示说明，则在图1-5中，当相对价格线P_0（$P_0=P_x/P_y$）与生产可能性边界相切时，切点E就是生产均衡点。在这一点上，X和Y的供给分别为X_e和Y_e。另外，无论X和Y的名义价格是多少，X和Y的供给仅取决于相对价格水平，与名义价格无关。如果X的相对价格上升，如图中P_1线所示，则生产均衡点由E转移到E′，X的供给增加，Y的供给则下降。

（6）在成本递增条件下贸易的基础与所得。两国之间同一商品相对价格的差异是两国具有不同比较优势的表现，也构成了互利贸易的基础。但是两个国家在专门生产本国具有比较优势的商品的同时，生产的机会成本也在不断递增，所以，如果两国同一商品的相对价格相同，这种分工就会停止。这时，贸易就在这一价格水平上达到均衡。双方都没有比较优势，通过贸易也不能增进福利。在成本递增条件下贸易的基础与所得的说明如图1-6所示。

从图1-6中可以看出，通过贸易，A国的生产从A移动到B。它用60X与B交换60Y，最终消费组合为E。分工生产与贸易使得A国可以消费生产可能性曲线以外的商品组合，而在没有贸易的条件下，生产可能性曲线就是消费的界线。同样的讨论对B也是成立的。并且，我们注意到，使得贸易达到均衡的相对价格为1。贸易条件下的相对均衡价格就是贸易平衡时贸易双方共同的相对价格。

为什么在我们的讨论中，均衡相对价格为1？因为任何其他相对价格都不会使得贸易平衡，因而不会持久。例如，假设相对价格为1个X可换2个Y。这时，A国想要出口的数量大于B国在这个价格下愿意进口的数量，从而使得X的价格向均衡价格1回

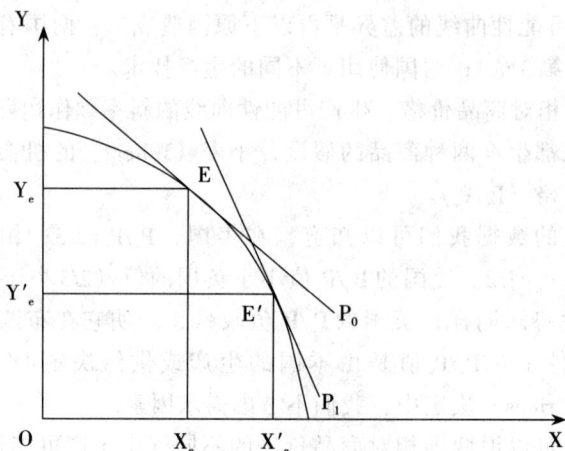

图1-5 商品市场均衡状态

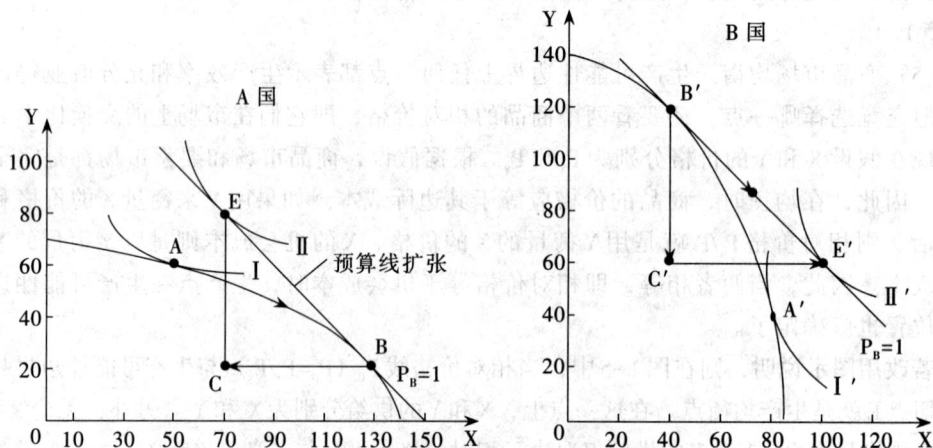

图1-6 成本递增条件下两国贸易的基础与所得

落。同样，当X的相对价格低于1时，B国想要进口的X的数量大于A国在这个低价下愿意出口的数量，从而使X的相对价格上升。

另外，A国对Y（B国的出口商品）的需求越强（弱），而B国对X（A国的出口商品）的需求越弱（强），贸易均衡相对价格就越接近-1/4（4）（注意，它们分别是A、B两国的孤立均衡相对价格），A（或者B）国在贸易中的所得也就越低。

3）消费者偏好与社会无差异曲线

在需求方面，个体无差异曲线是描述单个消费者的偏好与福利的重要概念。但在国际贸易中，我们更关注整个国家的福利，即判断国际贸易对一国福利而言究竟是一件好事还是一件坏事。因此，在研究国际贸易问题时，需要一种能衡量整个社会需求与福利的分析工具。

一个很直接的想法就是，通过个体无差异曲线的加总，来绘制一条可反映整个社会需求条件与福利的无差异曲线，即社会无差异曲线。这一思路是可取的，但会遇到很多技术上的难题。因为如果不对所有消费者的偏好加以限定的话，那么一般情况下很难得到一条有意义的社会无差异曲线。

在现实生活中，不同人之间的偏好可能是各不相同的。虽然针对各种可能的消费组合，每个人都会根据个人的偏好加以排序，但由所有个体构成的集体或社会则无法有一个统一的偏好排序。因此，为了避免上述难题，必须对个人的偏好有所限定，才能得到一条能反映集体偏好的社会无差异曲线。为此，我们假设所有个体的偏好都是相同的，这样一来，集体的偏好与单个个体的偏好保持一致。由于每个人的无差异曲线的形状都是相同的，所以社会无差异曲线的形状与性质与个人无差异曲线也应一致，如图1-7所示。

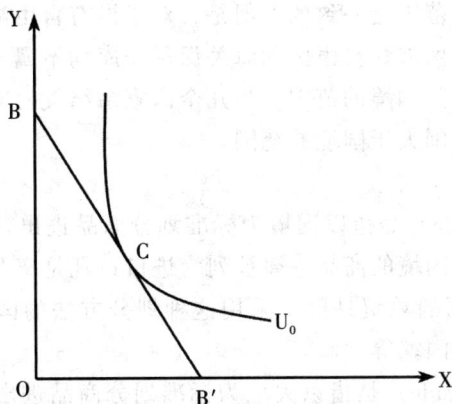

图1-7 社会消费均衡状态

在国际贸易理论中，社会无差异曲线主要有两种用途：

（1）社会无差异曲线可以用来确定一国的均衡消费点。在图1-7中，BB′线表示在X和Y的价格既定情况下一国的国民收入预算线，该预算线与社会无差异曲线的切点C表示整个社会消费处于均衡状态，这时对X和Y的总需求也随之确定。

（2）从规范分析的角度看，社会无差异曲线可以用来衡量整个社会的福利，这与个体无差异曲线衡量个体福利是一样的。例如，若贸易的开展使社会无差异曲线向远离坐标原点的方向移动，那么可以判定贸易对该国是有益的，因为它提高了该国的福利水平。但必须指出，社会无差异曲线由低处向高处移动，虽然表明国家的整体福利水平提高了，但并不意味着所有社会成员的福利水平也跟着同时提高。同样，消费点在同一条社会无差异曲线上移动，表示整个国家的福利水平不变，但并不意味着所有社会成员的福利水平不变，这方面具体的例子及解释在本书以后的内容里会遇到。

1.4 国际贸易的分类与特点

1.4.1 国际贸易的分类

国际贸易发展到今日，形式愈来愈多样化，其分类也较繁杂。

（一）以货物移动方向为标准的分类

1.出口贸易、进口贸易和过境贸易

出口贸易（Export Trade）：也称输出贸易，即将本国生产、加工的商品运往他国市场销售。进口贸易（Import Trade）：也称输入贸易，即将外国的商品输入本国市场进行销售。过境贸易（Transit Trade）：若甲国经过丙国国境向乙国运送商品，对丙国来讲，是过境贸易。

2.复出口与复进口

复出口是指输入本国的商品再出口。复进口是指输出国外的商品再输入本国。

（二）以国境和关境为标准的分类

1.关境与国境

所谓关境，是指统一由海关法管辖的范围，是征收关税的领域。国境是一国领土范围。通常，关境与国境的范围是一致的。但是，对于设有自由港或自由区以及设有海关保税仓库的国家，这些自由港、自由区和海关保税仓库均不属于关境的范围之内。在这些国家，关境的范围小于其国境的范围。当几个国家缔结关税同盟时，其关境包括几个国家的领土，则关境的范围大于国境的范围。

2.总贸易与专门贸易

总贸易（General Trade）是指以国境为标准划分商品进出口的统计方法。它分为总进口和总出口。凡是进入国境的商品一律被列为进口；凡是离开国境的商品一律被列为出口。两者之和就是该国的总贸易额。采用这种划分方法的国家有日本、英国、加拿大、澳大利亚和东欧一些国家等。

专门贸易（Special Trade）是指以关境为标准划分商品进出口的统计方法。当外国商品进入国境后，如果不进入关境，一律不列为进口。只有进入关境的商品，才列为进口，称为专门进口；而运出关境的商品，列为出口，称为专门出口。专门进口额与专门出口额之和称为专门贸易额。采用这种划分方法的国家有德国、意大利、瑞士等。

联合国公布的各国贸易额一般都注明是总贸易额还是专门贸易额。

（三）以商品形式为标准的分类

1.有形贸易

有形贸易是指一个国家商品实物的输入或输出。有形贸易的收支是构成国际收支的主要项目，一般来说，它在一个国家的国际收支中占主要地位。

2.无形贸易

无形贸易是指一个国家的劳务或其他非实物形式的商品的输入或输出。它主要包括以下两方面的内容：一是由于实物的进出口而发生的一些从属性费用的收支，如运输费、保险费、装卸费、船只维修费等；二是与实物进出口无关的其他收支，如国际旅行费、国外投资汇回的利润、国外贷款的利息收入、侨民汇款、外交人员费用、专利特许权费用等。无形贸易也是构成国际收支的重要项目，特别是对于一些旅游业或航运业发达的国家，无形贸易在其国际收支中占有相当重要的地位。

有形贸易与无形贸易的一个主要区别是：有形贸易的进出口额经过海关手续，表现在海关的贸易统计上；无形贸易不经过海关手续，通常不显示在海关的贸易统计上。有形贸易的收支又称为贸易收支，无形贸易的收支又称为非贸易收支。

（四）以商品的运输方式为标准的分类

（1）陆路贸易：陆地相连的国家之间通过铁路、公路运输货物所形成的贸易。

（2）海路贸易：国际贸易的大部分是通过海上轮船运输货物。

（3）空运贸易。国际贸易采用航空运输的方式，运输一些贵重或数量少的货物。

（4）邮购贸易：国际贸易中数量少的商品通常采用邮政包裹的方式运送。

（五）以是否有第三国或地区参加为标准的分类

1.直接贸易

直接贸易（Direct Trade）是指商品生产国与商品消费国直接买卖商品的行为。直接贸易的双方直接洽谈、直接结算，货物直接从出口国运到进口国。

2.间接贸易

间接贸易（Indirect Trade）是指商品生产国与商品消费国通过第三国进行商品买卖的行为。出口国与进口国不直接进行洽谈、结算，必须经第三国商人之手完成交易。

3.转口贸易

转口贸易（Entrepot Trade）是指在间接贸易中对第三国而言的贸易行为。在国际贸易中，由于种种原因，商品有时先卖给第三国，再由第三国卖给消费国。第三国既是进口国也是出口国。转口贸易与过境贸易的不同之处在于第三国是否参与商品的买卖，参与了商品的买卖即为转口贸易。转口贸易发达的国家和地区往往地理位置优越、运输条件便利、贸易限制较少，如新加坡、鹿特丹、中国香港地区。

（六）以清偿工具为标准的分类

1.现汇贸易

现汇贸易（Spot Exchange Trade）是指以能够自由兑换的货币作为清偿工具的贸易。目前，在国际贸易中，能够自由兑换的货币主要是西方发达国家的货币，如美元、欧元、英镑等。

2.易货贸易

易货贸易（Barter Trade）也叫换货贸易，是以经过计价的货物作为清偿工具的贸易。其特点是把进出口直接联系起来，双方有进有出，进出基本平衡。

1.4.2　国际贸易的特点

1.国际贸易与国内贸易的相同点

国际贸易是在国内贸易的基础上发展起来的，它和国内贸易有许多相同或相似的特征。其相同点表现为：①国际贸易与国内贸易都属于商品流通范畴，都是把生产和消费联系起来的中间环节，是商品和服务的交换活动；②都受价值规律作用的调节；③进行交易的过程大同小异，都要经过询盘、发盘、还盘、接受和签订合同等环节；④经营的目的相同，都是为了获得利润和经济利益。

2.国际贸易与国内贸易的区别

与国内贸易相比，国际贸易是越过国界、超出国民经济范围进行的商品交换活动，有其自身的特点。但作为超越国界的经济活动，它又有许多不同于国内贸易的方面，如基础、环境、风险、影响等。

（1）国际贸易比国内贸易受限制更严格。国际贸易的主体具有双重性，即个别主体与国家主体，它既是厂商与厂商之间的贸易，又是国家与国家之间的贸易。国家为了保持国际收支平衡、保护民族工业以及保证正常的经济与社会生活秩序等，往往采取一些政策和措施对国际贸易进行干预，或鼓励出口，或限制进口。各国政府都设有海关，所有进出口商品都必须经过海关，接受海关的监管和缴纳必要的税费；否则就是走私，是违法的。由于国际贸易受国家干预，所以在开展对外贸易时，要注意了解、研究相关国家的对外贸易政策和措施，以便更好地制订进出口商品方案。

（2）国际贸易比国内贸易情况更复杂，风险更大。国际贸易是跨越国界进行的，遇到的问题既多又复杂，由此带来的贸易风险也比国内贸易大得多。比较显著的有以下几种：

① 信用风险。这里所说的信用风险，主要是指钱货不清的风险。在国际贸易中，从交易磋商到订立合同，再到卖方交货，买方付款，需要经过一段相当长的时间。在此期间，买卖双方的财务状况可能会发生变化，有时会危及履约，给对方造成损失。同时，卖方交货、买方付款存在着时间差，可能会出现交货了收不到款，或者不能按期足额收到款的情况；也可能会出现付款了收不到货，或收到的货物不符合合同要求的情况。一旦发生这类事情，双方又在不同的国家，打起官司来颇为麻烦。为了规避信用风险，国际贸易一般采用信用证方式结算，即在交货与付款之间引入银行担保，但这也不能绝对避免风险。

② 汇率风险。这是指由于币值不稳定，从订立合同到成交期间汇率变动给交易者带来的损失。在国际贸易中，由于各国货币制度不同，买卖双方必定有一方要用外国货币进行计价、结算，这就会出现两种货币按照怎样的比率进行兑换的问题。这样，从订立合同到支付货款期间的汇率变动，必然会给交易的某一方带来货物本身以外的汇兑损失。汇率风险不仅直接关系到贸易当事人的盈亏得失，而且会给有关国家的进出口贸易、国际收支、国际储备、物价等带来有利或不利的影响。因此，在磋商交易时，用什么货币计价、结算、支付是交易者必须认真考虑的问题。

③ 价格风险。这是指从订立合同到货物到达目的地期间所发生的价格变化而导致的交易者的损失。比如，订立合同后，如果在卖方进货前货物价格上涨，则卖方需承担风险；如果在买方收到货物后货物价格下跌，则买方要承担风险。当然，反之也可能带来利益。但是，一方的利益，往往是对方的损失。在国际贸易中，从订约到卖方进货和买方收到货物，往往需要较长的一段时间，而世界市场上的商品价格是经常变动的，所以这种风险相对于国内贸易来讲，突出得多，并且国际贸易多为大宗买卖，这使得双方面临的价格风险更大。

④ 运输风险。这是指货物在运输途中遇到突发性事件的风险，如暴风雨袭击、战争、运输工具故障等而导致的货物损失或延期到达造成的损失。当然，在国内贸易中也存在运输风险，但国际贸易中的运输里程一般比国内贸易远得多，并且情况也复杂得多，所以其运输风险也大得多。为规避运输风险，国际贸易中一般都要求投保货物运输险，但即使投保了货物运输险，有的风险可能仍要由交易者自己承担。

⑤ 政治风险。这主要是指贸易对象国发生动乱或革命，政府更替、政策改变以及两国关系突然恶化等政治原因给交易者造成的损失。

（3）国际贸易比国内贸易竞争更激烈。与国内贸易相比，国际贸易有了更广阔的空间范围，这一方面有利于厂商在更大的范围内挖掘资源，开辟市场，另一方面也使其遇到的竞争更加激烈。在国际贸易中遇到的竞争对手更多、更强，特别是发达国家的竞争对手，它们中间的很多厂商，无论是在资本实力、管理手段还是在技术水平上均处于优势地位。在国际贸易中遇到的竞争手段也更多、更复杂，不仅有凭借个体实力的竞争，而且有国家的支持；不仅有价格的竞争，而且有非价格的竞争，各种手段纷繁复杂。我国加入世界贸易组织后，要进一步对外开放国内市场，我们不仅会遇到"走出去"的竞争，而且将面对引进来的竞争。国内和国外市场将逐步融为一体，在竞争异常激烈的世界市场上，中国的厂商如何扬长避短、提高竞争力是应该认真考虑的，应该要有必要的思想准备。

（4）国际贸易的需求比国内贸易更加多样化。在国际贸易中，由于各国的经济发展水平、风俗习惯、宗教信仰及文化传统等不一样，因此形成了国际市场上千姿百态的需求特点。

① 经济发展水平对市场的影响。不同类型的国家，市场容量不一样。一般来说，经济发达国家具有高收入、高消费、高福利等特点，其购买力也强，规模大、容量大；发展中国家的购买力低，市场容量远不如发达国家。同时，不同类型的国家对商品的质量、档次需求也不一样。一般来说，发达国家的多数消费者已解决了温饱问题，生活上追求享受，对商品的需求表现为高质量、高档次和优质服务；发展中国家的多数消费者首先要解决生存或温饱问题，对商品的需求更多地倾向于经济适用。

② 风俗习惯、宗教信仰对市场的影响。不同的国家、民族具有不同的风俗习惯和宗教信仰，这体现为不同的市场环境，决定了市场的需求特点。比如，日本人喜欢吃泥鳅，但黄鳝在日本市场却难销；他们也喜欢吃河鳗，但鳗鱼罐头则不需要。又如，熊猫在世界上很受欢迎，但不能把带有熊猫图案、商标的商品输往伊斯兰国家，他们认为熊猫与猪很像，因此很忌讳。诸如此类，说明在国际贸易中要注意了解贸易对象国的风俗民情、宗教信仰，要实地调查，不能想当然。

③ 文化传统对市场的影响。其主要体现为语言、文字、图案、颜色、数字等对市场的影响。比如，要注意到语言的一词多义，各个国家、地区对语言的不同解释和习惯用法；要注意到不同国家、地区对图案、颜色的不同喜好或忌讳；还要注意到数字的使用，有的数字在一些国家、地区很受欢迎，有的数字则要回避。

复习思考题

本章小结

一、简答题

1.国际贸易学的研究对象是什么？

2.什么是国际贸易？

3.什么是对外贸易依存度？

4.什么是贸易条件？它有几种？

5.国际贸易和国内贸易有哪些区别？

6.国际贸易的分析工具主要有哪些？

二、分析题

1.为什么说在决定生产和消费时，相对价格比绝对价格更重要？

2.如果国际贸易发生在一个大国和一个小国之间，那么贸易后，国际相对价格更接近于哪一个国家在封闭条件下的相对价格水平？为什么？

第 2 章

古典国际贸易理论

■ 学习目标

知识目标：

1.了解重商主义各个阶段的主要思想和内容，掌握重商主义的主要缺陷；

2.了解绝对优势理论和比较优势理论的发展过程，掌握绝对优势理论和比较优势理论的中心观点与内容，清晰划分两者之间的异同，辩证看待绝对优势理论和比较优势理论的影响；

3.理解并掌握相互需求理论的核心概念，通过相互需求方程式确定国际市场的均衡条件，最终确定贸易国之间的物物交换比率。

能力目标：

1.能够将理论应用于国际贸易案例的分析中，评估理论在现实世界中的有效性和预测能力；

2.能够根据不同国家的生产技术和资源禀赋来分析国际贸易模式，提升预测和解释国际贸易流量变化的能力。

素养目标：

1.通过了解古典国际贸易理论的假设条件和适用范围，以及古典国际贸易理论在现代经济中的局限性，培养学生的批判性思维能力，使学生在面对复杂问题时能够进行深入分析和合理质疑；

2.掌握分析国际贸易问题的方法和工具，提高应对实际经济问题的能力。

■ 引导案例

17世纪，荷兰凭借其重商主义策略崛起为全球经济强国，而阿姆斯特丹证券交易所开创了证券交易的先河，彰显了荷兰在金融革新领域的先锋地位。然而，随着18世纪的到来，英国等新兴工业国家接受了自由贸易理念，并通过工业革命赢得了竞争上的显著优势，荷兰的经济霸主地位遭遇了重大挑战。荷兰因固守陈旧的重商主义模式，未能及时适应时代变迁，致使其经济增长优势逐渐丧失，最终在经济竞争的长河中被英国所超越。那么，对于精通重商主义精髓的荷兰来说，究竟是何原因导致了它的衰败呢？

资料来源 作者根据相关资料整理。

2.1　重商主义学说

重商主义是资产阶级最初的经济学说，产生和发展于欧洲资本原始积累时期，反映了这个时期商业资本的利益和要求。

重商主义者认为，金银或货币是财富的唯一形态，一切经济活动的目的就是获取金银。除了开采金银矿以外，对外贸易是货币财富的真正来源。国家为了致富，必须发展对外贸易，在对外贸易中要遵循多卖少买的原则。利润是在流通中产生的，是贱买贵卖的结果。国家应积极干预经济，以保证尽量多的货币流向国内。重商主义的基本内容是：财富就是货币，货币即财富；财富的直接源泉是流通；除了开采金银矿和进行暴力掠夺外，只有对外贸易才能增加一国所拥有的金银数量。因此，国家要致富，必须通过国家干预来大力发展出口贸易，限制外国商品的进口。

重商主义的发展经历了早期和晚期两个历史阶段，从15世纪到16世纪中叶为早期重商主义，从16世纪下半期到17世纪为晚期重商主义。

2.1.1　早期重商主义（15世纪至16世纪中叶）

1. 早期重商主义的思想

早期重商主义被称为重金主义。早期重商主义主张，在对外贸易中，每笔交易都要保持顺差，以增加货币的流入数量，因此，早期重商主义也被称为"货币差额论"。由于当时西欧各国国内商品生产和流通还不够发达，对外贸易还没有充分发展起来，仅靠经济手段还无法保证吸收国外的金银货币和保存国内的金银货币，因此，货币差额论者极力主张国家要更多地采取以行政手段控制货币本身运动的方式为本国积累货币财富。

货币差额论以英国的威廉·斯塔福（W.Stafford）为代表。早期重商主义者反对进口，他们认为一切进口都会减少货币，而货币的减少对本国是有害的；对于外国产品，应该少买或根本不买。同时，他们鼓励出口，认为应该多向国外销售本国产品，销售得越多越好。因为出口越多，从国外吸收的金银货币也就越多。此外，早期重商主义者还要求政府禁止货币出口。这样，他们就把增加国内货币积累、防止货币外流视为对外贸易政策的指导原则。

2. 早期重商主义的政策主张

早期重商主义的政策主张包括：

（1）直接管制汇率和贵金属交易，实现国内贵金属的存量增加；

（2）禁止金银出口；

（3）禁止出口商接收外国非金银货币；

（4）汇率由官方直接控制，实行固定汇率制；

（5）外国商人离境时，只能带走商品，不能带走本国货币。

2.1.2 晚期重商主义（16世纪下半叶至17世纪）

1.晚期重商主义的思想

如果说早期重商主义偏重在节流方面的话，那么，晚期重商主义则偏重开源方面，着重奖励出口，扶植手工制造业。

晚期重商主义的代表是英国的托马斯·孟，他主张保持全国的对外贸易顺差，以增加货币的流入，因此，晚期重商主义也被称为"贸易差额论"。货币差额论者主张控制货币本身的运动来达到积累货币财富的目的，而贸易差额论者则主张通过调节对外贸易的商品运动来达到货币财富的增加。在对外贸易中，贸易差额论者不但主张多卖少买，而且主张多卖多买，以扩大对外贸易。和货币差额论者不同，贸易差额论者并不要求本国对每一个国家的贸易都保持顺差，只要本国在总体上保持顺差就可以了。

18世纪60年代到19世纪60年代，欧美先进国家相继完成了工业革命，产业资本占据了主导地位。这些国家经济的发展突破了一国的范围，出现了近代意义上的国际分工和国际交换。在这一时期，代表商业资本的重商主义开始让位于代表产业资本的自由贸易主义。

2.晚期重商主义政策主张的主要内容

（1）限制输入政策：①禁止若干种国外商品，尤其是奢侈品的进口；②课征保护关税，限制国外商品的进口。

（2）促进出口的措施：①对本国商品的出口给予津贴。②出口退税。对出口商品原征的捐税，在商品出口后退给出口厂商。③禁止重要原料出口，但许可自由输入这些原料，以便加工后再出口。④降低或免除出口关税。⑤实行独占性的殖民地贸易政策。设立独占经营的殖民地贸易公司（如英、法、荷等国的东印度公司）。在殖民地经营独占贸易与海运，使殖民地成为本国制成品的市场和本国原料的供给地。

（3）其他措施：①保护农业。英国在1660—1689年间，通过了若干法令限制谷物的进口，还颁布了《谷物法》。②英国政府通过了《职工法》，鼓励外国技工的输入；以行会法规奖励国内工场手工业的发展。③1651年，英国通过了《航海法案》。按照该法案的规定，一切输往英国的货物必须用英国船载运或用原出口国船只装运，对亚洲、非洲及北美的贸易，必须用英国或殖民地的船只。④奖励人口繁殖，以扩大劳工来源，降低劳工成本。

2.1.3 重商主义思想评述

重商主义理论和政策在历史上曾起过进步作用，促进了资本主义原始积累，推动了当时国际贸易和商业运输业的发展。重商主义主张国家干预对外贸易、积极发展出口产业、实行关税保护措施、通过贸易差额从国外取得货币等观点，对各国根据具体情况制定对外贸易政策是有参考价值的。

重商主义思想存在严重缺陷，主要表现为：

（1）重商主义的财富观是错误的。财富不是金银，金银也不是财富的唯一形态。贵金属只是获得物质财富的手段或媒介，真正的财富是该国国民所能消费的本国和外国的商品和服务的数量和种类。

（2）重商主义认为财富都是在流通中产生的，特别是它认为国际贸易是增加一国财富的源泉，这种观点是不科学的。其实，财富是在生产过程中产生的，流通中的纯商业活动并不创造财富。

（3）重商主义只研究如何从国际贸易中获得金银，而没有探讨国际贸易产生的原因。重商主义认为一国只有在他国受到损失的前提下才能获利，而没有认识到国际贸易有促进各国经济增长的重要意义。

需要指出的是，虽然重商主义不能促进自由竞争和自由贸易的发展，但重商主义的影响从来没有消失过。20世纪80年代以来，一些被高失业率困扰的国家试图通过限制进口来刺激国内生产，新重商主义有卷土重来的势头。事实上，除了1815年至1914年之间的英国，没有其他西方国家彻底放弃过重商主义的观点。

古典经济学家大卫·休谟和亚当·斯密都指出了重商主义的缺陷。

18世纪中后期，古典经济学家大卫·休谟在《论贸易平衡》一书中提出了国际收支自动调节原理，即古典经济学中的物价-铸币流动机制。他指出，在金本位制度下，贵金属的流入会增加国内的货币供给量，抬高国内的物价水平。这使得该国出口商品的竞争力下降，出口减少。相反，进口商品的价格相对低廉，进口增加，贵金属则流向国外。

另一位著名的经济学家亚当·斯密指出，一国的实际财富不是贵金属的存量，而是该国国民所能消费的本国和外国的商品和劳务的种类和数量。

2.2 绝对优势理论

严格意义上的国际贸易理论是由英国古典学派的经济学家在劳动价值学说基础上，从生产成本出发，提出的绝对优势（Absolute Advantage）与比较优势（Comparative Advantage）学说，它们都是用来解释国际贸易产生的原因及影响的。古典学派的劳动价值学说认为，劳动是唯一的生产要素，生产成本取决于劳动生产率，因此，劳动生产率就成为国际贸易的重要决定因素。从本质上讲，古典贸易理论是从技术差异的角度来解释国际贸易的产生原因的。不过，当假设劳动是唯一的生产要素时，生产技术差异就具体表现为劳动生产率差异。因为绝对优势学说和比较优势学说都是建立在古典学派的劳动价值学说的基础上的，因此它们被称为古典贸易理论。

2.2.1 亚当·斯密理论产生的背景与中心观点

1. 亚当·斯密理论产生的背景

亚当·斯密（1723—1790年）所处的时代，英国已经是资产阶级占统治地位了。这时，英国从事国内外贸易的一切生产者、商人和工人的活动，不是受到中世纪遗留下来的行会制度的限制，就是遭受重商主义经济政策的约束。在当时的英国，国内贸易虽然已经摆脱了一切障碍，可是对外贸易仍然阻碍重重。对于制造品的进口，政府或者加以极重的课税，或者完全禁止。而当时的英国由于产业革命的发展，需要进口原材料，尤其是英国把殖民地当作原料的供给地；同时，产业革命形成的具有国际竞争力的工业制品也需要有宽松环境和条件向国外出口。在这种情况下，新兴工业资产阶级对废除重商主义外贸政策和措施的要求极为强烈。

2.亚当·斯密理论的中心是经济自由主义

从绝对优势理论可以看出，实际上，亚当·斯密理论的中心是经济自由主义。亚当·斯密认为，人是经济动物，是"经济人"，每个人都会为自己的利益而奋斗。而每个人都去追求自己的利益，往往可以更有效地促进社会的整体利益。亚当·斯密主张自由竞争、自由贸易，依靠市场这个"看不见的手"来对供求关系进行自发调节；国家应该尽量少地过问经济，对经济采取自由放任政策，依靠市场来实现均衡，维护社会各群体的利益，从而使社会获得进步。

2.2.2 绝对优势理论的内容与分析

1.绝对优势理论的基本假设

绝对优势理论是建立在一系列假设基础之上的，这些严格的假设是为了在不影响结论的前提下，使我们的分析更加严谨。

绝对优势理论的假设主要有：

（1）世界上只有两个国家，这两个国家都能生产两种商品，只有劳动一种生产要素；

（2）劳动在一国之内是完全同质的，且劳动市场始终处于充分就业状态；

（3）劳动在一国之内可以自由流动，但在国与国之间不能流动；

（4）劳动的规模收益不变；

（5）商品和劳动市场都是完全竞争的；

（6）国家之间实行自由贸易，不存在政府对贸易的干预或管制；

（7）不考虑运输费用和其他交易费用。

2.绝对优势理论的内容

在某一种商品的生产上，如果一个国家在劳动生产率上占有绝对优势，或其生产所消耗的劳动成本绝对低于另一个国家，那么这个国家就在这种产品的生产上占有"绝对优势"。绝对优势可以通过劳动生产率来度量，如果一国生产某单位产品所需投入的劳动更少，或者投入单位劳动所获得的产出更多，则表明该国在生产这一产品上具有绝对优势。因此，绝对优势产生于国家之间的劳动生产率差异。

绝对优势理论认为，国际贸易产生于各国之间生产商品的劳动生产率的绝对差别。每个国家由于先天或后天的条件不同，都会在某一种商品的生产上具有绝对优势。如果每一个国家都把自己拥有的全部生产要素集中到自己拥有绝对优势的产品的生产上来，然后通过国际贸易，用自己产品的一部分去交换自己所需要的其他商品，则各国的资源都能被最有效地利用，每一个国家都能从贸易中获利。

因此，亚当·斯密主张实行自由贸易政策，反对国家对外贸的干预。他认为，每一个国家都有生产某些特定产品的绝对优势，通过进行专业化生产，然后彼此进行交换，这对所有参与交换的国家都有利。他认为，一切限制贸易自由化的措施都会影响国际分工的发展，并降低社会劳动生产率和国民福利。只有各国都按照各自最有利的生产条件进行分工和交换，才会使各国的资源、劳动和资本得到最有效的利用，进而大大提高劳动生产率，增加物质财富。

3.绝对优势理论的例证

下面，我们看一个关于绝对优势的例子。在前文的假定基础上，我们进一步假定，世界上只有两个国家：英国和美国；这两个国家都只生产两种产品：小麦和布。在没有国际贸易的情况下，两国的劳动投入和产出情况见表2-1。

表2-1　　　　　　　　　**国际分工前各国劳动投入和产出**

国家	小　麦		布	
	劳动投入量	产出量	劳动投入量	产出量
英　国	15	120	5	100
美　国	10	120	10	100

从表2-1可以看出，英国生产小麦的劳动生产率（单位劳动投入的产出量）为8，生产布的劳动生产率为20；美国生产小麦和布的劳动生产率分别为12和10。可见，英国在布的生产上有绝对优势，美国在小麦的生产上有绝对优势。根据绝对优势理论，英国应该把全部生产要素都用于生产布，而美国应该把全部生产要素都用于生产小麦。这种国际分工将导致两国的产出发生变化，其变化情况见表2-2。

表2-2　　　　　　**国际分工后各国的劳动投入和产出（绝对优势）**

国家	小　麦		布	
	劳动投入量	产出量	劳动投入量	产出量
英　国	0	0	20	400
美　国	20	240	0	0

从表2-2可以看出，进行国际分工后，整个世界小麦的产出量仍是240单位，没有变化，但是布的产量增加到400单位，比分工前增加了200单位。这说明，国际分工使两国的资源得到了更有效的利用。我们假定英国用200单位布与美国120单位小麦进行交换，交换的结果见表2-3。与没有国际分工和国际贸易相比，进行国际分工和国际贸易之后，英国和美国的消费量各增加了100单位布，这说明贸易双方开展国际贸易后都从中得到了利益。

表2-3　　　　　　　　　**国际贸易后各国的消费量**

国家	小麦消费量	布消费量
英　国	120	200
美　国	120	200

4.绝对优势理论的贡献

亚当·斯密首次肯定了国际贸易对参与双方在经济上都是有利的,从而为开展国际贸易扫除了认识上的一大障碍,这在理论和实践中都有重要意义。同时,绝对优势理论第一次从生产领域阐述了国际贸易产生的基本原因和利益所在,正确地指出了分工对提高劳动生产率的巨大意义,从而为科学的国际贸易理论的建立奠定了良好的基础。

5.绝对优势理论的缺陷

亚当·斯密提出的绝对优势理论只说明了在生产上具有绝对优势的国家参与国际分工和国际贸易能获得利益,而不能解释许多没有绝对优势的落后国家仍在进行国际贸易的现象,因而绝对优势理论无法解释国际贸易的普遍存在。另外,亚当·斯密虽然坚持了劳动价值学说,但他仍无法说明两种产品进行交换的内在等价要求是什么。大卫·李嘉图用比较优势原理回答了绝对优势理论回答不了的问题,更好地解释了贸易产生的基础和贸易所得。

2.3 比较优势理论

2.3.1 比较优势理论产生的背景及对绝对优势理论的发展

1.比较优势理论产生的背景

1815年,英国政府颁布了《谷物法》。《谷物法》颁布后,英国的粮食价格迅速上升,地租猛增,英国的贵族地主阶级大获其利;昂贵的谷物使工人的货币工资不得不迅速提高,商品成本增加,却由此严重损害了工业资产阶级的利益。为此,英国工业资产阶级和贵族地主阶级围绕《谷物法》的废除展开了激烈的斗争。英国经济学家罗伯特·托伦斯1815年在其《论对外谷物贸易》一书中提出比较优势之说,后来大卫·李嘉图在其1817年出版的《政治经济学及赋税原理》一书中对此进行了完善和发展。大卫·李嘉图认为,决定国际贸易产生的基础是比较优势,而不是绝对优势。

2.比较优势理论对亚当·斯密理论的发展

根据绝对优势理论,如果一个国家在两种产品的生产上均处于绝对优势地位,另一个国家在两种产品的生产上均处于绝对劣势地位,则这两个国家之间不会进行贸易。根据这一理论,国际贸易只可能发生在发达国家之间,发达国家与发展中国家之间就不会发生国际贸易。这显然与国际贸易的现实不符。

大卫·李嘉图进一步发展了亚当·斯密的绝对优势理论,他认为每个国家不一定都要生产各种商品,而应集中力量生产那些利益较大或不利较小的商品,然后通过国际贸易,在资本和劳动不变的情况下,世界的生产总量将增加,如此形成的国际分工对贸易各国都有利。

2.3.2 比较优势理论的内容与分析

1.比较优势理论的基本内容

如果一个国家所有商品的劳动生产率都低于另一个国家,即一国所有商品的生产均处于绝对劣势，那么，相对劣势较小的商品较之那些相对劣势较大的商品而言，就具有比较优势。反之，如果一个国家所有商品的劳动生产率都高于另一个国家，即一国所有商品的生产均处于绝对优势，那么，相对优势较大的商品较之那些相对优势较小的商品而言，就具有比较优势。

比较优势还可以用相对劳动生产率来表示。相对劳动生产率是不同产品劳动生产率的比率，或两种不同产品的人均产量之比。用公式表示则可写成：

$$A产品的相对劳动生产率 = \frac{A产品的劳动生产率（人均产量）}{B产品的劳动生产率（人均产量）}$$

如果一个国家生产某种产品的相对劳动生产率高于其他国家生产同样产品的相对劳动生产率，那么，该国在这一产品上就拥有比较优势。反之，则只有比较劣势。

这时，两国可以根据"两利相权取其重，两弊相权取其轻"的原则进行分工，并通过国际贸易获得好处，因为两国相对劳动生产率的差异并不是在所有产品上都一样。这样，处于绝对优势的一国不必生产全部产品，而应集中全部生产要素生产本国具有最大比较优势的产品；处于绝对劣势的另一国也不必停止生产所有产品，而应集中全部生产要素生产比较劣势较小的产品。通过国际分工和自由交换，两国都可以节约社会劳动，增加产品的产量，世界也会因为自由交换而增加产量，提高劳动生产率。

2.比较优势理论的例证

下面，我们用一个具体的例子来说明比较优势理论。比较优势理论的假设条件与绝对优势理论的假设条件完全相同，所不同的是，例子中的两个国家一个是美国，另一个是印度。两国的劳动投入和产出情况见表2-4。

表2-4　　　　　　　　　　国际分工前各国的产出和劳动生产率

国家	小　麦			布		
	劳动投入量	产出量	劳动生产率	劳动投入量	产出量	劳动生产率
美国	10	120	12	10	100	10
印度	40	120	3	20	100	5

从表2-4可以看出，印度在小麦和布上的劳动生产率与美国相比均处于绝对劣势，但印度小麦的劳动生产率是美国的1/4，而布的劳动生产率是美国的1/2，相比之下，印度布的比较劣势要小一些，即具有比较优势；另外，美国在小麦和布的生产上都具有绝对优势，但由于小麦的绝对优势比布的绝对优势大，因此，美国在小麦的生产上具有比较优势。在这种情况下，国际分工和国际贸易的模式就是印度专门生产布，美国专门生产小麦。这样，按照比较优势进行分工之后，两国的总产出都会有所增加。增加情况见表2-5。进行国际分工后，世界布的产量由200单位增加到300单位，增加了100单位。假定美国以120单位小麦与印度150单位布进行交换，交换后两国布的消费水平比国际分工前都增加了50单位，而小麦的产出水平和消费水平没有变化（见表2-6）。

由此可见，即使在没有绝对优势的情况下，贸易双方仍然可以通过开展国际贸易获得利益。因此，不仅美、英等发达国家之间可以开展自由贸易，美国等发达国家和印度等发展中国家之间也可以开展自由贸易。

表2-5　　　　　　国际分工后各国的劳动投入和产出（比较优势）

国家	小麦		布	
	劳动投入量	产出量	劳动投入量	产出量
美国	20	240	0	0
印度	0	0	60	300

表2-6　　　　　　国际贸易后各国的产量分配

国家	小麦	布
美国	120	150
印度	120	150

2.3.3　对比较优势理论的验证

大卫·李嘉图的比较优势理论是从相对劳动生产率的角度来解释国际贸易产生的原因的，那么，这一理论在多大程度上能解释国际贸易实践呢？它是否能够对国际贸易实践做出解释和预测呢？

在对大卫·李嘉图比较优势理论的实证检验中，最具代表性的工作是由迈克道格尔（MacDougall）进行的[①]。迈克道格尔的实证研究以1937年为例，考查了美国与英国各行业的出口绩效与劳动生产率之间的关系。他的假设前提为：对于美国劳动生产率（根据工资差异加以调整后）相对高于英国劳动生产率的行业而言，美国在这些行业的出口也应相对高于英国这些行业的出口。

根据迈克道格尔的估计，这一年，美国的平均工资水平是英国的两倍，因此，他假设美国某些行业的劳动生产率也是英国对应行业的劳动生产率的两倍，那么美国应在这些行业上具有显著的比较优势。迈克道格尔用美、英两国各行业对世界其他国家的出口之比[②]作为判断比较优势的标准。他计算了美、英两国25个部门的劳动生产率比值与出口比值，部分结果见表2-7（表2-7中仅列出了20个部门的结果）。

表2-7　　　　迈克道格尔对大卫·李嘉图比较优势理论的检验结果

行业或产品	美国劳动生产率/英国劳动生产率	美国出口/英国出口
收音机	3.5	7.6
生铁	3.6	5.1
汽车	3.1	4.3
容器	2.4	3.5
罐头	5.25	3.0

① MacDougall. British and American Exports: A Study Suggested by the Theory of Comparative Costs [J]. Economic Journal, 1951 (61): 697-724.
② 这里之所以没有选择两国之间的贸易来进行检验，是因为那个时候贸易壁垒比较显著，它会对两国之间的贸易产生实质性影响。而两国对世界其他国家的出口则面临相同的贸易壁垒，贸易壁垒对两国出口的影响可认为是一致的。

续表

行业或产品	美国劳动生产率/英国劳动生产率	美国出口/英国出口
机械	2.7	1.5
纸	2.2	1.0
烟卷	1.7	0.47
油毡	1.9	0.34
皮鞋	1.4	0.32
针织品	1.8	0.30
化纤	1.5	0.20
可乐	1.9	0.19
棉制品	1.5	0.11
人造丝	1.4	0.091
水泥	1.1	0.091
啤酒	2.0	0.056
男式毛制品	1.25	0.044
人造奶油	1.2	0.031
毛衣	1.35	0.004

迈克道格尔的检验结果显示，在25个部门中，有20个部门服从假设检验。也就是说，在这20个部门中，当美、英两国的劳动生产率之比大于2时，两国相应的出口之比大于1；当两国的劳动生产率之比小于或等于2时，两国的出口之比小于1。

后来的一些学者按照迈克道格尔的研究思路，又进行了一些检验分析，如斯特恩（Robert Stern）比较了1950年和1959年两个年份，美、英两国的劳动生产率与出口绩效之间的关系[1]。根据他的实证分析，在1950年所观察的39个部门中，有33个部门支持假设检验，但是到了1959年，劳动生产率与出口绩效之间的关系有所削弱。

上述两项研究成果为古典贸易理论提供了有力的证据，但还不能说古典贸易理论具有广泛的适用性。这是因为，首先，这些实证分析过于简单化，不具有普遍意义；其次，这些研究结果虽然与古典贸易理论所预计的情况比较接近，但并不排除与其他贸易理论也有一致的地方。比如，如果贸易主要是由后面我们将要讨论的要素禀赋差异引起的，由于现实中生产要素的价格很难均等化，因此在资本丰裕的国家，其劳动生产率也可能相对较高，这样一来，上述实证分析的结果也可能只是反映了两国之间在要素禀赋上的差异。

2.3.4　比较优势理论评价

大卫·李嘉图的比较优势理论利用精确的逻辑和简单的例子证明了一个国家无论劳动生产率是高还是低，均可根据比较优势理论参与国际分工和国际贸易，而且都可以得

---

① STERN. British and American productivity and comparative costs in international trade [J]. Oxford Economic Papers, 1962（14）: 275-304.

到实际利益。在各国生产要素的投入量不变的情况下，参加国际分工和国际贸易不仅使世界总产量增加，各国也都能得到更多的产品或物质财富，进而提高各国的消费水平。比较优势理论将亚当·斯密基于绝对优势的自由贸易理论向前推进了一大步，不仅在理论上更广泛地论证了贸易产生的基础，在实践上也可以解释当今世界经济技术发展水平和层次不同的国家之间进行贸易的原因。这一学说被当时大部分经济学家所接受，并为后来的经济学家所推崇，至今仍被作为决定国际贸易格局的基本理论。

比较优势理论证明了各国通过出口相对成本比较低的产品、进口相对成本比较高的产品就可以实现贸易互利，这是该学说在研究国际分工方面的主要贡献。

与绝对优势理论一样，比较优势理论也存在一定的不足之处，主要表现在两个方面：一是大卫·李嘉图虽然解释了劳动生产率的差异如何引起国际贸易，但没有进一步解释造成各国劳动生产率差异的原因。二是大卫·李嘉图的比较优势理论有一个重要的结论是：根据比较优势原则，各国将进行完全的专业化生产。这一点与现实有较大出入，在现实中，恐怕难以找到一个国家在国际贸易中进行完全的专业化生产。一般来说，各国都会生产一些与进口商品可以互相替代的产品。

古典贸易理论虽然存在一些缺陷或不足，但仍然是国际贸易理论的重要组成部分。古典贸易理论对国际贸易理论的最大贡献就是它首次为自由贸易提供了有力的证据，并从劳动生产率差异的角度，成功地解释了国际贸易产生的一个重要原因。

2.3.5　绝对优势理论和比较优势理论比较

1.基本假设的异同

绝对优势理论和比较优势理论都基于以下基本假定：全世界只有两个国家，这两个国家都生产两种商品；只有一种生产要素，即劳动，且该要素只能在一国之内自由流动，在两国之间不能自由流动；交易双方的生产成本不变，无规模收益，也不考虑运输成本和其他交易费用；两国的资源都得到充分利用，同时，资源从一个部门转移到另一个部门时，机会成本保持不变；产品在各国之间自由移动，产品市场均处于完全竞争状态；以劳动价值学说为基础，即劳动时间决定价值；物物交换；不存在技术进步和经济发展，国际经济是静态的；收入分配不受贸易的影响。由上述假定可以看出，绝对优势理论和比较优势理论都是研究纯贸易的理论。但绝对优势理论主要分析各国在不同的商品生产上有的处于绝对优势，有的处于绝对劣势；而比较优势理论主要分析有的国家在所有商品的生产上都处于绝对劣势，有的国家在所有商品的生产上都处于绝对优势。

2.劳动生产率、国际分工和贸易利益

在衡量产品的成本时，绝对优势理论和比较优势理论都是用单位产品所耗费的劳动时间来衡量的，即从劳动价值学说出发，两者都认为商品的价值由生产商品所花费的劳动时间所决定。但大卫·李嘉图又认为，支配一个国家中商品相对价值的法则，不能支配两个或更多国家之间相互交换的商品的相对价值。也就是说，大卫·李嘉图在分析国内交换和国际交换时，虽然出发点都是劳动价值学说，但他认为两者并不完全相同，而造成这种不同的原因在于劳动要素不能在国与国之间进行自由流动。

对于国际贸易产生的基础和贸易形态与方向的决定，绝对优势理论认为，一国只有存在绝对优势，产品才有可能参与国际分工，通过专业化生产并出口该优势产品，从而获取贸易利益。比较优势理论所注重的不是两个国家同一种产品的成本绝对差异，而是两国国内产品成本比率的差异，即劳动生产率的差异。因此，两国之间只要存在劳动生产率差异，即使一国在两种产品的生产上均处于绝对劣势，仍可通过生产并出口比较优势较小的产品获利。而两种产品均处于比较优势的国家，则集中生产并出口比较优势最大的产品，从贸易中获得更多的利益。可以说，亚当·斯密的绝对优势理论不过是大卫·李嘉图比较优势理论的一个特例，后者更加全面和深刻。

3. 留待解决的理论问题

绝对优势理论和比较优势理论从劳动成本的角度分析了贸易产生的原因，但对两国如何分配贸易利益，即交换比率的确定只是做了理论假定，并未进行分析。大卫·李嘉图是假定了而不是解释了比较优势。两者都没有解释劳动生产率和国家之间比较优势的差别，也不能解释国际贸易对生产要素获利的影响。两者虽然都用劳动价值学说解释国际贸易产生的内在原因，但对影响劳动时间耗费的具体因素有哪些并未进行深入分析，对各国之间的劳动生产率相对差异的解释也不明确；两者都只从成本或供给的角度来分析贸易产生的条件，而没有考虑是否有其他因素也能构成国际贸易产生的基础。

大卫·李嘉图的比较优势理论存在许多苛刻的假定，如假定成本不变、生产要素完全不能在国与国之间自由移动等。这些假定都不符合客观现实，因此可以进一步放松这些假定，使理论更符合贸易实践。此外，根据比较优势理论，当今的国际贸易应该主要在发达国家和发展中国家之间进行，但事实上，今天的国际贸易主要发生在发达国家之间。现实与理论的冲突使人们不得不从多方面解释国际贸易产生的原因。

2.4 相互需求理论

2.4.1 关于国际商品交换比率上下限的分析

1. 穆勒相互需求理论产生的背景

从上一节的分析中我们可以看出，大卫·李嘉图的比较优势理论只说明了国际贸易所依据的国际分工原则，没有解决两国贸易利益分配的问题，即国际商品交换比率的确定。大卫·李嘉图的学生、19世纪中期英国最有影响力的经济学家约翰·斯图亚特·穆勒（John Stuart Mill）在其1848年出版的《政治经济学原理》（Principles of Political Economy）一书中提出了相互需求理论，从需求的角度论证了贸易产生的条件。

在国际分工开始以前，两个国家存在各不相同的两种商品的国际交换比率。进行国际分工和国际贸易后，两国国内的交换比率被世界市场确定的单一交换比率，即国际交换条件所取代。

2. 国际商品交换比率上下限分析

穆勒认为，本国商品的价值决定于它的生产成本，而外国商品的价值则决定于为得到这种商品需要支付给外国的本国商品的数量，也就是说，外国商品的价值决定于国际贸易条件。

根据穆勒两个国家和两种商品的模型（如图2-1所示），如果A国在X产品的生产上具有比较优势，B国在Y产品的生产上具有比较优势，那么，两国在进行贸易时，A国用X商品交换B国的Y商品，其所得到的Y商品不会小于国内的交换比率，因为如果小于这个比率，A国就不会进行贸易了；但同时，也不会多于B国以X商品所交换到的Y商品的数量，因为如果大于这个比率，B国也就没有必要将Y商品拿出去进行交换了。

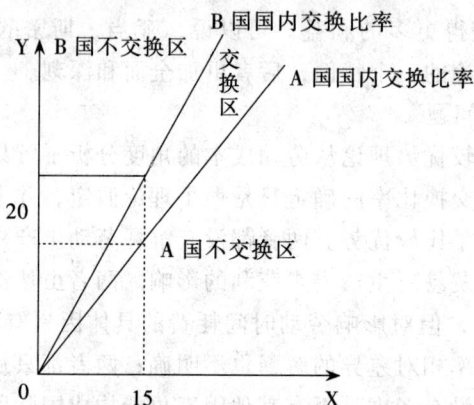

图2-1　国际贸易利益分配

因此，对于X商品与Y商品的交换比率，A、B两国国内的交换比率分别成为国际交换比率的上下限。

2.4.2　贸易利益的分配取决于相互需求强度

穆勒认为，国际贸易利益的分配是由两国对彼此商品的需求程度决定的，他强调国际商品交换中商品的供给和需求是交易双方的相互需求。国际均衡价格形成的必要条件是贸易双方的出口商品总值等于进口商品总值。穆勒认为，一国产品同另一国产品相交换，其所要求的价格水平是使该国的全部出口价值恰好能够偿付其全部进口价值。实际上，国际交换比率介于两国国内交换比率所确定的界限之内，其大小是由两国对对方产品的需求强度所决定的，由此也决定了两国之间贸易利益的分配。

穆勒不仅说明了国际贸易条件决定于两国的相互需求，还进一步说明了相互需求对国际贸易的影响。外国对本国商品的需求强度越是大于本国对外国商品的需求强度，实际的贸易条件就越接近外国国内交换比率，这个比率会使贸易利益的分配对本国更有利。反之，本国对外国商品的需求强度越是大于外国对本国商品的需求强度，实际的贸易条件就越接近本国的国内交换比率，这个比率会使贸易利益的分配对外国更有利。

2.4.3　相互需求方程式

相互需求方程式是指在国际分工条件下，两个国家各自生产不同的产品并相互交换，这两种产品的交换比率必须等于两国相互需求对方产品总量的比例。

穆勒认为，当相互需求方程式成立时，在国际市场上，商品的相对价格便由此决定。

1.相互需求方程式的数学表述

我们假定世界上有A和B两个国家（见表2-8）。每投入1单位劳动，A国可生产10

单位 X 产品，B 国也可生产 10 单位 X 产品；使用 1 单位劳动，A 国只能生产 15 单位 Y 产品，B 国却可以生产 20 单位 Y 产品。可以看出，在 X 产品的生产上，两个国家具有相同的劳动生产率；而在 Y 产品的生产上，B 国的劳动生产率则要高许多。

表 2-8   国际分工前两国的劳动生产率

国家	X	Y
A 国	10	15
B 国	10	20

因此，可以确定：

比较优势：A 国在 X 产品的生产上

            B 国在 Y 产品的生产上

国内交换比率：A 国：10X/15Y

               B 国：20Y/10X

这就是说，如果 A 国在世界市场上能以 10X 产品换取多于 15Y 产品，A 国便进入世界市场。如果 B 国在世界市场上能以少于 20Y 产品换取 10X 产品，B 国便进入世界市场。很显然，10X 产品的交换价值为 20Y。

2. 相互需求方程式的均衡条件

如图 2-2 所示，P_a 和 P_b 决定了世界价格的上下限，而 P_w 是世界均衡价格。在图 2-2 中，A 国出口 X 产品，B 国进口 X 产品，在 X 产品相对价格高于均衡水平时，A 国的 X 产品出口量将超过 B 国的 X 产品进口量，X 产品的相对价格将降到均衡价格水平。另外，情况若是相反，则 X 的进口量将超过 X 的出口量，X 产品的相对价格将升到均衡价格水平。相互需求理论从供求角度说明了价格的变化以及均衡的条件（供给=需求）。

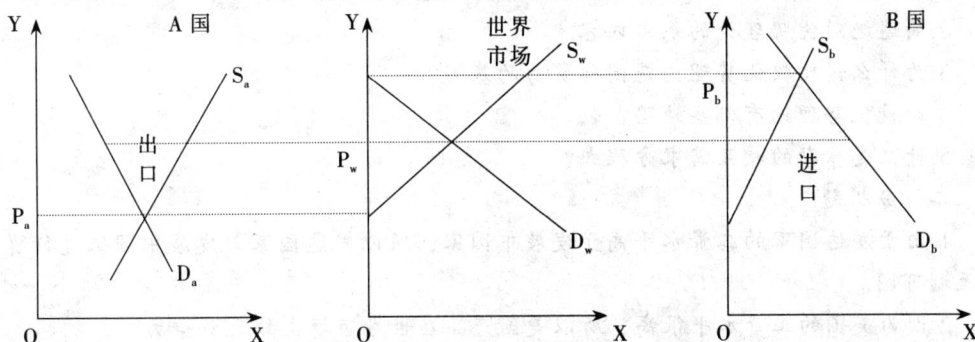

图2-2 国际相互需求理论的均衡条件

3. 对相互需求理论的评价

穆勒的相互需求理论指出了国际贸易条件的决定性因素，回答了大卫·李嘉图没有解释的问题，对大卫·李嘉图的比较优势理论做了必要的补充。但是，穆勒的相互需求理论也存在明显的局限性。

（1）穆勒的相互需求理论只能说明经济规模相当，而且双方需求对国际交换比率有重大影响的两国之间的贸易情况，只是这种现象并不具有普遍性。在现实生活中，国家之间的相互需求可能差异很大，那些经济和贸易小国的需求强度一般小于大国的需求强度，而那些经济和贸易大国的国内交换比率往往在实际上成为国际交换比率。

（2）穆勒的相互需求理论是以物物交换为前提的，这与现实情况大相径庭。虽然根据两国之间物物交换的具体情况，可以大体上实现彼此进出口量的平衡，但是在现实中，国际贸易是以货币为媒介进行的，各国的进口与出口是两个不同的过程，在时间和空间上都可能是脱节的，所以穆勒提出的均衡贸易条件往往是难以实现的。

▓ 案例讨论

1.美国服装制造业的劳动生产率比墨西哥和中国服装制造业的劳动生产率高，但美国从中国和墨西哥大量进口服装，这是为什么？

2.1996年的情人节与新罕布什尔州的初选日期2月20日相隔不到一周。这一天，共和党总统候选人帕特里克·布坎南在苗圃停留，为他的妻子购买了一打玫瑰。他趁此机会做了一次演讲，谴责美国日益增长的鲜花进口将美国鲜花种植者挤出了该行业。确实，美国的冬季玫瑰有一部分是从南美国家进口的，且所占市场份额日益上升。

资料来源　阿诺德. 像经济学家一样思考［M］. 李宝元，等译. 北京：人民邮电出版社，2009.

本章小结

思考：（1）可以用所学的哪个理论分析这一事件？

（2）美国从南美国家进口鲜花对美国、美国鲜花种植者和美国消费者来说是否是一件坏事？为什么？

▓ 复习思考题

一、简答题

1.早期重商主义和晚期重商主义国际贸易思想的核心各是什么？

2.简述绝对优势理论的基本内容。

3.为什么说比较优势理论是国际贸易的基石？

4.比较优势理论有哪些缺陷？

5.什么是穆勒的相互需求方程式？

二、分析题

1.由于发达国家的工资水平高于发展中国家，所以发达国家与发展中国家进行贸易会无利可图。

2.因为美国的工资水平很高，所以美国产品在世界市场上缺乏竞争力。

3.发展中国家的工资水平比较低是因为国际贸易的缘故。

第 3 章

新古典国际贸易理论

▓ 学习目标

知识目标：

1.理解新古典国际贸易理论的产生背景与发展，全面理解新古典国际贸易理论的核心概念、基本原理和主要模型，把握其与古典国际贸易理论的区别与联系；

2.学习并掌握H-O定理、要素价格均等化定理和罗伯津斯基定理；

3.理解并掌握里昂惕夫之谜。

能力目标：

1.能够运用新古典国际贸易理论分析现实世界中的贸易现象和问题，提高分析问题的能力；

2.通过本章的学习，将理论知识与实际问题相结合，提高分析问题和解决问题的能力；

3.在掌握新古典国际贸易理论的基础上，能够运用所学知识分析新的国际贸易现象和问题，提出具有创新性的见解和解决方案，提高创新能力。

素养目标：

1.通过本章的学习，培养对国际贸易理论的批判性思维，能够质疑、分析和评价不同理论观点的合理性和适用性；

2.通过对新古典国际贸易理论的学习，培养严谨的逻辑思维能力和分析能力，能够识别、分析和评估国际贸易中的复杂问题；

3.在掌握新古典国际贸易理论的基础上，结合实际情况，提出新的观点、分析框架或政策建议，为国际贸易理论和实践的发展贡献力量。

▓ 引导案例

德国和日本作为全球经济中的重要国家，在汽车制造业领域均享有盛誉。这两个国家不仅拥有世界知名的汽车品牌，还在技术创新、生产效率和市场占有率方面处于领先地位。然而，这两个国家在汽车生产上的要素禀赋差异却对它们的国际贸易模式和国际分工产生了深远影响。

德国在汽车制造业拥有强大的资本和技术实力，其汽车工业高度发达，注重技术创新和品质控制。德国在高端汽车市场占据重要地位，其汽车产品往往以先进的技术、精湛的工艺和高昂的价格著称。这表明德国在资本和技术密集型产品的生产上具有比较优势。

日本汽车制造业同样发达，但其在劳动成本和供应链管理方面具有显著优势。日本汽车制造商擅长精益生产和成本控制，能够在保证产品质量的同时降低生产成本。这使得日本在生产中档和经济型汽车方面具有比较优势。

根据H-O模型，德国应该出口资本和技术密集型的高端汽车产品，并从其他国家（包括日本）进口劳动密集型或成本较低的中档和经济型汽车产品。然而，在实践中，由于日本汽车在全球市场上的竞争力也很强，两国之间的汽车贸易可能更加复杂和多样化。尽管如此，从要素禀赋的角度来看，德国和日本在汽车生产上的差异仍然为它们之间的贸易提供了基础。德国可能更多地出口高端豪华汽车和技术密集型汽车零部件，而日本则可能在中档和经济型汽车市场上占有一定的份额。通过国际贸易，德国和日本都能够实现资源的优化配置和生产效率的提升。德国利用其资本和技术优势生产并出口高端汽车产品，获取了高额的利润和市场份额；而日本则通过其成本控制和供应链管理优势，在中档和经济型汽车市场上保持了竞争力。

同时，两国之间的汽车贸易也促进了技术交流和合作。德国和日本汽车制造商在技术研发、生产流程和市场拓展等方面进行了广泛的合作与交流，共同推动了全球汽车产业的发展和进步。

资料来源 作者根据相关资料整理。

3.1 新古典贸易理论的创新发展

3.1.1 新古典贸易理论对古典国际贸易理论的继承

尽管新古典贸易理论对古典国际贸易理论的假定做了修改和放松，但新古典贸易理论继承了古典国际贸易理论两个重要的假定：

（1）国际贸易之所以会产生，其原因在于各国生产同一种产品的价格或者成本差异。价格或者成本差异给贸易各国带来了潜在的福利，这是国际贸易产生的根本原因和动力。尽管新古典贸易理论与古典国际贸易理论的产生相差大约150年，但两者有着相同的理论渊源。

（2）国际贸易的研究和分析都是建立在完全竞争市场之下的，两者都强调了竞争在国内市场以及国际市场上对资源有效配置的重要作用。新古典贸易理论与古典国际贸易理论的关系如图3-1所示。

3.1.2 新古典贸易理论的创新

赫克歇尔-俄林理论被誉为国际贸易理论从古典（比较优势理论）向新古典和现代理论发展的标志，是对古典国际贸易理论的继承和发展。

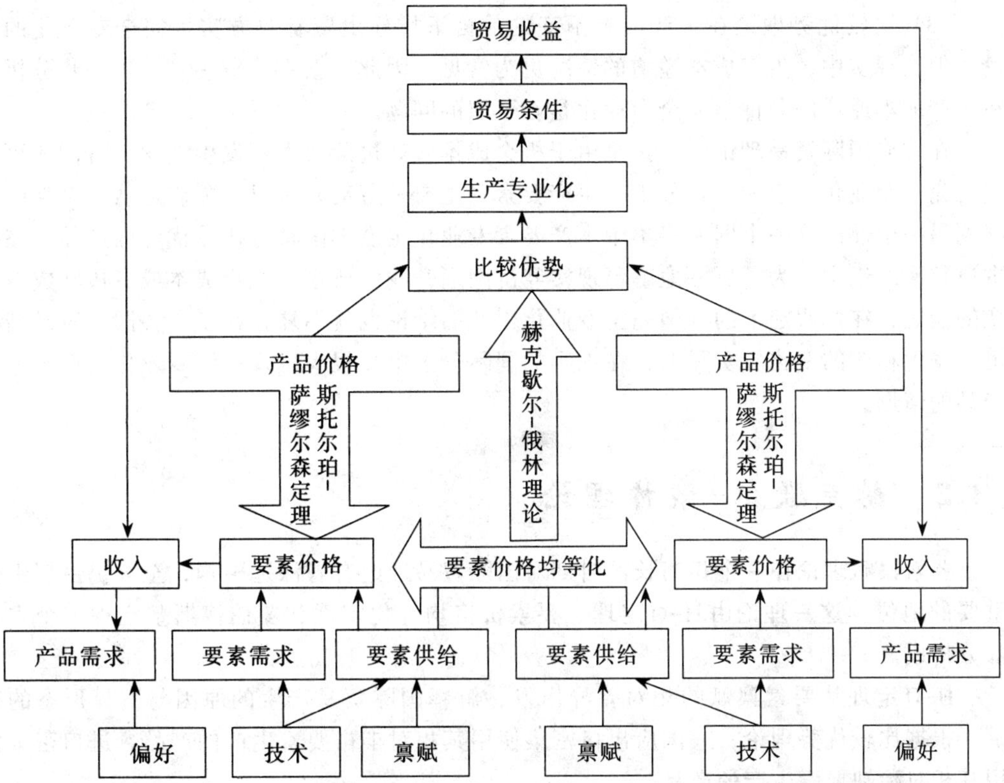

图3-1 大卫·李嘉图比较优势理论与赫克歇尔-俄林理论之间的关系

（1）古典国际贸易理论之集大成者大卫·李嘉图认为，比较优势是发生国际分工和国际贸易的基础，而产生比较优势的因素则是各国之间劳动生产率的差异以及由此产生的劳动成本差别。后来的经济学家用"机会成本"的概念代替了劳动成本，使分析形式有所改变。但是，劳动成本的差别或者机会成本的差异因何产生呢？大卫·李嘉图等人并没有给出实质性答案，即没有揭示国际贸易产生的决定因素。

按照赫克歇尔-俄林理论，各国的资源禀赋是不同的，不同产品所需的生产要素投入比例也是不同的。因此，一国生产密集使用本国比较丰裕的生产要素的产品时，成本就比较低；而生产密集使用别国比较丰裕的生产要素的产品时，成本就比较高。这样就形成了各国生产和交换产品的价格优势，进而形成了国际贸易和国际分工。从这一点来看，赫克歇尔-俄林理论是内生的比较优势理论。

（2）比较优势理论指出，一国通过专业化生产一种产品，并通过国际贸易获得其他产品，可以实现贸易收益的最大化。比较优势理论预见了国际贸易给各国带来的福利增加，但并没有说明贸易双方究竟获得了多少实际利益，更没有提及一国内部不同阶层如何分享国际贸易带来的收益。

在赫克歇尔-俄林理论基础上发展而来的斯托尔珀-萨缪尔森定理对这一问题进行了分析并得出了结论：国际贸易带来的收益分配是不均等的，它取决于要素的丰裕程度。也就是说，国际贸易会提高一国丰裕要素所有者的实际收入，而降低稀缺要素所有者的实际收入。

（3）比较优势理论在生产成本不变的前提下推导出贸易双方实现完全专业化的结论，但在现实中，生产成本递增的情况更为常见。因此，新古典贸易理论进一步分析了在生产成本递增的条件下完全专业化是否可取的问题。

在古典国际贸易理论中，正是由于机会成本或者边际成本不发生变化，各国才可以实现完全专业化生产和国际分工，生产要素（主要是劳动）可以无障碍地从一个部门转移到另一个部门，一个国家将集中生产要素专业化生产本国具有比较优势的产品。在新古典贸易理论中，为了更好地解释现实经济问题，我们放松了机会成本或者边际成本不变的假定，在此假定下的各国完全专业化生产的结论也就不复存在了，各国的贸易结构也会发生相应的变化。实际上，在现实的国际分工中，很少出现一国专业化生产某一种产品的情形。

3.2 赫克歇尔-俄林理论

要素禀赋理论在一个相当长的时期对国际贸易理论有着深远影响，至今仍占据十分重要的地位。这一理论由 H-O 定理、要素价格均等化定理和罗伯津斯基定理三个主要部分构成。

H-O 定理从要素禀赋的相对差异出发，解释国际贸易产生的原因与贸易形态的决定。根据比较优势理论，一国应出口密集使用其相对丰裕要素生产的产品，进口密集使用其相对稀缺要素生产的产品。

要素价格均等化定理指出，国际贸易通过商品价格的均等化，导致要素价格的均等化，从而在世界范围内实现资源的最佳配置；同时，由于要素价格的变动，国际贸易会影响一国的收入分配格局，即相对丰裕要素的所有者会从国际贸易中获利，而相对稀缺要素的所有者会因国际贸易而受损。

罗伯津斯基定理说明，在商品价格不变的前提下，某一要素的增加会导致密集使用该要素生产的产品增加，而另一产品的生产则会减少。根据罗伯津斯基定理，我们可以依据罗伯津斯基线的方向来判断要素增加国的经济增长类型。对大国来说，如果经济增长偏向出口部门，则会恶化增长国的贸易条件；如果经济增长偏向进口部门，则会改善增长国的贸易条件。本章的内容结构如图3-2所示。

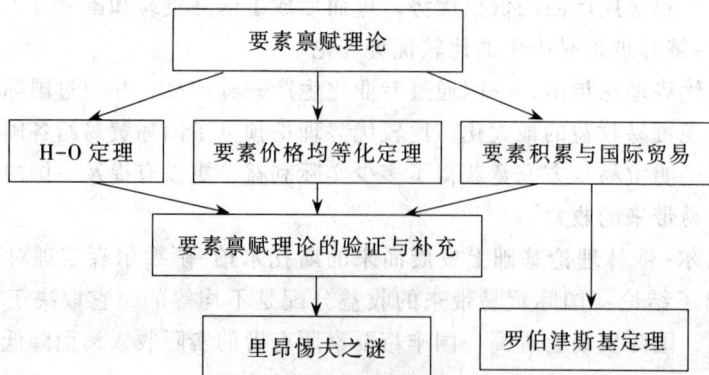

图3-2　本章内容结构图

3.2.1　要素禀赋理论的基本模型

1.模型的基本假设

要素禀赋理论的基本模型建立在以下几个假设之上：

（1）两国相同部门的生产函数相同；

（2）两国消费者的偏好相同；

（3）规模收益不变；

（4）所有商品市场、要素市场都是完全竞争的；

（5）两国的生产要素供给是既定不变的；

（6）生产要素在一国之内可以自由流动，在国家之间不能流动；

（7）X产品、Y产品的生产技术不同，其中X产品为资本密集型产品、Y产品为劳动密集型产品；

（8）不存在运输成本或其他贸易障碍。

由以上假设可知，A、B两国除要素禀赋不同外，其他条件是完全相同的。

2.几个重要概念

在建立要素禀赋理论的基本模型之前，我们先引入几个重要概念：

（1）要素禀赋：是指一国所拥有的两种生产要素的相对比例。假设有A、B两个国家，它们分别拥有资本（K）、劳动（L）两种要素。同一种要素两国的拥有量不同，可能一国资本拥有量较大，另一国劳动拥有量较大；也可能一国两种要素的拥有量均大于另一国。要素禀赋是指两种要素的相对比例，不是绝对量的比较。

如果 $(K/L)^A > (K/L)^B$，则A国为资本要素丰裕的国家，同时也是劳动要素稀缺的国家。相反，B国则是资本要素稀缺、劳动要素丰裕的国家。一国只能有一种丰裕要素，即使该国两种要素的绝对量均大于另一国。

在现实世界中，一国生产要素的丰裕或稀缺不是绝对的，而是要看同哪个国家比较。A国同B国比较是资本丰裕的国家，但同C国比较可能就是劳动丰裕的国家了，生产要素的丰裕或稀缺是由两国两种要素的相对比例决定的。

（2）要素密集度（Factor Intensity）：是指产品生产中投入的两种要素的相对比例。生产不同产品所需要的资本-劳动比率是不同的。我们假定使用K和L两种要素生产X和Y两种产品，如果 $(K/L)_X > (K/L)_Y$，那么，X产品为资本密集型产品，Y产品为劳动密集型产品。

一种产品是资本密集型还是劳动密集型，不是看该产品生产中使用的资本和劳动的绝对数量，而是取决于与另一种产品相比，该产品生产中所使用的两种要素的比例。在有多种产品的情况下，A产品与B产品相比属于资本密集型产品，但与C产品相比则可能属于劳动密集型产品。

产品生产中的资本-劳动比率是由厂商根据利润最大化原则确定的。具体过程如下：

①等产量线（Isoquant）。它是表示获得一定的产出所需生产要素的不同组合的曲线，如图3-3所示。

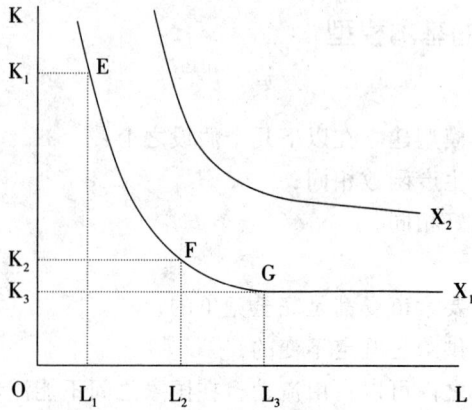

图3-3　等产量线

图3-3描述了一国生产X产品的两条等产量线X_1与X_2。横轴与纵轴分别表示该国生产X商品的劳动与资本投入量。在同一条等产量线上的各点，资本和劳动的组合不同，但产出水平相同。远离原点的等产量线表示较高的产量，X_2表示的产量高于X_1；等产量线弯向原点表明，要减少一种要素投入，就必须增加另一种要素投入，生产要素具有一定的替代性，但生产要素的边际替代率递减。边际替代率是等产量线的斜率（$\triangle K_x / \triangle L_x$）。从E点到F点再到G点，劳动代替资本，代替同量资本所需的劳动不断增加。

②等成本线（Isocost Line）。它是表示一国生产某一商品时相同成本下生产要素不同组合的曲线。

生产X商品需要投入K、L两种生产要素，由于两种生产要素可以在一定程度上相互替代，因此生产同一种商品可以使用不同的生产要素组合。生产成本由生产要素的投入量和生产要素的价格决定。

用w表示劳动的价格，用r表示资本的价格，生产X商品需要的劳动与资本投入分别用L_x和K_x表示，则X产品的成本$C = wL_x + rK_x$。

图3-4描述了一国生产X产品的两条等成本线，成本分别是C和C^*。同一条等成本线上的任何一点，资本与劳动的组合不同，但成本相同。右上方那条等成本线C^*表示较高的成本。

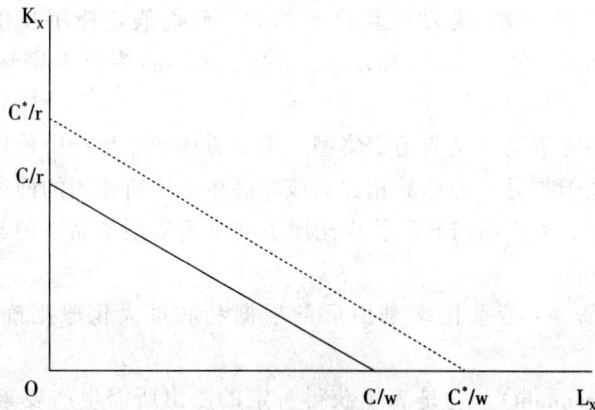

图3-4　等成本线

等成本线的斜率是-w/r，即要素价格的比率。

（3）资本-劳动比率的确定。为了实现利润最大化，厂商会选择在代表该产品产量的等产量线上的成本最低点生产。

图3-5描述了一国生产X产品的要素投入比例。P点是等产量线X_0与等成本线（C）的切点，该点是生产X_0数量的X商品的成本最低点。OP线的斜率等于生产X商品的资本-劳动比率$(K/L)_x$。

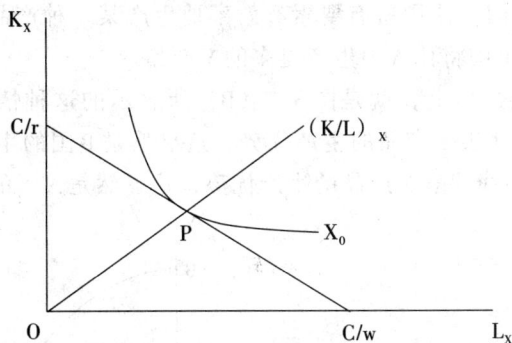

图3-5 资本-劳动比率的决定

从上述资本-劳动比率的决定过程可知，厂商可以沿着等产量线选择多种要素投入比例，具体应根据要素的价格确定。要素的价格比例不同，等成本线的斜率就不同，资本-劳动比率就不同。

在相同的要素价格条件下，资本-劳动比率在不同的行业往往是不同的。比如钢铁行业的资本-劳动比率一般高于纺织行业（如图3-6所示）。钢铁与纺织品相比，钢铁是资本密集型产品，纺织品则是劳动密集型产品。

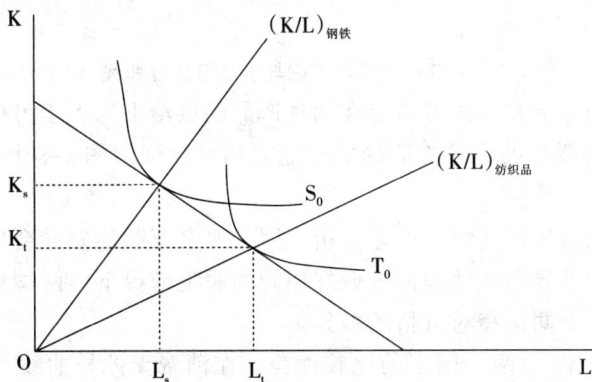

图3-6 不同行业要素投入比例的差异

3.H-O模型

（1）要素禀赋与生产可能性曲线。两国的要素禀赋不同，在生产要素密集度不同的两种产品时，两国的相对生产能力存在差异。资本丰裕的国家较适合生产资本密集型产品，该种产品的相对供给能力较大；而劳动要素丰裕的国家比较适合生产劳动密集型产品，该种产品的相对供给能力较大。反映在生产可能性曲线上，资本丰裕国家的生产可能性曲线偏向表示资本密集型产品的坐标轴，而劳动要素丰裕国家的生产可能性曲线则偏向表示劳动密集型产品的坐标轴。

我们现在由要素禀赋差异推导出生产可能性曲线。在这里，我们假设两国的生产技术完全相同，即对X产品来说，两国的等产量线完全相同；对Y产品来说，两国的等产量线也完全相同。

如图3-7（A）所示，A国的要素禀赋约束在E_1点，而B国的要素禀赋约束在E_2点。过E_1的（更陡）等产量线代表X产品的生产技术，而过E_2的（更平）等产量线代表Y产品的生产技术。如果两国都使用所有要素有效率地生产某一种产品，那么，A国将比B国生产更多X产品，而B国将比A国生产更多的Y产品。

反映在生产可能性边界上，就是图3-7（B）所表示的这种情况。其中，BB'（较陡）的生产可能性曲线代表Y产品的生产优势，这显然是B国的生产可能性边界；AA'（较平）的生产可能性曲线代表X产品的生产优势，这显然是A国的生产可能性边界。

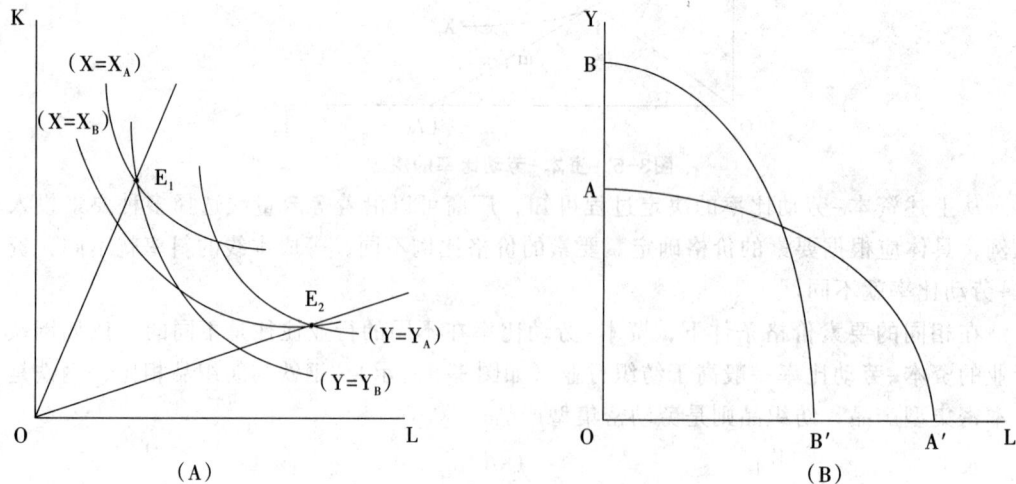

图3-7　要素禀赋与生产可能性曲线

受资源总量的影响，一国有可能在两种产品的供给上均大于另一国，但是，一国在密集使用本国丰裕要素的产品方面的供给能力相对更强。图3-8中PPC_A和PPC_B^*表示的就是这种情况。

（2）要素禀赋与比较优势。上述分析表明，要素禀赋的差异会导致两个国家两种产品相对供给能力的差异。在两国需求偏好相同的假定前提下，两国相对供给能力的差异就会形成封闭条件下两国相对价格的差异。

图3-9描述了A、B两个国家的比较优势。在消费无差异曲线与生产可能性曲线的切点上，形成了两个国家封闭条件下的生产消费均衡点E^A和E^B。生产可能性曲线在上述均衡点的斜率给出了封闭条件下两个国家各自的相对价格水平。从图3-9可以看出，由于A国具有丰裕的劳动要素，其劳动密集型产品X的供给能力相对较高。而B国具有丰裕的资本要素，其资本密集型产品Y的供给能力相对较高。在相同的需求条件下，$(P_X/P_Y)^A < (P_X/P_Y)^B$，A国X产品的相对价格低于B国，B国Y产品的相对价格低于A国。因此，A国生产X产品具有比较优势，B国生产Y产品具有比较优势。

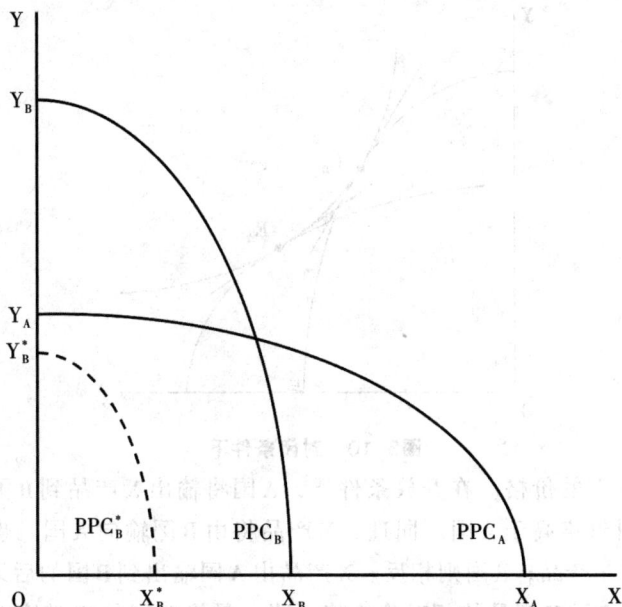

图3-8　要素禀赋与生产可能性曲线

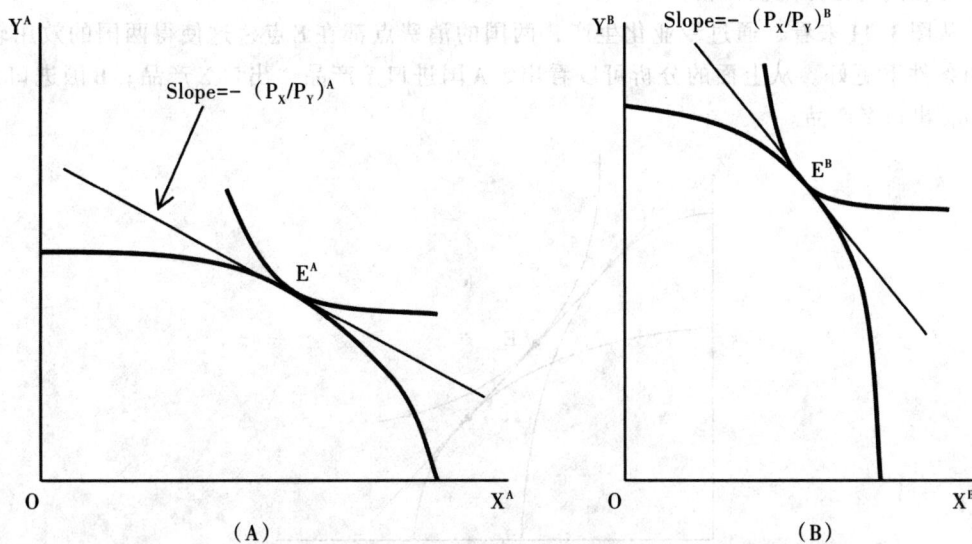

（A）　　　　　　　　　　　　　（B）

图3-9　要素禀赋与比较优势

（3）封闭条件下的价格。为了分析的方便，我们假设这两个国家的生产可能性曲线是完全对称的，且它们在封闭经济中达到了同样的效用水平（记住：它们的无差异曲线是相同的）。

两个国家的生产可能性曲线恰好与同一无差异曲线相切，得到了它们的自给自足点，如图3-10所示。

对A国来说，它的生产优势在X产品上，因此A国的相对价格线较平缓（或者说X产品更便宜）；而B国的生产优势在Y产品上，因此B国的相对价格线比较陡峭（或者说X产品更贵）。

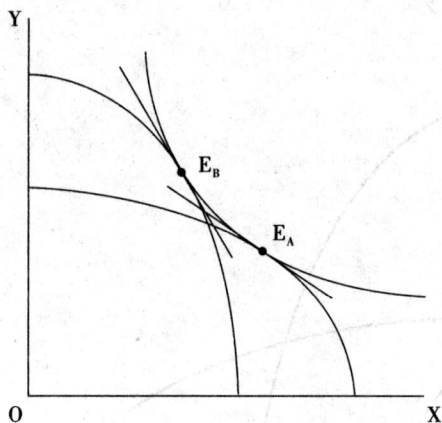

图3-10 封闭条件下

（4）开放条件下的价格。在开放条件下，A国将输出X产品到B国，因为在B国市场上X产品的相对价格高于A国。同理，Y产品将由B国输向A国。也就是说，A国将出口X产品，进口Y产品；B国则相反。X产品由A国输出到B国的后果是A国X产品的相对价格将上升，B国X产品的相对价格将下降，最终两国的相对价格趋于一致，即两国面对相同的国际均衡价格。

从图3-11来看，通过专业化生产，两国的消费点都在E点，这使得两国的效用较封闭条件下更好。从上面的分析可以看出，A国进口Y产品，出口X产品；B国进口X产品，出口Y产品。

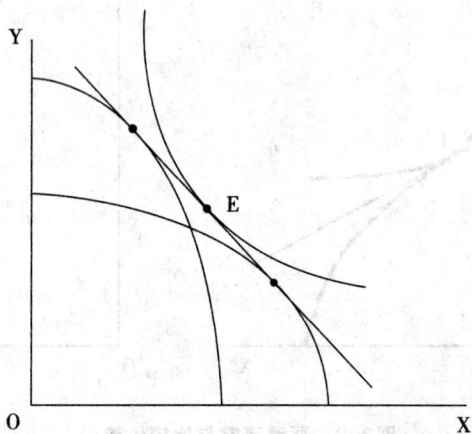

图3-11 开放条件下

国际均衡价格由A、B两国的相互需求共同决定。在图3-12中，A国X产品的过剩供给曲线（或出口供给曲线）与B国X产品的过剩需求曲线（或进口需求曲线）的交点，决定了国际均衡价格P_w。图3-12中的国际均衡价格P_w处于A、B两国封闭条件下的相对价格之间。

4.H-O定理

综合以上分析，我们可以对要素禀赋理论做出如下概括：

H-O定理认为国际贸易必须符合比较优势原则，它将比较优势归因于各国土地、

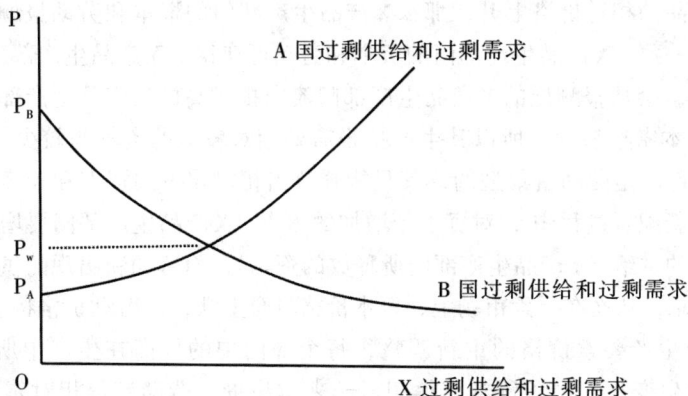

图3-12　国际均衡价格

劳动和资本等生产要素禀赋的不同。比较优势产生于各国价格的差异，价格是由供求两方面共同作用的。从国内供给方面看，产品价格比率的不同反映了产品成本比率的差异，也就是说，比较优势产生于各国成本结构的不同。在完全竞争的市场上，产品的价格等于其边际成本，边际成本反映用来生产这种产品的边际要素（土地、劳动、资本和企业家的管理才能）投入的价格。由于不同的商品生产需要不同比例的生产要素组合，即不同的要素密集度，显然，如果各国要素的价格比例不同（包括地租、工资、利息率和管理利润），则各国生产同一种产品的成本比率不同，各国的产品价格比率也将不同，从而为贸易的产生奠定了基础。

各国在使用其丰裕要素较多的产品生产上具有比较优势，在使用其稀缺要素较多的产品生产上处于比较劣势。因此，按照比较利益原则，一国应生产和出口大量使用本国丰裕生产要素生产的具有比较优势的产品，进口使用本国稀缺生产要素生产的具有比较劣势的产品。

我们也可以将赫克歇尔-俄林理论概括为以下几个要点：

（1）商品价格的国际差异是国际贸易产生的直接原因；

（2）各国商品价格比例不同是国际贸易产生的必要条件；

（3）各国商品价格比例不同是由要素价格比例不同决定的；

（4）要素价格比例不同是由要素供给比例不同决定的。

3.2.2　要素价格均等化定理

要素价格均等化定理有两点重要的意义：第一，证明了在各国要素价格存在差异，以及生产要素不能通过在国际上自由流动来直接实现最佳配置的情况下，国际贸易可替代要素的国际流动，"间接"实现世界范围内资源的最佳配置；第二，说明了贸易利益在一国内部的分配问题，即国际贸易如何影响贸易国的收入分配格局。

1.商品价格与要素价格

国际贸易因相对价格的差异而起，反过来，国际贸易又促使各贸易国的商品相对价格趋于均等。在确定国际贸易如何影响要素价格之前，我们以X商品相对价格的上升为例，考查一下商品相对价格的变动是如何影响要素价格的。

在完全竞争条件下，生产要素在每一个部门的报酬等于其边际产品价值，即等于其边际产出与商品价格的乘积。在达到均衡时，单位生产要素在所有部门的报酬应当是相同的。

此时，如果 X 商品的相对价格上升，那么 X 产品生产部门的资本和劳动报酬与 Y 产品生产部门就不再保持一致，X 产品生产部门的资本和劳动可获得比 Y 产品生产部门更多的报酬，于是资本和劳动就会从报酬低的 Y 产品生产部门流向报酬高的 X 产品生产部门。由于 X 产品生产部门是资本密集型的，所以其生产扩张需要相对较多的资本与较少的劳动相配合，但因 Y 产品生产部门是劳动密集型的，其只能释放出相对较少的资本和较多的劳动，于是在生产要素的重新配置过程中，对资本新增加的需求（X 产品生产部门要增加的资本）超过了资本新出现的供给（Y 产品生产部门所释放的资本），而劳动新出现的供给则超过了对劳动新增加的需求，从而在要素市场上，资本价格将会上涨，而劳动价格将会下跌。

另外，随着生产要素价格的重新调整，每个部门中的厂商在生产中所使用的资本-劳动比率也将发生变化。由于资本变得相对越来越昂贵，劳动变得相对越来越便宜，所以每个部门的厂商都会调整其要素使用比例，尽量多使用变得便宜了的劳动，来替代一部分变得昂贵了的资本，最后，每个部门所使用的资本-劳动比率都要低于 X 产品相对价格变化之前的资本-劳动比率。

由以上分析可知，X 产品相对价格上升会导致它所密集使用的生产要素——资本名义价格的上升，以及另一种生产要素——劳动名义价格的下降。但要素名义价格的变化说明不了要素实际价格的变化，只有将要素名义价格的变化与商品价格的变化加以对比，才能确定要素实际价格的变化。

在均衡状态下，劳动和资本的价格分别为：

$$w = P_x \cdot MP_{LX} = P_y \cdot MP_{LY} \tag{3.1}$$

$$r = P_x \cdot MP_{KX} = P_y \cdot MP_{KY} \tag{3.2}$$

上述两个表达式表示在均衡条件下，资本和劳动价格的决定。其中，w、r 分别表示劳动、资本的价格（或报酬）；MP_{LX}、MP_{LY} 分别表示劳动在 X、Y 两个部门中的边际产出，MP_{KX}、MP_{KY} 分别表示资本在 X 和 Y 两个部门中的边际产出。

由（3.1）和（3.2）两式，可以得到：

$$\frac{w}{P_x} = MP_{LX}, \quad \frac{w}{P_y} = MP_{LY} \tag{3.3}$$

$$\frac{r}{P_x} = MP_{KX}, \quad \frac{r}{P_y} = MP_{KY} \tag{3.4}$$

上述各等式的左边均表示要素的实际价格或报酬，即各生产要素的名义价格或报酬若分别用于购买 X、Y 商品时，所能购买到的 X、Y 商品数量。上述表达式表明要素的实际报酬等于其边际生产力。由于在规模收益不变的条件下，生产要素的边际生产力只取决于两种要素的使用比例，与两种要素投入的绝对量没关系，因此商品相对价格的变化对要素实际收入的影响只取决于两种商品所使用的要素比例的变化。

我们已经了解到，当 X 产品的相对价格上升时，X、Y 两个产品生产部门所使用的资本-劳动比率均会下降。根据边际收益递减规律，当资本-劳动比率下降时，由于资本相对于劳动的投入减少，所以资本的边际生产力上升；相反，劳动的边际生产力下降。从（3.3）、（3.4）两式来看，就是 r/P_x、r/P_y 均上升，而 w/P_x、w/P_y 均下降，即 X 产品的相对价格上升后，资本的实际价格或报酬上升，劳动的实际价格或报酬下降。

实际上，自由贸易条件下产品相对价格的变化会导致生产中密集使用的生产要素的价格同方向更大比例的变化，这里存在一个放大效应（Magnification Effect）。比如，劳动密集型产品 X 相对价格上升了 10%，那么工资将上升 10% 以上。1941 年，斯托尔珀[①]和萨缪尔森[②]在《经济研究评论》上发表了论文《论贸易保护与实际工资》，研究了关税对收入分配的影响，揭示了国际贸易的收入分配效应。上述结论被称作斯托尔珀-萨缪尔森定理。

2. 斯托尔珀-萨缪尔森定理

当一个国家由自给自足走向自由贸易时，贸易会使出口产品的价格相对提高，进口产品的价格相对下降，这会使出口产品生产中密集使用的生产要素，也是国内供给相对充裕的生产要素的价格提高；同时，它也使出口产品生产中非密集使用的生产要素，也是国内供给相对稀缺的生产要素的价格下降。如果本国是土地充裕、劳动稀缺的国家，出口土地密集型产品（如食物）并进口劳动密集型产品（如衣服）会使土地的价格，即地租率相对上升，从而使土地所有者的报酬增加；同时，它会使劳动的价格，即工资率相对下降，也就是使劳动者的报酬下降。某一商品相对价格上升，将导致该商品密集使用的生产要素的实际价格或报酬提高，而另一种生产要素的实际价格或报酬则下降。

斯托尔珀-萨缪尔森定理表明，自由贸易会增加本国丰裕要素的报酬，由于丰裕要素报酬的增长超过产品相对价格的提高幅度，丰裕要素所有者的福利得到改善。同时，自由贸易降低了稀缺要素的报酬，由于要素报酬的降低超过产品相对价格的降低幅度，稀缺要素所有者的福利水平下降。自由贸易总体上可以改善一国的福利水平，但是对国内不同要素所有者福利的影响不同，一部分人的福利改善，另一部分人的福利恶化。这是一国不同社会群体对同一贸易政策持不同态度的主要原因。

3. 要素价格均等化

（1）要素价格均等化定理。斯托尔珀-萨缪尔森定理说明的是自由贸易对一国不同要素价格的影响，而要素价格均等化探讨的是自由贸易条件下两国同一生产要素价格的变动趋势。

自由贸易倾向于使产品价格均等化。如果生产要素能够在国家之间自由流动，则要素价格也会倾向于均等化。比如，劳动会从工资率低的国家流向工资率高的国家，从而使得低工资率国家的工资率上涨、高工资率国家的工资率下降，两国的工资水平趋向一致。

前文我们假定生产要素在国内自由流动，在国家之间不能流动。虽然这一假定并不完全符合事实，但它确实反映了国界对要素流动的影响。要素在国家之间的流动性明显低于其在国内的流动性。国家之间要素的非流动性意味着并不存在明显的机制使要素价格均等化。

那么，产品的自由贸易对两国同一要素的价格有什么影响呢？

开展自由贸易后，一国会扩大具有比较优势的产品的生产。根据 H-O 理论，扩大生产的产品是密集使用本国丰裕要素的产品。这样，生产扩大导致丰裕要素价格上涨，而原来这一要素由于较丰裕价格较低。同时，具有比较劣势的产品的生产减少，减少了对稀缺要素的需求，稀缺要素的价格会降低。在另一个国家，贸易会对要素价格产生相

---

① 沃尔夫冈·斯托尔珀（Wolfgang Stolper），美国经济学家，1912 年生于维也纳，1938 年获得哈佛大学经济学博士学位，1949 年起一直在美国密西根大学任教，担任过福特基金会、世界银行、联合国的经济顾问。

② 保罗·萨缪尔森，美国著名经济学家，1915 年生于芝加哥的一个波兰移民家庭，获得哈佛大学博士学位后，进入麻省理工学院任教。萨缪尔森的研究领域非常广泛，在最有影响的学术刊物上发表了大量论文，受到学术界极高评价。萨缪尔森在经济学基础原理的教学研究方面也取得杰出成就，1948 年出版教材《经济学》，再版至今。1970 年，萨缪尔森获得诺贝尔经济学奖，他是获得该奖的第一位美国经济学家。

同的影响，但两国的丰裕和稀缺要素正好相反。本国丰裕的要素是对方稀缺的要素，本国稀缺的要素是对方丰裕的要素。这样，对同一种生产要素，自由贸易使其在供应丰裕的国家价格上升，在供应稀缺的国家价格下降。在生产要素不能在国家之间自由流动的假定下，产品的自由贸易会使两国同一生产要素的价格趋于均等化。这一结论称为要素价格均等化定理。1948 年，萨缪尔森首次对此进行了验证，因此也称作 H-O-S 定理。

（2）妨碍要素价格均等化的因素。实际上，我们并未在现实中发现完全的要素价格均等化，有许多因素妨碍要素价格的均等化。

第一，生产要素是非同质的。要素价格均等化的一个前提是要素的同质性。比如劳动，要素质相同、劳动效率相同，但实际上，劳动是非同质的。一国的劳动者接受了较多的教育培训，有较高的技能，产出较多，报酬较高；另一国的劳动者素质较差，产出较低，报酬也较低。这样，两国的工资水平必然会有差距。

第二，不同国家的技术不同。H-O 理论假定不同国家生产同一种产品使用相同的技术，但实际上，国家之间存在技术差异。先进技术会取代落后技术，但国家之间技术的扩散和转移存在时滞。两国的技术不同，生产同一种产品对生产要素的需求也不同，生产要素的报酬就不同。

第三，国家之间产品价格存在差异。要素价格均等化是从产品价格均等化推导出来的，但是国家之间产品价格由于许多因素的限制并未实现均等化，比如交通成本、贸易保护措施、非贸易产品的存在等。国家之间产品价格的差异限制了要素价格均等化的实现。

（3）要素价格均等化定理的意义。尽管不存在完全的要素价格均等化，要素价格均等化定理对我们认识贸易对要素价格的影响仍很有意义。自由贸易会缩小两国要素报酬的差距，这一点增加了一国政策选择的余地。一国出口密集使用丰裕要素生产的产品，实际上是间接地出口本国丰裕的生产要素，从而提高丰裕生产要素的报酬。劳动丰富的国家不必通过向外移民或劳工输出提高工资水平，通过出口劳动密集型产品同样能够提高本国的工资水平，减少与外国的收入差距。

3.2.3　要素积累与国际贸易的关系

在前文要素禀赋理论中，我们一直假定一国的要素总量是固定不变的，在这一部分，我们将放松这条假设，专门讨论要素总量变化对国际贸易的影响。一般来说，要素禀赋的变化会导致一国生产可能性边界的移动，从而可能影响其贸易条件，甚至影响其比较优势。为了了解要素禀赋变动对生产可能性边界的影响，我们引入罗伯津斯基定理（Rybczynski Theorem）。该定理描述了在商品相对价格不变的前提下，生产对要素禀赋变化的反应。

1.罗伯津斯基定理

如果要素和商品价格不变，一种要素增加而另一种要素保持不变，其结果是密集使用增加要素生产的产品数量增加，密集使用另一种要素生产的产品数量减少。

（1）用公式说明。假设资本供给增加了 ΔK。在商品相对价格保持不变的前提下，为了使新增加的资本（ΔK）能全部被利用，以保证充分就业，就需要资本密集型部门（X 产品）来吸收新增的资本，但要保证 X 产品生产部门将新增的资本全部吸收，还需要一定的劳动来与其搭配，所以 Y 产品生产部门不得不缩小生产规模，以便释放出一定的劳动（ΔL_y）。但 Y 产品生产部门在释放出劳动的同时，还会释放出一定的资本（ΔK_y），这部分资本也需要 X 产品生产部门来吸收，最后达到如下状态：

$$k_x = \frac{K_x}{L_x} = \frac{K_x + \Delta K + \Delta K_y}{L_x + \Delta L_y} \tag{3.5}$$

$$k_y = \frac{K_y}{L_y} = \frac{K_y - \Delta K_y}{L_y - \Delta L_y} \tag{3.6}$$

当上述两式都满足时，所有要素都得到了充分利用，并且两个部门的要素密集度保持不变，结果 X 产品生产部门的生产扩大，而 Y 产品生产部门的生产下降。如果劳动总量增加，资本总量不变，则 Y 产品生产部门的生产扩大，X 产品生产部门的生产下降。

（2）用图表说明。在图 3-13 中，E 点表示一国要素变化前的要素禀赋点，直线 OX、OY 的斜率分别表示均衡时 X、Y 两个产品生产部门的要素使用比例，由于 X 产品是资本密集型产品，所以直线 OX 在直线 OY 之上。坐标图中 X、Y 点所对应的劳动、资本分别表示两个部门的要素投入量，根据要素充分利用这一假设，OXEY 应是一个平行四边形。另外，由于规模收益不变，X、Y 两种产品的产出分别与线段 OX、OY 的长度成等比例关系，所以不妨直接用线段 OX、OY 分别表示两个部门的产出水平。

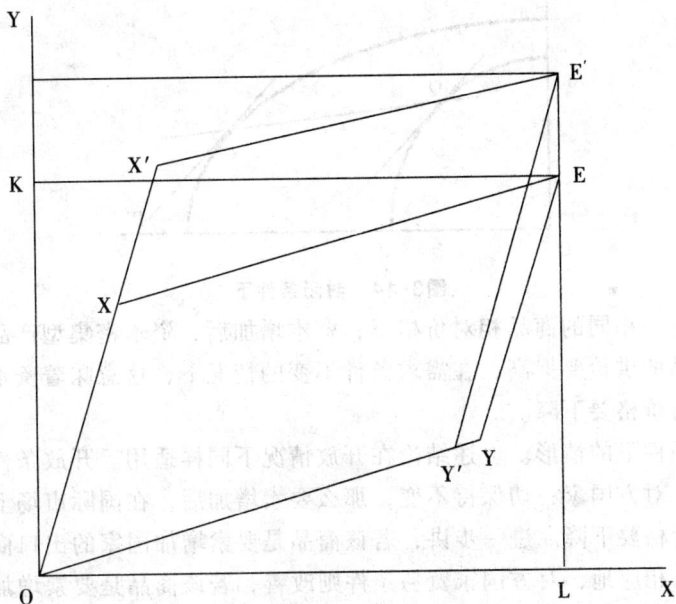

图3-13 罗伯津斯基定理

假定资本增加，劳动保持不变，则图 3-13 中资本增加后要素禀赋点由 E 变为 E'。在商品相对价格不变的情况下，要素禀赋点变动之后，X、Y 两个产品生产部门的要素使用比例仍保持原来水平。这时，因要保证所有要素被充分利用，新的平行四边形为 OX'E'Y'，相应地，X、Y 两个产品生产部门的产出水平分别为 OX' 和 OY'，由图 3-13 可知，X 产品的产出增加了，而 Y 产品的产出则减少了。

（3）罗伯津斯基定理的适用范围。在罗伯津斯基定理中，商品相对价格不变是一个重要条件，因此，这一定理只适用于国际贸易中的"小国"。另外，罗伯津斯基定理不仅可以解释进口替代中进口工业生产扩大而出口工业下降的现象，而且可以用来说明出口扩张型增长对出口工业生产和进口工业生产的影响。

2.要素积累与国际贸易条件

罗伯津斯基定理可以说明要素积累对生产可能性边界的影响，这是该定理的一个重要应用。要素禀赋增加后，生产可能性边界两个端点分别对应的X、Y产品的最大产出都会增加，生产可能性边界将向外移动，但外移的方向取决于要素禀赋变化的类型。

（1）封闭条件下的情形。在图3-14中，对应一个不变的相对价格P，在资本增加前，相对价格线P与生产可能性边界相切于Q点，资本增加后，相对价格线P与新的生产可能性边界相切于Q′点，根据罗伯津斯基定理，新的生产均衡点Q′应位于原来的生产均衡点Q的右下方，这里，通过Q与Q′两点的直线R称为罗伯津斯基线（Rybczynski Line）。由于相对价格P可任意取值，因而，对应于任意一相同的商品相对价格，资本增加后，资本密集型产品（X）的产出增加，而劳动密集型产品（Y）的产出则减少，这意味着生产可能性边界的外移相对偏向于X坐标轴，图中在横坐标上X产出增加的比例要大于纵坐标上Y产出增加的比例。

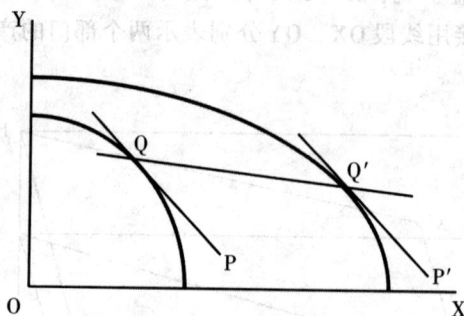

图3-14　封闭条件下

由于在任意一相同的商品相对价格下，资本增加后，资本密集型产品的供给相对于劳动密集型产品的供给要提高，在需求条件不变的情况下，这意味着资本增加后资本密集型产品的相对价格要下降。

（2）开放条件下的情形。上述结论在开放情况下同样适用。开放条件下，如果一国某一要素增加，对方国家一切保持不变，那么要素增加后，在国际市场上密集使用该要素的商品相对价格要下降。进一步讲，若该商品是要素增加国家的出口商品，则该国的贸易条件恶化，相应地，对方国家贸易条件则改善；若该商品是要素增加国家的进口商品，则该国贸易条件改善，而对方国家贸易条件则恶化。

我们必须注意，罗伯津斯基定理成立的一个必要条件是商品相对价格不变，这其实是一个小国假定。

当我们考虑的是一个大国的时候，则如果该国某一要素增加，那么国际市场上密集使用该要素的商品的相对价格下降。进一步，若该商品是要素增加国家的出口商品，则该国的贸易条件恶化；若该商品是要素增加国家的进口商品，则该国贸易条件改善。

进一步，经济增长对增长国的福利会产生两种截然不同的影响效果。一方面，经济增长意味着国民收入水平的提高，国民福利的改善；另一方面，经济增长又可能恶化本国的贸易条件，对本国福利产生不利影响。在这种情况下，经济增长的净福利效应取决于上述两种影响效应的对比。

如图3-15所示，偏向出口的经济增长的福利效果可分解为两部分。经济增长前，生产和消费均衡点分别为Q和C；增长后，新生产和消费均衡点分别为Q*和C*。增长前后，A国的贸易条件分别为P_w、P_w^*，其中P_w^*比P_w更平坦，表示A国贸易条件恶化。

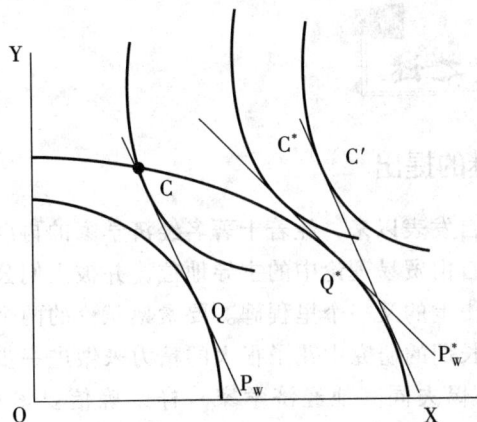

图3-15　偏向出口的经济增长

如图3-16所示，经济增长前，A国的福利水平由通过C点的社会无差异曲线来衡量，增长后，A国的通过C*点的社会无差异曲线表示增长后A国的福利水平。通过C*的社会无差异曲线位于通过C的社会无差异曲线之下，所以贸易条件恶化，抵消了部分经济增长利益。这种经济增长称为"福利恶化型增长"。那么损失的部分增长利益去向何处？事实上，这部分利益以"转移支付"的形式为他国所享有。

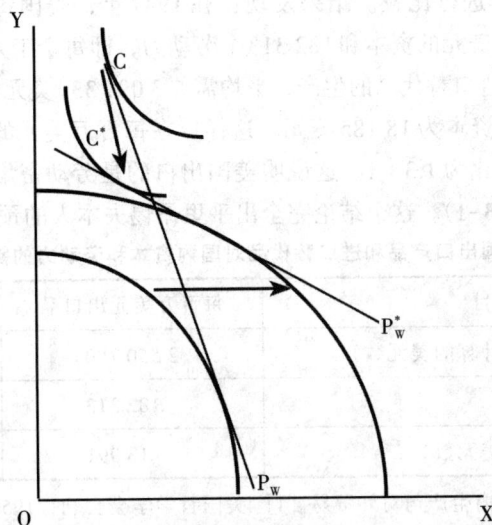

图3-16　福利恶化型增长

如果生产可能性边界的外移偏向于出口部门，则称为偏向出口的增长（Export-biased Growth）；如果生产可能性边界的外移偏向于进口替代部门，则称为偏向进口的增长（Import-biased Growth）。

（3）"福利恶化型增长"的几个前提条件。"福利恶化型增长"很少出现。从理论上讲，"福利恶化型增长"至少要具备四个条件：①增长使一国的出口在贸易条件不变时大大增加；②所考察的国家是大国，出口增加将导致贸易条件恶化；③世界其余国家对该国出口商品需求的价格弹性极低，即使不大的出口增长也会使贸易条件大大恶化；④所考察的国家高度依赖于所考察的出口产品，以至于贸易条件恶化引起国民的福利下降。

3.3 里昂惕夫之谜

3.3.1 里昂惕夫之谜的提出

赫克歇尔俄林理论自发表以来，经若干著名经济学家的再度解释，不断地得到完善与扩展，已奠定了其在自由贸易理论中的主导地位，并被人们公认为是继李嘉图比较利益理论之后，贸易理论史上的又一个里程碑。要素禀赋论的两个基本定律都具有深刻的政策含义，经济学家在长期的研究中花了很大的精力来做进一步的佐证。

美国经济学家里昂惕夫同其他经济学家一样，确信要素禀赋论是正确的。他于1953年对美国的进出口部门作了一个经验研究，期望证实作为世界资本最丰裕的美国出口的将是资本密集型产品，进口的则为劳动密集型产品的结论。

为了进行上述检验，里昂惕夫使用了自己创立的投入产出分析方法，对美国200种产业的出口产品和进口替代品（注意：里昂惕夫用的是美国进口替代品的资本/劳动比率，而不是美国进口商品的资本/劳动比率。进口替代品就是美国自己可以制造，同时也可以从国外进口的商品。里昂惕夫用美国进口替代品的数据，是因为美国进口的外国产品数据不全）中所需的劳动力和资本进行比较。结果发现：在1947年，美国每百万美元出口产品的生产，平均需要2 550 780美元的资本和182 313个劳动力，即每个工人耗用的资本是13 991美元。同时，每百万美元进口替代品的生产，平均需要3 091 339美元的资本和170 004个劳动力，即每个工人耗用的资本为18 185美元。这样，在每百万美元的商品中，进口品与出口品之间的人均资本量之比为1.3∶1。这说明美国出口的是劳动密集型的产品，进口的是资本密集型的产品（见表3-1）。这个结论完全出乎里昂惕夫本人的预料。

表3-1　　　　　美国出口产品和进口替代品对国内资本和劳动力的需求

项　目	每百万美元出口品	每百万美元进口替代品
资本（按1947年的价格计算的美元数）	2 550 780	3 091 339
劳动力（人/年）	182 313	170 004
人均资本量（每人/年的美元数）	13 991	18 185

资料来源　里昂惕夫.国内生产与对外贸易［J］.美国哲学学会会刊，1953（9）.

美国本是个资本相对丰裕、劳动力相对短缺的国家，按照资源禀赋论，美国参加国际分工和贸易的基础在于它在资本密集型产品的生产方面具有比较优势，所以它应出口资本密集型产品，进口劳动密集型产品。但里昂惕夫的验证却提供了完全相反的结论，即美国参加国际分工是建立在劳动密集型生产专业化基础上，而不是建立在资本密集型生产专业化基础上，这就是著名的里昂惕夫之谜。

3.3.2　对里昂惕夫之谜的解释

里昂惕夫之谜的出现，引发各国经济学家围绕这一问题提出许多解释，有的仍在H-O理论框架内探讨问题，提出对H-O理论的许多修正，使理论与实践相吻合。有的则走出H-O理论的框架，提出新的理论解释各国的贸易实践。这里介绍几种对H-O理论的修正，新贸易理论在下一章介绍。

1.需求偏好差异说

该学说认为，赫克歇尔俄林理论成立的一个前提假定是，贸易国双方的需求偏好是无差异的，消费结构因此也是相同的。实际上，贸易各国国民需求偏好是不相同的。前面已经说明，在成本递增条件下，需求因素影响一国两种产品的相对价格，从而影响一国的比较优势。强烈的需求偏好也可以使一国生产、出口密集使用本国稀缺要素的商品，而且这种偏好会影响到国际贸易方式。里昂惕夫之谜之所以在美国发生，是因为美国人不喜好消费劳动密集型产品，而喜欢消费资本密集型产品，因此，消费偏好的力量使美国将劳动密集型产品出口国外，把资本密集型产品留在国内消费。

假定A国是劳动力要素丰裕的国家，其要素禀赋适合生产劳动密集型产品X；B国拥有丰富的资本要素，适合生产资本密集型产品Y。但是由于A国消费者偏好消费X产品，强烈的需求使X产品在A国的相对价格高于B国，而Y产品相对价格却低于B国，结果A国出口Y产品具有比较优势，与其要素禀赋相背离（参见图3-17）。

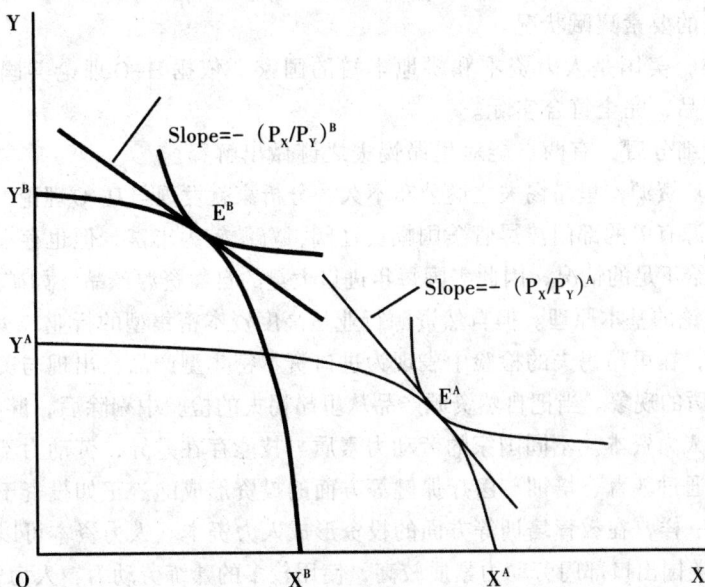

图3-17　需求偏好与比较优势

图3-17描述了A、B两国的生产可能性和封闭条件下X、Y相对价格的情况。尽管两国的生产可能性曲线体现出各自国家的要素禀赋优势，但由于两国需求偏好的作用，A国的生产消费均衡点在E^A，B国的生产消费均衡点在E^B，结果出现A国生产可能性曲线在均衡点的斜率高于B国的情况，即A国生产和出口Y产品具有比较优势。

从逻辑上讲，需求偏好可以解释里昂惕夫之谜。如果与外国相比，美国的需求偏好强烈地倾向于消费资本密集型商品，那么，资本密集型商品在美国的价格就会相对较高，美国就会进口资本密集型商品，出口劳动密集型商品。

但并没有证据表明美国与其他国家存在需求偏好的巨大差异，足以改变要素禀赋形成的比较优势。并且，随着收入的提高，人们对劳动密集型产品的需求在增长，如手工制作的产品。用消费偏好解释贸易流向反而正好与里昂惕夫之谜一致。

2.贸易壁垒学说

有的经济学家认为，由于美国是资本密集型的国家，根据前边所讲的斯托尔珀-萨缪尔森定理，自由贸易会增加本国丰裕要素的报酬，丰裕要素提供者的福利得到改善。同时，自由贸易降低稀缺要素的报酬，稀缺要素提供者的福利水平下降。自由贸易总体上可以改善一国福利水平，但是对国内不同要素所有者福利的影响不同。由此看出，贸易开放对劳动力不利。因此，美国就应对劳动密集型的进口商品施加最为强硬的贸易壁垒。

贸易壁垒使H-O理论所揭示的规律不能实现。美国是一个资本丰裕的国家，应出口资本密集型产品。但是政府出于政治考虑，保护缺乏竞争力的劳动密集型行业，向美国出口资本密集型产品容易，出口劳动密集型产品难。这样就影响了美国进出口的要素构成。

3.生产要素的分类

H-O理论把生产要素分为资本和劳动两种，但现代生产中投入的要素有许多。有些无法归入资本和劳动。目前关于生产要素的分类有多种，常见的一种分类把生产要素投入分为耕地、自然资源、人力资本、人造资本和非熟练劳动力。这种分类能更准确地描述不同国家的要素禀赋状况。

按此分类，美国是人力资本和耕地丰裕的国家，依据H-O理论美国应该出口高技术产品和农产品，完全符合实际。

生产要素细分后，有两点能对里昂惕夫之谜做出解释。

一点是自然资源。里昂惕夫之谜公布不久，分析家就发现与H-O理论冲突最显著的部门是与自然资源有关的部门。尽管美国幅员辽阔，资源较为丰富，但也存在许多类别的自然资源国内供给不足的情况，因此美国每年进口大量的自然资源产品，如矿产品、木材等，这符合H-O理论的基本原理。但自然资源行业是高度资本密集型的行业，美国进口自然资源密集型产品，在里昂惕夫的检验中表现为进口资本密集型产品，出现与美国丰裕的资本要素禀赋相矛盾的现象。当把自然资源产品从里昂惕夫的检验中剔除后，谜将不复存在。

另一点是人力资本。不同国家的劳动力素质与技能存在差异，劳动力不是同质的。劳动力的技能是通过教育、培训、医疗保健等方面的投资形成的。正如投资于机器设备可以形成实物资本一样，在教育培训等方面的投资形成人力资本。人力资本可以提高劳动力的劳动生产率。美国出口部门劳动力素质较高，使用较多的熟练劳动力，人力资本较高。

1966年，美国经济学家基辛（Donald B.Keesing）对部分国家1962年46个行业每10亿美元出口产品生产中劳动力要素投入及其技能结构进行研究。他把从业人员按技能和熟练程度从高到低分为八个等级，分别是：Ⅰ科学家和工程师；Ⅱ技术员和制图员；Ⅲ其他专业人员；Ⅳ经理；Ⅴ机械工人和电工；Ⅵ其他熟练手工操作工人；Ⅶ办事员；Ⅷ半熟练和非熟练工人。结果表明美国出口行业使用的熟练劳动力比其他国家要多，代表了较多的人力资本投入（见表3-2）。

表 3-2 部分国家/地区出口品生产中的劳动技能要求

国家/地区	劳动投入（人年）	劳动技能分布（%）							
		I	II	III	IV	V	VI	VII	VIII
美国	48 194	5.02	2.89	2.74	4.85	8.38	14.96	15.73	45.42
加拿大	34 881	4.17	2.33	2.43	4.76	5.39	16.45	14.70	49.76
英国	49 833	3.77	2.29	2.36	4.79	7.20	15.01	14.91	49.68
奥地利	52 954	2.76	1.76	1.91	4.15	5.71	15.97	12.87	54.87
比利时	48 611	2.83	1.71	1.98	3.86	4.67	17.35	12.75	54.85
法国	49 381	3.15	1.92	2.15	4.58	5.28	15.55	14.14	53.24
德国	50 495	3.89	2.48	2.33	4.69	8.44	15.84	14.54	47.79
意大利	52 304	3.89	2.48	2.33	4.69	8.44	15.84	14.54	47.79
荷兰	44 519	3.62	2.39	2.31	4.65	5.04	15.62	14.50	51.87
瑞典	49 984	3.53	2.34	2.23	4.41	8.92	18.87	13.73	45.96
瑞士	54 971	3.50	2.39	2.18	5.29	7.76	12.66	15.65	50.56
日本	57 842	2.48	1.66	1.78	3.96	4.56	15.15	12.04	58.38
中国香港	74 304	0.69	0.49	1.13	3.75	1.34	8.48	10.39	73.73
印度	66 517	0.71	0.58	1.06	3.47	1.33	11.13	9.62	72.09

资料来源 基辛.劳动技能与比较优势［J］.美国经济评论，1966（5）：56.

把生产中实际使用的劳动力分解为人力资本和非熟练劳动力，将人力资本量化后加入物质资本作为总资本投入，再计算进出口品生产中使用的资本-劳动比率，美国出口产品的资本-劳动比率会显著提高，里昂惕夫之谜将会消失。

4.要素密集度逆转

H-O 理论假定不同国家生产同一种产品的要素投入是相同的，即同一产品在不同的国家具有相同的要素密集度。但由于各国的要素价格不同，各国生产中实际的要素投入比例不同。同一种产品在不同国家要素密集度不同，甚至要素密集度逆转，在一国是劳动密集型产品，在另一个国家是资本密集型产品。

在封闭条件下，两国要素禀赋不同，要素价格比率不同，因而同一产品生产中使用的资本-劳动比率也不同。通常用替代弹性表示要素价格变化与资本-劳动比率调整的关系。替代弹性决定等产量线的弯曲度。较大的弯曲度表示较低的替代弹性。图 3-18 中，等产量线 X_1 比等产量线 Y_1 弯曲度低，X 产品生产中的替代弹性较高。

一般情况下，资本-劳动比率的差异并不影响产品的要素密集性质，即一产品在 A 国属于劳动密集型产品，在 B 国也将是劳动密集型产品。但如果两种产品生产中的替代弹性有很大差异，两国不同的要素价格比率会导致出现要素密集度逆转（Factor Intensity Reversal）。

如图 3-19 所示，由于 X 与 Y 两种产品生产的替代弹性差异较大，导致两产品等产量线两次相交。在 A 国，劳动与资本要素价格的比率 $(w/r)^A$ 较低，X 行业的资本-劳动比率低于 Y 行业，$(K/L)_X^A < (K/L)_Y^A$，X 是劳动密集型产品。而在 B 国，劳动与资本要素价格的比率 $(w/r)^B$ 较高，X 行业的资本-劳动比率高于 Y 行业，$(K/L)_X^B > (K/L)_Y^B$，X 是资本密集型产品。同一种产品在两国表现出不同的要素密集度，出现要素密集度逆转。

当出现要素密集度逆转时，H-O 理论将会失效。因为根据 H-O 理论，各国会出口密集使用本国丰裕要素生产的产品。如果 A 国劳动丰裕、B 国资本丰裕，由于出现要素

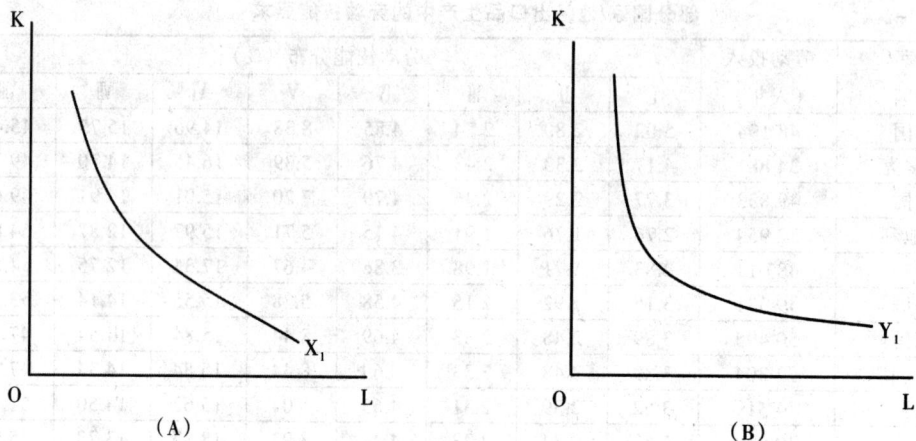

图3-18　要素替代弹性

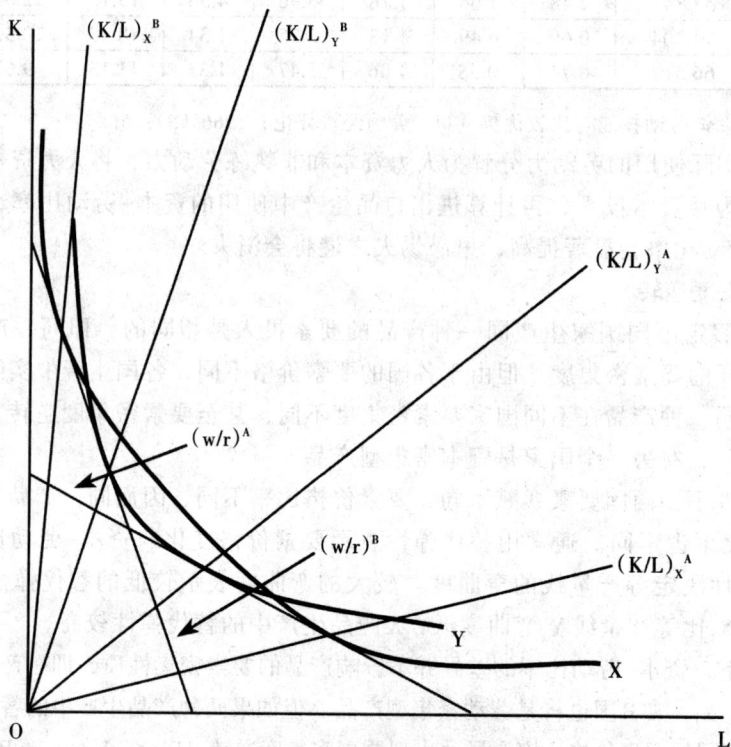

图3-19　要素密集度逆转

密集度逆转，X产品在两国均成为密集使用本国丰裕要素生产的产品。但两国同时拥有同一种产品生产上的比较优势是不可能的。不过出现要素密集度逆转的情形并不多见。

上述各种解释，都有一定道理，但有的说服力有限。因此出现了一些新理论来解释第二次世界大战后的国际贸易。

3.3.3　里昂惕夫之谜的意义

里昂惕夫之谜引发了国际贸易理论界对传统国际贸易理论和战后贸易实践的反思，

促进了第二次世界大战后国际贸易理论的发展。一般认为，H-O 理论以要素禀赋作为贸易分工的基础，可以说明要素禀赋不同的国家之间的贸易，但无法解释资源条件相似的国家之间的产业内贸易的发展。里昂惕夫之谜催生了一些新贸易理论。

这些理论或是重新审视赫克歇尔俄林理论的立论前提的合理性，或是深入思考里昂惕夫统计检验的有效性，努力保卫赫克歇尔俄林理论的崇高学术地位，从而丰富和发展了自由贸易学说。

■ 案例讨论

中美两国作为全球最大的经济体之一，在多个领域存在广泛的贸易往来。中国拥有丰富的劳动力资源、较低的土地成本和一定的制造业基础，特别是在劳动密集型产品（如纺织品、玩具、电子产品组装等）的生产上具有比较优势。美国拥有先进的技术、研发能力和资本优势，在资本密集型和技术密集型产品（如高科技设备、航空航天产品、金融服务等）的生产和出口上具有比较优势。

根据 H-O 模型，中国应该出口劳动密集型产品并从美国进口资本和技术密集型产品。这种贸易模式有助于两国发挥各自的比较优势，实现资源的优化配置。实际上，中美之间的贸易也基本符合这一模式。中国大量向美国出口劳动密集型产品，同时从美国进口高科技产品、农产品和服务等。中国通过出口劳动密集型产品获得了外汇收入，促进了经济增长和就业。同时，通过引进美国的高科技产品和先进技术，提升了自身的产业水平和国际竞争力。美国则通过出口高附加值产品获得了丰厚的利润和技术回报，同时从中国进口的低成本产品也满足了国内消费者的需求，提高了生活水平。两国在要素禀赋、产业结构和技术水平等方面存在显著差异，这些差异对两国之间的贸易模式和贸易利益分配产生了深远影响。

■ 复习思考题

本章小结

一、简答题

1. 什么是 H-O 定理？有何意义？
2. 什么是斯托尔珀-萨缪尔森定理？有何意义？
3. 什么是要素价格均等化定理？有何意义？
4. 妨碍要素价格均等化的主要因素有哪些？
5. 什么是里昂惕夫之谜？有何意义？
6. 对里昂惕夫之谜主要有哪几种解释？

二、分析题

1. 如果两个部门的要素密集度完全相同，那么要素禀赋差异还会引发国际贸易吗？如果贸易发生，那么国际分工与贸易形态如何？试将你得出的结果与李嘉图模型加以比较。

2. 在第二次世界大战后几十年间，日本、韩国等东亚的一些国家或地区的国际贸易商品结构发生了明显变化，主要出口产品由初级产品到劳动密集型产品，再到资本密集型产品，试对此变化加以解释。

第4章

现代国际贸易理论

■ 学习目标

知识目标：

1.了解技术差距理论的主要内容、模型推导以及理论意义；

2.熟悉产品生命周期理论的主要内容，认识威尔斯对产品生命周期理论的主要拓展，学会使用图表分析产品生命周期与国际贸易的关系；

3.认识规模经济的含义、类型及其与国际贸易的关系；

4.从技术要素说、人力资本要素说、研究与开发要素说、信息要素说、管理要素说等五个视角认识新要素理论。

能力目标：

1.基于产品生命周期理论从不同阶段分析发展中国家、发达国家参与国际贸易的程度和形成原因；

2.使用重叠需求理论和规模经济解释发达国家之间的产业内贸易产生的原因；

3.从新要素的角度说明国际贸易的基础和贸易格局的变化，并从要素的国际移动、要素密集度的转变等方面来分析要素作用。

素养目标：

1.掌握典型新国际贸易理论的基本概念和应用方法，了解学科的知识体系和内在逻辑；

2.具备自主学习能力，能够独立思考，发现问题，解决问题；

3.具备实践操作能力，能够将所学知识应用于实际生活中，解决实际问题。

■ 引导案例

传统的国际贸易理论，主要是针对国与国、劳动生产率差别较大的和不同产业之间的贸易，但自20世纪60年代以来，随着科学技术的不断发展，国际贸易实践中又出现了一种和传统贸易理论的结论相悖的新现象，即国际贸易大多发生在发达国家之间，而不是发达国家与发展中国家之间；而发达国家间的贸易，又出现了既进口又出口同类产品的现象，产业内贸易成为世界各国之间越来越重要的贸易合作形式。这些国际贸易的新现象显然不能被传统的国际贸易理论完美解释。在第二次世界大战前，有许多产品曾经由少数发达国家生产和出口，在国际市场上占有绝对的领先地位，其他国家不得不从这些国家进口。但是在第二次世界大战后，这种产业领先地位在不断发生变化。一些原来进口的国家开始生产并出口这类产品，而最初出口的发达国家反而需要进口。举个例子，比如说纺织业，最早是从欧美出口到亚非国家，但现在中国是纺织品和服装出口最大的国家。再比如汽车产业，美国是最早出口汽车的国家，但现在美国大量从日本、韩国、德国进口汽车，大街上的美系车反而变少了。

资料来源 佚名. 产业内贸易：重叠需求大作用！［EB/OL］.［2023-10-29］. https：//mp.weixin.qq.com/s/RF0UetMOnqpwmVBwIYVMAQ.

20世纪六七十年代，国际贸易理论的发展进入一个相对平缓时期，要素禀赋理论已经日臻完善，在国际贸易理论中占据着绝对统治地位。然而，对要素禀赋理论进行实证检验的结果，产生了里昂惕夫之谜；另外，要素禀赋理论赖以建立的某些假设明显不符合现实，使得该理论在解释某些现实贸易现象时陷入困境。例如，H-O理论无法解释第二次世界大战之后资源禀赋相似的发达国家之间贸易量快速增长的现象。这些困境促使一些学者脱离贸易理论发展的"主航道"，从新的角度探讨国际贸易产生的原因和贸易模式等问题，从而提出了一系列不同于H-O理论的新的贸易理论（New Theories of International Trade），如技术差距理论（Technological Gap Theory）、产品生命周期理论（Product Life Cycle Theory）、重叠需求理论（The Overlapping Demand Theory）、规模经济下的国际贸易、新要素理论、国家竞争理论（Imperfect Competition Theory）等。在这一章里，我们将分别介绍这几种新的贸易理论。

4.1 技术差距理论

传统的国际贸易理论虽然早已注意到技术进步的作用，但多从静态的角度进行分析，直到技术差距理论和产品生命周期理论产生后，技术的动态变化才作为国际贸易的单独因素被引入到对贸易格局的动态分析。

4.1.1 技术差距理论的提出

最早指出技术在解释贸易模式中重要性的是美国经济学家克拉维斯（Irving Kravis）。1956年，克拉维斯发表《可得性以及影响贸易商品构成的其他因素》一文，认为技术优势是一国相比其贸易伙伴能够出口技术先进产品的关键因素。克拉维斯的这种可得性分析方法（The Availability Approach）受到了波斯纳（M. V. Posner）和胡佛鲍尔（G. C. Hufbauer）等人的重视。1961年，波斯纳发表《国际贸易与技术变化》一文，提出了国际贸易的技术差距模型。

根据技术差距理论，已经完成技术创新的国家，不仅取得了技术上的优势，而且凭借这一优势在一定的时期内获得了某种产品生产上的垄断地位，从而形成了与其他国家间的技术差距，并且引发了该技术产品的国际贸易。随着该技术产品国际贸易规模的扩大，技术创新国为追求特殊利润，可能经过多种途径和方式进行技术转让。由于该项技术（产品）在经济增长中的示范效应，其他国家也会进行技术研究与开发或技术引进，从而掌握该项技术、缩小技术差距，使引进国与技术创新国间的国际贸易下降。当技术引进国能生产出满足国内需求的产品时，两国间在该产品上的国际贸易就会终止，技术差距最终消失。

波斯纳在分析这一过程时，提出了需求时滞和模仿时滞的概念。需求时滞是指创新国出现新产品后，其他国家消费者从没有产生需求到逐步认识到新产品的价值而开始进口的时间间隔。它的长短取决于其他国家消费者对新产品的认识与了解。模仿时滞是指从创新国制造出新产品到模仿国能完全仿制这种产品的时间间隔。模仿时滞由反应时滞和掌握时滞构成。反应时滞指从创新国生产到模仿国决定自行生产的时间间隔。反应时滞的长短取决于模仿国的规模经济、产品价格、收入水平、需求弹性、关税和运输成本等多种因素。掌握时滞指模仿国从开始生产到达到创新国的同一技术水平并停止进口的时间间隔。其长短取决于创新国技术转移的程度、时间，模仿国的需求强度以及对新技术的消化吸收能力等因素。

该理论表明：①技术领先国若能有效地反仿制，技术利益能保持较长时间；②两国技术水平和市场范围差距越小，需求时滞的时间越短，贸易发生就越早，贸易发展的速度也就越快；③模仿时滞后模仿国的贸易利益取决于低工资成本。

4.1.2　技术差距理论的具体内容

波斯纳的技术差距理论很大意义上是针对工业化国家之间的工业品贸易。他认为，工业化国家间的工业品贸易，有很大一部分实际上是以技术差距的存在为基础进行的。

1.模型推导

在一个创新国（Innovation Country）和模仿国（Imitation Country）的两国模型中，创新国研究开发实力雄厚，通过大量的R&D投入，开发出一种新的产品及技术，在模仿国掌握这种技术之前，创新国具有技术领先优势，从而可以向模仿国出口这种技术领先的产品。

随着专利权的转让、技术合作、对外投资或国际贸易的发展，创新国的领先技术扩散到国外，模仿国开始利用自己的低劳动成本优势，自行生产这种商品并减少进口。

创新国逐渐失去该产品的出口市场，因技术差距而产生的国际贸易量逐渐缩小。随着时间的推移，新技术最终被模仿国掌握，技术差距消失，以技术差距为基础的贸易也随之消失。

2.技术差距与国际贸易之间关系的图示分析

在这个推理过程中，波斯纳把技术差距产生到技术差距引起的国际贸易终止的时间差距称为模仿时滞（如图4-1所示），即从创新国（A国）成功创新并生产一种新产品，到模仿国（B国）完全掌握这种新产品的生产技术，生产达到一定的规模，能满足国内需要，不需要再进口这种商品时为止的这个时间间隔。模仿时滞进一步又可分为反应时滞（Reaction Lag）和掌握时滞（Mastery Lag）两个阶段，其中反应时滞的初期称为需求时滞（Demand Lag）。反应时滞是指从创新国开始生产新产品，到模仿国开始模仿其技术生产这种新产品的时间间隔；掌握时滞是指模仿国开始生产创新国创新的新产品，到生产能满足国内需求，并开始出口这种新产品的时间间隔；需求时滞则指从创新国开始生产新产品，到模仿国开始进口这种新产品（创新国开始出口这种新产品）的时间间隔。反应时滞的长短，主要取决于企业家的决策意识和规模经济、关税、运输成本、国外市场容量及居民收入水平高低等因素。如果创新国在扩大新产品生产中能够获得较多的规模收益，运输成本较低，进口国进口关税率较低，进出口国市场容量和居民收入水平差距较小，就有利于创新国保持出口优势，延长反应时滞；否则这种优势就容易丧失，反应时滞就将缩短。掌握时滞的长度主要取决于技术模仿国吸收新技术的能力。模仿国吸收新技术的能力强，则掌握时滞短。需求时滞的长度则主要取决于两国收入水平差距和市场容量差距，差距越小则需求时滞越短。显然，只要模仿时滞长于需求时滞，创新国就可以依据其技术领先地位，向模仿国出口其创新产品，模仿时滞超过需求时滞的时间越长，创新国向模仿国的累积出口量就越大（如图4-1所示）。

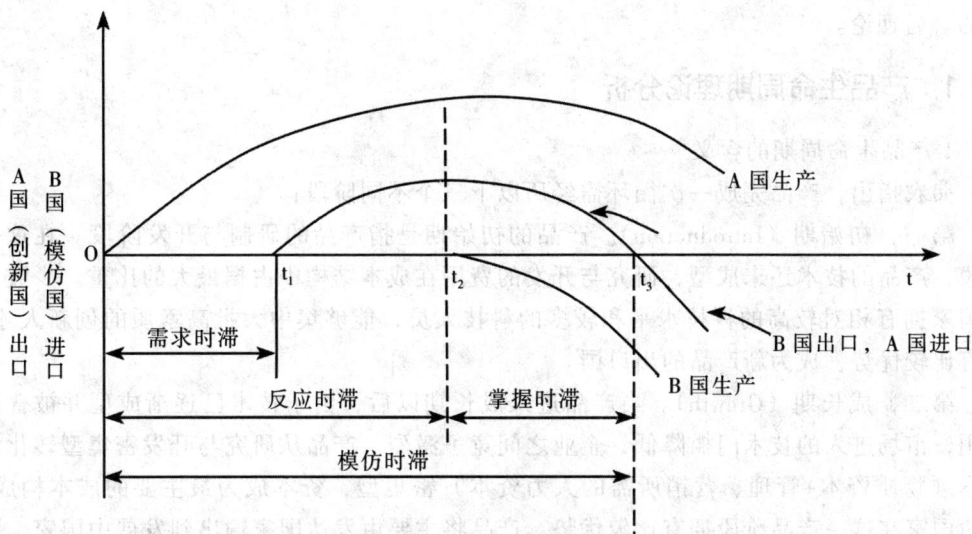

图4-1　技术差距与国际贸易

4.1.3　对技术差距理论的简要评价

实证研究支持了技术差距理论的观点，即技术是解释国际贸易模式的最重要的因素。虽然技术差距理论说明了技术差距的存在是产生国际贸易的重要原因，但它没有进一步解释国际贸易流向的转变及其原因。而在技术差距理论基础上发展起来的产品生命周期理论，正好弥补了技术差距理论的这一缺陷。

4.2　产品生命周期理论

正如我们前边探讨的，技术差距是国际贸易的一个重要决定因素。但许多经济学家认为比技术差距更为重要的是技术变化，即技术差距的动态演变。在现代经济活动中，技术变化极其迅速，技术上领先的国家在世界市场上往往拥有垄断地位，但技术领先国与他国之间的技术差距并非一成不变。

以知识密集型产品为例，它们大多数是在以美国为代表的西方发达国家创造发明的，随着知识的扩散，技术在国际上的传递也越来越容易。不过，在这个过程中，贸易还会持续不断地进行下去。而且随着产品标准化程度的提高，该产品的生产与出口逐渐由原发明国转向其他国家。

造成这一贸易现象的原因究竟是什么呢？美国经济学家弗农（Raymond Vernon）在其发表于1966年的《产品周期中的国际投资与国际贸易》（The International Investment and International Trade in the Product Cycle）一文中提出了产品生命周期理论，把技术变化作为国际贸易的又一个决定因素，试图用产品生命周期假说对上述现象进行解释。人们将弗农提出的这一理论称为产品生命周期理论。该理论后经威尔斯、赫希什（Hirsch）等人不断发展、完善，从产品生产的技术变化出发，分析了产品生命周期各阶段的循环及其对国际贸易的影响。这一理论成为第二次世界大战后解释工业制成品贸易的著名理论。

4.2.1 产品生命周期理论分析

1.产品生命周期的含义

弗农指出，产品完成一次循环需经历以下三个不同阶段：

第一，初始期（Introduction）。产品的初始期是指产品的研制与开发阶段。在这一阶段，产品的技术还未成型，研究与开发的费用在成本结构中占据最大的比重。少数先进国家拥有相对较高的科技水平和较多的科技人员，能够集中大批高素质的创新人才，拥有比较优势，成为新产品的出口国。

第二，成长期（Growth）。当产品进入成长期以后，由于技术已逐渐成型并被普遍采用，市场进入的技术门槛降低，企业之间竞争激烈。产品从研究与开发密集型转化为资本（物质资本+管理、营销所需的人力资本）密集型，资本成为最主要的成本构成。发达国家在这一产品阶段拥有比较优势，产品将主要由发达国家输出到发展中国家。

第三，成熟期（Maturity）。产品经历了成长期后将进入成熟期，此时产品已实现了标准化生产，并普及到广大的市场中，厂商的生产基本达到了最佳规模点。在这一阶段，原材料和劳动力工资是最重要的成本构成，尤其是低工资的劳动，包括非熟练劳动与半熟练劳动，成为本阶段决定比较优势的最重要因素。具备这一优势的国家主要是发展中国家，特别是在工业化方面已取得相当成效的发展中国家或地区。

在产品生命周期的整个过程中，国际贸易的演变可用图4-2来描述。图中，横坐标表示时间，纵坐标上端表示净出口。在初始时刻（t_0），新产品刚刚由创新国（少数先进国家）研制开发出来，初始阶段，由于产品的技术尚未成型，生产规模较小，生产和消费仅局限于国内市场。直到t_1时刻，开始出现国外需求并出口，由于产品的品质和价格较高，进口国主要是一些收入水平与创新国较接近的发达国家，随着时间的推移，进口国逐渐掌握了生产技术并能够在国内进行生产，逐渐替代一部分进口品，于是进口开始下降。到了某一阶段之后，由于一小部分发展中国家的需求扩大，创新国的产品也开始少量出口到一些发展中国家。到t_2时刻，生产技术已成型，产品由技术密集型转化为资本密集型，来自发达国家的第二代生产者开始大量生产和出口，原来的创新国随后（t_3时刻）成为净进口国。最后，当产品转变为非熟练劳动密集型时（t_4时刻），发展中国家成为净出口国。

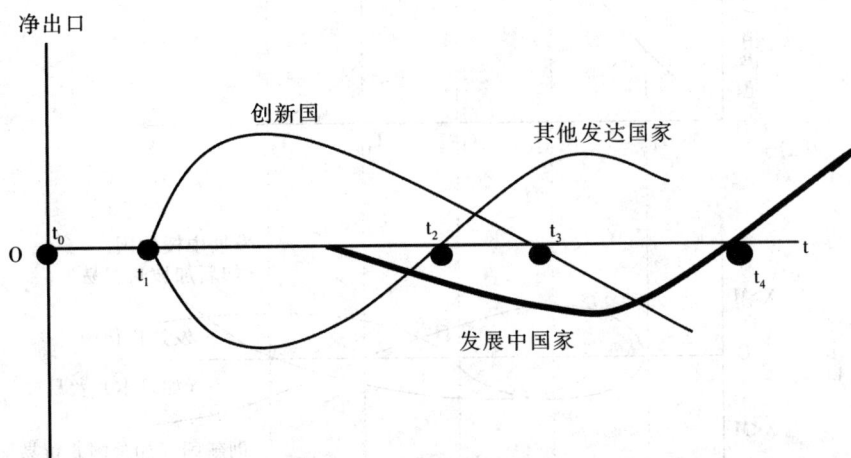

图4-2 基于产品生命周期的国际贸易演变

2.产品生命周期与国际贸易的关系图解分析

如图4-3所示，（a）图表示创新国（如美国）某种产品销售量随时间变化的情况，（b）图表示创新国（如美国）、发达模仿国（如日本）以及发展中模仿国（如新加坡）的净出口时间变化情况。在产品生命周期的第一阶段，即初始期，发达国家（如美国）的某家企业创新一种产品，开始生产并限于满足国内市场。产品生命周期进入成长期，美国厂商在新产品的世界市场上拥有实际的技术垄断优势并逐步取得生产的规模经济，创新国的生产和出口迅速增长。随着产品生产技术的成熟和标准化以及海外市场的扩展，创新国的生产达到适度规模，新产品进入成熟期。在这一阶段，产品逐步标准化，创新国的技术垄断优势逐步丧失，发达模仿国（如日本）的进口替代生产使创新国的出口下降。发达模仿国的生产达到相当规模，能够充分满足本国需要并开始向发展中国家市场出口，就会展开与创新国的竞争，使得创新国的生产和出口进一步下降，进入产品生命周期的第四阶段，即销售下降阶段。当创新国完全丧失比较优势而变为净进口者时，产品在创新国进入衰亡期。具有一定工业基础的发展中国家成为该产品市场的净出口者，产品由资本密集型向非熟练劳动密集型转变。

从以上分析可见，在产品生命周期的不同阶段，随着技术的传播和扩散，新产品逐渐由知识技术密集型向资本密集型、劳动密集型转变，从而决定产品生产优势的因素，也逐渐由技术垄断优势向低劳动成本优势转变，使得不同国家在贸易中的地位发生不断的变化。不难看出，产品生命周期理论把动态的比较成本理论与要素禀赋理论、新要素理论（技术要素的引入，如技术差距理论）结合在一起，运用动态分析方法，从技术创新和技术传播的角度，分析了国际贸易的基础和贸易格局的动态扩展。这一理论发展至今，对解释国际贸易、国际投资、国际技术转移等现象都有重要的影响，日本经济学家在此基础上提出"雁形发展理论"来解释落后国家的赶超（Catching Up）发展过程。

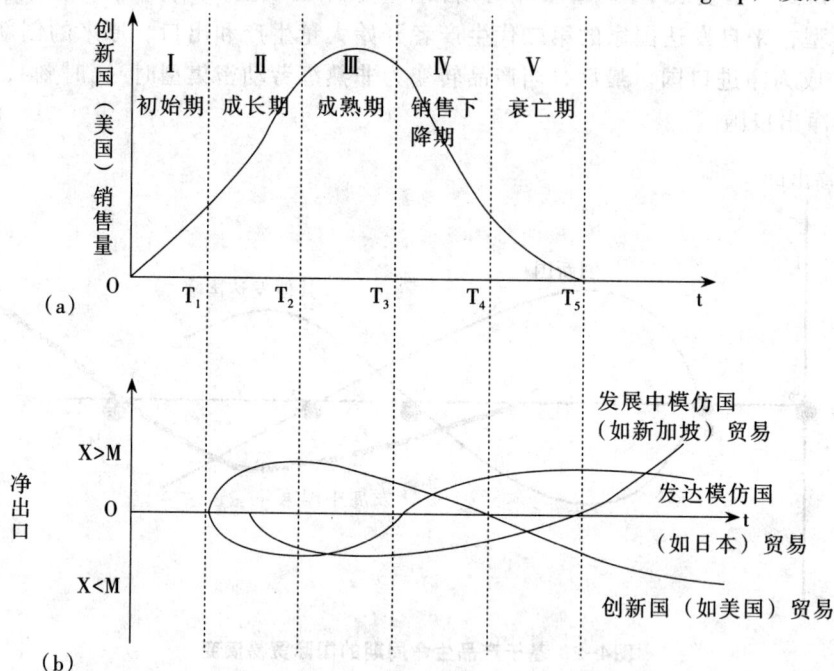

图4-3 产品生命周期与进出口变化

4.2.2 对产品生命周期理论的评价

与比较成本理论和资源禀赋学说相比，产品生命周期理论的研究思路和方法具有创新性。一方面，产品生命周期理论将科学技术作为一个独立的重要的经济因素，并同其他因素比如资源的价格、工资的高低等结合起来，共同解释比较优势的形成和变化，比传统理论前进了一大步。另一方面，它用一种动态的眼光来分析产品在不同阶段所具有的不同特点和各国在不同阶段具有的比较优势，揭示了国际贸易商品流向的时间演变规律。产品生命周期理论从产品的生命演进以及同资源禀赋论的有机结合，说明了比较优势是一个动态的发展过程，它随着产品生命周期的变化从一种类型的国家转移到另一种类型的国家，因而不存在那种一国永远具有相对优势的产品。这一理论为世界性的经济调整和产业的国际转移现象提供了一种规律性的解释。

4.3 重叠需求理论

无论是古典贸易理论，还是要素禀赋理论，都是从供给方面来探讨国际贸易的基础，即从技术差距、要素禀赋差异等供给因素来解释比较优势的，而关于需求因素对国际贸易的决定作用并未获得关注。1961年，瑞典经济学家林德（Staffan B. Linder）在《论贸易与转换》一书中另辟蹊径，从需求方面探讨了国际贸易产生的原因，提出了重叠需求理论。

为了更好地理解林德的重叠需求理论，我们首先从消费者偏好入手。

4.3.1　偏好相似假设

在第1章里，为了构造社会无差异曲线，我们曾假设在一国之内消费者偏好是完全相同的。但引入了这样的假设纯粹是为了分析上的简便，这一假设与现实有明显的差距。现在放弃这一假设，假定：一国之内不同收入阶层的消费者偏好不同，收入越高的消费者越偏好奢侈品，收入越低的消费者就越偏好必需品；不同地方的消费者如果收入水平相同，则其偏好也相同。根据上述两条基本假设，我们可推断两国收入水平越接近，消费结构也就越相似。

消费者的偏好差异可以分为垂直差异和水平差异两类。垂直差异主要体现为消费者选择同类产品的不同质量等级，这种差异受到了消费者收入水平的制约；而水平差异则主要体现在消费者对同类、同质量及同等级产品的不同规格或款式的选择上，这种差异和消费者的收入水平无关，完全取决于他们的主观偏好。由于消费者偏好具有多样性，因此，需要有相应多样化的产品来满足他们的需求。

如果同时考察两个或者两个以上国家的供需状况，就会发现不同国家的产品层次结构和消费层次结构存在着重叠。对于发达国家来说，由于经济发展水平相近，其产品层次和消费层次的结构都大体相同。也就是说，两国厂商所提供的各种档次的同类产品，基本上都能够被对方各种层次的消费者所接受。正是这种需求重叠导致了发达国家之间产业内贸易的产生。不仅如此，发达国家与发展中国家的产品层次与消费层次结构也存在部分重叠的现象，发展中国家能够为发达国家的消费者提供适合的产品，反过来也能够接受发达国家的部分产品。这种部分的重叠为发达国家与发展中国家之间的产业内贸易提供了前提和基础。

可以看出，如果两国人均收入水平相近，则需求偏好就相似，两国之间的贸易范围就越大；如果两国之间人均收入水平有较大差异，那么需求偏好也会产生差异，两国之间的贸易就会存在一定的障碍；即使一国具有某种产品的比较优势，而另一国却不需要这种产品，那么两国间也不会发生贸易。

4.3.2　重叠需求理论的内容

林德认为，H-O理论能够较好地解释初级产品的贸易模式，或者说解释自然资源密集型产品的贸易模式，但是这一理论不足以解释制成品的贸易模式。重叠需求理论从需求角度出发很好地解释了产业内贸易的产生原因。

林德的重叠需求理论主要包括以下三个基本观点：①国际贸易是国内贸易的延伸，在本国消费或生产的产品才能够成为潜在的出口产品；②两个国家的收入水平越相似，两个国家的消费者需求偏好越相似，一国的产品也就越容易打入另一个国家的市场，因而这两个国家之间的贸易量就越大；③一国由收入水平决定的偏好结构和需求结构在很大程度上决定了该国的生产结构和出口结构。

4.3.3　重叠需求与国际贸易

在林德的理论中，他引入了潜在的贸易（Potential Trade）这一概念。潜在的贸易具体地分为潜在的出口品和潜在的进口品。潜在的出口品由国内的需求决定，一种产品成为潜在出口品的必要条件是生产国存在对该产品的国内需求。至于潜在的进口品，同样是由国内的需求决定的，潜在出口品的范围一定和潜在进口品的范围相一致或者是它的子集。根据这一结论，两国的需求结构越相似，它们之间潜在的贸易就一定越密集。

当然，潜在的贸易转化为实际的贸易需要一些条件，这就是产品差异（Product Differentiation），各种各样的产品差异和消费者的多样化偏好结合在一起，就可以使得基本相同的同类产品之间发生贸易。

根据林德理论的三个基本观点，我们可以推导出这样一种关系：经济增长会导致人均收入的增加，人均收入水平的变化会带来偏好结构和需求结构的变化，相应地会带来如图4-4所示的收入水平和需求重叠结构的变化，最终将导致潜在的以及实际的进出口品结构的变化，这种变化趋势是可以预测的。

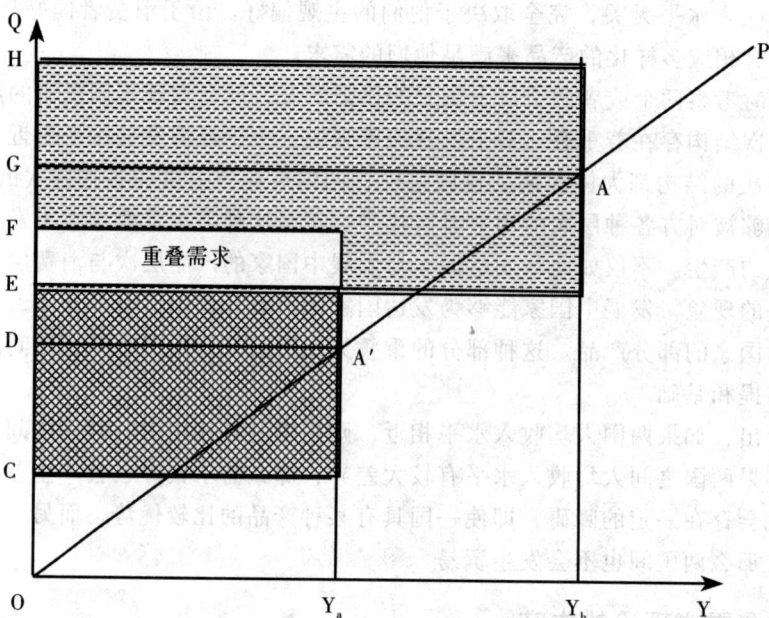

图4-4　收入水平和需求重叠

图4-4描述了收入水平和需求重叠的情况。横轴表示一国的人均收入水平（Y），纵轴表示消费者所需的各种商品的品质等级（Q）。人均收入水平越高，则消费者所需商品的品质等级也就越高，二者的关系由图中的OP线表示。

现在，假设A国的人均收入水平为Y_a，则A国所需商品的品质等级处于以D为基点，上限点为F、下限点为C的范围内。假设B国的人均收入水平为Y_b，则其所需商品的品质等级处在以G为基点，上下限点分别为H和E的范围内。对两国来说，落在各自范围之外的物品不是太高档就是太过低劣，是其不能或不愿购买的。

图中，A国处于C和E之间的商品以及B国处于F和H之间的商品，均只有国内需求，没有来自国外的需求，所以不可能成为贸易品。但在E和F之间的商品，在两国都有需求，即所谓的重叠需求，这种重叠需求是两国开展贸易的基础，品质处于这一范围内的商品，A、B两国均可输出或输入。

由图4-4可知，当两国的人均收入水平越接近时，则重叠需求的范围就越大，两国重叠需要的商品都有可能成为贸易品。所以，收入水平相似的国家，互相间的贸易关系也就可能越密切。反之，如果收入水平相差悬殊，则两国之间重叠需要的商品就可能很少，甚至不存在，因此贸易的密切程度也就很小。

依据重叠需求理论，如果各国的国民收入不断提高，则由于收入水平的提高，新的重叠需求的商品便不断地出现，贸易也相应地不断扩大，贸易中的新品种也就会不断地出现。

4.3.4　重叠需求理论的适用性

前边我们已经提过关于重叠需求理论的适用性，林德曾指出其理论主要是针对工业产品或制成品，他认为初级产品的贸易是由自然资源的禀赋不同而引起的，所以初级产品的需求与收入水平无关。而且，就算生产国缺少国内需求，也可以成为出口品。也就是说，初级产品的贸易可以在收入水平相差很大的国家之间进行，所以初级产品的贸易可以用要素禀赋理论来说明。而工业产品的品质差异较明显，其消费结构与一国的收入水平有很大的关系，从需求方面看，发生在工业品之间的贸易与两国的发展水平或收入水平有密切关系。所以，重叠需求理论适用于解释工业品贸易。另外，发达国家的人均收入水平较高，它们互相间对工业品的重叠需求范围较大，因此工业品内的贸易应主要发生在收入水平比较接近的发达国家之间。

重叠需求理论与要素禀赋理论各有其不同的适用范围。概括而言，重叠需求理论适用于解释发生在发达国家之间的产业内贸易（Intra-industry Trade），即制造业内部的一种水平式贸易。

4.3.5　对重叠需求理论的简要评价

重叠需求理论将需求因素引入贸易格局的决定，是对国际贸易理论的重要发展。需求的相似性导致了相似但略有差异的产品的国际贸易。这明显不同于传统贸易理论的看法。在传统贸易理论看来，导致国际贸易发生的一个基本因素是要素禀赋差异导致的产品相对价格差异，这些差异越大，贸易的可能性就越大。

4.4　规模经济与国际贸易

林德的重叠需求理论对现代贸易实践的解释，同制造业产品的贸易方式基本相符——由收入接近所决定的需求偏好相似，它是知识与资本密集型制成品贸易主要集中在发达国家的主要原因，而且该理论与微观层次上进行的国际市场营销的研究结论也是一致的。然而，仅停留在需求与收入层次解释现代贸易的发生原因，仍然无法解答这样的问题，即当收入增加带动需求水平的提高时，如果没有供给的相应调整，那么需求的扩大只会带来制成品交易价格的普遍上升。然而，在现代国际贸易中，资本与知识密集型制成品的交易价格非但没有上升，反而有普遍下降的趋势。那么，产生这种价格普遍下降现象的原因究竟是什么呢？这里，我们将从规模经济的角度说明现代贸易发生的原因。

4.4.1 规模经济的含义

1.规模收益递增

在 H-O 理论中，由于假定两国的生产是在规模收益不变的基础上进行的，这样就把可能引起贸易的规模经济因素完全回避了。在现实中，存在着三种类型的生产，即规模收益递增、规模收益不变和规模收益递减。事实上，生产的规模收益可以用微观经济学中的平均成本曲线来展示。如图 4-5 所示，平均成本的下降阶段代表生产的规模收益递增（Increasing Return to Scale），平均成本不变（平坦）阶段代表规模收益不变（Constant Return to Scale），而平均成本的上升阶段，则代表规模收益递减（Decreasing Return to Scale）。

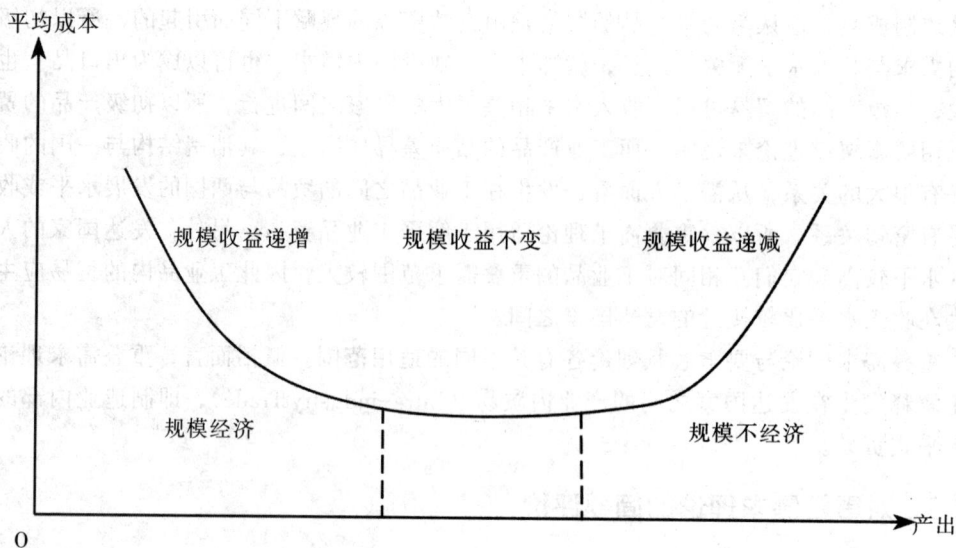

图4-5 生产的规模收益曲线

一般认为，引起规模收益递增的因素至少有如下几项：

（1）专业化分工。随着生产规模的扩大（因市场扩大），专业化分工将加深，从而导致劳动生产率的提高。

（2）更有效率的设备。大规模生产使更有效率、更专业化的设备的利用成为可能，而这类设备在小规模生产中的运用是不经济的。

（3）投入物的单位成本降低。大规模生产使生产者能大规模雇用生产要素，从而有可能从生产要素供应者那里获得"数量折扣"的利益，降低投入物的单位成本。

（4）副产品（By-Product）的利用。在某些产业，大规模生产能使在小规模生产情况下作为废弃物的副产品的利用成为可能，从而降低了主要产品的生产成本。

（5）辅助设施的开发。在某些情况下，一个厂商的大规模生产引起其他厂商开发辅助设施（如运输、供电、供水、供气、通信、金融等），从而使大规模生产厂商节约成本，精于生产，提高效率。

现实中，规模收益递增的生产是完全可能存在的。

2.规模经济的含义

当平均成本随产量的增加而降低的时候，也就是当规模收益递增的时候，即实现了规模经济。规模经济就是指通过大批量生产某种产品而实现单位产品成本的下降。

规模经济通常有两种表现形式，一种是内部规模经济，另一种是外部规模经济。

（1）张伯伦内部规模经济（Internal Economies of Scale）。它也称垄断竞争，是规模经济的另一种表现形式，这是经济学家张伯伦首先提出的一个经济概念，即指生产差异化产品的单个厂商，由于自身生产规模的扩大而获得的生产成本的显著节约或生产效率的大幅提高。一般而言，垄断竞争企业的规模经济来源于生产规模扩大所带来的固定成本的节约，它用企业生产产品的平均成本与边际成本之比来判断：

$t = AC_x / MC_x$

在这一方程中，AC_x 与 MC_x 分别是企业生产 X 产品的平均成本与边际成本，t 是度量企业规模经济的指数。当 t 分别取大于、等于以及小于 1 的值时，也就是 X 产品的平均成本大于、等于以及小于 1 的时候，生产 X 产品的企业分别处在规模报酬增加、规模报酬不变以及规模报酬递减的阶段。

（2）马歇尔外部规模经济（External Economies of Scale）。这是由英国经济学家首先提出的经济概念，它是规模经济的一种表现形式，主要是指在相关产业内部，单个厂商因为生产相同产品的其他企业的生产规模扩大而获得的生产成本的节约或生产效率的提高。在现实中，生产相同产品或者提供相同服务的企业，如地处同一工业园区或出口加工区的工业企业，属于同一个金融贸易区的金融机构或贸易公司，因地理位置上的邻近，彼此会给对方带来有益的影响；此外，公用部门，如运输业、电信业及电力业，它们的发展也会给每一单个企业带来交易成本的巨大节约和生产效率的显著提高。假设企业 i 在生产 X 产品过程中可以利用外部规模经济，则其生产函数为：

$$X_i = (X^t)f(L_i, K_i), \quad X = \sum_{i=1}^{n} X_i, \quad 0 < T < t$$

在该方程中，X_i 与 X 表示企业 i 与整个部门生产的 X 产品的产量（该部门由 i 个企业组成），t 是一个参数，它代表企业 i 由整个部门生产规模的扩大所得到的效率提高的程度，即在企业 i 自己的生产规模一定的条件下，t 值越接近 1，则企业 i 在本行业发展中获得的收益越大；i 值越接近 0，则企业 i 在本行业发展中获得的收益越小。

我们在讲到规模经济时，通常指内部规模经济。我们这一节介绍的是建立在内部规模经济基础上的产业内贸易。

3.规模经济与贸易的关系

20世纪70年代，格雷（Gray）和戴维斯（Davies）等人对发达国家之间的产业内贸易进行了实证研究，发现产业内贸易主要发生在要素禀赋相似的国家，产生的原因是规模经济和产品差异之间的相互作用。一方面，规模经济导致了各国产业内专业化的产生，从而使得以产业内专业化为基础的产业内贸易得以迅速发展；另一方面，由于规模经济的作用，生产同类产品的众多企业优胜劣汰，最后由一个或少数几个大型厂家垄断了某种产品的生产，这些企业逐渐成为出口商。产品差异的存在，既使企业走向专业化、大型化，获得经济上的规模效益；同时又为各个企业提供了竞争市场，使消费者能够有多种选择。由此可见，规模经济为产业内贸易提供了基础。

4.4.2 规模经济的例证

如图4-6所示，设A、B两国都是资金充裕的国家，都生产资本密集型的工业品，如汽车。设汽车分为卡车和轿车两类。由于两个国家的生产技术和资源相同，生产汽车的成本曲线与生产可能性曲线都一样。在封闭条件下，各国各自生产一部分卡车和一部分轿车。A、B两国均生产OA_0辆卡车和OB_0辆轿车。假定两国的偏好相似，则A、B两国均在C点消费，这时生产和消费达到一般均衡。

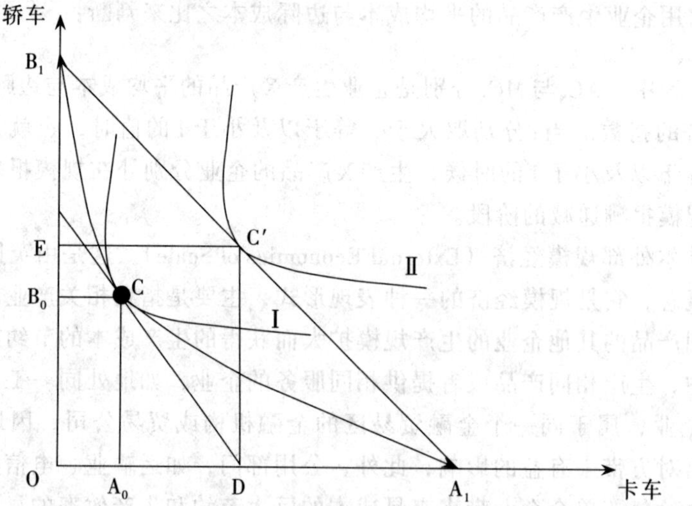

图4-6 规模经济示意图

如图4-6所示，A、B两国具有相同的生产可能性曲线B_1A_1，并凸向原点，意味着规模收益递增（机会成本递减，从而平均成本递减），也就是说具有规模经济。A、B两国的同一组无差异曲线用Ⅰ和Ⅱ表示。其中Ⅱ比Ⅰ离原点远因而代表较高的消费满意程度或效用水平。

现在我们假定A、B两国开放贸易，且由于某种偶然因素或历史原因，A国由均衡点C沿生产可能性曲线向下偏离均衡点，即增加卡车的生产减少轿车的生产；B国由均衡点C沿生产可能性曲线向上偏离均衡点，即增加轿车的生产而减少卡车的生产。在两国生产卡车和轿车存在规模经济的条件下，A国卡车生产的成本下降，生产轿车的成本上升，或卡车的机会成本递减，其相对价格下降；B国生产卡车的成本上升，生产轿车的成本下降，或卡车的机会成本（因卡车生产的减少）递增，其相对价格上升。这样，A、B两国卡车和轿车的相对价格都出现了差异，贸易条件也发生变化，同时，两国也就具有了不同的比较优势。

按照比较优势原理，A国将进一步沿生产可能性曲线向下移动其生产点，直到在A_1点完全专业化生产卡车，取得卡车生产的最大的规模经济利益；B国将进一步沿生产可能性曲线向上移动其生产点，直到在B_1点完全专业化生产轿车，以取得轿车生产的最大的规模经济利益。当两国按B_1A_1直线斜率的绝对值表示的价格进行贸易时，两国的消费在更高的无差异曲线Ⅱ上达到均衡，此时B_1A_1代表的相对价格线（国际交换价格线）

与两国的无差异曲线 II 相切，两国消费均衡点与 C′ 重合，A 国出口卡车的数量 DA₁等于 B 国进口卡车的数量 EC′，B 国出口轿车的数量 B₁E 等于 A 国进口轿车的数量 C′D，两国贸易也达到均衡。

对上面的分析必须做出几点说明。首先，两国不论完全分工生产商品 X 还是商品 Y 都是无差异的。在现实世界中，其分工模式可能是由于历史偶然造成的，也可能是两国协议的结果。其次，没有哪两个国家在生产和消费等方面是完全一样的，如果有也是偶然的巧合。实际上，在规模经济的条件下，两国进行互利贸易并不需要两国在各方面完全一致。最后，如果规模经济在很大产出水平上仍然存在，一国的少数或几个企业就会获得某种商品的整个市场，从而导致不完全竞争的市场结构。

由此可见，在两国要素禀赋、需求偏好、技术等影响贸易的因素完全相同的情况下，仅仅由于规模经济的存在，两国也可能发生互利的贸易。也就是说，规模经济也是引起国际贸易的一个独立因素，这就是规模经济贸易理论的基本结论。

4.4.3 规模经济与差异产品下的贸易

在古典和新古典贸易理论上我们假定市场是完全竞争的，但在现实中，大多数的市场是不完全竞争的。其原因是：任何企业都希望通过某种优势，获得对市场价格的操纵权，或控制权。获得垄断或控制权的直接途径是生产差异产品。从消费者的角度看，随着收入水平的提高，消费者不仅要追求某种消费品消费数量的增加，以提高自身消费的效用水平，还可以通过在多种同类产品的供应中，选择最适合本人消费的产品提高自己的效用水平。因此在一国封闭经济的条件下，市场从两个方面表现出不完全竞争的特点，一是规模经济排除了企业自由进入某些部门的可能性，二是差异产品意味着企业追求控制产品价格的可能性。这两个方面都打破了原有的自由竞争的市场结构。

1.封闭条件下规模经济与差异产品的矛盾

在一国市场范围内，追求规模经济效果和追求差异产品是矛盾的。因为规模经济效果要求生产大批量、同质产品，从而带来市场价格的下降。但是对差异产品的追求要求生产小批量、异质产品。

解决这一矛盾的最佳途径是开展国际贸易。因为国际贸易可以使批量生产的产品分布在不同国家的市场上，从而每个国家都成为小批量产品，即差异产品市场。

2.开放条件下规模经济与差异产品的统一下的产业内贸易

建立在规模经济和差异产品基础上的贸易形式不同于传统意义上的建立在劳动生产率差异和要素禀赋差异基础上的国际贸易。在比较优势理论中，无论是我们的假设还是现实的贸易，主要解释的是建立在完全竞争和机会成本不变基础上的产业之间的贸易，即在第一产业中的农业和第二产业中的制成品之间的贸易。我们称这种贸易形式为产业间贸易。差异产品出现并且作为贸易的重要内容，国与国之间同类产品内部所进行的贸易，就不再是传统的贸易形式了，而是建立在不完全竞争和机会成本递减基础上的产业内贸易。产业内贸易是指同一个产业内部差异甚至是非差异产品之间的国际贸易。这种贸易形式与传统的产业间贸易的差别可以用图 4-7 和图 4-8 表示。

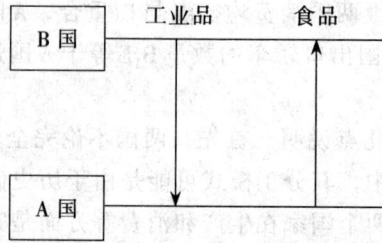

图4-7 H-O模型下的贸易格局

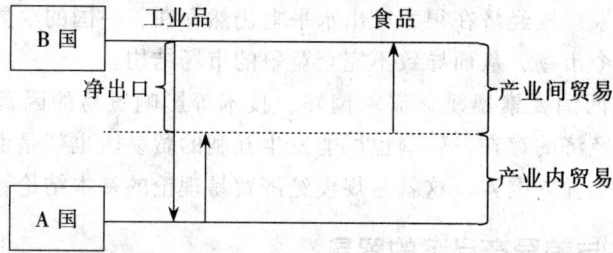

图4-8 规模经济下的贸易格局

这里考虑的是一个2×2×2的模型，有两个国家，一个是资本丰裕的B国，一个是劳动丰裕的A国；有两种产品，劳动密集型的食品和资本密集型的工业品；有两种生产要素，资本和劳动。根据H-O理论，贸易格局应该如图4-7所示。

B国应专业化生产并出口具有比较优势的工业品，A国应专业化生产并出口劳动密集型的食品，出口额等于进口额，贸易平衡。但我们现在假设工业品是一个具有规模经济的垄断竞争部门，行业内有众多生产差异产品且相互竞争的企业，那么现在的贸易格局将变成图4-8所示。B国不可能专业化生产全部工业品，而只能专业化生产并出口其中的某几种工业品，A国会专业化生产并出口其他几种工业品。所以现在的工业品行业内，B国既向A国出口，也从A国进口，形成了产业内贸易。但由于资源禀赋差异，B国是资本丰裕型国家，且在工业品生产上有比较优势，故其出口数量比A国出口数量要多，换言之，B国仍是工业品的净出口国。同样，由于A国劳动丰裕，故它在食品生产上有比较优势，将向B国出口食品，这一基于资源禀赋差异的工业品和食品之间的贸易为产业内贸易。

根据以上分析我们了解到，产业间贸易反映了比较优势，或者说是基于要素禀赋差异上的比较优势。其贸易格局是资本丰裕的国家是资本密集型产品的净出口国和劳动密集型产品的净进口国；行业内贸易不反映比较优势。即使两国有相同的要素比例，两国也可以发生建立在规模经济和差异产品基础上的国际贸易，即产业内贸易。产业内贸易使规模经济成为国际贸易的一个独立的基础和源泉。正如美国著名经济学家保罗·克鲁格曼所说："各国参与国际贸易的原因有两个，这两个原因都有助于各国从贸易中获益。第一，进行贸易的各国之间存在着千差万别。国家就像个人一样，当他们各自从事自己相对擅长的事情时，就能取长补短，从这种千差万别中获益。第二，国家之间通过贸易能达到生产的规模经济。也就是说，如果一个国家只生产一种或几种产品，就能进行大规模生产，达到规模经济。这时的生产效率比每一种产品都生产时要高得多。现实生活中的各种贸易模式反映了上述两种动机的相互作用。"

在规模经济和产品差异存在的条件下，即使两国技术水平和要素禀赋均不存在差异，国际贸易也可以发生。此时的贸易结构与以往国际贸易结构的根本差异在于建立在规模经济和差异产品基础上的国际贸易是产业内贸易，而前者是建立在比较优势基础上的产业间贸易。

3.产业内贸易的衡量

我们可以用产业内贸易指数来衡量产业内贸易水平：

$$T=1-(X-M)/(X+M)$$

公式中T代表产业内贸易指数，X和M代表一国某产业的产品的出口量和进口量。T的取值范围在0和1之间，若T=0，表示该国在这类产品上只有进口或只有出口，其贸易为产业间贸易。若T=1，则表示该国在这类产品上既有进口又有出口，且进口量等于出口量，其贸易为产业内贸易。T越接近1，产业内贸易的比重越大，T越接近0，产业间贸易的比重越大。

随着科学技术的进步与扩散，各发达国家之间的生产技术已经非常接近，建立在技术差异基础上的比较优势已十分接近，因此这些国家之间贸易的基础已经转向规模经济。国际市场竞争的激化要求各国企业具有市场战略意识，从而使得占领国外市场扩大规模经济优势显得十分必要。此外，各发达国家收入水平的日益接近与提高使产业内贸易、行业内贸易，甚至是同类产品内的贸易有了明显的增加。据GATT和WTO的统计资料，20世纪60年代以来，约2/3的世界贸易是发生在技术、资源和偏好均比较相似的发达国家之间的。根据克鲁格曼的考察，按照标准产业分类，产业内贸易占到世界贸易的1/4，在工业化国家之间，在制成品贸易中，产业内贸易占据主导地位，而制成品贸易又占全球贸易的70%以上。根据他对美国贸易结构的考察，美国的许多产业部门所从事的对外贸易不是产业间贸易，而是产业内贸易。

当我们用产业内贸易指数T来衡量产业内贸易时，不宜将一个产业或产品集团的范围定义得过于宽泛，否则该指数将失去意义。例如，我们可以定义电视机产业，而不宜定义家电产业。一国既进口电视机又出口洗衣机的贸易则不属于产业内贸易，虽然电视机和洗衣机都是家电，但它们是完全不同的产品。

4.4.4　外部规模经济与国际贸易

1.外部规模经济与贸易

外部规模经济，是指由于企业外部经营规模的优势给企业带来的额外报酬或外在优势。根据外部规模经济贸易理论，企业贸易优势并不取决于各国之间要素优势的差异，而在于有关部门在某个时点上的发展规模。一般而言，如果一国在某个行业上发展的规模较大，相应地就会形成一个行业的规模优势。这种优势表现为，该行业有一个可供共同使用的劳动力队伍，它可以调剂各企业间的余缺；同时行业规模较大有助于技术的进步和技术成果的迅速普及或采用。总之，一定的行业规模有利于资源或生产要素的共享，从而能够在自身企业规模不变的条件下获益。在以往的贸易理论中，我们所谓一国在某种产品的生产上有优势，是将企业优势与行业优势等同起来。在新贸易理论中，企业的优势表现为两种形式：一是企业的内部规模经济，二是企业的外部规模经济。这两种优势都会导致国际贸易的产生。

同厂商的内部规模经济一样，外部规模经济在国际贸易中也发挥着重大作用。当存在外部规模经济且其他条件相同时，大规模从事某一产品生产的国家往往有较低的生产成本，这一情况有助于形成"先发优势"：即某一国家率先进入某一具有外部规模经济的行业后，强烈的外部规模经济会巩固其作为大生产者的地位，尽管其他国家存在更廉价生产这种产品的可能性。我们可以用手表行业的例子来说明这一问题。假设有两个国家：瑞士和泰国，瑞士这个国家从历史上就是一个手表制造业非常发达的国家，18世纪时手表行业主要是手工作坊式的，属于技能劳动密集型。当时瑞士恰好满足该行业的这个特点，所以早期手表行业在瑞士率先发展起来，随着不断发展壮大，这种在发展初期"领先一步"的优势，由于外部规模经济的存在，转化为成本上的优势，从而限制了后来者的进入，奠定了瑞士手表行业在国际分工中的地位。而泰国的手表行业刚刚起步，因而其部门规模较小，各种专业人员也比较缺乏，设备也不够先进。但泰国的人均工资水平低，会使其成本相对较低。从总体上看，由于泰国刚起步，生产成本可能高于瑞士，当泰国手表行业达到一定生产规模后，其产品的成本才会低于瑞士，但在此之前，泰国产品难以与瑞士产品相竞争，甚至要从瑞士进口手表。

我们用图4-9来说明这一点。图中横轴表示手表的供求量，纵轴表示每只手表的平均成本或价格，假定一只手表的成本是其年产量的生产函数，AC_s表示瑞士的平均成本曲线，AC_t表示泰国的平均成本曲线。D代表世界对手表的需求，并假定瑞士和泰国均能满足这一要求。假定手表生产中的规模经济对单个厂商来说都完全是外部的，厂商内部不存在规模经济，所以两国的手表行业均由许多完全竞争的小厂商构成。竞争的结果是手表价格等于平均成本。

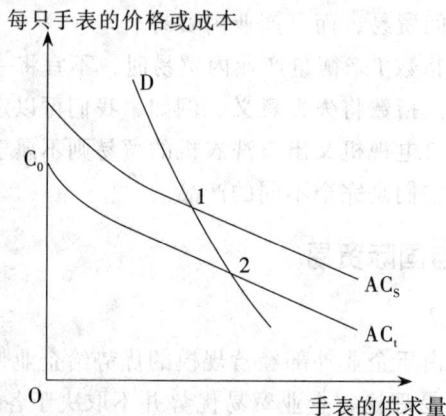

图4-9　外部规模经济与专业化生产

由于泰国的平均工资水平较低，我们可以假设泰国的平均成本曲线位于瑞士的平均成本曲线之下。这就意味着，在任何给定的生产条件下，泰国总能生产出比瑞士便宜的手表。但由于瑞士率先在手表行业发展起来了，因此世界手表市场的均衡点就会是图中的点1。如果泰国能够占领市场，均衡点就会是点2。但由于泰国的手表行业刚刚起步，所以它就得面临初始生产成本C_0。图中C_0高于瑞士手表市场均衡点1的价格。因此，虽然泰国潜在地能够比瑞士更廉价地生产手表，但是瑞士手表行业的先期建立和发展使其能够维持优势地位。

从瑞士和泰国的例子中我们看到，在历史因素决定一国的生产模式中，外部规模经济发挥了多么大的作用，它使一些已经形成的专业化模式继续下去，即使这些国家已不再拥有比较优势。

2.外部规模经济评价

（1）外部规模经济可成为国际贸易的一个独立起因。

（2）在两国情况完全相同的条件下，国际分工及国际贸易格局并不确定，其主要取决于各个国家所面临的偶然或历史因素。

（3）在一定条件下，两国无论生产或出口哪种产品都能从国际贸易中获益。

（4）开放条件下，两国的一般均衡解并不是唯一的，但对应于不同的国际分工和国际贸易格局，一国从国际贸易中获得利益则可能会有所不同，甚至相差甚远。

（5）鉴于上述分析，政策上一些小国可能会通过进口保护或出口促进等政策措施，改变其在国际分工与国际贸易格局中的地位.

此外，国与国之间市场的差别也会对国际分工与国际贸易格局产生实质性影响。在以上模型里，如果允许两国市场规模存在差异，那么国际分工与国际贸易格局的不确定性就会大大降低。一般来说，如果两国的国内市场规模存在差异，而其他条件完全相同，那么国内市场规模相对较大的国家将完全专业化生产具有外部规模经济的产品（X），而国内市场规模较小的国家将只能完全专业化生产规模收益不变的产品（Y）。

4.5 新要素理论

随着现代国际经济的发展，西方经济学家赋予了生产要素以更丰富的内涵并扩展了生产要素的外延。他们认为，生产要素不仅包括土地、劳动和资本，而且还包括技术、人力资本、研究与开发、信息、管理甚至规模经济等新型生产要素。而且，在解释里昂惕夫之谜的过程中，一些西方经济学者冲破了H-O理论的三要素论，试图从更广的范围里探寻影响国际贸易的其他要素，并从新要素的角度说明国际贸易的基础和贸易格局的变化。同时，试图从要素的国际移动、要素密集度的转变等方面来分析要素作用，从而使要素增长理论更加充实。

4.5.1 技术要素说

传统经济学家通常把生产要素定义为生产过程中的投入物，这样就把那些设计使用这些投入物的工艺流程或技术排除在了生产要素之外。但是，作为生产过程中的技术，不仅能够提高土地、劳动和资本要素的生产率，而且可以提高三者作为一个整体的全要素生产率，从而改变土地、劳动和资本在生产中的相对比例关系。从这个意义上说，技术也是一种独立的生产要素。

我们可以把技术要素看作相关生产要素的数量增加。技术使单位产品成本下降或同样投入获得更多的产出，实质上等于生产要素供应量的扩大，即把技术看作这些生产要素按照各自的生产率提高的比例来扩大的供应量。

技术要素在现代经济活动中的地位越来越重要。要素生产率的提高或要素的节约、商品成本和价格的降低、产品质量效能的优化、生产经营水平的提高及产品国际市场竞争力的增强等无一不依靠技术。当今国际经济竞争说到底就是技术水平的竞争。

4.5.2　人力资本要素说

根据人力资本理论，可以把劳动分为两大类：一类是简单劳动，即无须经过专门培训就可以胜任的非技术的体力劳动；另一类是技能劳动，即必须经过专门培训形成一定的劳动技能才能胜任的技术性劳动。要对劳动者进行专门培训，就必须进行投资。因此，体现在劳动者身上的、以劳动者的数量和质量表示的就是人力资本。由于人力资本投资持续时间不同、投资形式存在差别及投资领域不一致（亦即教育培训的具体内容和项目不同），劳动力存在质的差别，从而使人力资本作为一种特殊资本在生产过程中的效力有所不同。

人力资本的投资形式通常包括：正规的学校教育、在职的岗位培训、合理的人员配置、必备的卫生与营养条件、休养生息的外部环境以及与上述各项投资形式相关的其他投资形式。人力资本的投资和其他投资一样，既需要时间也需要资源。

人力资本禀赋对国际贸易格局、流向、结构和利益等方面具有重要的影响。人力资本论者基辛（Kessing）、凯能等认为，资本充裕的国家同时也是人力资本充裕的国家。因此，这些国家的比较优势实际上在于人力资本的充裕，这是它们参与国际分工和国际贸易的基础。在贸易结构和流向上，这些国家往往出口人力资本或人力资本密集型产品。

4.5.3　研究与开发要素说

西方经济学家格鲁勃（W. H. Gruber）、梅达（D. Mehta）、弗农及基辛等人在注重技术要素作用的同时，进一步研究了推动技术进步的形式和途径及其与贸易的关系，提出了研究与开发（Research and Development，R&D）要素论。

研究与开发要素是指研制和开发某项产品所投入的费用。它不同于生产过程中其他形式的要素投入。研究与开发要素是以投入到新产品中的与研究和开发活动有关的一系列指标来衡量的。在进行国别比较时，可以通过计算研究与开发费用占销售额的比重、从事研究与开发工作的各类科学家和工程技术人员占整个就业人员的比例以及研究与开发费用占一国国民生产总额或出口总值的比重等指标，来判断各国研究与开发要素在经济贸易活动中的重要性及其差别。同时，可以通过研究与开发要素的多寡来衡量一个国家在国际分工中的比较优势。

研究和开发要素对一国贸易结构的影响是显而易见的。一个国家越重视研究与开发，这个国家投入到研究与开发活动中的资金就越多，其生产的产品中知识与技术的密集度就越高，在国际市场竞争中的地位就越有利。

4.5.4　信息要素说

作为生产要素的信息是指来源于生产过程之外的并作用于生产过程的能带来利益的

讯号的总称。信息要素是无形的、非物质的，它区别于传统生产要素，是生产要素观念上的大变革。西方经济学家认为，股票是财产的象征符号，而信息则是象征的象征。随着现代社会的发展，市场在世界范围内的拓宽以及各种经济贸易活动的日益频繁，社会每时每刻都在产生着巨量的信息。这些信息都在不同的方面、不同的程度上影响社会经济活动，影响企业生产经营的决策和行为方式，甚至有时还决定着企业的命运。

但是信息要素具有特殊性，一方面，由于信息创造价值的能力难于用通常的方法衡量，所以其交换价值只能取决于信息市场的自然力量；另一方面，由于信息强烈的时效性，所以信息交换也常常带有神秘的性质。

4.5.5　管理要素说

管理是指在一定的技术条件下保持最优的组织、配置和调节各种生产要素之间的比例关系。管理既可以看成生产函数中的一个单独要素，也可以看成劳动要素的特殊分类。但是有一点是重要的，那就是管理是生产要素的补充而不是替代，它和其他生产要素之间不存在相互替代关系。

管理需求随生产规模扩大而增强。在现实经济活动中，管理通过相应的管理人员（如经理等）的工作来体现。西方经济学家认为，管理水平的差异说明了劳动生产率的差异。一般说来，经济水平落后的国家，管理要素都相对稀缺，表现在管理人员比重小和管理水平比较低等方面。哈比逊曾指出，20世纪50年代埃及的工厂在工艺技术上和美国工厂基本类似，但劳动生产率仅为美国的20%上下，其原因就在于埃及管理资源稀缺、管理方法落后。由于管理资源影响到生产效率和生产成本，管理也就直接影响到一国比较优势地位和对外贸易的各个环节。

4.5.6　对国际贸易新要素学说的简评

国际贸易新要素学说对第三次科技革命所带来的世界经济的飞速发展和世界贸易格局的革命性改变，在理论上给予了新的解释，突破了生产要素的限制，赋予了生产要素以更丰富的含义，并扩展了生产要素的范围，使对国际贸易的分析更接近现实。

但是，新要素学说就其分析方法而言，只是对传统的要素学说进行了改良，仍然只从供给方面而不是从供求两个方面考察贸易问题。

■ 案例讨论

电视是20世纪最伟大、最重要的发明之一，它第一次使文字、图像和声音能够同时展现在人们面前。自从电视诞生以来，它就经历了一次又一次的革命，在电视发展演变的过程中，诞生过很多经典的机型，这些产品也和它们曾经播放过的图像一样，历经岁月磨砺依然令人难以忘怀。1939年，黑白电视机在美国诞生，黑白电视的出现是现代文明发展史上划时代的事件，人类的美好视界自此开启新的篇章，谁也想不到电视会发展到现在如此"炫酷"的地步。1954年，美国RCA公司推出世界上第一台彩色电视，彩色电视为人们带来了更为真实丰富的视觉体验。而随着相关技术的发展，彩色电视中的分门别类让人眼花缭乱。进入21世纪后，显像管电视的销售量大幅下降，随着高清化和平板化被越来越多的人所认知，显像管电视已经不能满足需要。也许显像管电视在本世纪中叶将最终退出历史舞台，但是这种显示技术将人类社会带入了一个新的影音时代，其历史功绩是不能被磨灭的。

中国电视业起步，比西方整整晚了30年。1958年3月17日，一台简陋的黑白电视机上，完整而清晰地播出了动画电影《小猫钓鱼》，这意味着我国第一台电视机试制成功了。这台820型35厘米电子管黑白电视机，有一个响亮的名字，叫作华夏第一屏。完成这个突破的，就是天津无线电厂，也叫七一二厂。20世纪50年代，为了填补新中国电视事业的空白，国家把试制电视机的任务交给七一二厂。从20世纪60年代开始，中国黑白电视慢慢开始普及，全国各县市机关和部队都开始配发电视。1984年我国决定推进彩电国产化，首先诞生的，是一款真正能被国人买得起的彩电——"金星牌"电视。紧接着，中国彩电生产能力急剧扩张，加上外商转移到大陆的生产能力，涌现了北京、熊猫、牡丹、上海、环宇、飞跃等各种品牌，据说当时全国有几百个电视机厂家，很多县都有自己的电视机生产厂。2021年，中国彩电累计产量达到了1.6亿台，而出口接近1亿台，出口额超过百亿美元。

资料来源　作者根据相关资料整理而成.

思考：

1.从产品生命周期理论出发简述电视机的发展史。

2.试用产品生命周期理论解释电视机发展过程中进出口的方向可能会发生哪些变化？

本章小结

▓ 复习思考题

一、简答题

1.什么是产品生命周期学说？

2.什么是技术差距理论？

3.什么是需求偏好重叠？有何意义？

4.规模经济与古典和新古典经济学说的假设前提有何本质的区别？

5.什么是新生产要素？

二、分析题

1.试比较重叠需求理论与要素禀赋理论的异同。

2.你认为重叠需求理论适合解释发展中国家之间的贸易吗？为什么？

3.结合重叠需求理论和产品生命周期理论，试解释为什么美国始终是世界汽车生产和出口大国？

第 5 章

国际贸易政策

学习目标

知识目标：

1.从对外贸易层面了解国际贸易政策，对于国际贸易政策的变化、发展过程以及所属的历史背景和具体现实条件有基本的判断；

2.了解具有代表性的国际贸易政策的基本概念与类型、各阶段特征和具体措施以及对应的积极、消极影响。

能力目标：

1.通过国际贸易政策发展进程与阶段的框架构建锻炼系统分析能力；

2.通过区分各类型国际贸易政策及其适用性强化分类讨论能力；

3.通过针对发展中国家和地区贸易战略的专项研究塑造理论结合实际的应用能力。

素养目标：

1.基于国际贸易政策发展过程中历史背景、发展趋势、特征与适应性等方面的复杂性和综合性，培养学生多角度、宽领域、深层次地探究国际贸易的相关问题；

2.强化战略匹配思维，培养学生将知识映射到实践与真实情况的能力，塑造学生的远见思维与创新能力。

引导案例

2018年，时任美国总统特朗普调整贸易政策，对华发动贸易战。在特朗普政府签署对中国商品加征关税的计划之前，这一举措已经在美国国内招致了一片反对声。许多企业、商会致信美国总统特朗普表示担忧，认为这将导致美国国内物价上涨，并敦促特朗普尽快取消这一计划。包括沃尔玛、百思买和梅西百货等在内的24家大型零售商致信特朗普，敦促他不要对从中国进口的商品征收巨额关税。他们在信中表示，任何附加的广泛关税，都会惩罚美国的工薪家庭，导致他们的家庭基本用品，例如衣服、鞋子、电子产品和家居用品等价格上涨。美国45家贸易协会也联名致信特朗普政府，请求不要对中国加征关税，并称此举将对美国经济和消费者带来极大的伤害。这些协会代表了美国大部分的企业。其在信中写道：对中国征收关税将提高消费品的价格，将扼杀就业，拖累金融市场。

资料来源　美国企业巨头纷纷致信特朗普！美国发难中国却"搬起石头砸到了自己的脚"！［EB/OL］．［2018-03-24］．http：//industry.people.com.cn/n1/2018/0324/c413883-29886355.html.

请思考，美国频繁发动对华贸易战的背后原因是什么？放眼世界，各国的对外贸易政策从古至今是如何确立的，又是因何原因而被迫改变？这些国际贸易政策的类型、特征及它们的具体措施如何反映了当时的时代背景和历史特点？本章内容将会通过系统的讲解，一一回答上述问题。

国际贸易政策就是从世界范围考察的贸易政策，它是世界各国贸易政策措施的总和，是国际贸易理论的具体运用和国际贸易利益得以实现的重要手段和方式。国际贸易政策对各国以及世界经济的发展都起到至关重要作用，因此，它是各国政府最关心的问题，也是国际贸易学研究的主要领域之一。

广义的国际贸易政策是指在国际贸易发展过程中所形成的，为各国认同并共同遵守的国际贸易政策，是以国际经济贸易条约、公约、协定等形式体现的。各国在发展对外经济贸易过程中，通过协商达成双边或多边共同认可。

本章所阐述的国际贸易政策是狭义的国际贸易政策，主要是指一国的对外贸易政策。其主要包括四个方面的内容：一是对外贸易总政策，即与一定时期国民经济发展总目标相关的外贸发展目标和基本措施；二是出口贸易政策、进口贸易政策，是为适应国民经济发展总体需要，参与国际商品交换的政策；三是出口商品政策、进口商品政策，是为适应国内产业结构变化而采取的有关进出口商品生产、销售、采购等的政策；四是国别贸易政策、地区贸易政策、市场贸易政策，即针对不同国家、不同地区、不同市场的特点而采取的区别对待政策。除此之外，对外贸易政策作为经济政策的一个组成部分，需要由一国的经济总政策决定，并与国家的其他经济政策密切配合，才能使对外贸易充分发挥促进国民经济发展的作用。例如，对外贸易政策与产业调整政策、外汇管理政策、外资与先进技术引进政策等，应相互协调，才能使对外贸易活动与国民经济活动相适应。这些与对外贸易政策息息相关的政策不作为本章要阐述的内容。

5.1　国际贸易政策概述

5.1.1　对外贸易政策的含义

贸易政策从一个国家出发就是对外贸易政策，是指一个国家一定时期内影响其进出口贸易的政策措施的总和，是一国根据一定时期内政治经济的基本发展态势和国民经济的总体发展目标，结合本国的资源禀赋、产业结构、经济发展水平，所制定的在较长时期内普遍适用的对外贸易原则、方针、策略。体现对外贸易总政策的各种政策措施包括进出口商品政策、贸易关税政策、贸易国别和地区政策等。对外贸易政策是一国政府所进行的一系列有组织的干预和调节行为，我们把一国的对外贸易政策称为狭义的国际贸易政策。

理解对外贸易政策的含义，可以从以下几个概念间的关系及区别来把握：

（1）对外贸易政策与贸易措施的关系。对外贸易政策需要各种贸易措施来贯彻和实现，二者既密不可分，又有根本的区别：对外贸易政策在对外贸易管理中处于决定的、主导的地位，贸易措施是根据对外贸易政策的目标和内容确定的，是贸易政策的载体和工具，处于从属地位；对外贸易政策是决策机构的主观选择，形成过程中考虑了许多非经济因素，有明显的方向性，而贸易措施是按照经济规律、市场经济法则发挥作用，本身是中性的，可以对贸易活动进行不同方向的调节。

（2）对外贸易政策与国内经济政策的关系。一国的经济活动包括国内经济贸易活动和对外经济贸易活动，这二者之间是相互依存的。这导致政府调节经济贸易活动的对外贸易政策和国内经济政策也相互关联，不仅具有统一的政策目标，在某些政策手段方面也具有共同性。但二者也有非常显著的区别，对外贸易政策与国内经济政策在调节对象、调节手段、政策地位及影响因素等方面存在许多差异。

5.1.2　对外贸易政策的特征

（1）对外贸易政策的目标双重性。一国的对外贸易政策目标包括经济性目标和政治性目标。经济性目标有保护国内产业、推动经济增长等；政治性目标有维护国家安全、配合外交活动等。对外贸易活动必须为实现这一双重政策目标服务。在当前以和平与发展为主题的国际形势下，各国奉行的外交策略，或是以政治外交为经济交往打开道路，或是以经济交往为政治外交服务，对外贸易政策与外交政策的关系十分密切。

（2）对外贸易政策的自主性和互利性。主权国家的对外贸易政策是根据国家的整体利益独立自主制定的。而对外贸易政策的互利性，是由于它不仅涉及其他有关国家的利益，而且涉及国内各阶级、阶层、集团的利害得失。因此，制定对外贸易政策，在优先考虑本国利益、协调好国内各阶级、阶层、集团的利益关系的同时，还应当适应有关国家的利益，使对外贸易得以正常发展。

（3）对外贸易政策的灵活性和可变性。一国的对外贸易政策，是根据国内经济状况和国际经济贸易形势制定的。在不同的国家、不同的历史时期、不同的国际经济贸易形势下，所采取的对外贸易政策也就不同。对外贸易政策是通过各种手段、措施实施的，不仅对外贸易政策而且各种手段、措施都会随着经济、政治形势的变化而变化，即使是同种手段、措施，在不同的历史条件下，其意义和作用也不一样，这正是对外贸易政策灵活性和可变性的具体体现。

（4）对外贸易政策的矛盾对抗性。由于各国从维护本国利益出发而制定和实施对外贸易政策，因此，各国的对外贸易政策之间充满矛盾对抗性，在开展对外经济交往活动时，经常引起激烈的纷争与摩擦。由于对外经济贸易活动涉及一国的国内生产与国外消费、国外生产与国内消费，从而将一国的国内市场与国际市场、国内经济与世界经济紧密地联系起来，因此，一国的对外经济贸易活动必然对国内的社会、经济、政治产生重大影响。

5.1.3 对外贸易政策的类型

如前所述，狭义的国际贸易政策是一国经济政策和对外政策的重要组成部分，反映了统治阶级的利益和意志。一国的对外贸易政策，一般由国家立法机构或授权政府制定。从国家对对外经济贸易活动的干预程度上看，对外贸易政策可分为三种基本形式，即自由贸易政策、保护贸易政策和管理贸易政策。

（1）自由贸易政策（Free Trade Policy）。它是自由放任经济政策的一个重要组成部分。实行自由贸易政策，就是政府对贸易行为不加任何干预，即既不鼓励出口，也不限制进口，使商品自由进出口，在国际市场上自由竞争。自由贸易政策产生于18世纪初，是18世纪新生资产阶级"自由放任"思想在对外经济上的延伸。国际贸易几百年的历史表明，完全意义上的自由贸易政策是不存在的，当今的自由贸易政策表现为国家取消对进出口贸易的限制和障碍，取消对本国进出口商品的各种特权和优惠的自由化过程。

（2）保护贸易政策（Protective Trade Policy）。它通常是指通过限制进口、扶持出口的办法，旨在保护国内产业的政策。实行保护贸易政策，就是政府直接或间接干预对外贸易活动，在进口方面设置各种贸易壁垒，限制国外商品进入本国市场；在出口方面采取多种措施，促进和扩大本国商品进入国外市场，以达到保护国内产业、刺激国内产业发展的政策目标。

（3）管理贸易政策（Managed Trade Policy）。它又称协调贸易政策，是指国家对内制定一系列的贸易政策、法规，加强对外贸易的管理，实现一国对外贸易有秩序、健康的发展；对外通过谈判签订双边、区域及多边贸易条约或协定，协调与其他贸易伙伴在经济贸易方面的权利与义务。管理贸易政策是20世纪80年代以来，在国际经济联系日益加强而新贸易保护主义重新抬头的双重背景下逐步形成的。管理贸易政策是介于自由贸易政策和保护贸易政策之间的一种对外贸易政策，既提倡贸易自由化，同时又要求加强政府干预，主张国家采取法治化的政策手段管理对外贸易。由于这种贸易政策不像贸易保护主义那样具有隐蔽性和攻击性，而是在遵循规则的前提下进行政府间磋商、谈判，力争达到利益平衡，因此也成为各国在无法达到最佳目标模式时所能选择的次佳目标模式，是各国对外贸易政策发展的方向。

5.1.4 对外贸易政策的制定

对外贸易政策的制定与修改是由国家立法机构进行的。最高立法机关在制定和修改对外贸易政策及有关规章制度前，要征询各个经济集团的意见。如发达资本主义国家一般要征询大垄断集团的意见。各垄断集团通过各种机构，如企业主联合会、商会，商定共同立场，向政府提出各种建议，甚至派人参与制定或修改有关对外贸易政策的法律草案。

对外贸易政策属于上层建筑，一国通过对外贸易政策影响对外贸易规模、结构、流向和利益分割。它既反映本国经济基础和维护本国经济贸易利益，又要体现本国的政治、外交原则。因此，各国在制定对外贸易政策的过程中，要考虑到以下因素：

1.本国经济结构与比较优势

一国对本国具有比较优势且具有一定竞争力的产业部门，一般会采用自由贸易政策；而对本国具有幼稚特性的战略产业，则倾向于采用保护贸易政策。

2.本国产品在国际市场上的竞争能力

本国产品在国际市场上具有较强竞争力时，总体上倾向于实行自由贸易政策；反之，则倾向于实行保护贸易政策。

3.本国与别国经济、投资的合作情况

本国与别国经济、投资的合作情况反映了两国间的经贸关系，一般经济合作程度较深的国家之间往往互相采用自由贸易政策。

4.本国国内市场商品供求状况

当本国国内商品较为充足时，应当限制过量的进口；反之，当国内商品供给不足时，应当适当增加国外商品的进口。

5.本国相关利益集团的博弈

不同的利益集团有不同的政策主张。一般来说，同进、出口部门存在竞争关系的企业组成的利益集团推行保护贸易政策，而进出口部门组成的利益集团多是自由贸易政策的推崇者。二者之间的力量对比会影响政府的政策取向。

6.本国在世界经济、贸易组织中享有的权利与应尽的义务

当今世界各国大多参与了多边或双边贸易组织，为了履行本国在贸易协议中承担的义务，同时享受相应的权利，就必须根据贸易组织的缔结约定实行相应的对外贸易政策。

7.各国政府领导人的经济思想与贸易理论

不同时期的政府领导人所持的政策主张是不同的，从而使各国和地区在不同时期也会呈现出不同的对外贸易政策。

5.2　自由贸易政策

自由贸易政策形成于资本主义竞争时期，始于当时经济最为发达的英国。之后，随着经济发展水平的提高以及经济发展的需要，其他国家也开始接受并实施自由贸易政策。两次世界大战之间，自由贸易发展受阻。第二次世界大战之后，贸易政策总的发展趋势是自由化，虽然中间有些停滞，但大方向没有改变。随着1995年世界贸易组织的成立，以及经济全球化进程的加快，贸易自由化成为世界各国贸易政策的主流。值得一提的是，虽然基本原则仍是减少或消除贸易壁垒，但自2008年金融危机以来，伴随各种区域贸易协定的增多（如欧盟的深化、北美自由贸易区转型为美加墨三方协议、跨太平洋伙伴关系协定的签订等）以及全球价值链的深化，自由贸易政策的实施更加复杂。[1]

5.2.1　资本主义自由竞争时期的自由贸易政策

18世纪至19世纪后期为资本主义自由竞争时期。资本主义生产方式占据统治地位，

世界经济进入了商品资本国际化的阶段。从总体上看，这一时期资本主义国家的对外贸易政策以自由贸易政策为特征。

早期的自由贸易政策始于英国。工业革命之后，英国的工业迅速发展起来，但重商主义奖出限入的做法，妨害了新兴工业阶层对粮食、原料和市场的获得，因此，要求废除重商主义政策的呼声渐高。1846年谷物法被废除，标志着英国进入了自由贸易政策时期。

在这场变革中，自由贸易政策以古典政治经济学家亚当·斯密（A.Smith）和大卫·李嘉图（D.Ricardo）创立的自由贸易理论体系为依据。实际上，早在古典政治经济学之前，法国重农主义者魁奈（F.Quesnay）和杜尔哥（A.R.Turgot）就已提出"任其所为，纵其所行"的口号，主张自由贸易，认为只有自由贸易才符合自然秩序和公义的要求。亚当·斯密在《国富论》一书中，提出了倡导自由贸易的绝对成本理论，大卫·李嘉图师承亚当·斯密的经济自由放任主义，强调实行自由贸易的意义，认为只有在自由放任条件下，各国都生产与其地理位置、气候和其他自然或人为的便利条件相适应的产品，并与其他国家的产品相交换，才能形成合理的国际分工，使资源得到充分利用，从而实现最大的经济利益。

这些通向自由化的贸易政策主要包括：

1.废除谷物法

1838年英国棉纺织业资产阶级组成"反谷物法同盟"，然后又成立全国性的反谷物法同盟，展开了声势浩大的反谷物法运动。经过斗争，国会于1846年通过废除谷物法的议案，并于1849年生效。

2.降低关税税率，减少纳税商品数目

在19世纪初，经过几百年的重商主义实践，英国有关关税的法令达1 000项以上。1825年英国开始简化税法，废止旧税制，建立新税制。进口纳税的商品项目从1841年的1 163种减少到1853年的466种，1862年减至44种，1882年再减至20种。税率大大降低，禁止出口的法令完全废除。

3.废除航海法

航海法是英国限制外国航运业竞争和垄断殖民地航运事业的政策，从1824年起被逐步废除，到1849和1854年，英国的沿海贸易和殖民地全部开放给其他国家，至此，重商主义时代制定的航海法全部废除。

4.取消特权公司

在1831和1834年，东印度公司和中国贸易的垄断权分别被废止，从此对印度和中国的贸易开放给所有的英国人。

5.改变对殖民地贸易政策

在18世纪，英国对殖民地的航运享有特权，殖民地的货物输入英国享受特惠关税和待遇。大机器工业建立以后，英国竞争力增强，对殖民地的贸易逐步采取自由放任的态度。1849年航海法废止后，殖民地已可以对任何国家输出商品，也可以从任何国家输入商品。通过关税法的改革，英国废止了对殖民地商品的特惠税率，同时准许殖民地与外国签订贸易协定，殖民地可以与任何国家建立直接的贸易关系，英国不再加以干涉。

6.与其他国家签订贸易条约

1860年，英国与法国签订了英法条约，即"科伯登"条约。根据这项条约，英国对法国的葡萄酒和烧酒的进口税予以减低，并承诺不禁止煤炭的出口；法国则保证对从英国进口的一些制成品征收不超过价格30%的关税。"科伯登"条约是以自由贸易精神签订的一系列贸易条约的第一项，列有最惠国待遇条款。在19世纪60年代，英国缔结了8项这种形式的条约。

当时的自由贸易政策给英国带来了明显的经济利益，英国学者统计发现，这一时期与对外贸易有关部门的生产增长率高于英国经济的增长率，更高于与贸易无关部门的经济增长率。由此他们得出结论，对外贸易是英国经济增长的发动机。正是由于对外贸易对英国经济增长的积极作用，英国一直主张自由贸易。在英国自由贸易政策的影响下，法国、荷兰、德国等欧洲国家在基本完成产业革命的基础上，也先后实行自由贸易政策，使欧洲进入自由贸易时代，极大地促进了国际贸易的增长。1820—1830年，国际贸易量增长了两倍，而1840—1880年，国际贸易量又增长了近两倍。从世界范围来看，1860—1880年是自由贸易的黄金时代，与英、法等欧洲国家进入资本主义自由竞争时代是相适应的。

5.2.2　二战之后的自由贸易政策

二战后到20世纪70年代初，随着世界经济的迅速恢复与增长，主要资本主义国家的对外贸易政策表现为"贸易自由化"。所谓"贸易自由化"是指主要资本主义国家在世界范围内采取的逐步降低关税，放松外汇管制和其他进口限制，逐步实现国际商品自由流通的政策主张。推行"贸易自由化"有两个方面的内容：一是缩减国营贸易，扩大私营贸易，并把私营贸易在一国对外贸易中所占比重，作为衡量贸易自由化的一个指标；二是逐步取消进口配额，扩大自由进口，并把自由进口在一国对外贸易中所占比重，作为衡量贸易自由化的另一个指标。

二战后，美国成为世界上经济实力最强的国家，为扩充实力，巩固其世界霸主地位，竭力鼓吹"贸易自由化"，主张降低关税，取消数量限制，实行无差别待遇的互惠原则。在美国的影响下，世界各国建立起以"关税与贸易总协定"和"国际货币基金协定"为中心的国际贸易体制。西欧、日本等国家随着经济的恢复和发展，为扩大出口，实现资本与商品在国际上自由流动，也在不同程度上削减关税，放宽进口限制，逐步推行贸易自由化。至20世纪70年代，关税与贸易总协定成员国范围内大幅度降低关税，实施普遍优惠制，各国的贸易自由化率达97%，残留的进口限制品大为减少，法国保留48种，日本保留27种，美国只保留7种。贸易自由化在促进国际贸易恢复和发展的同时，还成为经济大国进行经济扩张的工具。

二战之后，为了营造一个有助于各国经济恢复和发展的良好环境，在美国的带动下，发达国家相继实行了贸易自由化政策。在关税与贸易总协定的组织和协调之下，通过多边的谈判和协商，关税壁垒和非关税壁垒被大幅度削减。发达国家的总体关税水平从1947年的40%左右，下降到"乌拉圭回合"之前的5%左右，而且还有继续下降的趋势。非关税壁垒的使用也受到限制，如在关税与贸易总协定第七轮"东京回合"谈判中，非关税壁垒成为重要的谈判议题，并最终达成了六个限制非关税壁垒的协议。这些协议是《海关估价协议》《进口许可证手续协议》《技术性贸易壁垒协议》《补贴和反补贴协议》《反倾销守则》《政府采购协议》。"乌拉圭回合"谈判中，非关税壁垒得到了更高程度的重视。

发达国家在相互提供贸易优惠的同时，还向发展中国家提供了贸易的便利，为战后一些发展中国家经济的发展提供了良好的国际空间。关税与贸易总协定的缔约国既有发达国家，又有发展中国家。关税与贸易总协定的普惠制待遇协定要求发达国家向来自发展中国家的工业制成品和半制成品提供普遍的、非互惠的优惠待遇。但发达国家在受惠国的选择上往往会附加很多复杂苛刻的条件。

二战后期到20世纪70年代这段时间里，为实现贸易自由化所采取的贸易措施可概括为：

1.大幅度削减关税

（1）在关税与贸易总协定成员国范围内大幅度地降低关税。在1947年至1986年的八次多边贸易洗礼中，各缔约国的平均进口最惠国待遇税率已从50%左右降到5%左右。

（2）欧洲经济共同体实行关税同盟，对内取消关税，对外通过谈判，达成关税减让的协议，关税大幅度下降。

（3）通过普遍优惠制的实施，发达国家对来自发展中国家的制成品和未制成品的进口给予普遍的非歧视和非互惠的关税优惠。

2.减少或撤销非关税壁垒

战后初期，发达国家对许多商品的进口实行严格的进口限额，以及进口许可证和外部管制等措施，以限制商品出口。随着经济恢复和发展，这些国家在不同程度上放宽了进口数量限制，提高了进口自由化程度，增加进口自由的商品数量；放宽或取消了外部管理，实行货币自由关税，促进了贸易自由化的发展。

5.2.3　20世纪90年代以来的管理贸易

进入20世纪90年代以来，西方发达国家逐渐走出经济低谷，在国际经济联系日益加强而新贸易保护主义重新抬头的双重背景下，为了既保护本国市场，又不伤害国际贸易秩序，保证世界经济的正常发展，各国政府纷纷加强了对对外贸易的管理和协调，从而逐步形成了管理贸易政策或者说协调贸易政策。

1.管理贸易产生的经济背景

（1）以世界贸易组织为核心的全球多边贸易体制得到增强，贸易自由化和开放贸易体制成为全球贸易的主流。经济一体化迅猛发展，成为全球浪潮，推动了经济一体化组织内部贸易及投资的自由化。

（2）对外贸易政策与对外关系相结合的趋势加强。各国把对外贸易看成处理国家关系的越来越重要的手段，将贸易政策与其他经济政策和非经济领域的政策更大程度地融合，使其向着综合性方向发展。

（3）强调"公平贸易""互惠主义"。近年来，西方国家一方面反对贸易保护主义，一方面强调贸易的公平性。这种公平贸易是指在支持开放性的同时，以寻求"公平"的贸易机会为主旨，主张贸易互惠的公平与对等原则。

（4）多种多样的非关税壁垒成为新的贸易保护工具。除了数量限制、反倾销、反补贴、保障措施、卫生检验等传统的非关税壁垒外，技术壁垒、绿色壁垒、知识产权壁垒、劳工标准、环境保护等贸易壁垒已经成为发达国家制约发展中国家的重要工具。

2.管理贸易的主要内容

（1）通过多边政府协定和组织对参加方的贸易关系进行协调管理。WTO的建立使得世界贸易体制的职能和管辖范围向纵深发展，从关税与贸易总协定的货物贸易延伸到服务贸易和与贸易有关的投资措施、知识产权等领域，使多边贸易体系约束和处理贸易争端的能力进一步增强。

（2）区域性经贸集团通过实行共同的外贸政策对地区贸易进行协调管理。20世纪90年代以来，区域性经贸集团发展迅猛。区域性经贸集团通过条约、协定和建立超国家机构对地区贸易进行协调管理，统一成员方的贸易政策与行为，促进经贸集团内部货物、生产要素和服务的自由流动；对外统一贸易政策，以联合的经济实力和共同的对外贸易政策来提高对外谈判能力，争取更好的经贸环境。目前世界上主要的区域性经贸集团有欧盟、北美自由贸易区、亚太经济合作组织、东南亚国家联盟等。

（3）通过国际会议对贸易进行意向性协调管理。通过各种国际会议来调整发达国家与发展中国家及各自内部之间的经贸关系，但国际会议对贸易的管理主要起导向和意向作用，没有强制性。

（4）各国政府加强对贸易活动的宏观干预。在管理贸易的背景下，各国首先通过贸易立法，约束他国或地区的贸易行为；其次是通过贸易法规与国际接轨，协调贸易管理。比如，美国贸易立法中的超级301条款，即以公平贸易的名义约束与协调同其他国家或地区的经贸关系；日本有选择的管理贸易，根据产业和国际竞争力的状况，精心地、有步骤地制订各种计划和选择实行自由化的商品；发展中国家实行防御性的管理贸易。

总之，管理贸易是在战后贸易自由化大趋势下，面对新贸易保护主义的压力而出现的贸易政策。其目标是在自由贸易原则的基础上，协调相互之间的贸易关系，均分贸易利益，促进各方发展。作为一种全新思路的贸易政策，它必将对世界经济贸易的发展产生巨大的影响。

5.3　保护贸易政策

保护贸易政策源于16世纪至18世纪中期资本原始积累时期的重商主义，各国为维护国内市场的垄断价格和夺取国外市场，通过运用高额关税及许可证制、外汇管制等贸易措施限制进口，防止外国商品的竞争。保护贸易政策在资本主义的发展过程中经历了不同的发展时期，从资本原始积累时期的保护贸易政策，到自由竞争时期发展幼稚工业的保护贸易政策，再到二战之前的超贸易保护政策，以及20世纪70年代以来的新贸易保护主义和战略性贸易政策，形成了不同的各具特色的保护贸易政策内容。

5.3.1　资本主义原始积累时期的保护贸易政策

正处在资本主义生产方式形成时期的西欧各国普遍实行保护贸易政策。在资本主义生产方式准备时期，为了促进资本的原始积累，西欧各国广泛实行重商主义下的强制性的贸易保护政策，通过限制货币（贵重金属）出口和扩大贸易顺差的办法扩大货币的积累，其中以英国实行得最为彻底。

在前边的论述中我们提到过，重商主义者将金银看成真正的财富，财富来源于流通领域，对外贸易是增加一国财富的唯一源泉。由此，重商主义者极力主张国家对经济生活进行干预，促进对外贸易的发展。受重商主义强调贸易顺差的影响，英国、法国、荷兰等最早进行殖民扩张的资本主义国家都实行过奖出限入的贸易政策。概括起来，重商主义贸易政策的发展大致经历了三个阶段：

（1）货币差额阶段。国家采取强制措施，限制或禁止金银出口，增加金银进口、追求进大于出的有利货币差额。

（2）贸易差额阶段。国家采取奖励出口、限制进口的措施，保持出超。对出口商品分别给予退税、减税、免税优待；对生产效率低、价格高的出口商品给予补贴、奖励金；设立特权公司、垄断殖民地贸易，扩大出口市场；提高进口商品关税，严禁奢侈品进口，限制制成品进口。奖出限入的目的，在于增加金银的净流入，通过有利的贸易差额实现有利的货币差额。

（3）保护工业阶段。国家除继续奖励制成品出口外，还限制国内工业所需而供给不足的原料出口；除继续限制与国内工业处于竞争地位的外国制成品进口外，还鼓励国内工业所需而供给不足的外国原料进口。即凡有利于国内工业建设和发展的商品，既鼓励出口又鼓励进口；凡不利于国内工业建设和发展的商品，既限制出口又限制进口，一改过去一味奖出限入的做法。贸易政策目标从追求金银的净流入转变为培育国内工业的发展。

5.3.2　资本主义自由竞争时期的保护贸易政策

在自由贸易政策在英国全面推行并在欧洲占主导地位的时期，由于德国、美国的资本主义工业尚处于成长阶段，发展水平较低，在世界市场上竞争力弱，因而德国、美国的工业资产阶级主张实行保护贸易政策，不允许国外商品自由占领其国内市场，以培育国内产业。主张实行保护贸易政策的代表人物是美国首任财政部部长汉密尔顿（A. Hamilton）和德国的经济学家李斯特（F.List）。

根据美国独立后的客观环境，美国的第一任财政部部长亚历山大·汉密尔顿认为，自由贸易不适用于美国，坚决主张实行保护贸易政策，措施为不断提高关税。汉密尔顿认为，与先进国家进行平等贸易，结果会使美国的产业被限制在农业上，妨碍工业、制造业的发展，这将是美国经济的重大损失，他因此提出在政治上建立强有力的全国政府，实现国家统一；在经济上实行保护贸易政策，维护经济独立的主张。以美国1934年制定的《互惠贸易法》为分界线，美国建国后至1933年，美国一直高筑关税壁垒。1816年关税税率为7.5%～30%，1824年平均税率提高到40%，1847年通过的首部关税法中，进口关税的平均水平为50%。在资本主义自由竞争时期，美国政府选择实施了以提高进口商品关税为主的保护贸易政策。

在欧洲，面对英国廉价产品的竞争，德国、法国也相继采取了贸易保护政策。1879年，德国首相脾斯麦改革关税，对钢铁、纺织品、化学品、谷物等征收进口关税，并不断提高税率，同时与法国、奥地利、俄国等展开关税竞争。1898年，德国又通过修正关税法，对贸易进行高度保护。

德国这个时期的贸易政策，明显地受李斯特的保护幼稚产业理论影响。李斯特在1841年发表的代表作《政治经济学的国民体系》（The National System of Political Economy）中，把汉密尔顿关于保护国内幼稚工业的观点，综合发展为一个完整的理论体系，成为后进国家实施保护贸易政策的主要理论依据。

李斯特从维护德国资产阶级利益出发，认为贸易政策应从各国历史和经济的特点出发，服从发展生产力的需要，服从国家利益的需要。李斯特批评古典政治经济学派的贸易学说"唯利是图"的自由贸易原则，认为各国按地域和比较成本论发展贸易的普遍规律，抹杀了各国经济发展和历史的特点，每个国家各有其发展的途径，适用于一切国家的经济理论并不存在。他根据国民经济完成程度，提出各国经济发展必须经历五个阶段的观点，即从经济方面看，任何国家的经济发展都必须经过原始未开化时期、畜牧时期、农业时期、农工业时期和农工商时期。各国经济发展所处的阶段不同，所采取的贸易政策也就不同。

（1）在农业时期实行自由贸易，自由输出农产品，自由输入工业品，一面促进农业发展，一面培育工业基础；

（2）在农工业时期实行保护贸易，对有发展前景的工业，采取措施防止国外竞争，保护国内产业的建立和发展；

（3）在农工商时期实行自由贸易，用先进的工业打入国外市场，以获取最大的贸易利益。

李斯特反对亚当·斯密把国民财富作为政治经济学研究对象的观点，他认为，生产力是财富的产生原因，生产力比财富重要得多，有了生产力的发展，穷可变富。农业、工业、商业是物质生产力的基础，工业则是基础的基础。落后的国家促进生产力发展的一个重要措施，就是实行保护贸易。工业独立以及由此而来的国内发展，使国家获得了力量，可以顺利经营国外贸易，可以扩张航运事业，由此文化可以提高，国内制度可以改进，对外力量可以加强

李斯特积极主张正处于农工业时期的德国实行国家干预下的保护贸易政策。李斯特虽然主张实行保护贸易政策。但他认为，他的理论并不排斥自由贸易，而是与之相互补充、互为促进，落后国家的生产力发展了，经济实力增强了，最终会实现自由贸易。

德国经济所取得的快速增长，使这种贸易保护政策被予以高度的评价，并被后来的许多经济落后的国家所效仿。但是，需要注意的是，保护幼稚产业的贸易政策，被保护的对象应始终集中于本国的幼稚产业，而且保护是有期限的，即只保护那些通过短期的保护能形成比较优势的产业。这种保护政策与比较优势间的关联往往被后来的效仿者所忽略。

5.3.3　二战之前的超贸易保护政策

19世纪90年代到第二次世界大战前，是自由贸易衰亡、保护贸易更为强化时期。这一时期是自由竞争资本主义向垄断资本主义过渡并最终形成的时期。由于垄断取代了自由竞争，国际经济制度发生了巨大变化，但资本主义经济制度的固有矛盾依然存在并逐步激化，导致资本主义各国在1929—1933年爆发了空前严重的经济危机，市场竞争日趋激烈，市场问题进一步尖锐化，资本主义各国的对外贸易政策发展为超贸易保护政策。

1.超贸易保护主义的理论基础

超贸易保护政策是在20世纪30年代提出的凯恩斯主义影响下形成的，它试图把对外贸易和就业理论联系起来。

超贸易保护主义在第一次世界大战与第二次世界大战之间盛行。在这个阶段，资本主义经济发生了以下事件：①垄断代替了自由竞争；②国际经济制度发生了巨大变化；③1929—1933年经济大危机。之后，各国相继放弃了自由贸易政策，改为奉行保护政策，强化了国家政权对经济的干预作用。

（1）非充分就业的假设前提。凯恩斯主义与古典学派的贸易理论最大的区别就是现实社会存在着大量的失业现象。其次，传统理论只用国际收支自动调节机制来证明贸易顺差、逆差的最终均衡过程，忽视了在调节过程中对一国国民收入和就业的影响。

凯恩斯主义还认为，总投资包括国内投资和国外投资，国内投资额由"资本边际收益"和利息率决定，国外投资量则由贸易顺差大小决定，贸易顺差可为一国带来黄金，也可扩大支付手段，压低利息率，刺激物价上涨，扩大投资，这有利于国内危机的缓和与提高就业率。贸易逆差会造成黄金外流，使物价下降，招致国内经济趋于萧条和增加失业人数。因此，贸易顺差能增加国民收入，扩大就业；贸易逆差则会减少国民收入，加重失业。

（2）外贸乘数理论。为了证明增加新投资对就业和国民收入的好处，凯恩斯提出了"乘数理论"。

凯恩斯把反映投资增长和国民收入扩大之间的依存关系，称为乘数理论。凯恩斯认为，新增加的投资引起对生产资料的需求增加，从而引起从事生产资料生产的人们（企业主和工人）收入增加；他们收入的增加又引起消费品需求增加，从而又导致从事消费品生产的人们收入增加。如此推演下去，结果由此增加的国民收入总量会等于原增加投资量的若干倍。

倍数（即乘数）的大小取决于人民增加的收入中有多大比例用于消费，有多大比例用于储蓄。

$$A产品的相对劳动生产率 = \frac{A产品的劳动生产率（人均产量）}{B产品的劳动生产率（人均产量）}$$

国民所得增加（$\triangle Y$）$=K*\triangle I$（投资的增加量）

如投资的增加量为1　（$\triangle I=1$）$C=0$　则乘数$K=1$

$\triangle Y=1/（1-0）=1$　（国民收入不会再增加）

如$\triangle I=1$　$C=1$　则$K=1/（1-1）$为正无穷

$\triangle Y$也为正无穷，国民收入增加为无限大。

如$\triangle I=1$　$C=1/2$　则$K=1/（1-1/2）=2$

$\triangle Y=2*1=2$

凯恩斯主义由此推理引申出对外贸易乘数理论。

一国的出口和国内投资一样，有增加国民收入的作用；一国的进口则与国内储蓄一样，有减少国民收入的作用。只有当贸易出超或国际收支为顺差时，对外贸易才能增加一国的就业量，提高一国的国民收入量。此时，国民收入的增加量将大于贸易顺差的增加量，并为后者的若干倍，这就是对外贸易乘数理论的含义。

根据这个理论，从需求面看，一国国民收入水平的稳定和提高，有赖于出口需求的增加和进口需求的减少，因此奖励出口、限制进口就成为凯恩斯主贸易政策的重要内容之一。因此在各国原有的保护本国工业的传统贸易政策之下，又出现以保证国内生产总值的稳定增长、实现充分就业为目标的超贸易保护政策，这种政策也被称为"管理贸易"（Managed Trade）。

2.超贸易保护政策

以刺激经济和促进就业为目的的超贸易保护政策与以保护幼稚产业为目的的保护政策有着很大的区别，表现在：①保护的对象由幼稚产业转向一般产业甚至夕阳产业；②由单纯的对本国市场的保护转向对外国市场的扩张；③保护的措施多样化，美国进入20世纪后几次提高关税，1931年平均关税率高达53.2%，同时，许可证、进口配额、外汇管制、出口信贷等做法也已经开始使用。

超贸易保护政策并没有取得期望的效果。各国以邻为壑的做法使世界经济在危机中越陷越深。1933罗斯福上台实施新政，美国开始放弃这种保护政策。罗斯福提出以"建设一个世界贸易的多边体系"作为对外经济政策的基本目标，提出"睦邻政策"，倡导遏制关税保护大战，并且根据国会通过的《互利贸易协定法案》，先后与29个国家签订贸易协定和关税互惠协定。这些措施在一定程度上刺激了资本主义生产，缓解了当时的美国经济危机。

5.3.4　20世纪70年代后期的新贸易保护主义

二战后，在西方发达国家和关税与贸易总协定等组织的推动下，贸易自由化取得了一定进展，关税壁垒有所削弱，数量限制有所放宽，70年代中期以后，西方国家经济陷入了严重的"经济滞胀"，标志着资本主义国家经济发展"黄金时代"的结束。特别是进入80年代以来，世界经济衰退和各国货币汇率严重失调持续发展，贸易不平衡日益加剧，为转嫁危机，争夺市场的贸易战愈演愈烈，发达国家从自身的利益出发，采取了很多奖出限入的做法，这一时期的政策带有明显的"新重商主义"色彩。

1.新贸易保护主义加强的原因

（1）20世纪80年代以来，主要工业国家经济处于低速发展状态，失业率一直较高。工业发达国家国内生产总值的年平均增长率，1968—1977年为3.5%，而同时失业率则为3.7%。

（2）主要工业发达国家的对外贸易发展不平衡，美国贸易逆差急剧上升，美国成为新贸易保护主义的重要发源地。

（3）国际货币关系失调。汇率的长期失调影响了国际贸易的正常发展，带来了巨大的贸易保护压力。

（4）政治上的需要。高失业率、工会力量的强大、党派斗争和维护政府形象的需求，大大加强了贸易保护主义的压力。

（5）贸易政策的相互影响。随着世界经济相互依靠的加强，贸易政策的连锁反应也更强烈。美国采取了许多贸易保护措施，它反过来又遭到其他国家明面与暗地的报复措施，使得新贸易保护主义蔓延和扩张。

2.新贸易保护主义下的贸易政策的特点

由于关税与贸易总协定的协调和管理以及各国之间的相互制约，这种贸易保护政策和传统的做法有很大的区别，具体表现为：

（1）被保护的对象不断增多、范围更加广泛。在国际贸易中，被保护的商品从传统的工业品、农产品，扩展到高新技术产品和劳务，被保护的产业扩展到陷入结构性危机的纺织业、钢铁业、电视机制造业、造船业、汽车制造业等。在发达国家的制成品消费中，受限制的制成品占30%～50%。

（2）关税仍是限制进口的重要手段。发达国家在关税上加强了对有效关税的研究与设置，加强了"反倾销税"和"反补贴税"的征收。通过普惠制对受惠国家、受惠商品范围以及减税幅度的限制，使一些商品继续维持较高的关税税率，并经常以关税作为限制进口的报复性措施。

（3）非关税壁垒作用明显增强，施用范围不断扩大。据关税与贸易总协定的专家估计，各种名目的非关税壁垒已达1 000多种，世界贸易约有48%受到非关税壁垒的阻碍。各国还纷纷对高新技术产品实行严格的限制出口政策，建立防止尖端技术资料、产品外流的海关关卡，对一些商品进口采取技术性贸易壁垒，如苛刻的卫生安全标准、技术规格要求、商品包装装潢规定等，对劳务进口采取了签证申请、限制收入汇回、投资条例等限制性措施。

（4）保护措施更为隐蔽。发达国家通过"自动出口配额制""有秩序的销售安排""管理贸易""有组织的自由贸易"等方式限制进口，出现了绕开关税与贸易总协定，在"灰色区域"签订贸易协定的倾向。据关税与贸易总协定秘书处统计，近年来90%以上的限制性出口协议，是在关税与贸易总协定之外签订的，在"灰色区域"中做出的政府间双边安排达120多项。"自动出口配额制""有秩序销售安排"等已成为差别对待的主要保护工具。

（5）转向系统的管理贸易体制。20世纪70年代中后期，贸易自由化的趋势和贸易保护主义交织在一起，形成了一种新的管理贸易体制，即有组织的自由贸易体制。这种贸易体制既争取本国对外贸易的有效发展，又一定程度兼顾他国利益，力争达成多方均能接受的贸易方案，避免极端形式的贸易冲突，以维护国际经贸关系的相对稳定和发展。

（6）区域经济一体化的发展。以欧共体为代表的区域经济一体化组织迅速发展并不断提高一体化组织的水平，在区域内实行自由贸易政策，对区外的贸易对象，保护性则加强。

3.新贸易保护主义对国际贸易发展的影响

（1）保护的程度不断地提高，在整个发达国家制成品的消费中，受限制商品从1980年的20%提高到1983年30%。

（2）保护措施扭曲了贸易流向。

（3）贸易限制推动价格上涨，歧视性的数量限制使被保护市场产生了价格提高的压力。

（4）新贸易保护主义使发达国家付出了巨大的代价。

（5）新贸易保护主义伤害了发展中国家和社会主义国家。

（6）新贸易保护主义正在减少发达国家和发展中国家的国内生产总值。

总之，新贸易保护政策的日益加强，破坏了正常的国际经济贸易秩序，进一步加剧了国际上的贸易摩擦与矛盾，各种保护措施扭曲了贸易流向，造成了贸易价格上涨，不仅严重地影响了发展中国家的商品出口，导致出口收入减少，国内生产总值下降，债务负担沉重，而且也使发达国家付出了沉重的代价。

5.3.5　战略性贸易政策

20世纪80年代以来，世界产业结构和贸易格局发生了重大变化。现实中，多数企业面临着不完全竞争的市场结构，市场竞争变成了一场少数几家企业之间的"博弈"，谁能占领市场，谁就能获得超额利润。因此，在很多学者看来，当其他国家普遍采取贸易保护主义时，单个国家采取自由贸易政策将不利于本国的经济利益。一国的对外贸易政策不仅要着力于本国获取一定的经济利益和保护本国工业的成长与发展，还在于通过政府的干预措施，改变企业的战略行为，促进本国产品的出口，使本国企业在国际竞争中获胜。这种情况下，一种要求国家干预，通过对某些战略产业扶持以刺激经济增长的新的理论和政策，即战略性贸易政策出台了。

1.战略性贸易政策的内涵

战略性贸易政策是指一国政府在不完全竞争和规模经济条件下，可以凭借生产补贴、出口补贴或保护国内市场等政策手段，扶持本国战略性工业的成长，增强其在国际市场上的竞争能力，从而谋取规模经济之类的额外收益，并借机抢夺他国的市场份额和工业利润。即在不完全竞争环境下，实施这一贸易政策的国家不但无损于其经济福利，反而有可能提高自身的福利水平。

战略性贸易政策是20世纪80年代由布兰德（J.A.Brander）、斯潘塞（B.J.Spencer）、克鲁格曼（P.R.Krugman）等人发展起来的一种新的贸易政策理论。该理论以不完全竞争和规模经济理论为前提，以产业组织中的市场结构理论和企业竞争理论为分析框架，突破了以比较优势为基础的自由贸易学说，强调了政府适度干预贸易对本国企业和产业发展的作用。

2.战略性贸易政策的内容

目前来看，发达国家的战略性贸易政策主要包括三方面内容：战略出口政策、战略进口政策和保护进口鼓励出口政策。

（1）战略出口政策。在不完全竞争情况下，政府对国内企业的出口补贴可以帮助其在国际竞争中获胜，并使企业获得的利润大大超过政府所支付的补贴，其实质是把外国生产者的垄断利润转移到国内生产者手中，从而增加本国福利。战略出口政策是政府根据国外的市场结构所采取有利于本国企业的出口政策，包括对本国产品的出口采取的补贴政策、征税政策或不干预政策。

（2）战略进口政策。它指进口国通过关税或非关税等限制进口的保护措施分享国外企业的垄断利润，以保护本国企业进入市场或将外国企业逐出本国市场，使本国获得最大限度的利益。其实质是"新幼稚产业保护理论"。

（3）保护进口鼓励出口政策。它实际是政府通过进口限制使本国获得某种规模优势，进而形成竞争优势，促进出口的政策。克鲁格曼认为，政府通过贸易保护，全部或局部地封闭本国市场，阻止国外产品进入本国市场，可使国外竞争者由于市场份额的缩小而边际成本上升，达不到规模经济；与此同时，使得本国原本处于追随地位的厂商快速扩大市场份额，达到规模经济而降低边际成本，从而增强在国际市场的竞争力，达到"以保护进口市场而扩大出口"的目的。

3.战略性贸易政策的有效性

战略性贸易政策理论虽然论证了贸易保护的必要性，但是自提出伊始就受到多方面的质疑与批评。

首先，战略性贸易政策的成功必须以利润转移部分超过补贴额或关税保护成本为先决条件。如果超额利润不大就会得不偿失，所以只有在市场超额利润足够大的情况下，战略性贸易政策才会有效。

其次，战略性贸易政策行为视厂商的竞争行为类型而定。比如在战略性出口贸易政策中，给予本国企业以补贴的政策选择是基于古诺模型（以产量作为厂商的决策变量）提出的，而若换为伯特兰模型（以价格作为厂商的决策变量），则会得出最优政策是出口税而不是补贴的结果。再如若寡头厂商致力于不变的猜测，而且每一个厂商的猜测情况与竞争对手的实际反应完全一致时，实现利润转移是一件不可能的事，从而自由贸易政策成为最优选择。这些都表明战略性贸易政策的理论基础还十分脆弱。

最后，也是最为重要的一点，战略性贸易政策的成功运用是以对手不采取行动为前提的。但在不完全竞争市场结构下，利润转移很容易就会被竞争对手觉察出来，这样一来，竞争对手也会要求其政府采取同样的政策来对付对方，从而爆发补贴战或关税战。因此，在现实中战略性贸易政策易招致外国报复，与实行自由贸易相比，会导致两国更大的损失，可谓两败俱伤。也就是说，战略性贸易政策也许能短期奏效，但从长期角度来考虑，并不是最佳选择。特别是在"以牙还牙"的威慑足够大的情况下，战略性贸易政策可能根本就不会单方面实施。

5.4 发展中国家和地区的贸易战略

第二次世界大战后，殖民体系瓦解，大多数发展中国家相继取得了政治上的独立。这些取得了政治上独立的国家认识到，经济独立是政治独立的根本保证。从历史的经验看，一国发展经济的途径是国民经济的工业化。建立起完备的工业体系无疑是经济独立的必由之路。而国际贸易是一国经济发展的重要动力，根据理论和实际经验的总结，发展中国家参加国际贸易至少可以从三个方面得到好处：一是可以从比较利益方面获得利益；二是可以从规模经济效果中获得经济利益；三是可以从贸易和由贸易引起的投资中获得本国生产技术水平提高的利益。

发展中国家对外贸易政策与其经济发展战略是密切相关的。各国根据自己的具体情况，借鉴别国的成功经验，制定自己的经济发展战略，并随着经济发展水平的提高而不断调整其贸易政策。二战后，广大发展中国家在谋求经济发展的过程中，几乎都把实现大规模工业化作为首要目标，国际经济学界一般把发展中国家围绕工业化而采取的经济发展战略和贸易政策分为两大类：进口替代战略（有时又称为内向型经济）和出口导向战略（有时又称为外向型经济）。

5.4.1　进口替代战略

进口替代（Import Substitute）是指通过发展本国的工业，实现用本国生产的产品逐步代替进口品来满足国内需求，最终实现本国的全面工业化的战略。战后的一些拉美国家，受两位来自发展中国家的经济学家普雷维什和辛格的影响，将其发展战略称为进口替代战略。中国在改革开放之前的自力更生战略实质上也是一种典型的进口替代战略。

1.进口替代的类型

战后的发展中国家都不同程度地实施过进口替代战略。但是在进口替代产业的选择上，各个国家却不尽相同，大体可以归结为两类：

（1）顺应比较优势的进口替代。韩国、新加坡等亚洲国家在20世纪60年代中期之前曾短期地实施过进口替代战略。它们从非耐用消费品入手，发挥其丰富而廉价的劳动力资源优势，在竞争力增强后，政策转向鼓励出口，出口积累的资本能够为次级进口替代打下基础，促进了产业继续向耐用消费品、中间产品和资本品的升级。这样的贸易战略是顺比较优势的，因而可以在短期内放弃对市场的保护。

（2）悖逆比较优势的进口替代。中国、巴西等国家的进口替代是从重工业开始的，这些国家在资金严重短缺的情况下，发展钢铁、制造业等资金密集型重工业。由于这些产业距本国拥有比较优势的产业段较远，所以必须依靠政府长期的保护，如关税和非关税措施，进口限制、外汇管制及汇率高估等。

顺应比较优势的进口替代尽管也强调以国产品替代进口品，但进口替代只是其经济发展过程中的短暂阶段，一旦形成出口优势则会放弃保护实行自由贸易政策，其战略发展仍然以比较优势为引导。而悖逆比较优势的进口替代由于远离本国的比较优势产业段，因而需要更严格的保护措施和更长的保护期限，这必然导致价格及资源配置的扭曲。典型的进口替代以后一种为代表。除非特别表明，本书中的进口替代均指后一种，即悖逆比较优势的进口替代。

2.进口替代战略的理论依据

支持进口替代战略的理论除了流行于20世纪50至70年代的发展经济学，还可以向前追溯到重商主义理论、李斯特的保护幼稚产业理论、凯恩斯的国家干预理论等。

（1）重商主义理论。其提倡通过奖出限入抑制贸易的做法来帮助一国积累财富提升国力，强调国家的权威，它的许多政策主张在战后执行进口替代战略的国家都有所体现。

（2）保护幼稚产业理论。李斯特的保护幼稚产业理论反对古典经济学关于自由贸易的政策主张，提倡对本国的"新生工业"进行保护。认为一国在经济相对落后的情况下，实行自由贸易政策，只能使本国的经济长期依附他国，一旦遭遇战争或外国禁运，则没有能力应对。李斯特还强调国家在经济生活中的作用，主张以国家的力量来促进工业发展。这些理论对刚刚摆脱殖民控制的发展中国家具有重要的影响。许多国家以此为依据对本国的工业进行严格的保护，同时增加国有经济在整个经济中所占的比重。

（3）凯恩斯的国家干预理论。20世纪20年代末30年代初的世界性经济危机使人们意识到资本主义市场的不完备，因而主张国家干预的凯恩斯理论便有广泛的市场，发展中国家的经济学家不可避免地对这种思量进行了移植，所以战后许多的发展中国家都强调政府对经济的直接干预，强调通过政府的力量，快速地实现本国的工业化。

（4）发展经济学的有关理论。战后兴起的发展经济学，站在发展中国家的立场上强调发展中国家和发达国家经济基础的不同，主张发展中国家应采取完全不同于发达国家的贸易战略。中心外围论及不平等交换论等提出发展中国家发展的过程应是以进口替代为直接目标的工业化。

3.实施进口替代战略国家的特点

一个国家在资金短缺、技术落后的情况下实施进口替代战略实现工业化的目标，必须有大量的资源，如原材料、劳动力等可供调遣，同时还必须有较大的国内市场来吸纳本国质次价高的工业制成品，这决定了一个国家要想在较长的时间内实施进口替代战略，必须具备这样的条件：

（1）丰富的国内资源。实施进口替代战略的国家通常拥有较丰富的自然资源和劳动力供应，因为进口替代部门通常生产效率较低，资源消耗量大，如果没有丰富的自然资源作保证，这种战略不可能长期实施。这可以解释为什么二战后中国、印度、巴西等资源大国一直实施进口替代战略，而国土狭小的东亚国家却较早地放弃这种战略。

（2）较大的国内市场。由于进口替代战略需要一国集中本国资源发展本国并不具有比较优势的产业，生产的成本往往大大高于国际市场的平均价格，因此出口的机会较少，产品必须在本国市场消化。较大的国内市场也是这种战略得以实施的重要条件。

（3）二元经济结构。所谓二元经济，是指在一个发展中国家内，比较先进的资本密集型且工资水平相对较高的工业部门和传统的落后的农业并存的经济结构。大多数的发展中国家，在独立后经济都具有二元经济特征，殖民地时期遗留下来的工业基础与占国民经济主体的落后农业并存，为进口替代战略的实施提供了起步的平台以及大量廉价的劳动力和资源。

4.进口替代战略的政策措施

进口替代战略要求将有限的资金集中于被替代的产业，通常需要有相关的政策措施来保证这种战略的实施。

（1）关税、非关税壁垒。为了对国内工业进行保护，避免外国工业品的竞争，实行进口替代战略的国家在高关税保护之外，还设立大量的非关税壁垒，如许可证、配额，甚至采取直接的贸易管制，限制企业的进出口经营权，提出限制和禁止进口商品目录等。

（2）外汇管制。实行进口替代战略的国家，由于出口部门得不到充分发展，因而外汇短缺，为了把有限的外汇资源集中用于本国的进口替代部门，往往采取严格的外汇管制。

（3）汇率高估政策。对本币币值高估可以降低进口替代部门的成本，使其获得发展必需的设备、技术等。

5.对进口替代战略的评价

关于进口替代战略的绩效，学者们一直在进行争论。采取或采取过进口替代战略的国家，如拉美的阿根廷、巴西、墨西哥以及亚洲的印度、中国等国家的发展经验表明，进口替代战略在这些国家工业化的过程中确实发挥了重要的作用。如巴西，通过进口替代战略，发展了本国的汽车工业、飞机制造业、钢铁工业等，印度的重工业也有了较大的发展。但是，进口替代战略给发展中国家带来的一系列的问题正在越来越清晰地被人们所认识。首先，进口替代战略的实施并没有达到当初各国设想的效果，实行进口替代战略的发展中国家并没有实现经济的高速增长，也没有成为新兴的工业化强国。相反，与实施开放政策的东亚国家相比，实施进口替代战略的发展中国家经济增长的速度大大落后。1960—1981年人均国内生产总值的年平均增长率，印度为1.4%，菲律宾为2.8%，巴西为5.1%，阿根廷为1.9%，乌拉圭为1.6%。除巴西外，全都低于各自所属收入组别的平均增长水平。

其次，进口替代战略导致发展中国家国内价格和宏观政策的扭曲。发展中国家面临的共同问题是资金短缺和劳动力过剩，在这种情况下，优先发展工业必然需要政府进行大量的财政补贴或者进行直接的公共投资，造成巨额财政赤字，为了弥补资金缺口，不得不大量借用外债，最后陷入债务危机。20世纪80年代后期发生于拉美地区的金融危机，大都与此有关。除了直接的财政补贴外，发展中国家还常常采用压低利率的办法来解决工业发展资金不足的问题，造成国内的价格扭曲及整个宏观政策的扭曲。

再次，进口替代战略会导致生产的低效率和社会福利流失。对国内市场的保护会使本国企业缺乏竞争意识和创新精神，经营效率低下，生产成本过高，从而造成社会资源的严重浪费。另外，由于政府通过发放许可证、设置限额、低息贷款以及价格干预等方式对各产业实行差别待遇，企业一旦取得这些优惠条件或补贴便可以获利，因而会投入大量的人力、物力、财力进行寻租，造成资源的浪费和国民福利的净损失。

最后，进口替代战略会加重外汇短缺、农业落后及就业压力。实施进口替代战略的国家，必须将有限的资金应用于被替代部门，这样出口部门和农业部门会面临更严重的资金短缺，在生产中不得不选择更落后的技术，造成出口能力低下，外汇短缺，也使农业长期摆脱不了落后的局面。资金密集型的进口替代部门在吸纳就业的能力上远远低于劳动密集型的出口部门和农业部门，因此进口替代战略的实施会增加就业的压力，导致许多国家的失业率居高不下，人民生活长期贫困。

总之，许多学者认为，进口替代战略的核心问题是它违背比较优势原则，通过人为地干预将资源或生产要素转向处于比较劣势的部门或产业，因而经济发展的速度不但不会加快，反而会减缓。

5.4.2 出口导向战略

出口导向（Export-lead）战略是指发展中国家通过促进本国产品的出口，积累发展资金，发展经济的战略。

1.出口导向战略的理论基础

出口导向战略是建立在比较优势的理论基础上的。比较优势理论认为，一个国家不管处于何种经济发展水平，按照比较优势参与国家分工，总能使它们获利。发展中国家拥有丰富而廉价的劳动力，因而生产和出口劳动密集型产品拥有比较优势。实施出口导向战略的国家产业发展的重点都在劳动密集型的产业上。

2.实施出口导向战略国家的特点

选择出口导向战略的国家一般具有以下特点：

（1）国内资源贫乏。采取出口导向战略的国家国内自然资源普遍贫乏，生产制成品所需的原材料必须进口，如果实施进口替代战略，对市场进行保护，则不利于原材料进口。

（2）国内市场狭小。采取出口导向战略的国家一般国土狭小，人口较少，国内市场不足以吸收掉本国生产的制成品，因而必须依靠出口。

（3）劳动力价格低廉。采取出口导向战略的国家具有劳动力廉价的优势，生产的劳动密集型制成品在国际市场上具有较强的竞争力。

采取出口导向战略的国家，在最初并没有有意地选择这种发展战略，后来在自身条件的限制之下，才走上了出口导向的道路。如韩国，最初确定的贸易战略是进口替代，但进口替代所必需的过量的资源消耗以及足以吸收本国产品的巨大市场是韩国并不具备的，因而其很早就放弃了这种战略，转向出口导向战略。

3.出口导向战略的政策措施

出口导向战略需要外部市场来提供原材料并加工成制成品，这种大进大出的贸易战略需要稳定、便利的贸易环境。进口替代战略所必需的贸易壁垒在出口导向战略中则要废除。具体到贸易政策，主要表现为：

（1）较低的关税壁垒和非关税壁垒。如韩国1967年加入关税与贸易总协定后总体关税税率下调到14%，制造业产品的关税税率下调到12%，初级产品的名义关税税率下调到17%。各种非关税措施的使用也大大减少。

（2）出口补贴及其他鼓励出口的措施。我国台湾地区在1963—1972年的10年间采取各种措施积极发展出口工业，如实行工业投资租税减免、关税和间接税退还、利息补贴、汇制改革及建立出口加工区等，极大地推动了产品出口。

（3）货币贬值。本国货币的贬值可以降低出口成本，增强本国产品的出口竞争力。韩国发展战略由进口替代转向出口导向后，货币一再贬值。1961—1963年，韩元先后三次贬值，1964年由130多兑1美元贬值为255：1，并规定汇率每隔一段时间就贬值一次，其间中央银行持续干预，以保持相对稳定的实际汇率。

（4）放松外汇管制。例如，我国台湾地区在进口替代时期，制定并实行多种严格的外汇管理法规，包括复式汇率、实绩制度和进口配汇限额等。50年代末，我国台湾地区由进口替代向出口导向转型，进行了大幅度的汇制改革，一方面将新台币大幅贬值；另一方面将多元汇率简化为官定汇率和结汇证两种。70年代后，我国台湾地区又简化了复杂的汇率结构，把十几种复式汇率统一为单一汇率，建立了外汇市场，实行管理浮动汇率制度。80年代以来，我国台湾地区又进一步放开金融管制，扩大企业和个人持有外汇规模，取消结汇证制度。

4.对出口导向战略的评价

从总的情况来看，与实行进口替代战略的国家相比，采取出口导向战略的国家在实现本国经济的发展上是比较成功的。20世纪60年代中期以后，一些发展中国家和地区相继采取了出口导向战略，结果这些国家和地区经济快速发展。其中，韩国、中国香港、新加坡和中国台湾是最有典型意义的，由于它们在20世纪90年代之前的30年里经济持续高速增长，故被誉为"亚洲四小龙"，其经济持续高速增长的实事也被称为"东亚奇迹"。其经验被许多的发展中国家所效仿，一些长期实行进口替代战略的国家也开始放弃传统的发展战略，走上出口导向之路。

但是应该看到，亚洲国家和地区出口导向战略的成功与特定的历史条件分不开。20世纪五六十年代，国际政治经济环境为出口导向战略的实施提供了便利的条件。首先，战后的重建、科学技术的飞速发展、全球经济的高速增长及发达国家人均收入的大幅提高为劳动密集型产品提供了巨大的市场空间；其次，全球贸易自由化的趋势减少了发展中国家进入发达国家市场的障碍；再次，中国、拉美国家仍然致力于通过进口替代来实现工业化，劳动密集型产品的国际竞争压力小；最后，美国出于自身目的对这些国家和地区在政治、经济上的扶持也促进了它们的发展。

1997年发生的亚洲金融危机，使出口导向战略备受指责，许多学者认为金融危机的发生正是亚洲各国长期实行出口导向战略从而对国外市场严重依赖的后果。但也有学者认为，此次金融危机的直接原因是大量的资金涌入房地产和股票市场导致泡沫经济，加之各国政府对金融机构的监管力度不够导致泡沫破灭，与出口导向战略并没有直接的联系。中国台湾是出口导向战略执行最好的地区，极具竞争力的出口业带来高额的外汇储备，因而抵御金融风险的能力很强，而韩国在金融危机中受创严重，一个重要的原因是韩国政府长期大力扶持一些不具有比较优势的企业集团，这些企业亏损严重、偿债能力差，导致大量的银行坏账。中国在2013年提出"一带一路"倡议，旨在通过加强基础设施建设和贸易投资合作，促进中国与"一带一路"共建国家的经济联系和贸易往来。这体现了出口导向战略在新时代的创新应用，即通过构建全球互联互通网络来推动出口和经济增长。[2]

5.4.3　进口替代和出口导向战略的比较

战后很长的时期里，进口替代战略和出口导向战略在不同的发展中国家中被分别实施，各发展中国家经济发展的不同状况似乎表明，出口导向战略优于进口替代战略，所以20世纪80年代后，许多曾经实行进口替代战略的国家也纷纷放弃进口替代转向出口导向。但是每个国家在不同的历史时期对贸易战略的选择，是受多种因素影响的，这些因素既有经济的，又有政治的、文化的。简单地判定孰优孰劣显然过于武断。

在现实中，绝对地遵循比较优势是很少见的，许多执行出口导向战略的国家为了发展某些特殊的行业往往会对这些行业进行保护，出现进口替代与出口导向政策的混合。20世纪70年代，巴西等国曾经推行一种混合型的贸易战略，试图结合两种战略的优点，既扩大出口又发展国内的进口替代工业。在这种战略的引导下，1970—1981年，巴西依靠高度的保护和补贴政策刺激制成品的出口扩张，达到了较高的增长速度。但由于出口扩张主要是靠政府补贴和外国资本，进口替代战略下的资源配置效益低、企业经营竞争力差的状况并没有得到改变，一旦外国资本和政府补贴减少，经济增长则失去了动力。巴西在这一时期之后，经济增长速度骤减，1980—1991年国内生产总值的年平均增长率仅为2.5%。中国在20世纪80年代，也实施过混合型的贸易政策，在不减少进口保护的情况下依靠大量的补贴和优惠来扩大出口，但进口替代和出口导向作为两种取向的发展战略，在政策上有许多不能融合的地方，对进口的保护意味着对出口的惩罚，进口替代要求高关税和非关税壁垒、汇率高估、外汇管制等，出口导向则要求宽松自由的贸易环境、本国货币贬值等。混合型贸易战略一般最终向自由化程度更高的贸易战略过渡。时至今日，这些战略在发展中国家依然重要，但随着全球化的推进和国际经贸形势的变化，一些国家开始寻求更加平衡的发展战略，如中国在2020年提出的"国内国际双循环相互促进的新发展格局"。

■ 案例讨论

我国外贸2024年前5月成绩单近日出炉，货物贸易进出口总值同比增长6.3%。其中，出口增长6.1%，进口增长6.4%。5月当月，进出口同比增长8.6%，出口增长11.2%，进口增长5.2%。

"今年，我国货物贸易延续去年四季度以来的回升向好态势，外贸结构不断优化，国际市场份额稳中有升，稳外贸政策持续发力，企业信心活力有所增强。"中国贸促会新闻发言人赵萍介绍，中国贸促会近期调研显示，81.6%的外贸企业预测上半年出口向好或持平，65.1%的受访企业新增订单较上季度增长或持平。

数据向好的背后，有外需改善的客观因素，世界贸易组织、国际货币基金组织等预测2024年全球经济增长前景有所改善；但更为重要的是，中国外贸在长期锤炼中形成了强大韧性，能够在一定程度上熨平周期波动，在起起伏伏、波涛汹涌的全球市场中始终占据一席之地。

深圳海关数据显示：前5个月，广东深圳进出口总值1.81万亿元，在全国外贸大盘中占比约1/10，同比增长34.3%。其中，出口1.16万亿元，增长37.2%。在超大规模基数基础上实现超三成的增长，并非朝夕之功，而是主体、产业、业态、市场等多方面共同支撑的作用。

具体分析，前5个月，深圳民营企业进出口增长51.7%，深圳与第一大贸易伙伴东盟进出口增长55.8%，光、电、锂产品出口较快增长的同时，纺织服装出口增长77.9%，家具出口增长141.5%，手机、电脑、家用电器商品出口合计增长20%，传统优势产品出口回升向好。

从深圳看全国，在海外市场对消费电子、服装家具等商品需求有所恢复后，我国相关品类产品立即迎来出口大幅增长。这充分反映了我国产业链供应链完备的优势，能够第一时间响应海外市场需求变化，满足全球市场多样化需求。

传统产业优势稳固，新兴产业动能加速形成，我国外贸国际竞争力与日俱增。我国在汽车、船舶等高端制造领域已基本实现全产业链覆盖。一季度我国造船业完工量、手持订单量和新接订单量三大指标同步增长，继续领跑全球。

民营企业成为外贸主力军。各地因地制宜出台一揽子政策激发民营企业活力。"从衣食住行到机械设备，都可以看到民营企业的身影，民营企业为全球产业链供应链稳定做出重要贡献。"南京海关相关负责人介绍，前5个月，江苏民营企业进出口1.02万亿元，同比增长16.6%，拉动全省进出口增速7.2个百分点。

跨境电商等新业态创新发展。在杭州海关的指导下，浙江杭州中艺实业股份有限公司办理了海外仓企业无纸化备案，开展海外仓出口业务，吸引了更多海外客户。前5月，公司通过跨境电商海外仓出口货物6 500万元，同比增长22.5%。今年以来，杭州海关深入了解关区企业对跨境电商出口的实际需求和问题诉求，为企业办理海外仓备案、报关等提供便利，将跨境电商海外仓打造成国货出海的"新驿站"。前5月，杭州市企业通过跨境电商B2B（企业对企业）模式出口6.35亿元，同比增长超过50%。

商务部、国家发展改革委等九部门日前联合印发《关于拓展跨境电商出口推进海外仓建设的意见》，将依托我国165个跨境电商综试区，结合各地的产业禀赋和区位优势，带动更多企业利用跨境电商参与国际贸易。

2024年，多元化市场布局取得积极进展。今年6月，《区域全面经济伙伴关系协定》全面生效满一周年，东盟与我国的经贸合作联系更加紧密。前5月，我国与东盟贸易总值达2.77万亿元，同比增长10.8%，占我国外贸总值的15.8%。今年以来，中国-厄瓜多尔自由贸易协定正式生效，中国-东盟自贸区3.0版第六轮谈判取得积极进展，与洪都拉斯举行自贸协定第五轮谈判，我国积极拓展经贸合作"朋友圈"。

在世界市场的汪洋大海中，我国外贸企业始终不畏艰难、踏浪前行。展望下半年，尽管国际贸易环境依然复杂严峻，但随着新质生产力加快培育，稳外贸政策综合效能进一步释放，全年外贸保稳提质基础坚实。

资料来源　佚名. 外贸企业迅速适应海外市场需求变化［N］. 人民日报，2024-06-30（2）.

经过本章的学习，学生现在可以对中国自加入WTO以来在外贸政策方面的改进与创新有更加深刻的理解，知悉将国际大背景与本国实际国情紧密结合的重要意义，并可以对各阶段中国的具体外贸措施和效果做出自己客观的、专业性的分析与评价。

■ 复习思考题

本章小结

一、简答题

1. 对外贸易政策的特征有哪些？
2. 自由贸易政策的主要内容是什么？
3. 保护贸易政策的主要内容是什么？
4. 发达国家在什么情况下一般会采取贸易保护政策？试举例说明。
5. 战略性贸易政策的基本内容及其评价。
6. 进口替代战略与出口导向战略各有什么优缺点？
7. 管理贸易产生的背景是什么？

二、分析题

1. 重商主义的哪些政策措施今天还在使用，试举例说明。
2. 进口替代战略和出口导向战略的特征是什么？结合实际对这两种战略的绩效进行评价。
3. 试对改革开放之前中国资源禀赋与发展战略之间的矛盾进行分析，说明进口替代战略、生产效率低下、外汇短缺、生活品缺乏等一系列现象之间的关联。
4. 请对两次世界大战之间的超贸易保护政策与19世纪的保护贸易政策进行比较。
5. 作为发展中国家，中国应该选择何种贸易政策？

第 6 章

关税措施

▣ 学习目标

知识目标：

1. 理解进口税、出口税、过境税的概念与征收背景，以及它们在国际贸易中的作用；

2. 了解财政关税与保护关税的区别，以及它们各自在国家财政与产业保护中的功能；

3. 掌握进口附加税、反补贴税、反倾销税、差价税、特惠税和普惠税的具体含义及应用。

能力目标：

1. 能够根据关税税率计算商品进口成本，分析关税对商品价格的影响；

2. 具备分析关税政策对国家经济、国际贸易格局及企业竞争力影响的能力；

3. 掌握处理反补贴税与反倾销税争议的方法，理解其在国际贸易法律框架下的正当程序；

4. 能够评估新贸易保护主义和战略性贸易政策对全球经济秩序与国际贸易关系的影响。

素养目标：

1. 培养对全球贸易规则、关税体系及国际贸易环境变化的敏锐观察力，树立遵循国际贸易准则、反对不公平贸易行为的价值观；

2. 提升运用经济学原理分析关税政策对国内产业与国际竞争动态影响的能力，锻炼在复杂的国际环境下制定国家贸易战略的前瞻性思考与决策能力。

▣ 引导案例

2023年9月下旬，印度一口气对中国发起了9起反倾销调查，虽然印度一直是对中国实施反倾销措施最多的国家，但短时间内如此密集的对中国发起反倾销调查，历史上并不多见。

相关信息显示，自2023年9月20日起至9月30日，短短10日内，印度密集性决定对中国相关产品发起9项反倾销调查，涉及三氯异氰尿酸、软磁铁氧体磁芯、滚子链、玻璃纸薄膜、紧固件、无框玻璃镜、硫化黑、伸缩式抽屉滑轨等化学原材料、工业用零部件等产品。

中国世界贸易组织研究会副会长霍建国在采访中曾告诉《环球时报》记者，当一国认为进口自他国的产品的价格低于本国市场价格并对相关产业造成损害时，就可以发起反倾销调查，并可采取加征惩罚性关税等措施以保护本国的相关产业。不过在实践中，反倾销措施有时会被滥用，成为贸易保护主义的一种表现。

《环球时报》记者在商务部贸易救济调查局管理的中国贸易救济网查询后发现，1995—2023年，全球对中国实施的反倾销调查总计1 614起。其中，排名前三的申诉国家/地区分别为印度298起、美国189起、欧盟155起。2023年8月30日，中国贸促会发布的2023年上半年全球经贸摩擦指数显示，2023年上半年印度、美国和加拿大是涉华贸易救济措施的主要发起方，且已实现从传统劳动密集型行业到先进技术领域的全覆盖。在印度对中国发起的反倾销调查中，排名前三的行业分别为化学原料和制品工业、医药工业和非金属制品工业。

而中国则是贸易保护主义的头号受害国。世界贸易组织曾发布的一项统计数据表明，截至2017年，中国已连续23年成为全球遭遇反倾销调查最多的国家，连续12年成为全球遭遇反补贴调查最多的国家。与此相比，中国对外发布的贸易限制措施数量则非常少。中国贸易救济信息网的数据显示，1995—2023年，中国对印度发起的贸易救济案件中，反倾销12起、反补贴2起、保障措施2起，合计16起。

资料来源 印度一口气对中国发起9起反倾销调查，专家：难有实质作用［EB/OL］．［2023-10-09］．http://www.cacs.mofcom.gov.cn/article/flfwpt/jyjdy/zjdy/202310/178187.html.

请思考：假设你是中国政府的贸易顾问，你会如何建议政府在维护国内产业利益的同时，避免贸易关系的长期恶化？

6.1 关税及其特点

6.1.1 关税及其征收

1.关税的含义与发展历程

关税（Customs Duties/Tariff）是指进出口商品进入一国关境时，由海关代表国家并依据本国的海关法和海关税则向进出口商品征收的一种税。目前，世界上绝大多数国家只对进口商品征收关税，所以没有特殊的说明，人们所指的关税主要是进口关税。

长期以来关税一直是各国主要的国际贸易政策之一，也是最古老的贸易政策。早在欧洲古希腊、雅典时代就有征收关税之说。当时的希腊在爱琴海、黑海两岸一带有许多属地，对来往于这些属地的进出口货物按货值征收1%~5%的税收。在罗马王朝时代也对通过其海港、桥梁等的货物征收2.5%的税收。这些税收是在货物通过一定地区时征收的，带有关税的性质。《大英百科全书》里记载，古时商人进出市场交易要向当地的领主缴纳一种例行的常规入市税 Customary Tool，后来把 Customs 和 Customs Duty 作为关税和海关的英文名称。

在我国公元前11世纪至公元前771年的西周时期就在边境设立关卡开始征税。春秋以后，各诸侯国纷纷在自己的领地边界设立关卡，并对进出关卡的货物和在领地内集市上交易的货物征税。《周礼·地官》一书中有"关市之征"记载。"关市之征"是我国关税的雏形，我国关税的名称也是由此演进而来的。

到了唐朝，随着我国对外贸易的大规模发展，关税也有了较大发展。唐玄宗时，在广州设立了市舶司，规定凡南海以外诸蛮夷以船舶运货物入中国境内者，须在市舶司处登记，然后由市舶司课征关税。市舶司是我国海关设置的最早形式。

到宋、元时代，政府鼓励海上通商，海上对外贸易更加发达，在管理上仿唐朝，设置市舶司。公元1293年，元朝颁布了《市舶抽分则例》，比较详细地规定了输出入货物的征税、船舶监管、走私违章处理等管理办法。这是我国古代最完备的一部海关法规，也标志着市舶制度的成熟。到了明、清时期，由于统治者实行"闭关锁国"政策，撤销市舶司，市舶制度走向衰落。

近代关税制度是资本主义生产方式统治地位确立后逐步形成和发展起来的。到了封建社会末期，资本主义生产方式日益发展，资产阶级政权主要的变革在于废除了封建割据时期的内地关税，实行了统一的国境关税制，即进出口货物在一国边境上一次性征收关税，而在同一国境内不再重征。英国是世界上最早实行统一的国境关税制度的国家，1640年英国资产阶级革命取得胜利后就废除了由于封建割据所形成的内地关税，全国实行统一的国境关税制。法国在1660年开始废除内地关税，到1791年才完成。比利时、荷兰受法国的影响也设立统一的国境关税。随后世界各国普遍采用，实行至今。由此可见，统一国境关税是针对封建割据时的内地关税而言的，它是在封建社会解体和资本主义国家出现后产生的，这种国境关税制一直沿用至今，成为近代关税制度。进入21世纪，随着全球经济一体化的加深和国际贸易的迅猛发展，关税制度也经历了新的变革。WTO（世界贸易组织）的成立和多边贸易谈判的推进，使得各国在关税政策上更加透明和规范化。同时，一些国家为了应对经济全球化带来的挑战，开始采用更加灵活的关税政策，如关税配额、暂定税率等，以平衡国内产业保护和国际贸易自由化的需求。[3]

2.关税的主要作用

关税起到调节进出口贸易发展的作用，许多国家通过制定和调整关税税率来调节进出口贸易。一方面，对国内能大量生产或暂时不能大量生产但将来可能发展的产品，征收较高的进口关税，限制进口，以保护国内同类商品的生产和发展；另一方面，对本国不能或生产不足的原料、半制成品和生活必需品或生产上的急需品，制定较低税率或免税，鼓励进口，以满足国内生产和生活需要。关税对进口商品的调节作用，主要体现在以下几方面：

（1）对于国内能大量生产或者暂时不能大量生产但将来可能发展的产品，规定较高的进口关税，以削弱进口商品的竞争能力，保护国内同类产品的生产和发展。

（2）对于非必需品或奢侈品的进口制定更高的关税，达到限制甚至禁止进口的目的。

（3）对于本国不能生产或生产不足的原料、半制成品、生活必需品或生产上的急需品，制定较低税率或免税，鼓励进口，满足国内的生产和生活需要。

（4）通过关税调整贸易差额。当贸易逆差过大时，提高关税或征收进口附加税以限制商品进口，缩小贸易逆差。当贸易顺差过大时，通过减免关税，缩小贸易顺差，以减缓与有关国家的贸易摩擦与矛盾。

3.海关与关税征收

关税的征收是通过海关执行的。海关是一国政府设在关境上的行政管理机构。它的任务是根据本国政府制定的进出口政策、法令和有关规定，对进出口商品、货币、金银、行李、邮件、运输工具等进行监督管理，征收关税，进行罚款，查禁走私物，临时保管通关货物和统计进出口商品等。海关还有权对不符合国家规定的进出口货物不予放行、罚款、没收或销毁。

征收关税是海关的重要任务之一。海关征收关税的领域叫关境或关税领域。它是海关所管辖和执行有关海关各项法令和规章的区域。国境是一个国家行政主权管辖的范围，通常指一国领土范围。一般说来，关境和国境是一致的，但有些国家在国境内设有自由港、自由贸易区或海关保税仓库等经济特区。这些地区不属于关境范围之内，这时关境小于国境。如香港和澳门作为中华人民共和国特别行政区，属于我国国境内领土。但香港和澳门分属单独关税区，这样我国关境小于国境。此外，有些国家缔结成关税同盟，参加关税同盟的国家的领土即成为统一的关境，这时关境大于国境。如欧洲联盟，欧盟成员国之间，对内取消关税，对外执行统一的对外贸易关税税率，它的关境就大于各成员国的国境。

随着关税制度的发展，世界各国都出于维护国家利益，保护国内生产，调节人民生活需要的目的，建立了比较完善的关税制度。一般说来，一国征收关税的目的主要有：

（1）增加财政收入。在资本主义发展初期，关税是一国财政收入的重要来源。政府设置的海关对进出关境的货物或物品依据海关税则规定征收数额不等的税收，以扩大资本积累，增加国家财富。到了近代，随着资本主义经济的发展，各国一般不把增加财政收入作为征收关税的目的，而是把关税作为执行国家经济政策的一个重要手段。

（2）保护国内产品和市场。关税具有保护本国工农业生产和国内市场，免受外国商品竞争影响的功能。海关通过对进口货物征收高额的关税，提高进口货物的销售成本，从而削弱其对本国同类产品的竞争能力，保护和促进本国经济的发展；通过对出口货物的退税或补贴，使其以无税的形式进入国际市场，从而增强出口产品在国际市场上的竞争能力，并以此为国家赚取更多的外汇收入

（3）调整进出口结构。关税在调节一国的经济结构、产业结构中发挥了较大的作用。各国一般根据国家产业政策和产品特征，通过设置高低不同的关税税率，鼓励所需商品的进口，限制不需要商品的进口，来调整进口产品结构，进而影响本国经济结构。如我国调整了农业机械等现代农业发展所需机械设备的进口税率，影响和改变了原有进出口产品的构成，促进了农业的发展。

6.1.2 关税的主要特点

关税发展到今天，在其各个不同的发展阶段有不同的特点。归纳起来，主要有以下几个共同特点：

（1）关税的征收对象是进出口的货物和商品。货物，是指贸易性的进出口商品；物品，是指非贸易性的属于入境旅客随身携带的行李物品，个人邮递进境的物品，各种运输工具上的服务人员携带的进口物品、馈赠物品，以及以其他方式进入关境的个人物品等。

（2）关税是一种间接税。关税主要是对进出口商品征税，其税款可以由进出口商垫付，然后把它作为成本的一部分加在货价中，在货物出售给买方时收回这笔垫款。这样，关税最后便转嫁给买方或消费者承担。

（3）关税具有强制性、无偿性和固定性。与其他税收一样，关税具有强制性、无偿性和固定性特点。强制性是指关税是凭借法律的规定强制征收的，而不是一种自愿，凡要交税的，都要按照法律规定无条件地履行自己的义务，否则就要受到国家法律的制裁。无偿性是指海关征收的关税都是国家向进口商无偿取得的国库收入，国家不需要付出任何代价，也不必把税款直接归还给纳税人。固定性是指国家事先规定一个关税的征税的比例或征税数额，征纳双方必须共同遵守执行，不得随意变化和减免。

（4）关税具有透明性、稳定性、市场调节性。关税具有透明性，关税一经公布，各个相关的利益主体都能够获悉关税税率水平及其征收方式。在征收时，政府也必须按照已经公布的关税税率征收，不得改动。另外，关税一旦制定下来，其修改调整需要经过立法予以确定，未经过法律程序，关税不得随意修改变动。

（5）关税具有涉外性，是对外贸易政策的重要手段。关税的种类与税率高低直接影响国际贸易价格，因此关税经常被主权国家当作对外政治、经济斗争的手段。资本主义国家，特别是帝国主义国家通过关税措施垄断国内市场和争夺国外市场，对国内外人民进行剥削。发展中国家的关税措施是维持和发展本国民族经济和反对帝国主义国家的经济侵略的重要手段。在我国现阶段，关税是用来争取发展平等互利的对外经济贸易，保护并促进国内工农业生产，促进本国经济增长，为社会主义市场经济服务的重要手段。

（6）非歧视性。与配额等其他非关税措施相比，关税具有更强的非歧视性，对进出口国境或关境货物或物品统一征税。进出关境的货物在进出境环节一次性征收关税后，在国内流通的任何环节均不再征收关税。关税规则相比较而言更加透明、公平，能够在一定程度上防止寻租行为的产生。

6.2 关税的主要种类

6.2.1 按照征收的对象或商品流向分类

1.进口税（Import Duties）

进口税是进口国家的海关在外国商品输入时，根据海关税则对本国进口商所征收的关税。进口税是关税中最主要的税种。征收进口税会引起进口商品在国内的销售价格提高，从而导致国内相关产品供应量增加以及对进口商品需求量的减少，因此，进口税在限制外国商品进口、保护本国生产和市场方面具有明显的作用。通常而言，进口税率越高，保护程度也就越高。我们通常说的关税壁垒，主要就是指这种高额的进口税。进口税是执行关税保护政策，限制外国商品进入的主要手段，也是财政收入的重要来源之一。

根据进口税税率，进口税分为普通税和最惠国税两种。

（1）普通税。如果进口国未与该进口商品的来源国签订任何关税互惠贸易条约，则对该进口商品按普通税率征税。普通税率通常为一国税则中的最高税率，一般比优惠税率高1～5倍，少数商品甚至高达10倍、20倍。目前仅有个别国家对极少数（一般是非建交）国家的出口商品实行这种税率，大多数只是将其作为其他优惠税率减税的基础。因此，普通税率并不是被普遍实施的税率。

（2）最惠国税。最惠国税是一种优惠税率，适用于与该国签订有最惠国待遇条款的贸易协定的国家或地区所进口的商品。最惠国税率是互惠的且比普通税率低，有时甚至差别很大。例如，美国对进口玩具征税的普通税率为70%，而最惠国税率仅为6.8%。由于世界上大多数国家都加入了有多边最惠国待遇条约的关税与贸易总协定（现由世界贸易组织继承其协定），或者通过个别谈判签订了双边最惠国待遇条约（如中美之间），因而这种优惠税率实际上已成为正常的关税税率。

2. 出口税（Export Duties）

出口税是指当本国货物和物品出境时，海关对出口货物和物品征收的一种关税。由于征收出口关税会增加出口货物的成本，不利于本国货物在国际市场的竞争，许多国家纷纷削减或废除出口关税。例如，英国、德国、荷兰、法国、日本等国已废止出口税，美国宪法禁止对出口货物课征关税。少数发展中国家为增加财政收入，限制本国资源输出，仍保留出口税。我国目前对约47个税目的少数几种出口商品征收出口税。

征收出口税的目的主要有：第一，对本国资源丰富、出口量大的商品征收出口税，以增加财政收入。第二，为了保证本国的生产，对出口的原料征税，以保障国内生产的需要和增加国外商品的生产成本，从而加强本国产品的竞争能力。例如，瑞典、挪威对木材出口征税，以保护其纸浆及造纸工业。第三，为保障本国市场的供应，除了对某些出口原料征税外，还对某些本国生产不足而又需求较大的生活必需品征税，以抑制价格上涨。第四，控制和调节某些商品的出口流量，防止盲目出口，以保持在国外市场上的有利价格。第五，为了防止跨国公司利用"转移定价"逃避或减少在所在国纳税，向跨国公司出口产品征收高额出口税，维护本国的经济利益。

我国历来采用鼓励出口的政策，但为了控制一些商品的出口流量，采用了对极少数商品征出口税的办法。被征出口税的商品主要有生丝、有色金属、铁合金、绸缎等。

3. 过境税（Transit Duties）

过境税又称通过税，是指对通过本国关境运输的货物所征收的一种关税。过境税在重商主义时代较盛行，如果一个国家的地理位置处于交通枢纽或交通要道，过境税便成为该国最方便而又充裕的税源。1947签订的关税与贸易总协定第5条明文规定："缔约国对通过其领土的过境运输……不应受到不必要的耽延或限制，并应对它免征关税、过境税或有关过境的其他费用。"目前大多数国家已不再征收过境税，只征收少量的准许费、印花费、登记费和统计费等。

6.2.2 按照征税的目的分类

1.财政关税（Revenue Tariff）

财政关税又称收入关税，是指以增加国家的财政收入为主要目的而征收的关税，其特点是税率较低。财政关税在资本主义发展初期占有重要的位置。由于当时经济不够发达，其他税源有限，财政关税便成为一国财政收入的重要组成部分。随着资本主义的发展，财政关税在财政收入中的重要性已相对降低，这一方面由于其他税源增加，以及国际贸易多边谈判下关税减让的成果显现，关税收入在各国财政收入中的比重已经下降；另一方面因为资本主义国家广泛地利用关税调节对外贸易，通过高关税限制外国商品进口，保护国内生产和国内市场，于是财政关税就为保护关税所代替。

为了达到增加财政收入的目的，对进口商品征收财政关税时，必须具备以下三个条件：①征税的进口货物必须是国内不能生产或无代用品而必须从国外输入的商品；②征税的进口货物，在国内必须有大量消费；③关税税率要适中或较低，如税率过高，将阻碍进口，达不到增加财政收入的目的。

2.保护关税（Protective Tariff）

保护关税，即以保护本国市场和本国生产发展为主要目的而征收的关税，其特点是税率较高。保护关税政策始于重商主义。重商主义时期，各国纷纷推行严格奖出限入措施，以扩大资本积累，增加国民财富。现代各国的保护关税与重商主义时期有所不同。保护关税最初的目的是保护国内的幼稚产业，但20世纪30年代初经济大萧条以来，保护关税也逐步应用到一般成熟产业上来。

6.2.3 按差别待遇和特定的实施情况分类

1.进口附加税（Import Surtaxes）

进口国海关对进口商品，除了征收一般进口税外，还临时根据某种目的再加征进口税，就叫作进口附加税。进口附加税通常是一种特定的临时性措施，是限制商品进口的重要手段。其目的主要有：应对国际收支危机；维持进出口平衡；防止外国商品低价倾销；对某国实行歧视或报复政策等。因此，进口附加税又称特别关税。其主要有以下两种：

（1）反补贴税（Counter-vailling Duty）。它又称抵消税或补偿税，是对接受了直接或间接的奖金或补贴的外国商品进口所征收的一种进口附加税。征收反补贴税的目的在于增加进口商品的成本，抵消出口国对该项商品所做补贴的鼓励作用，确保进口国市场和生产的稳定。进口商品如果在生产、制造、加工、买卖、输出过程中接受了直接或间接的奖金或补贴，并使进口国生产的同类产品遭受重大损害即构成征收反补贴税的重要条件。

（2）反倾销税（Anti-dumping Duty）。它是对于实行商品倾销的进口商品所征收的一种进口附加税。倾销是指进口商品以低于正常价格甚至成本价格在进口国市场上推销的行为。由于商品价格低于正常价格，从而对进口国的同类产品造成重大损害，出于保护本国工业和市场需要，须对倾销商品征收反倾销税，抵制不正当的销售行为。

反倾销税征收的关键是"正常价格"的确定。"正常价格"是指相同产品在出口国用于国内消费时在正常情况下的可比价格。如果没有这种国内价格，则是相同产品在正常贸易情况下向第三国出口的最高可比价格；或产品在原产国的生产成本加合理的推销费用和利润。

制定反倾销税的目的是抵制商品倾销，保护进口国国内市场，维护公平竞争秩序。20世纪90年代以来，反倾销越来越偏离正常轨道，成为资本主义国家阻止外国商品进入本国市场、推行贸易保护主义的借口，许多国家还借助于反倾销调查，故意拖延时间，以起到阻止商品进口的作用。如在2016年，美国政府对中国出口的多种钢铁产品发起反倾销调查，认为中国钢铁产品以低于成本的价格在美国市场销售，对美国钢铁产业造成了实质性损害。随后，美国商务部裁定对中国钢铁产品征收高额反倾销税，税率高达266%。这一措施不仅影响了中国钢铁企业的出口，也加剧了全球钢铁市场的紧张局势，并引发了国际社会的广泛关注和讨论。值得注意的是，近年来，许多发展中国家开始加入到反倾销的队伍。随着多边贸易谈判的深入进行，各种关税和非关税壁垒措施正在减少，反倾销是WTO成员能够合法使用的、为数不多的保护国内产业的贸易救济措施，这是当前各国滥用反倾销的主要原因。

2.差价税

差价税又称差额税，当某种产品国内外都能够生产，并且国内价格高于同类的进口商品价格时，为了保护国内生产和国内市场，削弱进口商品的竞争能力，按国内价格与进口价格之间的差额征收关税。由于差价税是随着国内外价格差额的变动而变动的，因此其是一种滑动关税（Sliding Duty）。差价税的征收方法有两种：一种规定按价格差额征收；另一种规定在征收一般关税以外，另行征收变动不定的差价税，这种差价税实际上属于进口附加税。

差价税最早是欧盟对从非成员国进口的农产品征收的一种进口关税。其税额是欧盟所规定的门槛价格与实际进口的货价加运保费（CIF）之间的差额。征收差价税的农产品包括粮食及其制品；生猪、猪肉、家禽、蛋、动植物油、脂、奶制品、糖、食糖及糖浆等农畜产品及其制品。对使用部分农产品加工成的制成品，除按进口税则征收工业品的进口税外，还对其所含农产品部分另征部分差价税。在欧共体成立之初，各成员国之间的农产品贸易也曾使用过差价税，使其各成员国的农产品价格逐步拉平。1968年，取消了内部的差价税，建立了统一的农产品市场。

3.特惠税（Preferential Duties）

特惠税是指对从某个国家或地区进口的全部商品或部分商品，给予特别优惠的低关税或免税待遇。使用特惠税的目的是增进与受惠国之间的友好贸易往来。特惠税有的是互惠的，有的是非互惠的。其税率一般低于最惠国税率和协定税率。但是，它并不适用于从非优惠国家或地区进口的商品。

第二次世界大战以后，实行对特惠税影响较大的《洛美协定》（Lome Convention），其是欧盟向参加协定的非洲、加勒比和太平洋地区的发展中国家单方面提供的特惠税。第一个《洛美协定》于1975年2月签订，经1979年、1984年、1989年三次修订后，第五个《洛美协定》于2000年5月31日正式签字，其有效期首次长达20年，受惠的非加太国家或地区已从最初的46个增加到86个。

4.普遍优惠制（Generalized System of Preferences，GSP）

普遍优惠制简称普惠制，是发展中国家在联合国贸易与发展会议上经过长期斗争，在1968年通过建立普惠制决议之后取得的。该决议规定，发达国家承诺对从发展中国家或地区输入的商品，特别是制成品和半制成品，给予普遍的、非歧视的和非互惠的关税优惠待遇。这种关税称为普惠税。

（1）普惠制的内容。根据1968年在新德里召开的第三届贸发会议上对普惠制的决议和1970年10月第二十五届联合国大会对普惠制的决议和安排，其内容如下：①每个发达国家或集团可以根据本国情况制订普惠制方案。②发展中国家的制成品、半制成品、农产品出口到发达国家时，发达国家给予普惠制的关税优惠待遇，期限为10年。10年到期后，可再延续10年。③普惠制的目标：扩大发展中国家对发达国家工业制成品或半制成品的出口，增加发展中国家或地区的外汇收入；促进发展中国家或地区的工业化；加速发展中国家或地区的经济增长率。

（2）普惠制对发展中国家（受惠国）的种种限制。实行普惠制的发达国家，在提供普惠税待遇时，是通过普惠制方案（GSP Scheme）来执行的。这些国家，一方面对来自发展中国家或地区输入的商品给予普遍的关税优惠待遇；另一方面为维护本国垄断资本的利益，对于受惠国进口商品予以种种限制。

第一，对受惠国家或地区的规定。普惠制在原则上应对所有发展中国家或地区无歧视、无例外地提供优惠待遇。但给惠国往往从自身的经济和政治利益出发，对受惠国或地区加以限制。如美国公布的受惠国名单中，不包括共产党国家、石油输出组织成员国等。

第二，对受惠产品范围的规定。普惠制应对受惠国或地区的制成品和半制成品普遍实行关税减免，而实际上许多给惠国都不是这样做的，各给惠方案都列有自己的给惠产品清单与排除产品清单。一般地讲，在公布的受惠商品清单中，农产品的受惠产品较少；工业品的受惠商品较多；少数敏感性产品，如纺织品、石油产品等被列入排除产品清单。例如，欧盟于1994年12月31日颁布的对工业产品的新普惠制法规（该法规于1995年1月1日开始执行），将工业品按敏感程度分为五类，并分别给予不同的优惠税率。具体地说，对第一类最敏感产品，即所有的纺织品，征正常关税的85%；对第二类敏感产品，征正常关税的70%；对第三类半敏感产品，征正常关税的35%；对第四类不敏感产品，关税全免；而对第五类部分初级工业产品，将不给予优惠税率，照征正常关税。

第三，对受惠产品减税幅度的规定。减税幅度又称普惠制优惠幅度，受惠产品的减税幅度的大小取决于最惠国税率和普惠制税率之间的差额。最惠国税率越高，普惠制税率越低，差幅就越大；反之，差幅就越小。一般来说，农产品的减税幅度较小，工业品的减税幅度较大，但也有例外，如美国按照一定的标准，对受惠的农产品和工业品给予免税。

第四，对给惠国保护措施的规定。根据普惠制的规定，受惠国产品损害到实行普惠制的发达国家的同类商品的利益时，给惠国有权采取以下措施，限制或禁止收回商品的进口。保护措施有：

①免责条款（Escape Clause）。它又称例外条款，是指受惠国产品的进口量增加到对其本国同类产品或有直接竞争关系的产品的生产者造成或即将造成严重损害时，给惠国保留对该产品完全取消或部分取消关税优惠待遇的权利。

②预定限额（Prior Limitation）。它是指预先规定在一定的时期内某项受惠产品的关税优惠进口限额，对超过限额的进口产品按规定恢复征收最惠国税率或禁止进口。预定限额包括最高限额和关税配额两种：

最高限额（Ceiling Quota）。它是指给惠国对某项受惠产品的进口，在规定期限内给予关税优惠的进口最高金额或数量，超过这个限额就禁止进口。

关税配额（Tariff Quota）。它是指给惠国对某项受惠产品的进口，在规定期限内进口配额的商品给予关税优惠待遇，超过进口最高金额或数量，虽然可以进口，但不给予关税优惠待遇。

③竞争需要标准（Competitive Need Criterion）。它又称竞争需要排除，美国一般采用这种标准。其规定在一个日历年内，对来自受惠国的某项进口产品，如超过竞争需要限额或超过美国进口该项产品总额的一半，则取消下一年度该受惠国或地区这项产品的关税优惠待遇。

④毕业条款（Graduation Clause）。它是指当一些受惠国或地区的某项产品或其经济发展到较高的程度，使其在世界市场上显示出较强的竞争力时，则取消该项产品或全部产品享受关税优惠待遇的资格，称之为"毕业"。美国从1981年4月1日起采用这项规定，欧盟从1995年1月1日起也实施这项办法。这项条款按适用范围的不同，可分为"产品毕业"和"国家毕业"。前者指取消从受惠国或地区进口的部分产品的关税优惠待遇；后者指取消从受惠国或地区进口的全部产品的关税优惠待遇，即取消其受惠国或地区的资格。

毕业条款是一项最敏感、最严格的保护措施，其实施会对相关国家的出口贸易产生很大的影响。具体地说，"已毕业"的国家和产品因为不能再享受优惠待遇，一方面不得不在进口国市场上与发达国家的同类产品竞争，另一方面也面临其他发展中国家乘势取而代之打入进口国市场的严峻挑战。

（3）对原产地的规定（Rules of Origin）。原产地规定又称原产地规则，是衡量受惠国出口产品是否取得原产地资格、能否享受优惠的标准。原产地规则一般包括原产地标准、直接运输规则和原产地证书三个部分。

①原产地标准。它是指只有受惠国的出口商品完全产于受惠国本国才能享受关税优惠待遇，或者商品中使用进口原材料或零部件经充分加工或制造后，其性质已发生实质性变化，变成了另外一种完全不同的产品，只有这样才可享受关税优惠待遇。因此，原产地标准有两个：一是完全原产的产品；二是非完全原产的产品，但经过充分加工或制造后，其性质和特征达到了"实质性变化"的程度，变成了另外一种完全不同的产品。

所谓"实质性变化"，有以下两个标准：

第一，加工标准（Process Criterion）。欧盟、日本等采用这项标准。普惠制规定，进口原料或零部件的税目和利用这些原料或零部件加工后的制成品的税目不同，其税目号发生了变化，就可以认为经过充分加工，发生了实质性的变化，该种产品就符合原产地标准，可享受关税优惠待遇。这里所说的税目，以海关合作理事会税则目录（CCCN）或协调制度（HS）的4位数字为标准。

这种税目的变化并不是在所有的情况下都能够准确地反映进口成分有了实质性变化。因此，给惠国又规定了附加的具体条件作为这一规则的例外，分别列出附加清单，区别对待。一般列有两张清单：清单A，又称否定清单，产品中进口成分的税目号虽然改变了，但进口成分未达到实质性变化的程度，不符合加工标准的产品，除非其符合一些附加的加工条件，发生了实质性变化，才能取得原产地资格；清单B，又称肯定清单，产品中进口成分经加工后已发生实质性变化，但其税目号仍未改变，该种进口成分只要符合加工标准，即可取得原产地资格。

第二，增值标准（Value-added Criterion）。它又称百分率标准，澳大利亚、新西兰、加拿大、美国等采用这项标准。它规定受惠国的商品中包含的进口原料或零部件的价值，没有超过给惠国规定的百分比标准时，该商品方可享受关税优惠待遇。但各国的标准是不相同的。

例如，澳大利亚规定，产品的最后加工工序是在该受惠国内进行，本国成分价值的百分比不得小于产品出厂成本的50%。本国成分价值是指该受惠国或其他受惠国或澳大利亚提供的原料和劳务价值。美国规定，本国成分的价值不得低于产品出厂价格的35%。本国成分的价值是指该受惠国生产的原料成本或价值，加上该受惠国的直接加工成本。

②直接运输规则（Rule of Direct Consignment）。它是指受惠产品必须从该受惠国直接运输到进口给惠国。但是由于地理条件或运输需要，货物也可经过第三国领土转口。其条件是：货物必须置于该国海关监管之下，未投入当地销售或交付当地使用；在装卸过程中，可做必要的处理，但不允许任何加工；向进口给惠国海关提交过境提单、过境海关签发的过境证明书等，才能享受普惠税待遇。

③原产地证书（Certificate of Origin）。它是指出口商品要获得给惠国的普惠制的关税优惠待遇，必须向给惠国提交出口受惠国政府授权的签证机构签发的普惠制原产地证书和托运的书面证明，作为享受普惠税待遇的有效凭证。由于原产地证书的特殊作用，买方持有它可以少缴进口税或免缴进口税，而卖方持有它可以相应提高商品销售价格。因此，原产地证书实际上是一种有价证件。为了保证普惠制的公平、公正，对于使用进口原料、零部件的产品，给惠国都要求认真填写原产地证书，保证真实准确，如弄虚作假，一经发现，要负法律责任，直至取消受惠国享受的单向关税优惠待遇。

原产地证书一式三份，正本一份，副本两份，每份要编上顺序号码。原产地证书在商品出口时签发，在货物到达目的国之前送交给惠国海关。

6.2.4 按照征税的一般方法分类

1. 从量税

从量税是以商品的重量、数量、容量、长度和面积等计量单位为标准计征的关税。

例如，美国在1981年对进口羊肉每磅征收50美分关税，即为从量税。从量税的计算非常简单，计算公式如下：

从量税额=商品数量×单位从量税

各国征收从量税，大部分以商品的重量为单位加以征收，但各国对应纳税的商品重量的计算方法各有不同。一般有以下三种：

（1）毛重法（Gross Weight）。它又称总重量法，即对包括商品内外包装在内的总重量计征税额。

（2）半毛重法（Demi-gross Weight）。它又称半总重量法，即对商品总重量扣除外包装后的重量计征税额。这种办法又可分为两种：一是法定半毛重法，即从商品总毛重中扣除外包装的法定重量后，再计算税额；二是实际半毛重法，即从商品总毛重中扣除外包装的实际重量后计算其税额。

（3）净重法（Net Weight）。它又称纯重量法，即在商品总重量中扣除内外包装的重量后，再计算其税额。这种办法也分为两种：一是法定净重法（Legal Net Weight），即从商品总重量中扣除内外包装的法定重量后，再计算其税额；二是实际净重法（Real Net Weight），即从商品总重量中扣除内外包装的实际重量后，再计算其税额。

从量税的优点是：①手续简便，无须审查货物的规格、价格和品质，费用成本低；②进口品价格跌落时，仍有适度保护；③可以防止进口商谎报价格。从量税的缺点是：①不能区别等级、品质及价格差异的货物，税负不合理；②税率固定，没有弹性，税额不能随物价涨跌而增减，失去市场的价格职能；③对部分不能以数量计算的商品并不适用，如古董、字画、钟表、钻石等。

按从量税方法征收进口税，在商品价格下降的情况下，加强了关税的保护作用；反之，在商品价格上涨的情况下，进口税额不变，利用从量税的方法征收进口税，则不能完全达到保护关税的目的。第二次世界大战以前，资本主义国家普遍采用从量税的方法计征关税。第二次世界大战以后，由于商品种类、规格日益繁杂和通货膨胀加剧，为保护本国工农业生产和国内市场免受外国商品干扰，大多数资本主义国家普遍采用从价税的方法计征关税。

2.从价税（Ad Valorem Duties）

从价税是以进口商品的价格为标准计征的关税，其税率表现为货物价格的百分率。例如，美国对羽毛制品的进口征收从价税，普通税率为60%，最惠国税率为4.7%。从价税额的计算公式如下：

从价税额=商品总值×从价税率

从价税征收关税税额随着商品价格的变动而变动，商品价格上涨，从价税额增加；商品价格下跌，从价税额相应减少。所以，它的保护作用与价格有着密切的关系。

一般来说，征收从价税有以下几个优点：①从价税的征收比较简单，对于同种商品，可以不必因其品质的不同，再详加分类；②税率明确，便于比较各国税率；③税收负担较为公平，从价税额随着商品价格与品质的高低而增减，符合税收的公平原则；④在税率不变时，税额随着商品价格的上涨而增加，既可增加财政收入，又可起到保护关税的作用。

从价税的缺点包括：①估价烦琐，须有专门人才才能胜任，因此费用成本高；②通关不易，在估定货物价格时，海关与业者之间容易引起争议；③调节作用弱，保护性不强，税额随物价涨跌而增减，对物价不能产生调节作用，同时保护作用明显不足。当国外市场价格上涨时，国内产业所需的保护要求降低，但实际上进口税额随物价上涨而增加；反之，当国外市场价格跌落时，国内生产所需的保护要求增强，但关税随之减少。

从价税的一个关键问题是如何核定完税价格。完税价格是经海关审定作为计征关税的货物价格，是决定税额多少的重要因素。目前，国际上最具有影响力的海关估价制度分为两种，分别是布鲁塞尔估价制度和新估价法规。在布鲁塞尔估价制度下，引入一个抽象的正常价格作为完税价格，正常价格是指在公开独立的市场上所有购买者均可以获得的价格，即正常的竞争价格。在新估价法规下，按照买卖双方达成的成交价格对进口商品进行估价，成交价格是指买卖双方在没有从属关系的公开市场上成交的已付或者应付价格，基本上根据具体成交的合同价格或者发票价格确定。

3.混合税（Mixed or Compound Duties）

混合税又称复合税，是对某种进口商品采用从量税和从价税同时征收的一种方法。混合税额的计算公式如下：

混合税额=从量税额+从价税额

混合税可分为两种：一种是以从量税为主加征从价税。例如，美国进口小提琴每把征税1.25美元，另加征35%的从价税。另一种是以从价税为主加征从量税。我国进口征税以从价税为主，从1999年起对部分商品征收复合税。混合税兼有从价税和从量税的优点，增强了关税的保护程度。目前，世界上大多数国家都使用混合税，主要发达国家如美国、欧盟、加拿大、澳大利亚、日本等，以及一些发展中国家如印度、巴拿马等。

4.选择税（Alternative Duties）

选择税是对一种进口商品同时制定有从价税和从量税两种税率，在征税时选择其税额较高的一种征税。但有时，为了鼓励某种商品的进口，也会选择其中税额低者征收。选择税具有灵活性的特点，可以根据不同时期经济条件的变化、政府征税目的以及国别政策进行选择。选择税的缺点是征税标准经常变化，出口国难以预知，容易引起争议。

6.2.5 按照关税保护的程度和有效性分类

1.名义关税（Nominal Tariff）

名义关税是指某种进口商品进入该国关境时，海关根据海关税则所征收的关税税率。名义关税衡量的是一国对某一类商品的保护程度。在其他条件相同和不变的条件下，名义关税税率越高，对本国同类产品的保护程度也越高。

2.有效关税（Effective Tariff）

有效关税是指对某个工业每单位产品"增值"部分的从价税率，其税率代表着关税对本国同类产品的真正有效的保护程度。例如，棉布的名义关税税率为30%，而纺织业的最终产品"增值"部分为40%，则该种产品的有效关税保护率应为75%。其计算公式如下：

E=T/V

式中：E——有效关税保护率；T——进口最终产品的名义关税税率；V——该产业最终产品的增值比率。

如果进口国由于本国原材料不足，必须通过进口原材料进行加工制造成最终产品，在这种情况下，进口原材料的名义关税税率的高低及其最终产品中所占的比重也影响着有效关税保护率。这可以采用以下的公式计算：

$$E = \frac{T - Pt}{1 - P}$$

式中：E——有效关税保护率；T——进口最终产品的名义关税税率；t——进口原材料的名义关税税率；P——原材料在最终产品中所占的比重。

例如，甲国对小轿车的进口征收180%的进口关税，但该国国内生产的小轿车须从国外进口汽车发动机，该发动机的进口成本为每台300美元，每辆小轿车的总成本为2 000美元，汽车发动机的进口关税税率为20%，请问其有效关税保护率为多少？

根据题意可知：

T=180%，P=300/2 000=3/20，t=20%

E=（T-Pt）/（1-P）=（180%-3/20×20%）/（1-3/20）=208%

再如，假设某一制成品在国际市场上的价格为1 000元，该产品在国内生产时每单位产出需要使用价值500元的中间投入品。在自由贸易下，该产品国内生产的单位产出附加值=1 000-500=500（元）。现在假定对该产品征收30%的从价税，并假定关税不影响世界市场价格。征收关税后，该产品的国内价格上涨为1 000×（1+30%）=1 300（元）。另外，假设对其使用的中间产品不征收进口关税，那么征收关税后，国内生产的单位产出附加值=1 300-500=800（元）。根据有效保护率的公式，该制成品的有效保护率=（800-500）÷500=60%，即对该制成品征收30%的关税，可使其国内生产附加值提高60%。

如果对中间产品也征收30%的关税，制成品关税仍为30%，那么征收后该制成品的单位产出附加值=1 300-500×（1+30%）=650（元），其有效保护率=（650-500）÷500=30%。在这种情况下，有效保护率与名义保护率相同。

如果将中间产品的关税率由30%提升到40%，那么在此情况下，制成品的国内生产单位产出附加值=1 300-500×（1+40%）=600（元），其有效保护率=（600-500）÷500=20%，即国内生产附加值仅增加了20%，低于其名义关税率。如果中间产品的关税率更高，则制成品的国内生产附加值会更低，甚至变成负值。所以，在制成品关税不变的前提下，随着中间产品关税的上升，制成品的有效保护率将下降，甚至出现负保护的情况。

根据上述计算结果，有效关税保护率将会出现以下的变化：

（1）当进口最终产品的名义关税税率高于所用的进口原材料的名义关税税率时，有效关税保护率超过最终产品的名义关税税率，即E>T；

（2）当进口最终产品的名义关税税率等于所用的进口原材料的名义关税税率时，有效关税保护率将等于最终产品的名义关税税率，即E=T；

（3）当进口最终产品的名义关税税率小于所用的进口原材料的名义关税税率，并且所用的原材料价值在最终产品中所占的比重很小时，有效关税保护率可能远远低于最终产品的名义关税税率，即 E<T，甚至会出现负有效关税保护率，即 E<O。

由此可见，有效关税保护率受到进口国最终产品的名义关税税率、进口原材料的名义关税税率和所用的原材料在最终产品中所占比重的大小的影响。因此，虽然各种进口商品的名义关税税率相同，但这些进口商品的有效关税保护率则有所不同。

美国、日本和欧共体的名义关税税率和有效关税税率见表 6-1。

表 6-1 **美国、日本和欧共体的名义关税税率和有效关税税率**

产品	欧共体		日本		美国	
	名义税率	有效税率	名义税率	有效税率	名义税率	有效税率
牛奶、奶酪和黄油	22.0	59.9	37.3	248.8	10.8	36.9
可可产品和巧克力	12.8	34.6	22.8	80.7	4.2	16.2
棉籽油	11.0	79.0	25.8	200.3	59.6	465.9
豆油	11.0	148.1	25.4	286.3	22.5	252.9
烟草和香烟	87.1	147.3	339.5	405.6	68.0	113.2

资料来源 王俊宜，李权. 国际贸易［M］. 3版. 北京：中国发展出版社，2011.

6.3 海关税则与通关手续

6.3.1 海关税则

1.海关税则的含义与内容

海关税则（Customs Tariff）又称关税税则，是指一国对进出口商品计征关税的规章和对进出口的应税与免税商品加以系统分类的一览表。

海关税则一般包括两个部分：一部分是海关课征关税的规章条例及说明；另一部分是关税税率表。关税税率表主要包括三个部分：税则号码（Tariff / Heading No.或 Tariff Item），简称税号；货物分类目录（Description of Goods）；税率（Rate of Duty），是关税政策的具体体现。

2.海关税则的货物分类

海关税则的货物分类主要是根据进出口货物的构成情况，对不同商品使用不同的税率以及便于贸易统计而进行系统的分类。各国海关税则分类不尽相同，主要有以下几种：①按货物的自然属性分类，如动物、植物、矿物等；②按货物的加工程度或制造阶段分类，如原料、半制成品和制成品等；③按货物的成分分类或按同一工业部门的产品分类，如钢铁制品、塑料制品、化工产品等；④按货物的用途分类，如食品、药品、染料、仪器、乐器等。为了统一各国的商品分类，减少税则分类的矛盾，曾先后形成三种商品分类目录：

（1）海关合作理事会税则目录（Customs Co-operation Council Nomenclature，CCCN），由欧洲关税同盟研究小组于1952年12月制定。因其是在布鲁塞尔制定的，故又称"布鲁塞尔税则目录"（Brussels Tariff Nomenclature，BTN）。它的商品分类划分原则是以商品的自然属性为主，结合加工程度等，将全部商品分成21类（Section）、99章（Chapter）、101项税目号（Headings No.）。其中，1~24章为农畜产品，25~99章为工业制成品。

（2）国际贸易标准分类（Standard International Trade Classification，SITC）简称"标准分类"，1950年，由联合国经理事会下设的统计委员会编制并公布。其主要用于贸易统计，它的商品分类主要为适应经济分析的需要，按照商品的加工程度由低级到高级进行编排，同时也适当考虑商品的自然属性。"标准分类"将所有的贸易商品划分为从0到9的10大类、63章、233组、766分组。其中，435个分组又细分为1 573个附属目，共有1 924项基本统计项目。10大类商品分别为："0"食品及主要供食用的活动物；"1"饮料及烟类；"2"燃料以外的非食用粗原料；"3"矿物燃料、润滑油及有关原料；"4"动植物油脂；"5"未列名化学品及有关产品；"6"主要按原料分类的制成品；"7"机械及运输设备；"8"杂项制品；"9"没有分类的其他商品。联合国在统计中，一般将0~4类商品列为初级产品，将5~8类商品列为制成品。

（3）商品名称及编码协调制度（Harmonized Commodity Description and Coding System，HS）简称"协调制度"，其是在"海关合作理事会税则目录"和"国际贸易标准分类"基础上编制的，是一种新型的、系统的、多用途的商品分类制度，于1988年1月1日正式生效。由于上述两种分类分别用于海关税则和贸易统计，海关合作理事会成立专门研究小组，研究并形成了能够满足海关、统计、运输、贸易等各个方面共同需要的商品编码协调制度。

"协调制度"的特点有：①完整，贸易主要品种全部分类列出，任何商品都能找到属于自己的位置；②系统，分类原则科学，既按照生产部类、自然属性、用途划分，又兼顾商业习惯和操作可行性；③通用，各国海关税则及贸易统计商品目录可以相互对应转换，具有可比性，用途广；④准确，各项目范围清楚明了，绝不交叉重复。自1988年实施以来，大多数国家包括原来单独使用分类的加拿大、美国等，都广泛运用了"协调制度"（HS）。我国也于1992年1月1日开始按此制度进行关税税则分类。

"协调制度"目录分为21类、97章（其中第77章是空章），共有5 019项商品组，每项由以6位数编码的独立商品组成。"协调制度"基本上是按社会生产的分工（或生产部类）分类，按商品的属性或用途分章。1~83章（其中64~66章除外）以商品的自然属性（如动物、植物、矿物）为序；64~66章、84~86章按货物的用途或功能划分。税目排列一般也是按属性或加工程度排列，先原料后成品，先初级加工后深加工产品。

"协调制度"项目号列为4位数码，前两位是项目所在章，后两位是在有关章的排列次序，如52.02是废棉，52表示在第52章，02表明是该章的第2个项目。在项目下分为商品组，由6位数码表示商品的编码（Code），如5 202.10为废棉纱线，5 202.91为回收纤维，5 202.99为其他。

3.海关税则的主要种类

（1）单式税则和复式税则。

①单式税则（Single Tariff）。它又称一栏税则，一个税目只有一个税率，适用于来自任何国家的商品，没有差别待遇。在资本主义垄断时期以前，各国都实行单式税则。到垄断资本主义时期，发达资本主义国家为了在关税上实行差别与歧视待遇，或争取关税方面的互惠，都放弃了单式税则而改行复式税则。现在只有少数发展中国家，如委内

瑞拉、巴拿马、冈比亚等仍然实行单式税则。

②复式税则（Complex Tariff）。它又称多栏税则，在同一税目下制定两个或两个以上的税率，对来自不同国家的进口商品，适用不同的税率。发达资本主义国家规定，差别税率的目的是实行差别待遇和贸易歧视政策。为了反对发达国家的歧视待遇，保卫本国的民族权益，许多发展中国家也实行复式税则。现在绝大多数国家都采用这种税则。这种税则有二栏、三栏、四栏不等。我国目前采用二栏税则，美国、加拿大等采用三栏税则，欧盟采用四栏税则。

（2）自主税则和协定税则。

根据各国税则制度制定方式的不同，可以分为以下几种：

①自主税则（Autonomous Tariff）。它又称国定税则（National Tariff System）或通用税则（General Tariff System），是指一国立法机构根据本国经济发展状况，独立自主地制定的关税税法和税则。自主税则可分为自主单式税则和自主复式税则。

自主单式税则（Automatic Single Tariff System）是指一国对一种商品自主地制定一个税率，这个税率适用于来自任何国家或地区的同一种商品。

自主复式税则（Automatic Complex Tariff System）是指一国政府自主地对每一税目的商品制定两种或两种以上税率的复式税则制度。自主多重税则制度相对于自主单一税则制度，具有灵活性，不同的税率可分别适用于来自不同国家或地区的同一种商品，能够更加适应当代国际经济贸易发展的特点。

最高和最低税则（Maximum and Minimum Tariff System）是自主复式税则的一种形式，由国家立法机构自行制定最高与最低税率，在此范围内由管理当局斟酌决定。这种制度的最高税率可表示国家保护本国产业的最高限度；而最低税率则表示本国与外国订立条约时的最大限度的让步，即本国产业可获得的最低限度的保护。

②协定税则（Conventional Tariff）。它是指一国政府通过与其他国家订立贸易条约或协定的方式确定关税税率。这种税则是在本国原有的固定税则基础上，通过关税减让谈判，另行规定一种税率，不仅适用于该条约或协定的签字国，而且某些协定税率也适用于享有最惠国待遇的国家。协定税则制度分为双边协定、多边协定和片面协定税则制度三种形式。关税及贸易总协定是最典型的多边协定税则。片面协定税则是指国与国之间通过订立不平等的贸易条约或协定，使部分协定国单方面获得其他协定国关税优惠待遇的关税税则制度。第二次世界大战以前，宗主国与殖民地国家之间的片面协定税则制度非常普遍。

6.3.2 通关手续

通关手续又称报关手续，是指出口商或进口商向海关申报出口或进口，接受海关的监督与检查，履行海关规定的手续。办完通关手续，结清应付的税款和其他费用，经海关同意，货物即可通关放行。通关手续通常包括货物的申报、审核、查验、征税与放行环节。下面以进口为例进行说明：

1.货物的申报

货物的申报是指货物运抵进口国的港口、车站或机场时，进口商向海关提交有关单证和填写由海关发出的表格，向海关申报进口。一般来说，除提交进口报关单（Import

Declaration）、提单、商业发票或海关发票外，还往往根据海关的特殊规定，提交原产地证明书、进口许可证或进口配额证书、品质证书和卫生检验证书等。

2.单证的审核

进口商填写和提交有关单证后，海关按照海关法令与规定，审查核对有关单证。审核有关单证的具体要求是：①应交验的单证必须齐全、有效；②报关单填报的内容必须正确、全面；③所报货物必须符合有关政策与法规的规定。

审核单证发现有不符合上述各项规定的，海关通知申报人及时补充或更正。

3.货物的查验

海关查验货物主要有两个目的：一是看单据是否相符，即报关单是否与合同批文、进口许可证、发票、装箱单等单证相符；二是看单货是否相符，即报关的所报内容是否与实际进口货物相符。查验货物一般在码头、车站、机场的仓库、场院等海关监管场所内进行。

4.货物的征税与放行

海关在审核单证、查验货物后，照章办理收缴税款等。进口税款采用本国货币缴纳，如果使用外币，则应按本国当时汇率折算缴纳。货物到达时，如果发现货物"缺失"（Short Landed）一部分，可扣除缺失部分的进口税。当所有海关手续办妥后，海关即在提单上加盖海关放行章以示放行，进口货物即此通关。

进口商通常应在货物到达后所规定的工作日内办理通关手续。进口商必须到海关办理报关手续。许多国家的通关手续往往十分繁杂。为了及时通关提货，进口商也可委托熟悉海关规章的报关行代为办理通关手续。

如果进口商对某些特定的商品，如水果、蔬菜、鲜鱼等易腐商品，要求货到时即须从海关提出，可在货到之前办理提货手续，并预付一笔进口税，日后再正式结算进口税。如果进口商需要延期提货，可将货物存入保税仓库，暂时不缴纳进口税，但须办理存仓报关手续，在存放仓库期间，货物可再行出口，仍不必缴纳进口税。如果需要运往该国内市场销售，则应在提货之前办妥通关手续。

货物到达后，进口商如在规定的日期内未办理通关手续，海关有权将货物存入候领货物仓库，一切责任和费用均由进口商负责。如果存仓货物在规定期间仍未被办理通关手续，海关有权处理该批货物。

6.4 关税对国际贸易的影响

6.4.1 关税对世界贸易发展的影响

关税作为最重要的国际贸易政策手段，其对世界贸易的发展具有重要的影响。当世界市场的主要贸易国家大幅度提高关税、推行保护贸易政策时，国际贸易的发展速度将趋向放缓；反之，当主要贸易国家普遍大幅度降低关税时，国际贸易的发展速度将明显加快。1929—1933年，资本主义世界发生了世界性经济大危机，危机发生以后，发达资本主义国家纷纷提高关税，以此限制商品进口，保护国内工商业，其结果是提高关税的浪潮遍及全球。高关税、奖出限入的贸易保护主义在各国极其盛行，严重阻碍了国际贸易的正常发展。据估计，1929—1933年，国际贸易额下降了2/3，国际贸易量减少了1/3。世界贸易总值从1929年的686.2亿美元下降到1934年的33.1亿美元。第二次世界大战以后，随着资本主义世界经济的恢复和发展，从20世纪50年代到70年代初期，以美国为主导的发达资本主义国家开始推行贸易自由化政策，大幅度降低关税，促进了国际贸易的迅速发展。1950—1973年，国际贸易额年平均增长率为10.3%，国际贸易量年平均增长率为7.2%。在此期间，国际贸易额或国际贸易量的年平均增长率都高于第二次世界大战之前。

6.4.2 关税对商品结构与地理方向的影响

关税不仅影响到国际贸易的发展，而且影响到国际贸易商品结构和对外贸易地理方向的变化。从20世纪50年代到70年代初期，发达资本主义国家对工业制成品进口关税的下降幅度超过农产品。发达资本主义国家之间的关税下降幅度，超过它们对发展中国家和社会主义国家的关税下降幅度。其结果是，国际贸易商品结构发生显著变化。第二次世界大战以前，初级产品在国际贸易商品结构中的所占比重一直高于工业制成品，它们之间的比重是6∶4。第二次世界大战以后，这种比重发生明显变化。1950年，初级产品所占比重为59%，而工业制成品的比重只有41%，到1970年，初级产品比重为35%，同期工业制成品比重上升至65%，进入90年代，初级产品在国际贸易中的比重不断下降，目前初级产品与工业制成品的比重是2∶8。不仅如此，第二次世界大战以后，随着区域经济一体化的蓬勃发展，经济集团内部的关税下降幅度超过其对集团外部的关税下降幅度，使某些集团内部的贸易增长超过其对集团外部的贸易增长。以欧盟为例，从20世纪50年代到70年代，欧共体内部贸易额占成员国贸易总额的比重从30%提高到50%，到1990年，这一比例上升至62%。

6.4.3 关税对商品价格、生产和销售的影响

关税与商品的价格、生产、销售有着密切的关系。一般来说，进口货物课征关税后，将导致进口国的国内价格上涨、进口数量下降，在一定条件下起到了保护和促进本国产品的生产和销售的作用。下面以国际市场上的小国为例，说明关税是如何影响商品价格、生产和销售的。如图6-1所示，HD和IS是小国对产品的需求线和供给线。P_W是世界市场价格，即从他国进口的价格。从价格线与小国需求线和供给线的相交处可以看出，Q_1为小国生产量，Q_2为小国消费量，Q_2-Q_1则为小国进口量。

假设小国对每单位进口货物课以关税P_WP_t，进口商除了必须按照世界市场价格付款外，还须加上关税，因此，该进口商不得不在小国国内按照P_t出售产品。通过需求线可知，小国对该产品的消费量从Q_2下降到Q_4，而该国的生产量从Q_1上升到Q_3，这就显示了关税对商品价格、生产和销售的一般影响。

由以上分析可知，当一国政府提高进口商品的关税时，该商品的国内价格就会相应上涨，商品的生产量增加，消费量下降；反之，当一国政府降低进口商品的关税时，该商品的国内价格就会相应下降，商品的生产量减少，消费量上升。但是，关税的影响程度如何，还取决于关税税率的高低、进、出口国的价格变化以及进、出口国各自的需求

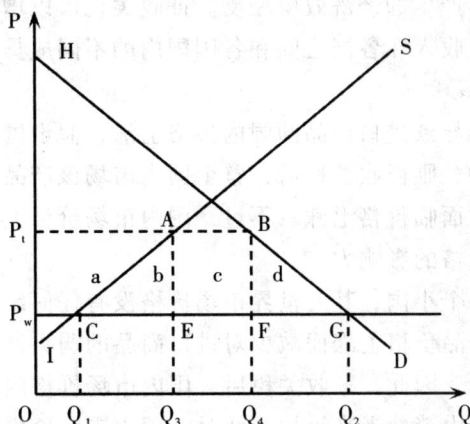

图6-1 关税对商品价格、生产和销售的影响

和供给弹性的不同。需要说明的是，虽然关税在一定程度上起着保护和促进进口国同类产品的生产和销售的作用，但如果关税税率长期偏高，保护期过长，不仅会严重损害消费者利益，而且往往会阻碍这些产品技术改进和成本下降，削弱产品的竞争能力，最终影响其生产和销售的发展。

6.4.4 关税对贸易差额与国际收支的影响

当一国出现严重的贸易逆差和国际收支差额时，如果通过采取提高进口关税等措施限制进口，短期内可能会暂时抑制进口，缩小贸易逆差和改善国际收支。例如，1971年8月15日，美国政府为了缩减贸易差额，应对国际收支危机，宣布对外国商品的进口一律征收10%的进口附加税，以限制商品进口，改善国际收支状况。但从长期来看，提高进口关税是否确实可以起到这种作用，难以定论。因为征收高额进口税，虽然限制了国外商品进口，但通过前面分析得知，提高关税会引起国内价格上涨，导致某些产品的生产成本提高，削弱出口产品的竞争能力，导致出口额下降，贸易差额进一步扩大，国际收支危机进一步恶化，从而导致更加严重的后果。此外，由于一国提高关税，将可能引起有关国家的连锁反应，竞相提高关税，高筑关税壁垒，限制对方的商品进口，其结果是相互抵消关税对于缩小贸易逆差和改善国际收支的作用。

综上所述，关税是影响国际贸易的重要因素之一。但必须指出的是，上述的各种影响是在假设其他条件相同或不变的情况下发生的。如果其他条件不同，或情况发生变化，关税对国际贸易的影响也会随之发生变化。

6.4.5 关税的经济效应分析

征收关税将产生一系列的经济效应。从经济学角度看，征收关税会影响到资源配置的效率，并可能对征税国、贸易伙伴国乃至世界的经济福利水平产生影响。例如，我国自2001年加入WTO以来，逐步降低了进口关税税率，并在多个领域实现了关税的减让和取消。同时，我国积极实施自由贸易区战略，与多个国家和地区签订了自由贸易协定，进一步降低了关税壁垒，促进了贸易和投资的自由化、便利化。一般来说，征收关税的经济效应与自由贸易产生的经济效应相反。征收关税可以增加政府的财政收入，资源配置效率的降低，导致收入在各国之间和各国国内的不同成员之间的再分配。

1.关税的价格效应

对进口产品征税，会导致进口产品的国内价格上涨，假设国内进口替代部门的产品与进口产品是完全同质的，则征收关税后，整个国内市场该产品的价格都会上涨，使得国内消费者和生产者同时面临价格上涨。不过，国内市场价格上涨的幅度如何，则要视关税征收国对世界市场价格的影响力。

如果关税征收国是一个小国，其对世界市场价格没有任何影响力，那么，征收关税后，虽然该国会因进口产品价格上涨而减少对进口商品的购买，但这一变动并不会对世界市场价格产生任何影响。因此，征收关税后，国内市场价格的上涨部分就等于所征收的关税，即关税全部由国内消费者来承担，此时，国内市场价格等于征收关税前的世界价格（自由贸易下的价格）加上关税。如果关税征收国是一个大国，其国内供求的变化足以影响世界市场价格，那么，征收关税后，由于价格的上涨，该国对进口产品的需求量下降，从而引起世界市场价格的下降。在这种情况下，关税负担实际上由国内消费者和国外出口商共同承担，征收关税后的国内市场价格等于征收关税后的世界价格（低于征收关税前或自由贸易下的价格）加上关税。关税通过价格的变动，影响各种经济活动，下面利用图示方法说明关税的其他经济效应。

2.关税的生产效应

征收关税后，国内市场价格上升，国内进口替代部门的生产厂商将面临较高的销售价格，从而能够补偿因产出增加而提高的边际成本，导致国内生产增加，这便是征收关税所带来的生产效应。

这里以小国为例来说明关税的生产效应。在图 6-2 中，SI、HD 分别表示国内供给线和需求线；P_w 表示征收关税前的世界价格，即自由贸易下的价格；P_t 表示征收关税后的国内价格。假设关税为从量税，t 表示对单位进口商品所征收的关税，则征收关税后国内价格可以表示为：$P_t = P_w + t$。

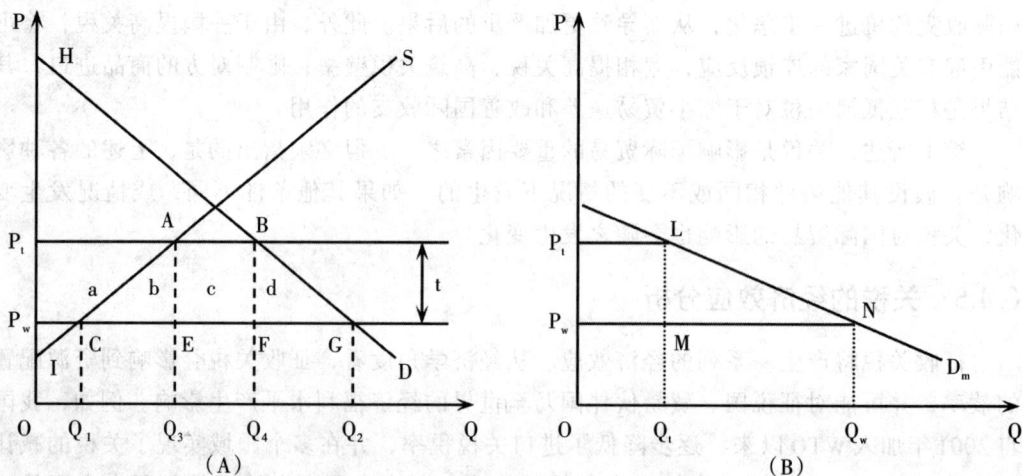

图6-2　小国关税效应的局部均衡分析

在自由贸易下，对应的世界价格为P_w，国内生产为OQ_1；征收关税后，国内价格由原来的P_w上升至P_t，此时，国内生产提高到OQ_3。也就是说，征收关税后，国内生产增加了Q_1Q_3，所以，关税保护了国内生产者。国内生产者因关税而获得的利益，可用生产者剩余的变动来衡量。生产者剩余是指生产者为一定量的某种商品实际收取的价格和其愿意收取的价格之间的差额。从图6-2中可以看到，征收关税前，生产者剩余为三角形$\triangle ICP_w$的面积所示；征收关税后，生产者剩余为三角形$\triangle IAP_t$的面积所示。因此，征收关税前后，生产者剩余有所增加，增加部分为梯形CAP_tP_w的面积a，即为征收关税后生产者福利所得。

3.关税的消费效应

征收关税使国内市场价格提高，只要国内的需求弹性大于零，国内价格的提高必然会导致消费量的减少，即为关税的消费效应。从图6-2中可以看到，征收关税后，国内消费量为OQ_4，与征收关税前的消费量OQ_2相比，消费量减少了Q_4Q_2。消费量的下降，意味着消费者的福利减少。征收关税前后，消费者剩余分别为三角形$\triangle HGP_w$和三角形$\triangle HBP_t$的面积所示，所以，消费者福利的损失为梯形GBP_tP_w的面积（a+b+c+d）。综合生产效应和消费效应，便可得到关税的贸易效应，即生产效应+消费效应=贸易效应。在图6-2中，征收关税后进口的减少=$Q_1Q_2-Q_3Q_4=Q_1Q_3+Q_4Q_2$，即为关税的贸易效应。

4.关税的税收效应

所谓税收效应，是指政府由于征收关税而获得的财政收入。征收关税所获得的收入=进口量×关税税率。在图6-2中，关税收入为$Q_3Q_4×t$，等于矩形AEFB的面积c。对福利的影响，要视政府如何使用这部分税收而定，如果政府将关税收入全部用于补贴消费者，则可以抵消消费者的部分损失。

5.关税的贸易条件效应

如果征收国是一个大国，那么，除了上述各种影响外，关税还会产生贸易条件效应。因为在大国情形下，征收关税会降低世界市场价格，即本国进口商在世界市场上购买进口商品的价格降低，如果出口价格保持不变，则进口价格的下跌意味着本国贸易条件的改善。也就是说，征收关税后，在国际市场上征税国用一个单位的本国商品就可以换取更多的外国商品。所以，贸易条件的改善对征税国有利。

图6-3列示了大国情形的关税效应。征收关税后，国内价格由原来的P_w上升至P_t，与此同时，世界价格也由P_w下降至P'_w，征税后的国内外价格之间的关系为：$P_t=P'_w+t$。与图6-2相比，从中可以发现，对应于相同的关税，征税后的国内价格在大国情形下的上涨幅度要小于在小国情形下的上涨幅度。国外价格的下降部分抵消了关税的影响，减弱了关税对国内生产和消费的影响效应。

如图6-3所示，征收关税后，世界市场价格的下降幅度等于EH或FI；征税后的进口量为Q_3Q_4。以新的价格P'_w进口Q_3Q_4的代价为矩形AEFB的面积所示，而征税前同样的商品的代价为矩形AHIB的面积所示，因此，征税后在相同情况下EHIF的面积e，表示征税国因贸易条件改善而获得的利益。

6.关税的净福利效应

综上所述，关税的影响是多方面的，而且各种影响对征税国的福利会产生不同的效应。判断关税的好坏，必须综合考虑关税各种影响的福利效应。

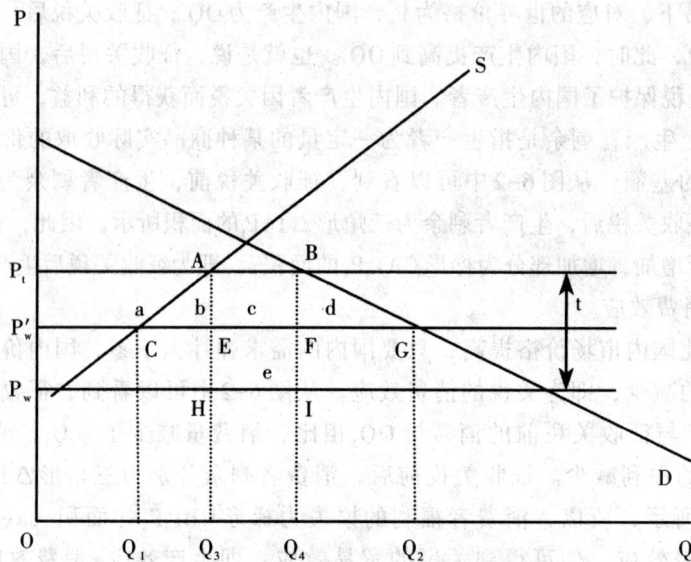

图6-3 大国关税效应的局部均衡分析

以下分两种情况来分析关税的净福利效应：

（1）小国情形：在图6-2中，关税各种福利效应的净值=生产者福利增加-消费者福利损失+政府财政收入=a-（a+b+c+d）+c=-（b+d）<0。所以，对小国而言，关税会降低社会福利水平，社会福利的净损失为b+d。其中，b为生产扭曲（Production Distortion），表示征税后国内成本高的生产替代原先来自国外成本低的生产，导致资源配置效率下降所造成的损失；d为消费扭曲（Consumption Distortion），表示征税后因消费量下降所导致的消费者满意程度的降低，在扣除消费支出的下降部分之后的净损失。

（2）大国情形：在图6-3中，关税的净福利效应=生产者福利增加-消费者福利损失+政府财政收入=a-（a+b+c+d）+（c+e）=e-（b+d）。当e>b+d时，本国社会福利增加；当e<b+d时，本国社会福利减少。所以，在大国情形下，关税的净福利效应并不确定，其取决于贸易条件的改善程度。

6.4.6 最优关税

由上述分析可知，在大国情形下，关税可以改善本国的贸易条件，这意味着关税有可能改善本国的福利水平，实施贸易保护可以获得更多的利益，这也是最优关税理论的核心思想。

最优关税是指使本国福利达到最大化的关税水平。对小国而言，其最优关税是零关税。但对大国来说，由于征收关税，一方面贸易条件将会得益，但同时因为生产扭曲和消费扭曲而导致损失。因此，大国的最优关税取决于两者的比较。确定最优关税的条件是，进口国由征收关税所引起的边际损失与边际收益相等。

最优关税不会是禁止性关税。所谓禁止性关税，是指进口为零的关税水平。在禁止性关税下，进口国不能进口该产品，因而也就无从获得收益。因此，进口关税高并不意味着收益高。最优关税也不会是零关税，因为零关税不能给大国带来任何贸易条件的获益。因此，最优关税应该在禁止性关税和零关税之间。在这个范围内的进口关税水平，可以使外国出口商承担一部分关税。在进口需求弹性一定的情况下，最优关税水平取决于外国出口商产品的供给弹性。外国出口产品供给弹性越大，最优关税水平就越低；反之，最优关税水平就越高。因此，进口国政府确定的最优关税水平与出口国厂商向进口国提供产品的供给弹性成反比。

由上述分析可知，在进口国的需求弹性较大且出口国的供给弹性较小的情况下，征收关税可以明显改善本国的贸易条件，从而可能使本国福利增加。所谓最优关税，就是指在零关税和禁止性关税之间存在某一最佳点，这一点因贸易条件改善而额外获得的收益恰好可以抵消因征税而产生的生产扭曲和消费扭曲所带来的额外损失。

最优关税的确定，如图6-4所示。从图中可以看出，横轴表示关税税率，纵轴表示征收关税净福利效应，曲线 OBT_2A 表示不同关税水平的净福利效应。O点对应的关税为零，即代表零关税的条件下，关税的净福利效应为零；T_2 点对应的关税税率为禁止性关税，当关税大于等于 T_2 时，关税的净福利效应也为零。当关税税率处于零关税和禁止性关税之间时，即 OT_2 之间时，关税的福利效应为正；当关税税率为 T_1 点时，关税的福利效应达到最大值 W_1，T_1 即为最优关税。

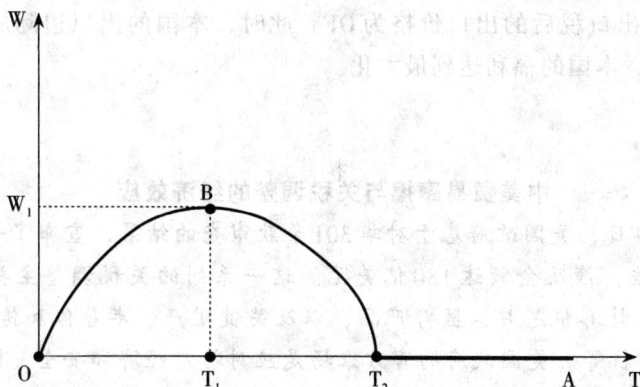

图6-4 最优关税

上述关于最优关税的讨论是针对进口关税而言的，事实上，出口关税也存在最优的问题。如图6-5所示，横轴表示本国的出口数量，纵轴表示价格。DD是本国出口的外国需求线，表示从出口中获得的平均收益，边际收益为MM；SS是本国的出口供给线。自由贸易条件下的均衡点为A，此时的均衡价格和均衡数量为OB和OC。

在图6-5中，本国的出口供给线SS表示供应不同数量出口的边际成本，在自由贸易条件下，这个边际成本等于平均收益（DD线），而不等于边际收益（MM线）。这说明在自由贸易条件下，对于本国来说并没有达到边际收益等于边际成本的最佳福利状态。因此，从利益的角度出发，本国应该限制出口供给，直至边际收益等于边际成本。最优的状态应该是均衡点为G，此时，出口数量为OH和出口价格为OF。G点可以通过征收税率为TX的出口从价税来实现，具体公式为：

$$OE×（1+TX）=OF$$
$$TX=OF/OE-1=（OE+EF）/OE-1=EF/OE$$

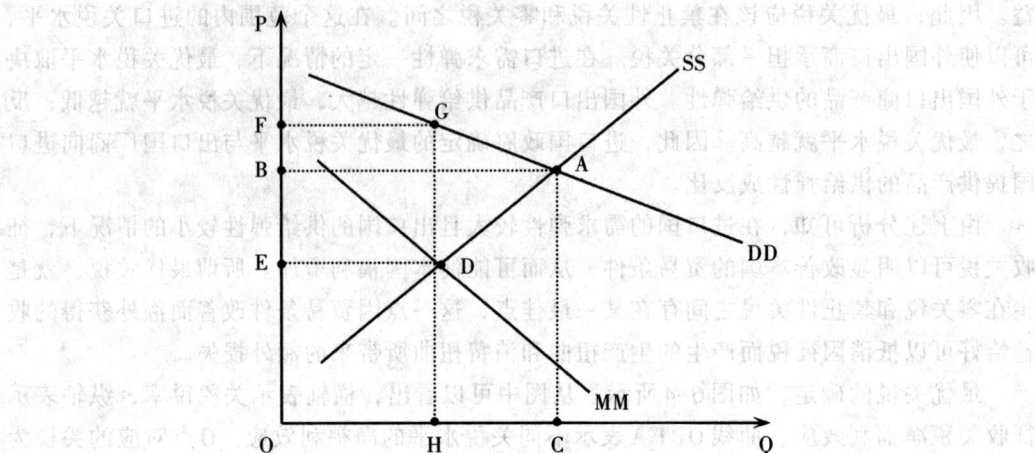

图6-5　最优出口税率的推导

则有：

TX=EF/OE，即为最优出口税率。

最优出口税率TX=EF/OE，此时的均衡点为G，本国出口商的出口价格为OE，出口数量为OH，征收出口税后的出口价格为OF。此时，本国的出口边际成本与边际收益（包括税收）相等，本国的福利达到最大化。

■ 案例讨论

中美贸易摩擦与关税调整的经济效应

2024年5月14日，美国政府基于对华301条款审查的结果，宣布了一系列针对我国商品的新关税措施，涉及金额达180亿美元。这一系列的关税调整主要针对高科技领域，如电动汽车、计算机芯片、医疗产品，以及关键矿产、半导体和传统制造业产品，如钢铝、港口起重机等。美国政府的官方立场是应对特定经济和安全关切，但外界普遍认为这与即将到来的选举年政治考量紧密相关。关税调整细节包括：电动汽车关税从25%翻倍至100%，所有进口汽车还须承担额外2.5%的关税；锂电池关税由7.5%上调至25%；光伏电池板进口关税提升至50%；对之前未征税的，如船岸起重机、注射器和针头等产品也开始征税，关税分别调整为25%和50%。我国对此表示强烈反对，认为美国的行动违反了WTO规则，破坏了两国之间的互信与合作。

资料来源　佚名. 美国宣布对180亿美元中国商品加征关税，商务部：将采取坚决措施［EB/OL］. ［2024-05-14］. https://m.guancha.cn/internation/2024_05_14_734781.shtml.

思考题：

（1）分析美国对华关税调整的法律依据及其在WTO框架下的合法性。讨论WTO规则中有关国家安全例外条款（GATT Article XXI）是否适用于美国的这一系列关税措施。

（2）评估关税调整对中美两国相关产业的短期与长期经济效应。具体分析其对美国消费者福利、国内生产者成本，以及中国出口商市场份额的影响。

（3）探讨国家利益与多边贸易体系之间的平衡。分析美国在追求经济安全与发展的过程中，如何在双边（中美）与多边（WTO框架下）关系中找到平衡点，避免贸易战升级。

（4）针对美国的关税壁垒，我国企业和政府可以采取哪些应对措施？如何通过多边贸易谈判来缓解贸易紧张局势，以及这些谈判如何在实践中发挥作用？

（5）利用有效关税保护率的概念，分析美国对电动汽车征税100%的案例。如果美国国内电动汽车生产中使用的电池组件（假设为最终产品价值的20%）是从我国进口的，并且电池组件的关税为25%，计算有效关税保护率，并讨论其对国内生产者和消费者的实际影响。

（6）讨论关税政策的最优关税理论在实际应用中的挑战，以及为何现实中很难实现理论上的"最优"关税水平。

复习思考题

本章小结

一、名词解释

关税、从价税、从量税、名义保护率、实际保护率、最优关税、进口配额、出口补贴、工业补贴、直接补贴、间接补贴、倾销、持续性倾销、掠夺性倾销、偶发性倾销

二、简答题

1.画图分析小国实施进口配额的经济效应。

2.对实施进口配额和征收等额关税进行比较分析。

3.画图说明出口补贴的经济分析。

4.什么是普惠制？普惠制方案一般有哪些规定？

5.分析关税的有效保护率和名义保护率的联系和区别。

三、分析题

1.画图说明小国征收进口关税的局部均衡。

2.画图说明大国征收进口关税的局部均衡。

3.画图说明大国征收进口关税的一般均衡。

第7章

非关税壁垒

▨ 学习目标

知识目标：

1.了解各种非关税壁垒的含义，掌握非关税壁垒的发展趋势；

2.掌握各类非关税壁垒的经济效应。

能力目标：

1.熟悉常见的非关税措施，并能够分析其政策效果；

2.能够运用所学知识，分析当前国际贸易政策的热点问题。

素养目标：

培养学生的创新思维和多角度分析问题的能力。

▨ 引导案例

2018年5月23日，世界贸易组织公布文件显示，印度于5月18日正式就美国钢铁和铝产品232调查征税以及美国与个别国家达成的配额安排在WTO争端解决机制项下提出与美国的磋商申请。美国称，基于232调查结果得出的对铝产品征收10%的关税、对钢铁产品征收25%的关税，是基于国家安全需要、基于国家安全例外，不受WTO《保障措施协定》以及其他WTO规则的规制。

美国认为，基于国家安全实施的措施不受WTO争端解决程序的管辖。印度在磋商申请文件中表示，一些成员与美国达成的配额安排限制了其钢铁和铝的出口，违反了《保障措施协定》第11.1（b）条和GATT第11.1条。《保障措施协定》第11.1（b）条规定，一成员不得在出口或进口方面采取或维持任何自愿出口限制、有序销售安排或其他任何类似措施。印度表示，美国通过采取措施，在出口或进口方面寻求自愿出口限制、有序市场安排或任何其他类似措施，因此违反了WTO规则的相关规定。美国原则上同意与阿根廷、巴西、韩国和澳大利亚达成配额安排，并将关税豁免至加拿大、墨西哥和欧盟，直至6月1日。分析认为，这些安排构成了《保障措施协定》以及GATT项下的自愿出口限制。印度称，232调查关税违反了GATT和《保障措施协定》的相关规定，美国的征税做法违反了GATT第2.1（a）和（b）条，以及第1.1条。此外，关税还违反了GATT第19.1（a）条、第19.2条、第10.3（a）条，以及《保障措施协定》第2.1条、第2.2条、第3.1条、第4.1条、第4.2条、第5.1条、第7条、第9.1条、第11.1（a）条、第12.1条、第12.2条和第12.3条。根据WTO争端解决程序的规则，美国有10天时间（从5月18日起）对印度的磋商申请做出回应。

资料来源　于娟. 印度就美国对钢铝产品征税和配额向WTO提出磋商请求［EB/OL］.［2018-05-18］. http://www.cacs.mofcom.gov.cn/cacscms/case/smzd? caseId=53d8a6e263aa26cb0163c97af1880867.

7.1　非关税壁垒及其特点

7.1.1　非关税壁垒的含义与分类

非关税壁垒是指一切利用非关税手段限制商品进口的各种措施。第二次世界大战以后，在关贸总协定的主持下举行了多轮多边贸易谈判，各国关税壁垒大幅度下降，但非关税壁垒与日俱增，名目繁多，已经演变成为国际贸易冲突的主要来源。非关税壁垒在当代国际贸易中正在逐渐取代关税，成为限制进口的主要手段，这在发达国家进口贸易中的表现尤为明显。

非关税壁垒早在资本主义发展初期就已出现，但普遍建立起来是在20世纪30年代。由于世界性经济危机的爆发，西方各国为了缓和国内市场的矛盾，纷纷采取措施奖出限入，除了高筑关税壁垒外，还采用各种非关税壁垒措施以阻止他国商品进口。第二次世界大战以后，特别是60年代后期以来，在关贸总协定的努力下，关税总体水平得到大幅度下降。因而，关税作为政府干预贸易的政策工具的作用，已经越来越弱。于是发达国家为了转嫁经济危机，实现超额垄断利润，转而主要采用非关税壁垒措施来限制进口。到70年代中期，由于世界经济持续萧条，非关税壁垒开始成为贸易保护的主要手段，形成了新贸易保护主义。据统计，非关税壁垒从60年代末的850多项增加到70年代末的900多项，到90年代初，世界上使用的非关税壁垒为3 000多项。进入21世纪，随着经济全球化和贸易自由化的不断深入发展，关税水平大幅度降低，非关税壁垒已经逐渐取代关税壁垒，成为一国实施贸易保护的首选工具。

非关税壁垒种类繁多，内容复杂，联合国贸易与发展会议（UNCTAD）将非关税壁垒措施分成三种类型，每种类型分为A、B两组，其中，A组为数量限制，B组为影响进口商品的成本。传统的分类方法是将非关税壁垒分为配额、外汇控制、政府参与贸易、海关与海关手段以及对产品的技术性规定五大类。从限制进口的方法来看，非关税壁垒分为直接壁垒和间接壁垒两类。前者是指进口国直接规定商品进口的数量或金额，或者通过施加压力迫使出口国自己限制商品的出口，如进口配额制、"自动"限额出口制、进出口许可证、市场秩序协定等。后者是指进口国不是直接限制进口商品的数量或金额，而是利用行政机制，对进口商品制定苛刻的条例和技术标准，从而间接限制进口，如外汇管制，海关估价制度，歧视性政府采购政策以及有关健康、卫生、安全、环境等过于苛刻繁复的标准等。

发达国家将非关税壁垒作为其实施对外政策的主要工具，其目的包括：一是作为防御性武器限制外国商品的进口，保护国内落后产业或农业；二是在国际贸易谈判中作为威胁性手段，迫使对方让步，以争夺国际市场；三是作为实施贸易歧视的手段，维护本国在国际上的政治、经济利益。作为发展中国家实施非关税壁垒的目的包括：一是限制非必需品的进口，为国家节约外汇开支；二是削弱外国商品的竞争力，保护本国民族工业发展；三是发展民族经济，实现落后国家对发达国家的赶超。

联合国贸易与发展会议对非关税壁垒的分类见表7-1。

表7-1　　　　　　　　　　　联合国贸易与发展会议对非关税壁垒的分类

Ⅰ.为保护国内生产不受外国竞争影响而采取的商业性措施	Ⅱ.除商业性政策以外的用于限制进口和鼓励出口的措施
A组：（1）进口配额 （2）许可证 （3）"自动"出口限制 （4）禁止出口和进口 （5）国营贸易 （6）政府采购 （7）国内混合规定 B组：（8）最低限价和差价税 （9）反倾销税和反补贴税 （10）进口押金制 （11）对与进口商品相同的国内工业生产实行优惠 （12）对与进口商品相同的国内工业实行直接或间接补贴 （13）歧视性的国内运费 （14）财政部门对进口商品在信贷方面的限制	A组：（15）运输工具的限制 （16）对于进口商品所占国内市场份额的限制 B组：（17）包装和标签的规定 （18）安全、健康和技术标准 （19）海关检查制度 （20）海关估价 （21）独特的海关商品分类 Ⅲ.为促进国内替代工业的发展而实行的限制进口措施 （22）政府专营某些商品 （23）政府实行结构性或地区性差别待遇政策 （24）通过国际收支限制进口

资料来源　陈宪，应诚敏，韦金鸾. 国际贸易：原理·政策·实务［M］. 4版. 上海：立信会计出版社，2013：281.

7.1.2　非关税壁垒的特点

1.与关税壁垒比较，非关税壁垒更加具有隐蔽性

一般来说，关税税率制定后，各国政府须通过法律的形式对外公布，并严格执行。出口商通常通过查阅进口国海关税则，即可获得关税税率的相关信息，透明度较高。非关税壁垒则完全不同，其既能以正常的海关检验要求的名义出现，也可借用进口国的有关行政规定和法令条例。以国际市场流行的技术性贸易壁垒为例，进口国对进口商品质量、规格、性能和安全等，规定极为严格的技术标准，并附加烦琐复杂的手续，使得出口商无从适应，有时只因一个规定的不符，即被限制进入对方国内市场，从而达到间接限制进口的目的。

2.非关税壁垒具有灵活性和针对性

各国关税税率的制定必须通过立法程序，并要求具有一定的延续性和稳定性。如果遇到税率调整或更改，须经过较为烦琐的法律程序和手续。同时，关税税率的调整直接受到GATT（WTO）的约束，各国海关不能随意提高关税以应对紧急限制进口的需要，因此，关税壁垒的灵活性很弱。但在制定和实施非关税壁垒的措施上，通常采用行政程序，制定手续简单，其制定的程序也较为迅速、简便，伸缩性较大，能够随时针对某种进口商品采取或更换相应的限制措施，表现出更大的灵活性和时效性。

3.非关税壁垒具有差别性和歧视性

一个国家在实施非关税壁垒时，往往针对某个国家采取相应的限制性的非关税措施，其结果大大加强了非关税壁垒的差别性、歧视性。例如，英国曾经禁止进口法国牛奶，其原因是法国牛奶以公升为单位，不符合英国习惯使用的品脱；德国曾经禁止进口英国割草机，因为英国割草机达不到德国的噪声标准。这些限制进口的措施，实际上都是变相的保护主义措施。

4.非关税壁垒能够直接达到限制进口的目的

关税壁垒是通过征收高额关税，提高进口商品成本和价格，削弱其竞争能力，间接地达到限制进口的目的。但是，当面对国际贸易中越来越普遍的商品倾销和出口补贴等鼓励出口措施时，关税作用就会显得乏力。同时，外国商品凭借生产成本的降低，如节省原材料、提高生产效率甚至降低利润率等，也能够冲破高关税的障碍而进入对方国。但有些非关税壁垒对进口的限制是绝对的，比如利用进口配额等预先规定进口的数量和金额，超过限额就禁止进口。这种方法在限制进口方面更直接、更严厉，因而也更有效。

综上所述，非关税壁垒在限制进口方面比关税壁垒更有效、更隐蔽、更灵活和更有歧视性。正是由于这些特点，非关税壁垒取代关税壁垒成为贸易保护主义的主要手段，有其客观必然性。

7.2 非关税壁垒的主要种类

7.2.1 进口配额制

进口配额制（Import Quotas System）又称进口限额制，是指一国政府在一定时期（通常为1年）内，对某些商品的进口数量或金额加以直接的限制。在规定的期限内，配额以内的货物可以进口，超过配额的部分不准进口，或者征收更高的关税或罚款后，才能进口。它是一国实行进口数量限制的重要手段之一。

1.种类

进口配额制主要有以下两种类型：

（1）绝对配额（Absolute Quotas）。它是指在一定时期内，对某些商品的进口数量或金额规定一个最高额数，达到这个额数后，便不准进口。绝对配额按照其实施方式的不同，又分为全球配额、国别配额和进口商配额三种形式。

第一，全球配额（Global/Unallocated Quotas）。它属于世界范围内的绝对配额，即对某种商品的进口规定一个总的限额，对来自任何国家或地区的商品一律适用。管理当局通常按照进口商的申请先后顺序或过去某一时期内的实际进口额批准一定的额度，直至总配额发放完为止，超过总配额就不准进口。由于全球配额不限定进口国别或地区，在配额公布后，进口商竞相争夺配额并可从任何国家或地区进口。同时，邻近国家或地区因地理位置接近的关系，到货较快，比较有利，而较远的国家或地区就处于不利的地位。这种情况使进口国家在限额的分配和利用上难以贯彻国别政策，因而不少国家转而采用国别配额。

第二，国别配额（Country Quotas）。它是指政府不仅规定了一定时期内的进口总配额，而且将总配额在各出口国家和地区之间进行分配。与全球配额不同的是，实行国别配额可以方便地贯彻国别政策，具有很强的选择性和歧视性。实行国别配额可以使进口国家根据其与有关国家或地区的政治经济关系分配给予不同的额度。为了区分来自不同国家和地区的商品，通常进口国规定进口商必须提交原产地证明书。

第三，进口商配额（Importer Quotas）。它是指一国政府为了限制某些商品的进口数量或金额，而将特定的进口配额直接分配给本国的进口商，由他们按照所获得的额度来组织进口活动，超过配额的商品则不被允许进入国内市场的制度。进口商配额将某些商品的进口配额在少数进口厂商之间进行分配，其目的是保护本国产业、调节市场供需、促进贸易平衡。比如，日本食用肉的进口配额就是在29家大商社之间分配的。

（2）关税配额（Tariff Quotas）。它是指对商品进口的绝对数额不加限制，而对一定时期内、在规定配额以内的进口商品，给予低税、减税或免税待遇。对超过配额的进口商品，则征收较高的关税，或征收附加税或罚款。

关税配额按照商品进口的来源，可分为全球性关税配额和国别关税配额。在中欧禽肉贸易争端案中，欧盟先后于2009年和2013年修改了关税减让表，并对进口禽肉产品引入和实施新关税配额方案。新关税配额方案将96%的低关税配额分配给巴西和泰国，包括中国在内的其他国家和地区只能分享4%的全球配额，超出配额部分需要缴纳高额关税。欧盟新关税配额方案的实施，严重影响了中国输欧禽肉生产企业的生产和经营。中国多次交涉不得，于2015年诉诸世界贸易组织（WTO）争端解决机制。

关税配额按照征收关税的目的，可分为优惠性关税配额和非优惠性关税配额。前者是对关税配额内进口的商品给予较大幅度的关税减让，甚至免税，而对超过配额的进口商品即征收原来的最惠国税率。欧共体（欧盟）在普惠制实施中所采取的关税配额就属此类。后者是在关税配额内仍征收原来的进口税，但对超过配额的进口商品，则征收极高的附加税或罚款。例如，2001年4月，日本政府对中国大葱、香菇和灯心草设定了非优惠性关税配额，并对超过配额的进口量实施高额附加关税。大葱的进口配额设定为5 383吨，超过配额的关税税率高达256%；香菇的进口配额设定为8 003吨，超过配额的关税税率高达266%。如此高额的进口附加税，实际上起到了禁止超过配额的商品进口的作用。

关税配额与绝对配额作为一国限制商品进口的主要手段，其不同之处在于：绝对配额对进口商品规定一个最高限额，超过限额就不准进口；而关税配额在商品进口超过规定的最高额度后，仍允许进口，只是超过限额部分被加以征收较高关税。可见，关税配额是一种将征收关税同进口配额结合在一起的限制进口的措施。两者的共同点是均以配额的形式出现。

一些国家通常利用进口配额作为实行贸易歧视政策的手段。最初进口配额是作为防御手段而被采用的，后来便发展成为进攻性的保护贸易措施。在举行贸易谈判时，配额制度曾被广泛地利用，作为迫使其他国家让步的武器。它们利用提供配额、扩大配额或缩小配额作为向对方施加压力的手段，使之成为贸易歧视的一种手段。例如，从1994年7月到1995年5月，在这一期间内，美国政府在未提供充分证据和未经充分磋商的情况下，先后两次扣减中国总量达252万打的纺织品配额，严重损害了我国的利益。2014年，日本的红小豆大获丰收，为了保护日产红小豆，日本于2015年下半年大幅度削减了红小豆的关税配额。

2.经济效应

（1）绝对配额的效应分析。为了便于理解，我们假设国内进口替代品市场为完全竞争的市场结构。下面对小国和大国情形下实施绝对进口配额的效应分别进行讨论。

第一，小国绝对配额的效应分析。实施配额后的进口量，通常要小于自由贸易下的进口量，所以，配额实施后，进口量会减少，进口商品在国内市场的价格会上涨。如果实施配额的国家是一个小国，那么，配额只影响国内市场价格，对世界市场价格没有影响。如果实施配额的国家是一个大国，那么，配额不仅会导致国内市场价格的上涨，而且还会导致世界市场价格的下跌。这一点与关税的价格效应一致。同样，配额对国内生产、消费等方面的影响与关税也大致相同。下面从小国开始来讨论配额的福利效应。

如图7-1所示，S、D分别为小国的国内供给线和需求线，国际市场的供给线为P_w。在自由贸易条件下，国内外价格相同，均为P_w，国内生产和消费分别为OQ_1、OQ_2，进口量为Q_1Q_2。

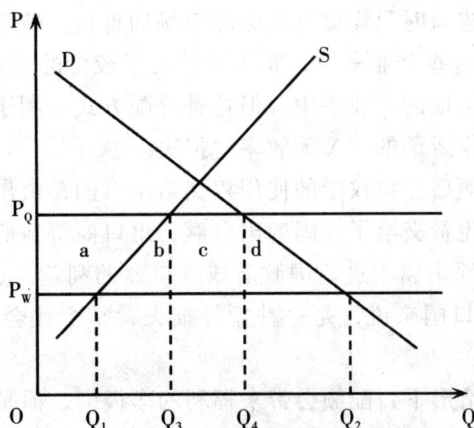

图7-1 小国配额效应分析

现在对进口设置一个数量为Q_3Q_4的配额，而且$Q_3Q_4<Q_1Q_2$。于是，国内价格由原来的P_w上涨为P_Q，国内生产增加至OQ_3，国内消费减少至OQ_4。此时，生产者剩余增加，a为增加部分，而消费者剩余减少，损失为a+b+c+d。综合起来，配额的净福利效应=生产者剩余增加-消费者剩余减少+配额租金=a-（a+b+c+d）+c=-（b+d）。其中，b为生产

扭曲，d为消费扭曲，b+d为配额的净损失。可见，进口配额对本国生产、消费、价格的影响与减少同样数量进口的关税相似，但进口配额对国内经济利益的影响与关税不同，主要体现在政府税收上。在征收关税的情况下，c是政府的关税收入。然而，实施配额不会给政府带来关税收入。c在这里被称为配额租金（Quota Rent）。配额租金实际上是一种垄断利润，为谁所得是不确定的，它的去向视政府分配配额的方式而定。

在现实中，分配进口配额常常要与进口许可证相结合。许可证是由一国海关签发的允许一定数量的某种商品进入关境的证明。分配许可证的方法主要有四种：

首先，政府可以通过拍卖的方法分配许可证，使进口权本身具有价格并将进口一定数量商品分配给出价最高的需要者。作为进口商，愿出的最高价不会超过进口所能获得的利润，即不超过c。一般情况下，进口商所付购买许可证的成本要加到商品的销售价格中。许可证的价格应该等于P_Q-P_w。因此可以说，建立在拍卖许可证基础上的进口数量限制所起的作用与关税极为类似。在这种情况下，配额租金c为政府所得，相当于征收关税条件下政府的关税收入。在这种情况下，各集团之间的利益分配与征收关税的情况更为相似，整个社会的利益变动也与征收关税的情形一致。

其次，政府根据进口商或消费者的申请颁发许可证。政府在申请的基础上审批颁发许可证，其过程比较复杂。为了获得许可证，进口商或消费者必须详细说明需要进口的原因，他们互相之间需要竞争，其申请过程（被称为"寻租"行为）必然会付出一定的代价。最后归于获得许可证的进口商或消费者的利益，减去所用花费，将会小于c。由于这些在申请过程中所耗费的人力、物力是额外的，因此，整个社会的利益少于征收关税的情况。

再次，政府直接颁发进口许可证给进口商。颁发给谁由政府决定，通常根据进口企业上一年度在该产品进口总额中所占的比重来确定。许可证是免费的，谁获得就可以从进口中获利。进口商在进口时只需要支付国际市场的价格，转手就能在国内市场上按照国内的高价出售。对于这些企业来说，相当于花费了较低的成本购置了高价商品，c直接转移到了获得进口许可证的企业手中。但这种分配方式不利于打破垄断、实现资源的有效配置，而且可能产生所谓的"X无效率"损失。

最后，政府设置配额后，将权限的使用权交给出口国，由出口国自行分配。这种情况相当于将进口许可证免费交给了外国的出口商，出口商将他们的商品按照进口国国内市场的高价出售而获得原本属于进口国政府或进口商的利益。这样，c部分转移到了外国出口商手中，对于进口国来说，是一种额外损失，整个社会的净损失变成了b+d+c，大于征收关税的净损失。

综上所述，在小国情形下，配额会带来福利的净损失，但是，具体损失的大小与配额的分配方式有关。如果配额以拍卖的方式出售，则配额的净福利损失为b+d，此时，配额与关税的福利效应一致。如果配额由政府直接向进口商发放，配额的福利净损失除了b+d外，还要加上资源配置效率损失和"X无效率"损失。如果配额以申请的方式获得，最容易产生的是企业的"寻租"行为，以及由此产生的寻租成本，这时，配额的福利净损失也会超过b+d。如果政府将配额使用权交给出口国，由出口国自行分配，c部分转移到了外国出口商手中，配额的净损失变成了b+d+c，大于征收关税的净损失。由此可见，公开拍卖可能是分配进口配额的最好方法。一方面，进口配额与关税对一国福利水平的影响是相同的，并且政府获得了有关的收入，有利于收入的再分配；另一方面，从本质上看，进口配额比关税更加严厉，其基本上避免了外国出口商渗入进口国市场的可能性。因此，从管理有效的角度衡量，配额比征收进口关税要好；从贸易自由化的角度来看，关税更有利于外国竞争者的渗透，所以关税比进口配额要好。

第二，大国绝对配额的效应分析。如图7-2所示，D_H 是本国的需求线，S_H 是本国的国内供给线，S_{H+F} 是本国的总供给线。在没有配额的条件下，国内消费的均衡点为 A，国内生产的均衡点为 B，进口量为 Q_2Q_1，进口价格为 P_W。假定本国实行进口配额制，配额的数量为 Q_3Q_4。因为最多只能进口 Q_3Q_4 数量的外国产品，此时的国内价格为 P_H，国内供给为 OQ_3，进口数量为 Q_3Q_4，国外的供给价格从 P_W 下降到 P_F，本国的贸易条件改善。

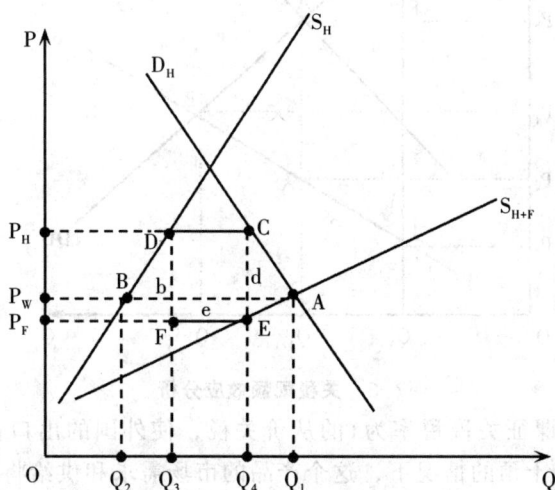

图7-2 大国配额效应分析

在自由贸易条件下，本国的消费点为 A，生产点为 B，本国的进口数量为 Q_2Q_1，进口价格为 P_W。在实行数量为 Q_3Q_4 的配额后，进口价格从 P_W 下降到 P_F，本国的贸易条件改善。具体分析过程如下：

配额的生产效应。实施配额后，生产点从 B 转移到 D，产量增加 Q_2Q_3，生产者剩余也增加，增加量为梯形 P_HP_WBD 的面积。

配额的消费效应。实施配额后，消费点从 A 转移到 C，消费量减少 Q_4Q_1，消费者剩余也减少，减少量为梯形 P_HP_WAC 的面积。

配额的垄断租金。实施配额后，产生了垄断租金，租金可以用长方形 CDFE 的面积来表示。

配额的贸易条件效应。实施配额后，本国的进口价格由原来的 P_W 下降到 P_F，本国的贸易条件改善，这与征收关税相似。

配额的净福利效应。综合起来，配额的净福利效应=生产者剩余增加-消费者剩余减少+配额租金 $=P_HP_WBD-P_HP_WAC+CDFE=e-（b+d）$，其中，b 为生产扭曲，d 为消费扭曲，e 为贸易条件改善收益。

综上所述，在完全竞争的条件下，小国实施配额会使其福利水平下降，大国实施配额的福利效果尚不确定。

（2）关税配额的效应分析。关税配额（Tariff Quotas）是将关税和进口结合使用的一种进口限制措施，其并不绝对限制商品的进口总量，而是在一定时期内对预先规定的配额以内的进口商品征收较低关税或者减免关税，对超过配额的部分则征收较高进口关税。

如图7-3所示，DD为本国的进口需求线，SS为外国的出口供给线。在自由贸易条件下，贸易均衡点为B，均衡价格为P_1，贸易数量为OQ_1。

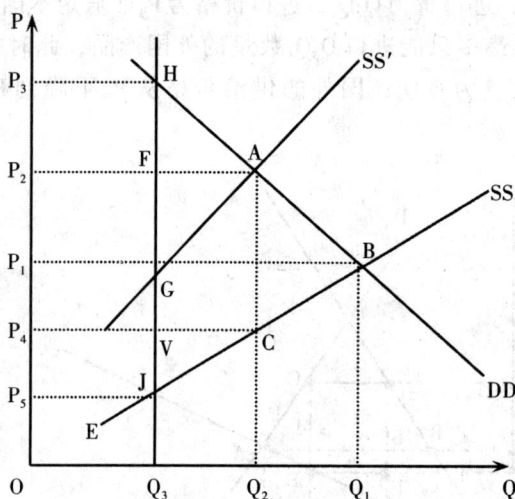

图7-3 关税配额效应分析

假定对进口产品课征关税税率为t的从价关税，使外国的出口供给线从SS移动到SS′，在没有其他市场干预的情况下，这个产品的市场需求和供给将收缩到OQ_2，此时，贸易均衡点为A，本国消费者的消费量为OQ_2，支付的含有关税的价格为P_2。这个从价关税产生的关税收益为P_2ACP_4。此时，本国的进口价格为P_4，本国的贸易条件改善，关税负担由国内消费者和外国生产者分摊。

假定再设置进口配额，使配额和关税混合使用，并假定配额内的进口免征关税。在图7-3中，进口配额为OQ_3，任何超过这个进口配额限制的数量，都必须支付关税税率为t的从价关税。因此，一旦设置配额，进口的有效需求线就变为了EJGA，本国国内市场的均衡价格和数量分别为P_2和OQ_2。此时，关税配额的配额租金为P_2FVP_4，关税收入为ACVF。

在同样进口量的条件下，关税配额与纯关税、绝对配额的福利效应的比较如下：

与纯关税相比。如图7-3所示，在纯关税的条件下，虽然本国市场的均衡价格和均衡数量同关税配额的情形一致，但是，由于关税配额只对超过配额数量限制的进口产品征税，所以关税收益在纯关税的情况下要大于关税配额的情况，即ACVF<P_2ACP_4，关税收入比纯关税条件下减少P_2FVP_4。但是，关税配额还有配额租金收入P_2ACP_4，这是纯关税条件下所没有的。因此，纯关税与关税配额的总福利效应是相同的，其所不同的是P_2ACP_4在纯关税的条件下表现为政府的关税收入，而在关税配额的条件下表现为配额租金。

与绝对配额相比。如图7-3所示，在绝对配额的数量为OQ_2的情形下，本国国内价格为P_2，进口量为OQ_2，进口商将获得数量为P_2ACP_4的配额租金，配额租金大于关税配额下的P_2FVP_4，但是，在绝对配额下没有关税收入，而在关税配额下有ACVF的关税收入。所以，关税配额与绝对配额的总福利水平是相同的，其所不同的只是ACVF在绝对配额中表现为配额租金，在关税配额中表现为关税收入。

从以上的分析可知，在相同进口量的条件下，关税、绝对配额和关税配额这三种形式的纯福利效应实际上是相同的，不过其具有不同的分配形式。对于关税配额来说，操作管理比较复杂，但其已经成为许多国家普遍使用的数量限制工具。其主要是因为关税配额有如下特点：第一，关税配额壁垒的严厉程度在关税和绝对配额之间。相对而言，关税配额对进口商品的绝对数额不加限制，而是利用关税税率的高低和减免来控制进口数量。关税配额相比关税的限制作用更严厉，但是相比绝对配额的限制又更温和。第二，关税配额有配额和关税税率两个调控手段。与进口配额和关税措施相比，关税配额措施的显著特征是其拥有两个进口限制政策切入点：一是配额数量，二是配额内外的税率。需要进一步增大关税配额数量，使得配额外关税自动失效（仅保留特殊情况下的使用机会），还是进行配额外关税的逐步减让以缩小配额内外税率的差距，使得关税配额内外税率趋于一致，一国可以根据实际情况灵活运用。

7.2.2　自愿出口配额制

2017年3月，美国依据1962年《贸易扩张法》第232节对进口钢铁和铝实施加征关税的措施（简称"232措施"），并将这两种金属的全球供应过剩主要归咎于我国的产能过剩。与此同时，美国允许其他WTO成员通过自愿出口限制协议（Voluntary Export Restraints Agreement）就钢铁和铝的额外关税进行豁免谈判，钢铁和铝出口国必须同意旨在为美国生产商提供类似保护的配额，以及其他为维护美国国家安全、保护钢铁和铝产业免受进口冲击所必需的限制措施。由此，思考什么是自愿出口配额？多边贸易体制下的自愿出口限制协议是否会影响我国钢铁和铝的出口，并会产生哪些影响？

自愿出口配额（Voluntary Export Quotas），又称自愿出口限制，是指出口国家或地区在进口国的要求和压力下，"自愿"规定某一时期（一般为3~5年）内某些商品对该国的出口限额，在该限额内自行控制出口，超过限额即禁止出口。事实上，自愿出口限制并非出自"自愿"，其是在进口国的压力下实施的限量出口的措施，因而其与配额有相似之处。不过，前者是一种主动配额。

自愿出口配额制和进口配额制虽然从实质上来说都是通过数量限制来限制进口的，但仍有许多不同之处。其主要表现为：第一，从配额的控制方面看，进口配额制是由进口国直接控制进口配额来限制商品的进口，而自愿出口配额制则是由出口国直接控制配额，限制一些商品对指定进口国的出口，因此其是一种由出口国实施的为保护进口国生产者而设计的贸易政策措施。第二，从配额表现形式看，自愿出口配额制带有明显的强制性。进口国往往以某些商品的大量进口威胁到其国内某些工业，即所谓的"市场混乱"（Market Disruption）为借口，要求出口国实行"有秩序增长"（Orderly Growth），自愿限制出口数量，否则将采取报复性贸易措施。第三，从配额的影响范围看，进口配额制通常应用于一国大多数供给者的进口，而自愿出口配额制仅应用于几个甚至一个特定的出口者，具有明显的选择性。那些未包括在自愿出口配额制协定中的出口者，可以向该国继续增加出口。第四，从配额适用的时限看，进口配额制适用的时限相对较短，往往为1年，而自愿出口配额制的时限较长，往往为3~5年。

自愿出口配额制主要有两种形式：

（1）非协定的"自愿"出口配额。它是指出口国政府并未受到国际协定的约束，而是出口国迫于进口国的压力，为限制某类商品出口，单方面自行规定的出口配额。出口商必须向政府主管部门申请配额，在领取出口授权书或出口许可证后，才能出口。也有的是，出口厂商在政府的督导下，"自愿"控制出口。例如，1975年，在日本政府的行政指导下，日本6家大型钢铁企业，将1976年对西欧的钢材出口量"自愿"限制在120万吨以内，1977年又限制为122万吨。

（2）协定的"自愿"出口配额。它是指进出口双方通过谈判签订"自限协定"（Self-restriction Agreement）或"有秩序销售协定"（Orderly Marketing Agreement），规定一定时期内某些商品的出口配额。出口国据此配额发放出口许可证或实行出口配额签证制（Export Visa），自愿限制商品出口，进口国则根据海关统计进行监督检查。目前，"自愿"出口配额大多属于这一种。例如，1957年，美国的纺织业因日本纺织品输入激增而受到损害，要求日本限制其对美国出口，否则实行更为严厉的进口限制。在强大的压力下，日本和美国签订了一个为期5年的"自愿"限制协定，"自愿"对美国的棉纺织品出口限制在2.55亿平方码之内，从而美国在总协定之外，开创了第一个对纺织品出口进行限制的先例。2005年11月8日，中美两国政府签订《中华人民共和国政府与美利坚合众国政府关于纺织品和服装贸易的谅解备忘录》。根据该备忘录，中国协议出口产品2006年基数基本上是2005年有关产品美国从中国的实际进口量，2007年和2008年基数均为上一年度全年协议量。协议产品2006年的增长率为10%~15%，2007年的增长率为12.5%~16%，2008年的增长率为15%~17%。

20世纪70年代以来，随着新保护主义的兴起，利用自愿出口限制进行保护的趋势日益增强，并表现出以下特点：一是受其影响的贸易覆盖率呈增长趋势。70年代初期，自愿出口限制协定不到12个，到1980年，其数量增加到80个，如果将多种纤维协定下实施的自愿出口限制包括在内，总数量已经超过200个。二是受自愿出口限制影响的国家更多地为发展中国家，并有增长的势头。三是受自愿出口限制影响的产品开始从农业、纺织品与服装等传统领域转移至钢铁、汽车及高新技术行业。例如，欧共体（欧盟）不仅对来自日本的钢铁、汽车采用"自愿"出口限制，还对来自日本一半以上的高新技术电子产品进行"自愿"出口限制。

"自愿"出口限制之所以成为较流行的贸易保护措施，究其原因，与GATT（WTO）的有关条款和运行机制有着直接关系。首先，由于GATT（WTO）缔约方的多边谈判已经大大降低了关税，而传统的非关税壁垒措施，如进出口数量限制、海关估价制度、进出口许可证制度等，也在多边谈判的基础上达成协议，它们的使用必然受到国际社会的监督。因此，要更有力地限制进口，必须转而寻求其他措施。其次，自愿出口限制协议一般由两国政府部门采取不公开或半公开的方式私下达成，透明度很低，由于这种出口限制是"自愿"的，其法律地位尚不明确，处在不合法与合法之间的模糊区域，是"灰色区域措施"。最后，由于国际贸易中不断出现反补贴、反倾销指控，作为出口国，采用"自愿"出口限制措施来解决争端比其他方法在经济上来得有利，且能不伤和气，继续发展与进口国的经贸关系。从进口国的角度看，选择"自愿"出口限制比提高关税或规定配额能更好地避开GATT（WTO）的规则，依自己的意愿针对某个国家采取限制措施，而不涉及出口同类产品的其他国家，不必担心受到这些国家的报复而使本国的出口遭受损害。而一些受限国家，往往怕遭到更强硬的制裁，只好"自愿"限制出口。因而，"自愿"出口限制作为灰色区域措施的一种主要形式而迅速蔓延。

资料7-1 ■ 日美汽车贸易中的"自愿出口配额"

资料7-1

自愿出口限制协议的主要内容

"自愿出口配额"最早最著名的例子是日本对出口美国的汽车的限制。日本汽车自20世纪60年代开始进入美国市场，到80年代初，对美国汽车产业造成了严重的冲击。1979—1980年美国汽车业失业率的上升和利润的下降，使福特汽车公司和美国汽车工人联合工会（United Automobile Workers，UAW）向美国国际贸易委员会申请使用201条款的保护。几位来自美国中西部各州的参议员提出了一个把1981、1982、1983年出口到美国的日本汽车总数限制在160万辆的议案。这个议案原定在1981年5月12日的参议院金融委员会上进行讨论和修改。但日本政府在知道这一消息后主动于5月1日宣布它会"自愿"限制在美国市场上汽车的销售。1981年4月至1982年3月，限制总额为183万辆，包括出口到美国的168万辆小汽车和8万辆公共交通工具以及出口到波多黎各的7万辆其他交通工具。在1984年3月之前，这个限额一直保持不变，后来开始逐步增加，1984年配额升至202万辆，1985年起又升至每年251万辆，1992年3月限额开始下降。

最初几年里，自愿限制总额几乎都能用完。在1987年前，自愿限制对日本的汽车出口一直是有约束力的。1987年之后，日本公司开始在美国境内生产汽车，美国从日本的进口自然下降，实际进口逐渐低于限制总额。到1994年3月，美国对日本汽车的自愿出口限制就取消了。

有意思的是，1981年，在实行限制后的第一年，销往美国的日本汽车的单位价值上升了20%，而1982年在前一年的基础上又上升了10%。当然，价格的上升可能反映的是一般性价格水平的上升，也可能反映了日本销美汽车质量的提高。

美国加州大学的罗伯特·芬斯阙教授于1988年建立了一个质量选择的理论模型，并利用日本出口到美国的不同车型价格数据，就自愿出口限制协议对日本输美汽车质量的影响进行了实证研究。通过比较自愿出口限制协议生效前后的变化，他发现：日本公司改变了在美国市场所销售汽车的特性，转向了更高质量和价格的车型，也就是说，伴随自愿出口限制协议而来的日本汽车进口价格的上涨，部分原因是进口车型的质量提高。在考虑了日本进口车质量提高因素的基础上，他计算出在1983年和1984年的自愿出口配额水平下，每进口一辆小汽车，美国实际支付的福利成本超过1 000美元。

资料来源 海闻，林德特 P，王新奎. 国际贸易［M］. 上海：上海人民出版社，格致出版社，2012.

7.2.3　进口许可证制

进口许可证制（Import Licence System），是指一国政府规定某些商品的进口必须申领许可证，否则一律不准进口的制度。它实际上是进口国管理其进口贸易和控制进口的一种重要措施。许可证通常与配额、外汇管理等结合使用。

1.进口许可证按照其与进口配额的关系划分

（1）有定额的进口许可证。即进口国预先规定有关商品的进口配额，然后在配额的限度内，根据进口商的申请对每笔进口货物发给一定数量或金额的进口许可证，配额用完即停止发放。可见，这是一种将进口配额与进口许可证相结合的管理进口的方法，通过进口许可证分配进口配额。若为"自动"出口限制，则由出口国颁发出口许可证来实施。例如，德国对纺织品的进口便是通过有定额的许可证进行管理的。德国有关当局每年分三期公布配额数量，然后据此配额数量发放许可证，直到进口配额用完为止。

（2）无定额的进口许可证。这种许可证不与进口配额相结合，即预先不公布进口配额，只是在个别考虑的基础上颁发有关商品的进口许可证。由于这种许可证的发放权完全由进口国主管部门掌握，没有公开的标准，因此更具有隐蔽性，给正常的国际贸易带来困难。

2.进口许可证按照进口商品的许可程度划分

（1）公开一般许可证（Open General Licence，OGL），又称公开进口许可证、一般许可证或自动进口许可证。它对进口国别或地区没有限制，凡列明属于公开一般许可证的商品，进口商只要填写公开一般许可证后，即可获准进口。因此，这一类商品实际上是可"自由进口"的商品。填写许可证的目的不在于限制商品进口，而在于管理进口。比如海关凭许可证可直接对商品进行分类统计。

（2）特种商品进口许可证（Specific Licence，SL），又称非自动进口许可证。对于特种许可证下的商品，如烟、酒、军火、麻醉品或某些禁止进口的商品，进口商必须向政府有关当局提出申请，经政府有关当局逐笔审查批准后方能进口。特种进口许可证往往都指定商品的进口国别或地区。

进口许可证的使用已经成为各国管理进口贸易的一种重要手段。它便于进口国政府直接控制进口，或者方便地实行贸易歧视，因而在国际贸易中越来越被广泛地用作非关税壁垒措施。有的国家为了进一步阻碍商品进口，故意制定烦琐复杂的申领程序和手续，使得进口许可证制度成为一种拖延或限制进口的措施。

关税与贸易总协定为了简化缔约国办理进口许可证的手续，防止进口许可证被滥用而妨碍国际贸易的正常发展，在"东京回合"达成了《进口许可证手续协议》，希望简化国际贸易中所运用的管理手续和做法，使之具有透明性，并确保公平合理地应用和施行这些手续和做法。在此基础上，"乌拉圭回合"又提出了一项新的《进口许可证手续协议（草案）》，规定签字国必须承担简化许可证程序的义务，确保进口许可证本身不会构成对进口的限制，并保证进口许可证的实施具有透明性、公正性和平等性。

我国自20世纪50年代初开始实施进出口许可证制度，持续到1957年。之后，对外贸易全部由国家垄断，国家计划成为调节外贸经营的杠杆。改革开放后，为了加强对进出口货物的控制，国务院于1979年决定恢复对进出口商品的许可证管理制度，并先后颁布了一系列法规。此后，外经贸部多次对实施进口许可证管理的商品范围予以调整。近年来，随着信息技术的发展，进口许可证制度也逐步实现电子化、信息化。企业可以通过互联网等渠道申请和办理进口许可证，大大提高了办理效率和便利性。

7.2.4　外汇管制

外汇管制（Foreign Exchange Control）也称外汇管理，是指一国政府通过法令对国际结算和外汇买卖加以限制，以平衡国际收支和维持本国货币汇价的一种制度。负责外汇管理的机构一般都是政府授权的中央银行（如英国的英格兰银行），但也有些国家另设机构，如法国设立外汇管理局担负此任。一般说来，实行外汇管制的国家，大都规定出口商须将其出口所得外汇收入按官方汇率（Official Exchange Rate）结售给外汇管理机构，而进口商也必须向外汇管理机构申请进口用汇。此外，外汇在该国禁止自由买卖，本国货币的携出入境也受到严格的限制。这样，政府就可以通过确定官方汇率、集中外汇收入、控制外汇支出、实行外汇分配等办法来控制进口商品的数量、品种和国别。

外汇管理和对外贸易密切相关，因为出口必然要收汇，进口必然要付汇。因此，如果对外汇有目的地进行干预，就可直接或间接地影响进出口。利用外汇管制来限制进口的方式有三种。

（1）数量性外汇管制，即国家外汇管理机构对外汇买卖的数量直接进行限制和分配。其目的在于集中外汇收入，控制外汇支出，实行外汇分配，以达到限制进口商品品种、数量和国别的目的。一些国家实行数量性外汇管制时，往往规定进口商必须获得进口许可证后，方可得到所需的外汇。

（2）成本性外汇管制，即国家外汇管理机构对外汇买卖实行复汇率制（System of Multiple Exchange Rates），利用外汇买卖成本的差异来间接影响不同商品的进出口，达到限制或鼓励某些商品进出口的目的。所谓复汇率，也称多重汇率，是指一国货币对外汇率有两个或两个以上，分别适用于不同的进出口商品。其作用是：根据出口商品在国际市场上的竞争力，为不同商品规定不同的汇率以加强出口；根据保护本国市场的需要为进口商品规定不同的汇率以限制进口等。

（3）混合性外汇管制，即同时采用数量性和成本性外汇管制，对外汇实行更为严格的控制，以影响商品进出口。

一国外汇管制的松紧，主要取决于该国的经济、贸易、金融及国际收支状况。1929年资本主义世界经济危机爆发后，许多资本主义国家实行了外汇管制。第二次世界大战后初期，由于国际收支长期失衡，黄金外汇储备短缺，许多资本主义国家继续实行外汇管制。进入20世纪50年代后半期以后，发达资本主义国家的国际收支平衡有所改善，"美元荒"日趋缓和，逐步放宽了外汇管制，最后实行了货币自由兑换。20世纪80年代以来，随着世界范围内的金融自由化，大部分国家都已经取消了贸易项下的外汇管制，所以目前实施外汇管制的国家并不是很多。不过在一国国际收支急剧恶化或发生金融危机的情况下，实行暂时性的外汇管制是解决危机的有力措施。

我国是发展中国家，长期以来，对外汇实行较为严格的集中管理、统一经营的方针。但是，随着改革开放的不断深入，我国的外汇管制逐渐朝宽松的方向前进，从外汇统收统支制到外汇留成制，再到银行结汇售汇制，并实现了人民币在经常项目下的可自由兑换，为人民币的完全可自由兑换打下了基础。同时，在汇率方面，实行汇率并轨，建立了以市场为基础的、单一的、有管理的浮动汇率制，并成立了全国统一的外汇市场。这些改革使我国外汇管理体制逐步与国际接轨。当前，中国外汇管制在继续维护国家经济金融安全的同时，也注重促进跨境贸易与投融资便利化。例如，2023年国家外汇管理局发布了《银行外汇展业管理办法（试行）》，旨在提升银行外汇展业能力，促进跨境贸易与投融资便利化，并防范跨境资金流动风险。但根据关贸总协定及现在的世界贸易组织关于外汇管理要适度、透明和公正的原则，我国仍然有许多工作要做。

7.2.5　进出口的国家垄断

进出口的国家垄断（State Monopoly）也称国营贸易（State Trade），是指对外贸易中，某些商品的进出口由国家直接经营，或者把这些商品的经营权给予某些垄断组织。经营这些受国家专控类垄断的商品的企业，称为国营贸易企业（State Trading Enterprises）。国营贸易企业一般为政府所有，但也有政府委托私人企业代办的。

各国国家垄断的进出口商品主要有四大类：①烟酒。由于可以从烟酒进出口垄断中取得巨大财政收入，各国一般都实行烟酒专卖。②农产品。对农产品实行垄断经营，往往是一国农业政策的一部分，这在欧美国家最为突出。如美国农产品信贷公司，是世界上最大的农产品贸易垄断企业，对美国农产品国内市场价格能保持较高水平起了重要作用。当农产品价格低于支持价格时，该公司就按支持价格大量收购农产品，以维持价格水平，然后，以低价向国外市场大量倾销，或者"援助"缺粮国家。③武器。它关系到国家安全与世界和平，自然要受到国家专控。④石油。石油是关系一国经济命脉的战略物资，因此，不仅出口国家，而且主要的石油进口国都设立国营石油公司，对石油贸易进行垄断经营。

中国原有的贸易制度是国家专营进出口，因此当时所有的进出口产品都是国营贸易产品。改革开放以后，许多中资企业和外商投资企业都获得了进出口经营权，为此国家实行了进出口商品分类管理的制度，即在出口贸易中把所有商品分为三大类，一二类商品只限于国家外贸专业总公司和外经贸部批准的少数工贸公司和生产企业经营，绝大多数进出口企业只能经营三类商品。1993年1月起国家取消上述限制，除国家规定的产品外，企业均可放开经营；2023年在进出口贸易中规定将有关国计民生以及在国际市场上垄断性强、价格敏感的商品列入控制目录，由政府指定的贸易企业经营，一般企业只能经营目录以外的商品。

7.2.6　歧视性政府采购政策

政府采购，亦称公共采购，是指各级政府为了开展日常政务活动或为公众提供公共服务的需要，在财政的监督下，以法定的方式、方法和程序，从市场上为政府部门或公共部门购买商品或服务的行为。歧视性政府采购政策（Discriminatory Government Procurement Policy），是指国家通过法令和政策明文规定政府机构在采购商品时必须优先购买本国货。有的国家虽未明文规定，但优先采购本国产品已成惯例。这种政策实际上是歧视外国产品，起到了限制进口的作用。

美国从1933年开始实行、并于1954年和1962年两次修改的《购买美国货物法案》是最为典型的政府采购政策。该法案规定，凡是美国联邦政府采购的货物，都应该是美国制造的，或是用美国原料制造的，商品的成分有50%以上是美国生产的。之后又作了修改，规定只有在美国自己生产数量不够或国内价格过高，或不买外国货物有损美国利益的情况下，才可以购买外国货物。显然，这是一种歧视外国产品的贸易保护主义措施。该法案直到关贸总协定的"东京回合"，美国政府签订了政府采购协议后才废除。英国、日本等国家也有类似的制度。

由于政府采购市场一直是个高度保护的市场，再加上缺乏有关政府采购的国际规则，所以，政府采购走向国际化之初，各国在政府采购中随处可见歧视政策与手段，且有不断强化之势，这样就限制了政府采购国际竞争的范围，阻碍了政府采购的国际化，并对世界贸易的发展形成障碍。因此，制定政府采购的国际规则问题被提到了关贸总协定东京回合多边贸易谈判桌上，经过谈判，最终于1979年4月12日达成了《政府采购协议》，它将关贸总协定的一些基本原则，如最惠国待遇、国民待遇和透明度原则延伸到政府采购领域。1980年1月1日协议生效。此后，各地区经济组织和国际经济组织相继在有关的贸易政策中明确了政府采购准入的条款，或者专门制定政府采购协议。在这些条款或者协议中规定，缔约方应该给予同等机会的市场准入，建立公平竞争和非歧视性的政府采购机制。在关贸总协定乌拉圭回合谈判时，又扩大了政府采购的范围，并最终达成了新的《政府采购协议》（Government Procurement Agreement，GPA），其作为一个诸边协议成为世界贸易组织协议的组成部分。2007年12月28日，时任中国财政部部长谢旭人代表中国政府签署了中国加入世界贸易组织（WTO）《政府采购协议》申请书。中国常驻WTO代表团当日将申请书和中国加入《政府采购协议》初步出价清单递交给WTO秘书处，标志着中国正式启动加入世界贸易组织《政府采购协议》谈判。2019年10月20日，中国向WTO提交中国加入《政府采购协议》第7份出价，开放范围不断扩大，表明了加入GPA的诚意和维护多边贸易体制的决心。

7.2.7　国内税

国内税（Internal Taxes）是指一国政府对本国境内生产、销售、使用或消费的商品所征收的各种捐税，如周转税、零售税、消费税、销售税、营业税等等。任何国家对进口商品不仅要征收关税，还要征收各种国内税。

在征收国内税时，可以对国内外产品实行不同的征税方法和税率，以增加进口商品的纳税负担，削弱其与国内产品竞争的能力，从而达到限制进口的目的。办法之一是对国内产品和进口产品征收差距很大的消费税。例如，美国，日本和瑞士对进口酒精饮料的消费税都大于本国制品。国内税的制定和执行完全属于一国政府，有时甚至是地方政府的权限，通常不受贸易条约与协定的约束，因此，把国内税用作贸易限制的壁垒，会比关税更灵活和更隐蔽。

7.2.8　进口押金制

进口押金（Advanced Deposit）制，又称进口存款制或进口担保金制，是指进口商在进口商品前，必须预先按进口金额的一定比率和规定的时间，在指定的银行无息存储一笔现金的制度。这种制度无疑加重了进口商的资金负担，影响了其资金的周转，起到了限制进口的作用。它同外汇管制操作所遵循的理论如出一辙，即设法控制或减少进口者手中的可用外汇，来达到限制进口的目的。例如，意大利政府从1974年5月7日到1975年3月24日曾对400多种进口商品实行进口押金制度。它规定，凡项下商品进口，进口商都必须预先向中央银行交纳相当于货值一半的现款押金，无息冻结半年。据估计，这项措施相当于征收5%以上的进口附加税。又如，巴西政府规定，进口商必须预先交纳与合同金额相等的为期360天的存款才能进口。

进口押金制对进口的限制有很大的局限性。如果进口商以押款收据作担保，在货币市场上获得优惠利率贷款，或者国外出口商为了保证销路而愿意为进口商分担押金金额，这种制度对进口的限制作用就微乎其微了。

7.2.9　进口最低限价制和禁止进口

1.最低限价制

最低限价制（Minimum Price），是指一国政府规定某种进口商品的最低价格，凡进口商品的价格低于这个标准，就加征进口附加税或禁止进口。这样，一国便可有效地抵制低价商品进口或以此削弱进口商品的竞争力，保护本国市场。

美国就曾经为了抵制欧洲、日本等国的低价钢材和钢制品的进口，在1977年制定实施了启动价格制（Trigger Price Mechanism，TPM）。其实这也是一种最低限价制。它主要包括以下三个方面的内容：①它规定了进口到美国的所有钢材及部分钢制品的最低限价，即启动价格。②对所有进口钢材和部分钢制品的进口，进口商必须向海关提交由国外出口商填写的"钢品特别摘要发票"。如果发票上的价格低于启动价格，进口商必须对价格进行调整，否则就要接受调查，并有可能被征收反倾销税。③继续收集和分析对美国出口的主要外国生产者的国内钢材和部分钢制品的价格和生产成本的资料以及美国国内钢铁工业的有关资料，以便随时调整最低价格。

欧共体（欧盟）为保护其农产品而制定的"闸门价（Sluice Gate Price）"是又一种形式的最低限价。它规定了外国农产品进入欧共体的最低限价，即闸门价。如果外国产品的进口价低于闸门价，就要征收附加税，使之不低于闸门价，然后在此基础上再征收调节税。

2.禁止进口

禁止进口（Prohibitive Import）是进口限制的极端措施。当一国政府认为一般的限制已不足以解救国内市场受冲击的困境时，便直接颁布法令，公开禁止某些商品进口。例如，1975年3月，欧共体决定自1975年3月15日起，禁止3千克以上的牛肉罐头从欧共体以外市场进口。1990年10月，美国政府发布命令，禁止从墨西哥进口金枪鱼，包括鲜金枪鱼及其制品，原因是墨西哥没有实行保护海豚的作业规范。2014年8月7日，时任俄罗斯总理梅德韦杰夫在内阁会议上表示，俄罗斯禁止从欧盟和美国进口所有牛肉、猪肉、禽肉、水果和蔬菜；禁止从欧盟和美国进口所有乳制品、奶酪和鱼肉。此外，俄罗斯还禁止从澳大利亚、加拿大和挪威进口食品。直到现在进口限制措施还在层出不穷，印度政府宣布自2024年1月8日起，禁止进口价格低于129卢比/千克的部分种类的螺丝，以促进国内制造业的发展。柬埔寨政府宣布自2024年3月12日起，暂时禁止进口冻肉和动物内脏类产品，为期6个月，以保护国内养殖业。一般而言，在正常的经贸活动中，禁止进口的极端措施不宜贸然采用，因为这极可能引发对方国家的相应报复，从而酿成愈演愈烈的贸易战，这对双方的贸易发展都无好处。

7.2.10　专断的海关估价

海关为了征收关税而确定进口商品的完税价格的制度称为海关估价制（Customs Valuation）。专断的海关估价是指某些国家为了增加进口货的关税负担以阻碍商品进口，根据某些特殊规定，人为地提高某些进口货的海关完税价格。

在各国专断的海关估价制度中，以"美国售价制"最为典型。所谓美国售价制是指美国海关按照进口商品的外国价格（进口货在出口国国内销售市场的批发价）或出口价格（进口货在来源国市场供出口用的售价）两者之中较高的一种进行征税。这实际上提高了缴纳关税的税额。

为防止外国商品与美国同类产品竞争，直到GATT东京回合签订《海关估价守则》之前，美国海关当局对煤焦油产品、胶底鞋类、蛤肉罐头、毛手套等四种国内售价很高的商品，一直是依"美国售价制"（American Selling Price System）征税，使这些商品的进口税率大幅度地提高，有效地限制了外国货的进口。

为了消除各国海关估价制度的巨大差异，并减少其作为非关税壁垒措施的消极作用，关贸总协定于"东京回合"达成了《关于实施关税与贸易总协定第七条的协议》（又称《海关估价协议》），形成了一套统一的海关估价制度。《海关估价协议》确立了主要以商品的成交价格为海关完税价格的新估价制度，目的在于为签字国的海关提供一个公正、统一、中性的货物估价制度，不使海关估价成为国际贸易发展的障碍。《海关估价协议》现已成为WTO框架下的多边协议之一。

7.2.11　技术性贸易壁垒

技术性贸易壁垒（Technical Barriers to Trade，TBT）是指进口国通过颁布法律、法令和条例，对进口商品建立各种严格、繁杂、苛刻而且多变的技术标准、技术法规和认证制度等方式，对外国进口商品实施技术、卫生检疫、商品包装和标签等标准，从而提高产品技术要求，增加进口难度，最终达到限制外国商品进入，保护国内市场的目的。20世纪90年代以后，技术性贸易壁垒成为最主要的非关税壁垒。

1.技术性贸易壁垒的类别

WTO《技术性贸易壁垒协议》将技术性贸易壁垒分为技术法规、技术标准和合格评定程序。

（1）技术法规。它是规定强制执行的产品特性或其相关工艺和生产方法，包括可适用的管理规定在内的文件，如有关产品、工艺或生产方法的专门术语、符号、包装、标志或标签要求。

（2）技术标准。它是经公认机构批准的、规定非强制执行的、供通用或反复使用的产品或相关工艺和生产方法的规则、指南或特性的文件。可见技术法规与技术标准性质不同，其关键区别是前者具强制性，而后者是非强制性的。

（3）合格评定程序。它是指按照国际标准化组织（International Organization for Standardization，ISO）的规定，依据技术规则和标准，对生产、产品、质量、安全、环境等环节以及对整个保障体系进行全面监督、审查和检验，合格后由国家或国外权威机构授予合格证书或合格标志，以证明某项产品或服务是符合规定的标准和技术规范。合格评定程序包括产品认证和体系认证两个方面：产品认证是指确认产品是否符合技术规定或标准规定；体系认证是指确认生产或管理体系是否符合相应规定。当代最流行的国际体系认证有 ISO 9000 质量管理体系认证和 ISO 14000 环境管理体系认证。

2.技术性贸易壁垒的主要措施

纵观世界各国（主要是发达国家）的技术性贸易壁垒，其限制产品进口方面的技术措施主要有以下几种：

（1）严格、繁杂的技术法规和技术标准。利用技术标准作为贸易壁垒具有非对等性和隐蔽性。在国际贸易中，发达国家常常是国际标准的制定者。它们凭借着在世界贸易中的主导地位和技术优势，率先制定游戏规则，强制推行根据其技术水平定出的技术标准，使广大经济落后国家的出口厂商望尘莫及。而且这些技术标准、技术法规常常变化，有的地方政府还有自己的特殊规定，使发展中国家的厂商要么无从知晓、无所适从，要么为了迎合其标准付出较高的成本，削弱产品的竞争力。

（2）复杂的合格评定程序。在贸易自由化渐成潮流的形势下，质量认证和合格评定对于出口竞争能力的提高和进口市场的保护作用日益突出。目前，世界上广泛采用的质量认定标准是 ISO 9000 系列标准。此外，美、日、欧盟等还有各自的技术标准体系。

（3）严格的包装、标签规则。为防止包装及其废弃物可能对生态环境、人类及动植物的安全构成威胁，许多国家颁布了一系列包装和标签方面的法律和法规，以保护消费者权益和生态环境。从保护环境和节约能源来看，包装制度确有积极作用，但它增加了出口商的成本，且技术要求各国不一、变化无常，往往迫使外国出口商不断变换包装，失去不少贸易机会。

拓展阅读7-1

世界贸易组织的《技术性贸易壁垒协定》

7.2.12 绿色壁垒

各国为了保护人类、动物、植物的生命或健康，保护自然环境，对进出口的农畜、水产品等初级产品、制成品以及服务，实施必要的卫生及环保措施。这本是人类发展进步的表现，但在这种"绿色潮流"中，发达国家假借环保之名，对其他国家特别是发展中国家设置"绿色壁垒"，并逐步成为它们在国际贸易中使用的主要壁垒。这些"绿色壁垒"如果含有不合理、不科学、违背国际标准和指南的成分，就会扭曲正常贸易秩序，影响国际贸易的正常发展。这些壁垒主要有以下表现形式。

拓展阅读7-2

（1）环境标志形式的绿色壁垒。环境标志也称绿色标志、生态标志，它由各国政府管理部门或民间团体按照严格的程序和环境标准颁发给厂商，附印于产品及包装上，以向消费者表明：该产品或服务从研制、开发到使用直至回收利用的整个过程均符合生态和环境保护要求。环境标志制度对调动全社会各阶层

技术标准导致的贸易壁垒

人们积极参与环境保护有着独特的作用，是一种有效的环境管理手段。但由于环境标志制度所确立的环境标准相当高，厂商为达到环境标志的要求，其产品的生产须改变原材料成分及生产工艺才能打开市场。因此，环境标志制度在一定程度上讲就成为一种变相的绿色贸易壁垒。

（2）绿色关税形式的绿色壁垒。绿色关税又称"环境进口附加税"，是指以保护环境为由，对一些影响生态环境的进口产品除征收一般关税外，再加征的额外关税。"绿色检疫"是发达国家出于限制进口外国产品的目的而制定的严格的卫生检疫标准。

（3）环保包装形式的绿色壁垒。目前，世界各国在环保包装方面采取的措施主要有：第一，以立法的形式规定禁止使用某些包装材料。例如，立法禁止使用含有铅、汞和硝等成分的包装材料，不能再利用的容器，没有达到特定的再循环比例的包装材料等。第二，建立存储返还制度。许多国家规定，啤酒、软性饮料和矿泉水一律使用可循环使用的容器，消费者在购买这些物品时，向商店交存一定的保证金，以后退还容器时由商店退还保证金。有些国家还将这种制度扩大到洗涤剂和油漆等的生产和销售上。第三，制定强制包装物再循环或利用的法律，如德国的《包装物废弃处理法令》、日本的《回收条例》等。第四，税收优惠或处罚，即对生产和使用包装材料的厂商，根据其生产包装的原材料或使用的包装中是否全部或部分使用可以再循环的包装材料而给予免税、低税优惠或征收较高的税赋，以鼓励使用可以再生的资源。

（4）绿色保护形式的绿色壁垒。绿色保护就是通过各种法律对环境进行保护，使之达到食物天然化、环境绿色化、空气水源纯净化的绿色要求。目前国际上已签订了150多个多边环保协定，其中有将近20个含有贸易条款，旨在通过贸易手段达到实施环保法规的目的。各国对进口产品也竞相制定越来越复杂且严格的环保技术标准。其中食品的环境技术标准是最高的，各国政府尤其是日本、欧盟、美国等发达国家对食品中的农药残留量和有毒物质含量标准的规定到了近乎苛求的地步，例如欧盟对在食品中残留的22种主要农药制定了新的最高残留限量。近年来，人们对纺织品的环保要求也越来越严格，尤其是对丝绸料的化学成分有明确的规定和严格的检测手段。

7.3 非关税壁垒对国际贸易的影响

非关税壁垒措施种类繁多，涉及面较广，既包括各国国内经济政策又包括它们的对外贸易政策。非关税壁垒措施作为世界各国实施贸易保护的主要手段，其对当今国际贸易和有关的国家进出口贸易产生深远影响，现从几方面简述如下：

7.3.1 对世界贸易的影响

1.对国际贸易发展的影响

非关税壁垒对国际贸易影响与关税壁垒相似，一般来说，非关税壁垒对国际贸易发展起着重大的阻碍作用。在其他条件不变的情况下，世界性的非关税壁垒加强的程度与国际贸易增长的速度成反比关系。当非关税壁垒趋向加强，国际贸易的增长将趋向下降；反之，当非关税壁垒趋向减少或逐渐拆除时，国际贸易的增长速度将趋于加快。第二次世界大战后的20世纪50年代到60年代初，在关税大幅度下降的同时，发达资本主义国家还大幅度地放宽和取消了进口数量限制等非关税措施，因而在一定程度上促进了国际贸易的发展。但从20世纪70年代中期以后，非关税壁垒进一步加强，形形色色的非关税壁垒措施层出不穷，形成了一个以直接进口数量限制为主干的非关税壁垒网，严重地阻碍着国际贸易的发展。

2. 对商品结构和地理方向的影响

非关税壁垒还在一定程度上影响国际贸易商品结构和地理方向的变化。第二次世界大战后，特别是20世纪70年代中期以来，农产品贸易受到非关税壁垒影响的程度超过工业制成品，劳动密集型产品贸易受到非关税壁垒影响的程度超过技术密集型产品；同时，发展中国家或地区和社会主义国家对外贸易受到发达资本主义国家非关税壁垒影响的程度超过发达资本主义国家本身。这种情况在一定程度上影响着国际贸易商品结构与地理方向的变化，阻碍和损害着发展中国家和社会主义国家对外贸易的发展。

7.3.2　对进口国的影响

非关税壁垒和关税壁垒一样，起到限制进口、引起进口国国内市场价格上涨和保护本国的市场和生产的作用。例如，美国通过"自限协定"来限制日本汽车进口，结果在美国市场上每辆日本汽车价格在1981—1983年间分别提高185美元、359美元和831美元，美国国内生产的汽车价格也上涨了。

在保护关税的情况下，国内外价格仍维持着较为密切的关系，进口数量将随着国内外价格的涨落而有所不同。但是如果进口国采取直接的进口数量限制措施，情况就不同了。如实行进口数量限制，固定了进口数量，超过绝对进口配额的该种商品不准进口。当国外该种商品价格下降时，进口国对该商品的进口数量不会增长。在限制进口引起进口国国内价格上涨时，也不增加进口，因而两国之间的价格差距将会扩大。

由于进口数量限制等非关税措施导致进口国国内价格的上涨，成为进口国同类产品生产的重要的"价格保护伞"，在一定条件下起到保护和促进本国有关产品的生产和发展的作用。

但是，非关税壁垒的加强使进口国的消费者付出了巨大的代价。由于国内价格上涨，进口国的消费者必须以更高价格购买所需的商品，而有关厂商却从中获得高额利润。同时，随着国内市场价格上涨，其出口商品成本与价格也将相应提高，削弱了出口商品竞争能力。为了扩大出口，许多国家采取了出口补贴等措施鼓励出口，增加了国家预算支出和加重了广大人民的税收负担。

7.3.3　对出口国的影响

一般说来，进口国加强非关税壁垒，特别是实行直接的进口数量限制，固定了进口数量，将使出口国的商品出口数量和价格受到严重的影响，造成出口商品增长率下降或出口数量的减少和出口价格下跌。

由于各出口国的经济结构和出口商品结构不同，其出口商品受到非关税壁垒措施的影响也可能不同。同时，各种出口商品的供给弹性不同，其价格所受的影响也将不同。

一般说来，发达国家的许多出口商品的供给弹性较大，这些商品的价格受到进口国的非关税壁垒影响所引起的价格下跌将较小；反之，许多发展中国家或地区某些出口商品的供给弹性较小，其受影响所引起的价格下跌将较大。因此，发展中国家或地区蒙受的损失超过了发达资本主义国家。

发达国家还利用非关税壁垒对各出口国家实行差别和歧视待遇，因而各输出国所受的影响也有所不同。以绝对进口配额为例，由于进口配额的实施方式不同，各输出国所受到的影响也将不同。如果进口国对某种商品实行全球性进口配额，则进口国的邻近出口国家的出口就处于较为有利的地位，可能增加该种商品出口，而距离进口国较远的国家的出口就处于较为不利的地位，可能减少该种商品出口。如果进口国对某种商品实行国别进口配额，其采用的配额分配方法不同，各出口国的商品出口所受到的影响也将不同。如配额采用均等分配法，则实施配额以前该商品出口较多的国家将可能减少出口，而过去出口较少的国家将可能增加出口；如配额参照出口国过去的出口实绩按比例分配，则各出口国所分到的新额度也将不同；如配额按双边协议分配，各出口国出口将由于协议配额的不同而各有差异。发达资本主义国家还往往因采取歧视性的非关税措施严重地损害社会主义国家和发展中国家的出口利益。

在非关税壁垒加强的情况下，发达国家之间一方面采取各种措施鼓励商品出口，另一方面采取报复性和歧视性的措施限制对方商品进口，从而进一步加剧了它们之间的贸易摩擦和冲突。

▦ 复习思考题

本章小结

一、名词解释
进口配额、进口许可证制、最低进口限价、进口押金制、海关估价

二、简答题
1.与关税相比，非关税壁垒有哪些特点？
2.配额的效应与关税的效应有什么异同？
3.自愿出口限制的效应与关税和配额的效应有什么异同？
4.技术性贸易壁垒和绿色壁垒的含义及其主要表现形式是什么？
5.非关税壁垒对进口国与出口国的影响体现在哪些方面？

第 8 章

鼓励出口与出口管制措施

■ 学习目标

知识目标：

1.了解鼓励出口的政策及其经济效应；

2.了解出口管制的目的及其措施。

能力目标：

1.认识国家在对外贸易中的作用；

2.运用国际贸易的相关理论，能够分析并解释当前国际贸易政策领域的相关热点和难点问题；

3.思考并分析我国未来经济和对外贸易的战略定位和目标。

素养目标：

培养学生具有国际战略视野，具备跨学科领域知识融通和创新实践的能力。

■ 引导案例

2023年10月17日，美国商务部工业和安全局（BIS）更新了"先进计算芯片和半导体制造设备出口管制规则"。这是对2022年10月7日规则的修改和强化。美国商务部工业和安全局还将两家中国图形处理芯片（GPU）企业摩尔线程、壁仞科技及其子公司列入了实体清单。美国商务部工业和安全局此举目的在于强化对中国的芯片制裁，更新的规则中给出的理由是，提高制裁的效果，切断逃避限制的途径，确保美国国家安全。

2023年10月17日更新的规则主要新增了三项内容：

其一，把性能密度作为出口管制标准。禁止对中国出售运行速度超过300teraflops的数据中心芯片。运行速度在150～300teraflops的芯片，如果性能密度超过每平方毫米370 gigaflops，也会被禁止销售。

其二，先进芯片出口许可范围扩大到40多个国家。其目的是，防止先进人工智能芯片从其他国家辗转进入中国。

其三，对21个国家提出了芯片制造设备的许可要求，并扩大了禁止进入这些国家的设备清单。此举旨在限制中国的14纳米以下先进芯片的制造能力。

对此中方回应：美方于2023年10月17日发布了对华半导体出口管制的最终规则，在2022年10月7日出台的临时规则基础上，进一步加严对人工智能相关芯片、半导体制造设备的对华出口限制，并将多家中国实体增列入出口管制"实体清单"。美方不断泛化国家安全概念，滥用出口管制措施，实施单边霸凌行径。中方对此强烈不满，坚决反对。

半导体产业高度全球化，美方不当管制严重阻碍各国芯片及芯片设备、材料、零部件企业正常经贸往来，严重破坏市场规则和国际经贸秩序，严重威胁全球产业链供应链稳定。美国半导体企业损失巨大，其他国家半导体企业也受到影响。美方应尽快取消对华半导体出口管制，为包括中国企业在内的各国企业营造公平、公正、可预期的营商环境，与各方一道，共同构筑安全稳定、畅通高效、开放包容、互利共赢的全球产业链供应链体系。中方将采取一切必要措施，坚决维护自身正当权益。

资料来源　[1]倪雨晴.芯片战场｜美国悍然升级对华半导体管制：140家企业被列入"实体清单"限制设备商和HBM[EB/OL].（2024-12-03）[2024-12-27].https://www.21jingji.com/article/20241203/herald/5e3b694387ef7a42fa9ed571c163908b.html.[2]佚名.商务部新闻发言人就美商务部发布对华半导体出口管制最终规则答记者问[EB/OL].（2023-10-18）[2024-12-27].https://www.mofcom.gov.cn/xwfb/xwfyrth/art/2023/art_e2ad3f4029ec4a1fb67de37d2acabcfc.html.

8.1　鼓励出口措施

各国除了利用关税和非关税措施限制进口外，还采取各种鼓励出口的措施扩大商品的出口。限制进口和鼓励出口是国际贸易政策相辅相成的两个方面。无论采取自由贸易政策还是保护贸易政策的国家，都毫无例外地会采用这种奖出限入的政策。

鼓励出口的措施是指出口国政府通过经济、行政和组织等方面的措施，促进本国商品的出口，开拓和扩大国外市场。

1. 出口信贷

出口信贷（Export Credit）又称对外贸易中长期贷款，是一个国家为了鼓励商品出口，加强商品的竞争能力，对本国出口厂商或外国进口厂商提供的贷款。这是一国的出口厂商利用本国银行的贷款扩大商品出口，特别是金额较大、期限较长的商品，如成套设备、船舶等出口的一种重要手段。出口信贷利率一般低于相同条件资金贷放的市场利率，利差由国家补贴，并与国家信贷担保相结合。例如，美国政府授权美国进出口银行执行"中国与变革性出口计划"（China and Transformational Exports Program，CTEP），通过提供更为优惠的出口信贷支持美国出口商提高竞争力，确保其更好地应对来自中国的竞争，以在人工智能、生物技术、生物医学、无线通信、量子计算、可再生能源、半导体、金融科技、水处理和卫生、高性能计算10个关键出口领域保持领先地位。

（1）出口信贷的种类。

第一，出口信贷按时间长短分为：短期信贷（Short-term Credit），一般180天以内，主要适用于原料、消费品及小型机器设备的出口；中期信贷（Medium-term Credit），为期1～5年，常用于中型机器设备的出口；长期信贷（Long-term Credit），通常是5～10年甚至更长时期，适用于重型机器、成套设备的出口。

第二，出口信贷按借贷关系可以分为卖方信贷和买方信贷两种。

① 卖方信贷（Supplier's Credit），是指出口方银行向出口商（即卖方）提供贷款，再由出口商向进口商提供延期付款的信贷方式。卖方信贷通常用于那些金额大、期限长的出口项目。因为这类商品的进口需用大量资金，进口商一般要求延期付款，出口商为了加速资金周转，往往需要取得银行的贷款。卖方信贷实际上是出口厂商从银行取得贷款后，再向进口商提供延期付款的一种商业信用。

② 买方信贷（Buyer's Credit），是指出口方银行直接向进口商（即买方）或进口方银行提供的贷款，其附加条件是贷款必须用于购买债权国的商品，这就是所谓约束性贷款（Tied Loan）。买方信贷由于具有约束性而能达到扩大出口的目的。买方信贷的形式有两种：一种是贷给进口方银行，再由进口方银行转贷给进口商；另一种是直接贷给进口商，但通常需要进口商银行担保。

（2）出口信贷的特点：①出口信贷资金专用于出口项目，贷款资金必须全部或大部分用于购买提供贷款国家的出口商品。②出口信贷属政策性融资贷款，其利率较国际市场贷款的利率低，贷款银行利息损失由出口国政府以财政补贴的形式补偿。③出口信贷的贷款金额为买卖合同金额的85%~90%，其余10%～15%由进口厂商以定金的形式先行支付。④为避免或减少信贷风险，出口信贷的发放与出口信贷担保相结合。

由于出口信贷能有力地扩大和促进出口，因此西方国家一般都设立专门银行来办理此项业务，如美国进出口银行、日本输出入银行、法国对外贸易银行、加拿大出口开发公司等。这些专门银行除对成套设备、大型交通工具的出口提供出口信贷外，还向本国私人商业银行提供低利率贷款或给予贷款补贴，以资助这些商业银行的出口信贷业务。另外，一些发达国家还使用"福费廷"（Forfaiting）来鼓励本国大型生产设备等的出口，所谓福费廷，是指在延期付款的大型生产设备贸易中，出口商把经进口商承兑的、期限在半年以上至五六年的远期汇票，无追索权地售予出口商所在地的银行或大金融公司，提前取得现金的一种资金融通形式。由于它满足了进出口双方的需要，因此在国际贸易中这种方式也日益流行。

我国也于1994年7月1日正式成立了中国进出口银行。这是一家由国家出资设立、直属国务院领导、支持中国对外经济贸易投资发展与国际经济合作、具有独立法人地位的国有政策性银行。其依托国家信用支持，积极发挥在稳增长、调结构、支持外贸发展、实施"走出去"战略等方面的重要作用，加大对重点领域和薄弱环节的支持力度，促进经济社会持续健康发展。主要任务是支持外经贸发展和跨境投资，"一带一路"建设，国际产能和装备制造合作，科技、文化以及中小企业"走出去"和开放型经济建设等。

2.出口信贷国家担保制

出口信贷国家担保制（Export Credit Guarantee System）是指一国政府设立专门机构

对本国出口商和商业银行向国外进口商或银行提供的延期付款商业信用或银行信贷进行担保，是一国政府为鼓励本国商品出口和争夺海外市场而采取的一种政策措施。如英国出口担保局、美国进出口银行、日本输出入银行等都以不同的方式、在不同程度上为本国贷款银行承担担保责任。这项措施实际上是国家替代出口商承担风险，是扩大出口和争夺国外市场的一个重要手段。

出口信贷国家担保制的担保对象主要有两种。

（1）对出口厂商的担保。出口厂商输出商品时所需的短期或中长期信贷均可向国家担保机构申请担保。有些国家的出口信贷机构（Export Credit Agencies，ECAs）本身不向出口厂商提供出口信贷，但可为出口厂商取得出口信贷提供有利条件。例如，英国采用保险金额的抵押方式，允许出口厂商所获得的承保权利以"授权书"方式转移给供款银行而取得出口信贷，这种方式使银行提供的贷款得到安全保障，一旦债务人不能按期还本付息，银行可直接从担保机构得到补偿。

（2）对银行的直接担保。通常，银行所提供的出口信贷均可申请担保。这种担保是担保机构直接对供款银行承担的一种责任。有些国家为了鼓励出口信贷业务的开展和提供贷款安全保障，往往给银行更为优厚的待遇。

随着各国出口信贷业务的发展，各国出口信贷担保制也日益加强。目前，世界上许多发达国家和发展中国家都设立了国家担保机构，专门办理出口信贷保险业务。我国的中国进出口银行除了办理出口信贷业务外，也办理出口信用保险和信贷担保业务。

3.出口补贴

出口补贴（Export Subsidy）又称出口津贴，是一国政府为了降低出口商品的价格，增强其在国外市场的竞争力，在出口商品时给予出口商的现金补贴或财政上的优惠待遇。政府对出口商品可以提供补贴的范围非常广泛，但不外乎两种基本方式。

一是直接补贴（Direct Subsidy），即政府在商品出口时，直接付给出口商的现金补贴，主要来自财政拨款。其目的是弥补出口商品国内价格高于国际市场价格所带来的亏损，或者补偿出口商所获利润率低于国内利润率所造成的损失。第二次世界大战后，美国和欧洲一些国家对某些农产品的出口，就采用这种形式，其中以欧盟对农产品的出口补贴最为典型。欧盟国家的农产品由于生产成本较高，其国内价格一般高于国际市场价格。若按国际市场价格出口过剩的农产品，就会出现亏损。因此，政府对这种亏损或国内市场与国际市场的差价进行补贴。据统计仅1994年，欧盟对农民的补贴总计高达800亿美元，严重扭曲了国际市场农产品的价格。

二是间接补贴（Indirect Subsidy），即政府对某些商品的出口给予财政上的优惠。其目的仍然在于降低商品价格，以便更有效地打进国际市场。按照WTO《补贴与反补贴措施协议》（Agreement on Subsidies and Countervailing Measures，SCM Agreement）的定义间接补贴包括以下几种：①政府为出口企业提供优惠贷款；②政府潜在的直接转让资金和债务，即提供贷款担保；③政府财政收入的放弃或不收缴，即减税、免税或退税；④政府提供货物、技术等中介服务，或购买货物；⑤政府向基金机构拨款，或委托、指令私人机构代替政府履行某些职能；⑥其他任何形式的对出口产品的价格和收入的支持。根据WTO《补贴与反补贴措施协议》，出口补贴属于禁止性补贴，应该予以取消。

在符合一定条件的前提下，进口国可以征收反补贴税。另外，根据WTO《农业协议》规定的特殊的出口补贴纪律，出口补贴不能增加，只能逐步减少。

各国由于都实行奖出限入的外贸政策，因而纷纷采取形形色色的补贴措施以促进本国产品出口，而进口国政府往往采用反补贴以抵制和消除补贴这种行为对进口国有关产业的不利影响。因此，补贴和反补贴已成为当今国际经济贸易关系中的一个突出问题。

如同征收进口关税一样，出口补贴对生产、消费、价格和贸易量的影响因实施国在国际市场上的份额大小而不同。

（1）贸易"小国"出口补贴经济效应分析。出口量不大、在国际市场影响甚微的小国，只是价格的接受者，出口补贴不会影响国际市场价格。图8-1说明了小国的情况。

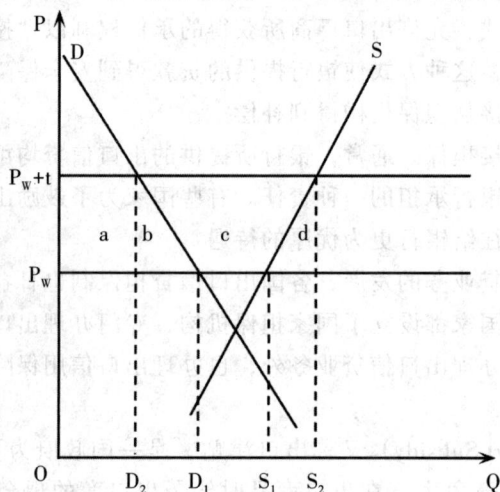

图8-1 贸易"小国"出口补贴的经济效应分析图

在没有补贴时，生产量为 OS_1，国内需求量是 OD_1，出口 D_1S_1，价格为 P_w。现在假设政府对每单位商品的出口补贴为t，出口单位商品的实际所得变成 P_w+t。在这一价格下，生产者愿意扩大生产增加出口，新的生产量为 OS_2，国内的需求量则因为国内市场价格的上升而下降至 OD_2，供给在满足了国内需求之后的剩余即为出口，即 D_2S_2。政府实施补贴后，贸易"小国"出口补贴经济效应分析如下：

① 因为受补贴产品出口量大大增加，所以这会引起国内供给减少，并且引起其他部门的生产资源向该部门转移，从而引起该部门商品在国内市场上的价格从原来的 P_w 上涨至 P_w+t，并引起本国生产要素价格的扭曲和上扬。

② 出口补贴引起该商品的国内市场价格上涨后，国内消费者的消费从原来的 OD_1 缩减为 OD_2，其福利受损，即消费者剩余减少a+b。

③ 出口补贴带动出口量的大量增加，受益的自然是国内生产者，从而出口量从原来的 D_1S_1 增加至 D_2S_2，他们获得了生产者剩余的增加部分a+b+c。

④ 政府为生产者获得生产者剩余的增加付出了昂贵的补贴成本b+c+d。

综合上述分析，国内价格上涨自然使消费者受损失，损失量为a+b。消费者的损失变成了生产者剩余，生产者还从政府补贴中得到一部分，总收益增加了a+b+c。但政府的出口补贴总量为b+c+d。福利净损失为b+d。

（2）贸易"大国"出口补贴经济效应分析。如果出口国是大国，出口补贴对其国内价格、生产、消费及社会利益的影响与小国情形相比是同质的，但程度不同。

如图8-2所示，大国通过补贴增加出口的结果会造成国际市场上的供给大大增加，价格下降（假定从 P_w 跌到 P_w'）。虽然生产者出口单位商品仍可以从政府处得到补贴t，但每单位出口销售所得要低于补贴前，即出口单位商品增加的实际收入不到t，比小国生产者出口补贴时的所得要少。因此，在政府补贴同样为t的情况下，生产和出口的增长也会小于小国的情况。国内价格等于新的出口产品国际价格 $P_w'+t$，低于小国的国内价格 P_w+t，从而使得国内商品消费量的下降幅度也小于小国。

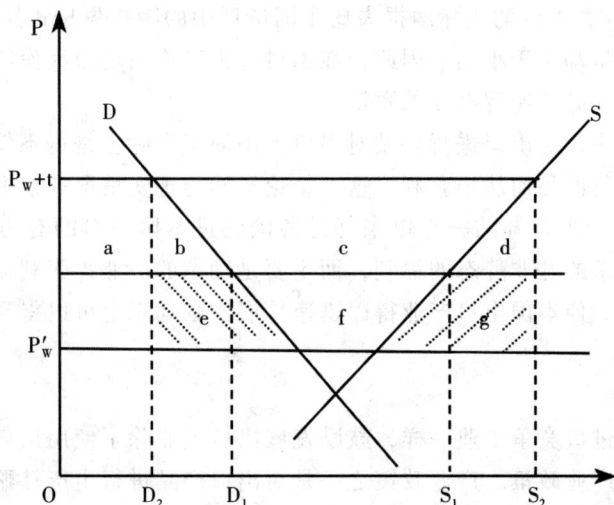

图8-2 贸易"大国"出口补贴的经济效应分析图

但是，大国搞出口补贴对本国经济利益造成的损失会大于小国。除了补贴造成的生产扭曲和消费扭曲外，大国的出口补贴还会造成出口产品的国际市场价格下降，贸易条件恶化，整个社会的净损失比小国进行出口补贴时要大。其政府实施出口补贴t政策后，会产生以下几种效应：

① 出口产品得到补贴后，对外就更具有了成本优势，结果会造成国际市场上的供给大大增加，出口产品在进口国的价格从原来的 P_w 下降至 P_w'，而出口量从原来的 D_1S_1 增加至 D_2S_2。

② 因为受补贴产品出口量大大增加，这会引起国内供给减少，并且引起其他部门的生产资源向该部门转移，从而引起该部门商品在国内市场上的价格从原来的 P_w 上涨至 P_w+t，并引起本国生产要素价格的扭曲和上扬。

③ 出口补贴引起该商品的国内市场价格上涨后，国内消费者的消费从原来 OD_1 的缩减为 OD_2，其福利受损，即消费者剩余减少a+b。

④ 出口补贴带动出口量的大量增加，受益的自然是国内生产者，他们获得了生产者剩余a+b+c。

⑤ 大国政府为生产者获得生产者剩余的增加付出了昂贵的补贴成本b+c+d+e+f+g，其中e、g指图中阴影部分。

⑥ 大国政府为了使生产者获得生产者剩余的增加，还付出了一个成本，即本国贸易条件恶化成本e+f+g。这是因为出口补贴使本国出口产品的对外价格大大下降，从而恶化了本国的贸易条件。

把上述所有效应进行加总（a+b+c）-（a+b）-（b+c+d+e+f+g），出口国采取出口补贴政策的总效果是遭受了福利净损失b+d+e+f+g。

在图8-2中，大国的净损失为b+d+e+f+g。其中b是消费价格扭曲减少国内消费造成的净损失，d是生产价格扭曲而过多生产造成的净损失，e+f+g是出口产品国际价格下跌造成的贸易条件恶化损失。由于此时的b+e相当于小国出口补贴时的b，此时的d+g相当于小国中的d，大国的实际净损失比小国情形中的净损失b+d多了一块f的面积，而大国的出口增长量却小于小国。因此，在出口已占世界市场很大份额时再使用补贴来刺激出口在经济上未必是明智有效的政策。

理论分析表明，对出口进行补贴对出口大国而言实际上是得不偿失的，而进口国则可以通过进口低价商品而从中获利。这个结论显然与现实情况有很大出入，因为出口补贴，尤其是间接的出口补贴一直以来都是各国促进本国出口的有力手段之一，原因在于，补贴贸易追求的并非静态的福利，而主要是动态的产业扩张利益。如若借助补贴迅速占领国际市场，使本国出口产业得以迅速扩展，则动态上可以得到就业与其他一系列利益。

4.生产补贴

与保护国内进口竞争工业一样，鼓励发展出口工业除了使用出口补贴等贸易政策以外，也可以使用产业政策。产业政策之一是对出口产品进行生产补贴。

什么是生产补贴？根据世贸组织的规定，"除出口补贴以外的补贴"都是生产补贴。生产补贴与出口补贴的区别在于，生产补贴对所有生产的产品进行补贴，不管该产品是在国内市场销售还是向外国出口。这些补贴包括政府对商业企业的资助、税收减免、低利贷款等直接的方式，也包括对某些出口工业生产集中的地方给予区域性支持（如以优惠价提供土地或电力支持、加强交通通信等基础设施的建设等）、资助研究与开发项目等间接的做法。所有这些政策手段虽然看上去只是对具体企业或行业的支持，但实际上降低了这些出口企业的生产成本，提高了出口竞争能力，起到了鼓励促进出口的作用。

在这里我们以小国为例，通过图8-3来分析生产补贴是怎样促进出口的。

图中的S和D曲线分别代表出口国国内小麦的供给和需求。假设在自由贸易的情况下，出口国生产OS_1，出口D_1S_1，本国消费OD_1。如果政府对本国厂商进行生产补贴，并且假设厂商每生产单位产品可以得到补贴s。补贴的结果，相当于每单位产品生产成本下降s，供给曲线垂直向下平移s单位到S′。在国际市场价格不变的情况下，厂商会在新的供给曲线上将生产扩大到OS_2。厂商仍然会按原来的市场价格P_w出售，但实际收益则是每单位P_w+s元。由于厂商没有提高国内价格，也没有降低国内价格，国内的需求量也就没有变动，新增的产量就成了新增的出口。生产补贴使出口从原来的D_1S_1增加到D_1S_2。

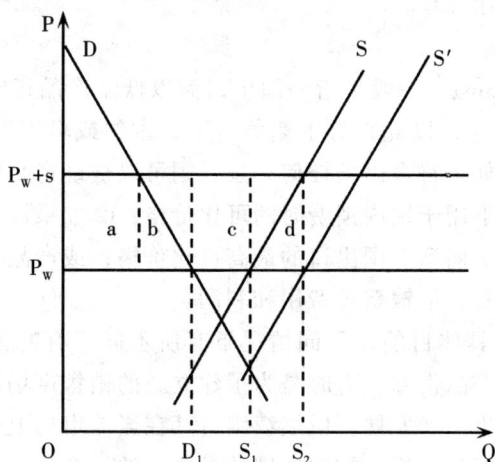

图8-3　生产补贴的经济效应分析图

与出口补贴不同的是，生产补贴没有影响国内市场价格，从而也没有在增加出口的同时牺牲本国消费者的利益。其主要原因是补贴政策按产量而不是按在哪个市场销售进行补贴。对厂商来说，在产品进入市场以前就已得到了补贴，因此在哪里销售也就不是主要问题了，即使在国内销售也可同样得到与国外销售一样的报酬，厂商也就没有必要在本国提高价格了。

这一点，对分析社会经济利益的变动很重要。由于消费者价格不变，消费者也就没有损失。与政府进行每单位商品 s 的出口补贴相比，整个社会的净损失要小。在图8-3中我们可以看到，生产补贴的结果是企业增加了收益 a+b+c，政府的补贴支出是 a+b+c+d，社会的福利净损失为 d。但在出口补贴的情况下，社会的福利净损失是 b+d。因此，从整个社会的净福利来说，生产补贴要好于出口补贴，但对政府来说，生产补贴则要比出口补贴多支出不少。

由于生产补贴的形式多种多样，不像出口补贴那么明显，所以，在出口补贴受到限制的情况下，不少政府则通过生产补贴等产业政策来支持本国的出口行业。例如，日本政府在20世纪七八十年代就投入大量资金支持计算机和半导体行业的发展，1976—1980年的4年中，日本通产省就为富士、日立、三菱、NEC和东芝等企业的计算机集成技术开发补贴了300亿日元，占整个研究开发费用的43%。欧洲空中客车公司的生产从法国政府和德国政府得到的补贴，高达飞机价格的20%。出口行业的国有企业也往往直接得到政府的生产补贴，尤其是政府对农业的补贴。

5.价格支持

所谓价格支持，是政府通过稳定价格来支持生产者的一种手段。为了稳定生产和保证生产者收入，政府设立一个不由市场供求决定的"支持价格"或"保证价格"。如果市场价格高于保证价格，生产者可以根据市场需求卖出高价，如果市场均衡价格下跌到低于保证价格，由政府补差，产品产量和生产者的收入都不会因价格的下跌而受到太大影响。

价格支持本身并不是一种贸易政策，但如果政府将此政策用于出口行业时，就起到了刺激出口贸易的作用。

6.商品倾销

商品倾销（Dumping）一般是指一国出口商以低于产品正常价值的价格，将产品出口到另一国市场的行为，以此来打击竞争对手，占领或巩固国外市场。根据《WTO反倾销协议》的规定，如果符合以下任何一条，则可以被确定是倾销行为：①低于相同产品在出口国正常情况下用于国内消费时的可比价格；②如果没有这种国内价格，则低于相同产品在正常贸易下向第三国出口的最高可比价格；或产品在原产国的生产成本加上合理的管理费、销售费、运输费等费用和利润。

实行商品倾销的具体目的在不同情况下有所不同：有时是为了打击或摧毁竞争对手，以扩大和垄断其产品销路；有时是为了建立新的销售市场；有时是为了阻碍当地同种产品或类似产品的生产和发展，以继续维持其在当地市场上的垄断地位；有时是为了推销过剩产品，转嫁经济危机。按照倾销的具体目的，商品倾销可分为三种：

（1）偶然性倾销（Sporadic Dumping）。这种倾销通常是因为销售旺季已过，或因公司改营其他业务，在国内市场上不能售出"剩余货物"，而以较低的价格在国外市场上抛售。

（2）间歇性或掠夺性倾销（Intermittent or Predatory Dumping）。这种倾销是以低于国内价格甚至低于生产成本的价格在国外市场销售商品，挤垮竞争对手后再以垄断力量提高价格，以获取高额利润。掠夺性倾销的有害性主要表现在企业降低价格的临时性，即进口国消费者只获得了暂时性的利益，一旦重新提高价格，消费者的实际收入水平非升反降，因此掠夺性倾销通常被认为是一种追求垄断地位的行为，被视为一种"不公平贸易"行为。

（3）持续性倾销（Persistent Dumping），又称长期性倾销（Long-run Dumping）。这种倾销是无限期地、持续地以低于国内市场的价格在国外市场销售商品。20世纪70年代以来，持续性倾销日益增多。形成持续性倾销须具备三个条件：①出口商品生产企业在本国市场上有一定的垄断力量，在很大程度上可以决定价格的形成。②本国与外国的市场隔离，因此不存在销售到国外市场的产品流回本国的可能性。③两国的需求价格弹性不同，出口国需求价格弹性低于进口国需求价格弹性。当这些条件成立时，企业就有可能通过在国内市场索要高价，而向外国购买者收取较低的价格，使利益最大化。

商品倾销由于实行低价策略，必然会导致出口商利润减少甚至亏损。这一损失一般可通过以下途径得到补偿：①在贸易壁垒的保护下，用维持国内市场上的垄断高价或压低工人的工资等办法，榨取高额利润，以补偿出口亏损；②国家提供出口补贴以补偿该企业倾销时的亏损；③大企业在国外市场进行倾销，打垮了国外竞争者，占领了国外市场后，再抬高价格，攫取高额利润，弥补过去的损失。

长期以来，商品倾销是发达国家对外竞争和争夺国际市场的一个重要手段。由于商品倾销易引起对进口国同类工业的损害或损害威胁，打击民族工业的发展，因此关贸总协定在20世纪60年代中期就通过了《反倾销守则》，规定进口国可以用反倾销税加以抵制。在乌拉圭回合中又达成了《反倾销协议》，允许成员国对存在倾销并对国内产业造成损害的进口产品采取反倾销措施——征收反倾销税。但越来越多国家使用反倾销措施对受进口影响的国内产业进行保护，出现了滥用反倾销措施的现象，反倾销程序本身又成为一种新的非关税措施。

7.外汇倾销

外汇倾销（Exchange Dumping），是指一国降低本国货币对外国货币的汇价，使本国货币对外贬值，从而达到提高出口商品价格竞争力和扩大出口的目的。本国货币的对外贬值从其动机看，可以分为主动贬值和被动贬值，因此外汇倾销也可以分为主动倾销和被动倾销。所谓主动外汇倾销，包括两种情形：其一，指本国政府有意识地使本国货币对外贬值；其二，本国政府本身不直接让本国货币贬值，而是通过各种政策影响国际外汇市场上的供求关系从而间接促使本国货币贬值。这种贬值能够直接降低本国出口企业的出口成本，有利于争夺国外市场。所谓被动外汇倾销指本国政府并未有意为之，而是因为本国经济发展出现了严重问题而导致本国货币自然贬值，如1997年亚洲金融危机中一些亚洲国家货币出现的大幅度贬值就属于这类贬值。虽然这类贬值也同样能降低本国出口产品的成本，但很多国内的其他不利因素又往往会抵消这种成本上的降低优势，所以这类贬值对本国产品的促进作用是有限的。外汇倾销作为一种作用于出口的政策，应该主要指主动的外汇倾销。

然而，外汇倾销不能无限制和无条件地进行，必须具备一定的条件才能起到扩大出口和限制进口的作用：①本国货币对外贬值的幅度大于国内物价上涨的程度。本国货币对外贬值，必然引起进口原料和进口商品的价格上涨，由此带动国内物价普遍上涨，使出口商品的国内生产价格上涨。当出口商品价格上涨幅度与货币对外贬值幅度相抵时，因货币贬值而降低的出口商品外汇标价会被固定生产成本增加引起的该商品的国内价格上涨所抵消。由于货币对外贬值可以使出口商品的外汇标价马上降低，而国内物价上涨却有一个时滞，因此外汇倾销必须在国内价格尚未上涨或上涨幅度小于货币贬值幅度的前提下进行。由此可见，外汇倾销所起作用的时间是有限制的，或者说外汇倾销的作用是暂时的。②其他国家不同时实行同等程度的货币贬值和采取其他报复性措施。如果其他国家也实行同幅度的贬值，那么两国货币贬值幅度就相互抵消，汇价仍处于贬值前的水平，而得不到货币对外贬值的利益。如果外国采取提高关税等其他限制进口的报复性措施，也会起到抵消的作用。

最后，必须注意实行外汇倾销的代价十分高昂。由于外汇倾销的实质是降低出口商品的外汇标价以换取出口数量的增加，从而达到增加外汇收入的目的。因此，外汇倾销实际上使同量出口商品所能换回的进口商品数量减少，贸易条件趋于恶化。这就是说，外汇倾销可以推动商品出口大量增加，并不等于出口额必然随之增加。另外它有时甚至会引起国内经济的混乱，出现得不偿失的结果。

8.2 经济特区措施

经济特区是一个国家或地区在其关境以外所划出的一定范围内，建筑或扩建码头、仓库、厂房等基础设施和实行免除关税等优惠待遇，吸引外国企业从事贸易与出口加工工业等业务活动的区域。世界各国建立经济特区目的是促进出口加工工业的开展，扩大转口贸易，繁荣本地区和邻近地区的经济，增加财政收入和外汇收入。因此，建立经济特区是一国实行对外开放和鼓励扩大出口的一项重要政策。

8.2.1 对外贸易经济特区的发展概况

经济特区的发展已有很长的历史，它与对外贸易的发展有着密切的联系。15世纪末，德意志北部的几个城市联合起来，建立自由贸易联盟，史称"汉萨同盟"，为促进同盟内部的通商贸易，选定汉堡和不来梅两地作为自由贸易区。16世纪在欧洲已出现了自由港。当时欧洲一些国家为了活跃对外贸易，先后把一些沿海港口开辟为自由港，作为经济特区。其中最早的一个是1547年在意大利设置的里窝那自由港。

随着资本主义的不断发展，自由港与自由贸易区不断涌出。17—19世纪，在国际贸易中占有优势地位的国家如荷兰、英国等，为了扩大对外贸易，增加外汇盈利，相继把地中海沿岸的某些港口（如直布罗陀）及中东、东南亚和加勒比海一带的某些港口开辟为自由港，包括中国香港、中国澳门等。到了帝国主义时期，一些发达资本主义国家，不仅在殖民地附属国继续设置经济特区，而且还在本国开辟经济特区，以便借助其有优势的地理位置，发挥商品集散中心的作用，增加贸易利益。例如1934年美国国会通过对外贸易区法案后，在纽约、旧金山等地设置经济特区。

20世纪50年代末60年代初，一批新型的经济特区——出口加工区开始出现。例如，爱尔兰于1959年在香农国际机场兴建世界上第一个出口加工区。1965年世界上第一个以出口加工命名的经济特区在我国台湾高雄兴建起来，自此以后，出口加工区这类新型的经济特区，便在发展中国家和地区迅速涌现。南太平洋岛国斐济于1988年开辟了出口加工区，巴西政府在20世纪80年代中期后开辟了不少新的出口加工区，阿拉伯国家于1988年在迪拜召开会议，强调发展自由贸易区的重要性，准备开辟新的出口加工区。目前发展中国家参与设立的经济特区占世界经济特区总数的2/3以上。

在出口加工区迅猛发展的影响下，传统的自由港或自由贸易区也发生了一些新的变化。设区国为了使自由港或自由贸易区产生新的活力，也注意吸引外资到港区来发展装配制造工业。例如，汉堡、不来梅两个传统的自由港近十多年来分别设立新港区，加工生产轻工业品并发展修造船业。另外，随着经济全球化的发展，在世界上又出现了跨国界的经济特区，欧共体于1988年建立一个包括法国的隆维、比利时的阿蒂斯、卢森堡的罗当哥在内的跨国界的对外贸易经济特区来发展欧共体内部的经济。

实践证明，经济特区在推动国别地区经济，促进对外贸易发展，增加外汇收入和财政收入方面发挥了重要的角色，凡是设有自由港或自由贸易区的国家或地区，以及自由港所处的城市，经济发展水平都较高，如新加坡、中国香港等。

8.2.2 世界经济特区的类型

1.贸易型经济特区

传统的自由港（Free Port）和自由贸易区（Free Trade Zone）基本上是一种商业型或贸易型的经济特区，是经济特区最常见的形式。

自由港是指全部或绝大多数外国商品可以豁免关税、自由进出口的港口。自由港在经济和贸易方面的基本特征是"自由"，具体表现为贸易自由、金融自由、投资自由、运输自由。自由港一般具有优越的地理位置和港口条件，其开发目标和营运功能与港口本身的集散作用密切结合，以吸引外国商品扩大转口。我国香港就是典型的自由港。它的特征是：①对商品的输出入不征关税或仅对少数商品征税（如烟、酒等），不必办理海关手续；②一般准予在港内自由进行改装、加工、装卸、整理、买卖、展览、销毁和长期储存等。此外如德国的汉堡、不来梅，丹麦的哥本哈根，意大利的热那亚，法国的敦刻尔克等都是世界著名的自由港。

自由贸易区由自由港发展而来，它以自由港为依托，将范围扩大到自由港的邻近地区。自由贸易区与自由港的功能基本相似，以促进对外贸易为主，也发展出口导向的加工业和工商业、金融业、旅游和其他服务。一般说来，自由港或自由贸易区可以分为两种类型：一种是把港口或设区的所在城市都划为自由港或自由贸易区，如香港整个是自由港。在整个香港，除了个别商品外，绝大多数商品可以自由进出，免征关税，甚至允许任何外国商人在那里兴办工厂或企业。另一种是把港口或设区的所在城市的一部分划为自由港或自由贸易区。例如，如德国汉堡自由贸易区是汉堡市的一部分，占地仅5.6平方英里。

各国设立自由港和自由贸易区的主要是为了方便转口和对进口货物进行简单加工，主要面向商业，并以转口邻近国家和地区为主，多设在经济发达国家或地区。自由港以欧洲为最多，自由贸易区以美洲为最多。

为进一步深化对外开放，推动贸易与投资自由化，自2013年9月29日中国（上海）自由贸易试验区正式挂牌成立以来，中国已分多批设立了多个自贸试验区，形成了覆盖东西南北中的试点格局。截至2024年，全国已设立21个自贸试验区及海南自由贸易港。这些自贸试验区和自由贸易港在推动贸易自由化、便利化，促进投资增长以及制度创新等方面发挥了重要作用。

2.工业型经济特区

工业型经济特区主要指出口加工区（Export Processing Zone），它是一个国家在其港口或靠近港口的地方，划出一定的区域让外国的企业在港内或区内设办工业，生产以出口为主的工业制成品的加工区域。

出口加工区是20世纪六七十年代，在一些发展中国家和地区建立和发展起来的，其源于自由港或自由贸易区，采用自由港或自由贸易区的一些做法，但又与自由港或自由贸易区有所不同。一般说来，自由港或自由贸易区，以发展转口贸易、取得商业方面的收益为主，是面向商业的；而出口加工区，以发展出口加工工业、取得工业方面的收益为主，是面向工业的。

出口加工区一般设置在港口或邻近港口、国际机场的地方，提供基础设施以及免税等优惠待遇，主要的目的是引进国外资金、技术和经营管理方法，利用本国的劳动力资源与国际市场，发展出口加工工业，以扩大设区国的出口贸易，增加劳动就业和外汇收入，取得工业方面的收益，促进本国经济的发展。

出口加工区有综合型和专业型两种。前者在区内可经营多种出口加工产品，如菲律宾的巴丹出口加工区即属此类；后者在区内只允许经营某种特定的出口加工产品，如印度孟买的圣克鲁斯电子工业出口加工区，专业发展电子产品的生产和出口。目前世界各地的出口加工区大部分是综合型出口加工区。

出口加工区的优惠政策措施主要包括两方面。一是提供工业化所必需的一般先决条件，如训练有素、工资水平与生产效率和技术熟练程度相适应的劳动力；提供良好的环境，如码头、水电供给、交通设施，国际机场及通信等基础设施；精简高效的行政机构和规章制度；政策的稳定和对外投资的法律保护。二是提供财政上的优惠和补贴，鼓励出口加工业务发展及吸引外国投资，包括：区内加工出口所需的各种进口设备、原材料一律免征进口税；加工产品出口一律免征出口税；区内外商投资企业可以减免部分国内税；按补贴性的收费率提供公用事业和基础设施服务以及工厂用地等；外商企业经营所得的各种收入不受外汇管制的限制等。

3.科技型经济特区

科技型经济特区是指集知识、人才、技术、科研、教育、生产力为一体的科技资源开发区。其一般以大学和科研机构为依托，以科学研究为先导，拥有较雄厚的技术力量，能够创立技术密集型与知识密集型的新兴产业，生产高精尖产品。这种类型的经济特区，对于东道国的科技进步和工业化起到巨大的促进作用。科学工业园区是一种科技型经济特区。

科学工业园区最早形成于20世纪50年代末、60年代初的美国，70年代逐渐在世界范围内兴起，80年代以后进入发展期，90年代进入高峰期。科学工业园区主要分布在发达国家和新兴工业化国家，以美洲为最多。科学工业园区有自主型和引进型两类。前者主要靠自有先进技术、充裕资金及高级人才来促进本国高新技术产业的发展，发达国家所设园区多属此类；后者则采取引进外资、技术、信息和人才的办法来进行合作研究与开发，发展中国家和地区所设园区多属此类。

科学工业园区的主要特点是：有充足的科技和教育设施及高校、研究机构，以一系列企业组成的专业性企业群为依托，区内企业设施先进、资本雄厚、技术密集程度高，信息渠道畅通、交通发达、政策优惠，鼓励外商在区内进行高科技产业的开发，吸引和培养高级技术人才，研究和发展尖端技术和产品。

我国高新技术产业开发区是借鉴国外高科技园区的成功经验，在适当地点划出一定区域，赋予优惠政策，集中发展高科技，以实现产业化的特定地域。它主要依托国内的科技力量和工农业基础，吸收国外资金，引进先进技术，致力于我国高新技术科研成果的商品化、产业化和国际化，促进高新技术产业的形成和发展。根据工业和信息化部公告，截至2023年底，国家高新技术产业开发区总数已达到178家。这些高新区在经济发展中扮演着重要角色。2023年，全国178家国家高新区实现园区生产总值达18万亿元，占GDP约14%；工业增加值达到9.2万亿元，占全国工业增加值约23%。这些高新区集聚了全国约30%的高新技术企业、40%的专精特新"小巨人"企业以及60%的科创板上市企业。

4.综合型经济特区

随着国际经济关系，特别是国际贸易、金融和经济技术交流的发展，经济特区以各种不同形式发展，并出现向综合化发展的趋势。综合型经济特区是一种多行业、多功能的特殊经济区域，它们除了具有一般出口加工区和自由贸易区的特点外，还有各自的特点。综合型经济特区的特点是：规模大、经营范围广，是一种多行业、多功能的特殊经济区域。它比小型的出口加工区具有更大的优势，经济效益显著。除了出口加工业和进出口贸易外，还经营农牧种植业、旅游业、金融服务业、交通电信以及其他的行业。我国所设立的深圳、珠海、汕头、厦门和海南经济特区就属于综合型经济特区。

5.保税区

保税区（Bonded Area）又称保税仓库区，是由海关设置的或经海关批准设置的特定地区和仓库。进入保税区的外国商品可以暂不缴纳进口税，如再出口也不必缴纳出口税。进入区内的商品也可以进行储存、改装、分类、混合、展览、加工与制造等。

保税区制度是一些资本主义国家（如日本、荷兰）在没有设立自由港或自由贸易区的情况下设立的，它实际上起到了类似自由港和自由贸易区的作用，只是其地理范围一般相对较小。保税区（仓库）的设立，有利于货主选择有利的时机交易，有利于贸易业务的顺利开展和促进转口贸易。各个国家保税区的具体规定各有不同，做法上也有差异。例如，日本根据职能的不同将保税区分为：①指定保税区（Designated Bonded Area）与保税棚（Bonded Shed），是为方便报关的短期储存场所；②保税仓库（Bonded Warehouse），储存期较长，便于贸易业务特别是转口贸易的发展；③保税工厂（Bonded Factory），是在海关监管下进行加工、制造分类等保税业务的专门工厂；④保税陈列场（Bonded Exhibition），便于展览和广告宣传的场所，促进交易的开展。

截至2024年9月，经国务院批准，中国共设立综合保税区160家。

6.自由边境区和过境区

自由边境区（Free Perimeter），指设在本国地区的某一地段，按照自由贸易区或出口加工区的优惠措施，对区内使用的机器、设备、原料和消费品实行减税或免税，以吸引国内外厂商投资。与出口加工区不同，外国商品在自由边境区内加工制造后主要用于区内使用，仅有少数用于出口。因此，设立自由边境区的目的是吸引投资，开发边境地区的经济。设置自由边境区主要是少数美洲国家（如墨西哥）的鼓励措施。

过境区（Transit Zone）又称中转贸易区，指某些沿海国家为方便内陆邻国的进出口货运，根据双边协定，开辟某些海港、河港或边境城市作为过境货物的自由中转区，对过境货物简化海关手续，免征关税或只征收小额的过境费，过境货物在过境区内可短期储存或重新包装，但不得进行再加工制造。过境区一般都提供保税仓库设施。泰国的曼谷、印度的加尔各答、阿根廷的布宜诺斯艾利斯等，都是这种以中转贸易为主的过境区。

8.3　出口管制措施

出口管制（Export Control），是指国家通过法令和行政措施，对本国出口贸易实行管理和控制。一般而言，世界各国都会努力扩大商品出口，积极参与国际贸易活动。然而，出于政治、军事和经济上的考虑，各国有可能限制和禁止某些战略性商品和其他重要商品输往国外，从而实行出口管制。

8.3.1　出口管制的目的

出口管制或称出口控制政策是指出口国政府通过各种经济的和行政的办法和措施对本国出口贸易实行管制行为的总称。管制的目的一般有政治军事和经济两个方面：

（1）政治军事目的。为了干涉和控制进口国的政治经济局势，在外交活动中保持主动地位，遏制敌对国或臆想中的敌对国家的经济发展，维护本国或国家集团的政治利益和安全等，通过出口控制手段，限制或禁止某些可能增加其他国家军事实力的物资，特别是战略物资和可用于军事的高技术产品的出口；或通过出口控制手段，对进口国施加经济制裁压力等迫其在政治上妥协就范。

（2）经济目的。为了保护国内稀缺资源或再生资源，通过对特定商品的出口进行限制，国家可以保持这些商品在国际市场上的稀缺性，从而提高其价格和市场地位；维护国内市场的正常供应；促进国内有关产业部门或加工工业的发展；防止国内出现严重的通货膨胀；保持国际收支平衡；以及稳定国际市场商品价格，避免本国贸易条件的恶化等。

8.3.2　出口管制的对象

实行出口管制的商品主要有以下几类：

（1）战略物资及其相关的尖端技术和先进技术资料。各国尤其是发达国家控制这类物资出口的措施十分严厉，主要是从所谓的"国家安全"和"军事防务"的需要出发，防止它们流入政治制度对立或政治关系紧张的国家。例如，美国对古巴实行禁运，给古巴经济造成了极为恶劣的影响。此外，从保持科技领先地位和经济优势的目的出发，对一些最先进的机器设备及其技术资料也会严格控制出口。

（2）国内的紧缺物资。即国内生产紧迫需要的原材料和半制成品，以及国内供应明显不足的商品。如西方各国往往对石油、煤炭等能源实行出口管制。这些商品在国内本来就比较稀缺，若允许自由流往国外，只能加剧国内的供给不足和市场失衡，严重阻碍经济发展。

（3）历史文物、艺术珍品、稀有金属等。各国出于保护本国文化艺术遗产和弘扬民族文化的需要，一般都要禁止该类商品输出，即使可以输出的，也实行较严格的管理。而对于稀有金属的出口管控则有助于国内资源的保护和利用。

（4）需要"自动"限制出口的商品。这是为了缓和与进口国的贸易摩擦，在进口国的要求下或迫于对方的压力，不得不对某些具有很强国际竞争力的商品实行出口管制。如根据纺织品"自限协定"，出口国必须自行管理本国的纺织品出口。与上述几种情况不同，一旦对方的压力有所减缓或者基本放弃，本国政府自然会相应地放松管制措施。

（5）本国在国际市场上占主导地位的重要商品和出口额大的商品。对发展中国家来讲，对这类商品实行出口管制尤为重要。因为发展中国家往往出口商品单一，出口市场集中，出口商品价格容易出现大起大落的波动。当国际市场价格下跌时，发展中国家应控制该商品的过多出口，从而促使这种商品国际市场价格提高，出口效益增加，以免加剧世界市场供大于求的不利形势而使本国遭受更大的经济损失。如欧佩克（OPEC）对其成员国的石油产量和出口量进行控制，以稳定石油价格。

8.3.3　出口管制的形式

出口管制的形式主要有单方面出口管制和多边出口管制两种。

1.单方面出口管制

即一国根据本国的出口管制法案，设立专门的执行机构，对本国某些商品的出口进行审批和颁发出口许可证，实行出口管制。例如，美国长期以来就推行这种出口管制战略。早在1917年，美国国会就通过了《1917年与敌对国家贸易法案》，以禁止所有私人与美国敌人及其同盟者在战时或国家紧急时期进行财政金融和商业贸易上的交易。第二次世界大战结束后，为了对当时存在的社会主义国家（如苏联）进行禁运，又于1949年通过了《出口管制法案》，以禁止和削减全部商品和技术资料经由贸易渠道出口。这个法案几经修改，直至《1969年出口管理法》出台才被取代。之后美国国会又颁布了《1979年出口管理法》《出口管理法1985年修正案》《2018年出口管制改革法案》等，这些法案或修正案一次比一次宽松，但主要规定不变。

21世纪以来，世界政治经济形势发生巨大变化，美国泛化国家安全概念，滥用出口管制措施，打压遏制包括中国在内的他国企业。自2018年以来，美国对中国的半导体出口管制措施经历了多次升级，将多家中国实体列入"实体清单""未经验证清单"等出口管制制裁清单，在"关键技术和新型技术"领域对中国实行出口管制。主要目的是限制中国在半导体技术和制造能力方面的发展。

2.多边出口管制

即几个国家政府，出于共同的政治和经济目的，通过一定的方式建立国际性的多边出口管制机构，商讨和编制多边出口管制货单和出口管制国别，规定出口管制的办法等，以协调彼此的出口管制政策和措施。各参加国依据上述精神，自行办理出口商品的具体管制和出口申报手续。例如，过去的巴黎统筹委员会就是这样一个典型的国际性多边出口管制机构。

延伸阅读8-1

国际性多边出口管制机构——巴黎统筹委员会

8.3.4　出口管制的措施

出口管制的手段包括直接的数量管制和间接的税率调节，既可以通过发放出口许可证来控制出口商品的品种和数量，也可以通过征收出口关税或对出口工业企业的生产增加税收来减少出口。

1.国家专营

国家专营，又称国家垄断。它是指某些贸易商品的生产与交易由政府指定的机构和组织直接掌握。通过专营，政府可以控制一些重要或敏感产品的进出口，寻求最佳的出口地理分布以及商品生产结构。对进出口商品的国家专营主要集中在三类商品上：第一类是烟和酒。因为烟和酒的税负较重，政府从烟酒贸易中可以获取较多的财政收入。第二类是农产品，有些国家把对农产品的对外垄断销售作为国内农业政策措施的一部分。第三类是武器，其贸易一般都由国家垄断。

2.出口许可证

一般而言，西方国家发放出口许可证一般先由其有关机构根据出口管制的有关法案制定出口管制货单（Commodity Control List）和输往国别分组管制表（Export Control Country Group）。在出口管制货单中列有各种需要管制的商品名称、商品分类号码、商品单位及其所需的出口许可证类别等，在输往国别分组管制表中对商品输往国家或地区实行宽严不同程度的管制。列入出口管制的商品，必须办理出口申报手续，获取出口许可证后方可出口。

3.出口关税

与进口关税正好相反，出口关税是针对某些特殊商品出口征收的关税。出口关税征收会影响商品的国内、国外价格和出口量。但这一政策成功与否，则取决于国内外的供求状况。如国际铝土矿协会成员国控制着世界70%以上的铝土矿生产。1974年起，其成员国牙买加对铝锭征收7.5%的出口税，结果牙买加的税收由2 500万美元增加到17 000万美元。

4.出口配额

实行出口配额是政府限制出口的又一种政策，即控制出口商品的数量。有些出口配额是本国政府主动设立的，也有的配额是应进口国政府要求而设立的，如中国输往欧美的纺织品出口配额就是在欧美国家政府的要求下设置的，因此也叫被动配额。

出口配额与出口税最大的不同是：它有一个明确的数量限制，出口达到限额以后即完全禁止出口。出口配额往往与出口许可证结合在一起。实施出口配额能否取得成功取决于国内外供求的具体情况。例如，1973年巴西为了维持生咖啡的国际价格，对生咖啡的出口实行配额，由于巴西的咖啡占世界总供给量的23%，实施配额后，对世界咖啡价格的影响很大，结果取得了成功。中国政府自1998年以来对稀土实行出口配额制度，但一直以来稀土走私出口严重，国际价格低迷，2014年底我国政府最终取消了对稀土实行16年之久的出口配额制度。

5.禁止出口与贸易禁运

禁止出口一般是一国对其战略物资或急需的国内短缺物资进行严格控制的主要手段。而贸易禁运（Trade Embargo）则是一些国家为了制裁其敌对国家而实行的贸易控制措施。禁止出口往往针对所有或多数贸易伙伴，只禁止本国出口原材料或初级产品，并不限制进口。而贸易禁运往往只针对某个或某些目标国家，所禁止的不仅是出口，同时还禁止从这些国家进口。

■ 复习思考题

本章小结

一、名词解释
出口信贷、出口补贴、商品倾销、外汇倾销、自由经济区

二、简答题
1.出口信贷的含义与分类。

2.商品倾销的含义与分类。

3.什么是经济特区？它对设立国的经济发展有什么作用？

4.出口管制的形式有哪几种？

第9章

国际资本流动与跨国公司

▨ 学习目标

知识目标：

1.了解国际资本流动及其经济效应；

2.了解跨国公司的定义、特征、起源及发展；

3.了解跨国公司对国际贸易的影响；

4.掌握跨国公司理论。

能力目标：

1.通过跨国公司相关理论的学习，培养学生的国际视野和跨文化沟通能力，能够理解和适应不同的文化、价值观和商业惯例，学习其他国家的工作方式、管理理念和创新思维，从而拓宽学生的视野；

2.培养学生的跨文化适应能力，跨国公司通常拥有来自不同国家和地区的员工和客户，因此了解跨国公司理论后，需要具备良好的跨文化适应能力，能够理解和尊重不同文化的差异，并能够在多元文化背景下进行有效的工作和沟通。

素养目标：

培养学生具有国际视野与洞察力，具备对全球政治、经济、社会等方面的洞察力和敏感度，能够关注国际动态，了解国际趋势，以便更好地为跨国公司的发展提供战略建议和支持。

▨ 引导案例

华为技术有限公司是一家生产销售通信设备的民营通信科技公司，产品主要涉及通信网络中的交换网络、传输网络、无线及有线固定接入网络和数据通信网络及无线终端产品，为世界各地通信运营商及专业网络拥有者提供硬件设备、软件、服务和解决方案，于1987年在中国深圳正式注册成立，现任总裁是任正非。华为的产品和解决方案已经应用于全球150多个国家，服务全球运营商50强中的45家及全球1/3的人口。

早在公司成立之初，任正非就将华为的目标定位为世界级企业，将市场定在全球化经营。在1998年成为中国最大通信设备制造商时，华为就开始为进军海外市场进行积极备战。华为最终在 2005 年 12 月 26 日成为英国电信公司的设备供应商，在成为英国电信"21世纪网络"的供应商后，华为在欧洲市场的名声得到大幅提升。路透社、法新社等欧洲主流媒体称，华为已经迅速崛起，加入到世界级电信设备供应商行列。

华为的成功绝不是偶然，它的成功离不开企业与时俱进的经营战略，离不开华为领导对企业改革的决心，更离不开华为全球化战略的眼光以及与之相适应的全球化经营策略。

9.1　国际资本流动及其经济效应

国际贸易中的商品移动与资本移动是不同的，国际资本移动影响着生产国际化和各国的专业化协作，从而对国际分工产生深远的影响，不可避免地也将对国际贸易的各个方面产生影响。

9.1.1　第二次世界大战前的国际资本移动对国际贸易的影响

国际资本移动对国际贸易产生重要影响的历史可追溯到 19 世纪上半叶。从那时到第二次世界大战之前，国际资本移动的发展可分为两个阶段。

1. 第一阶段：19 世纪中期—1914 年

这一阶段主要的国际资本移动国是英国。第一次工业革命使英国成了世界上第一个工业化国家，英国经济的快速发展一方面导致了国内资本的相对过剩，另一方面又使其对原材料的需求以及海外市场的寻求更为迫切。英国因而成了该历史阶段国际资本移动的主要国家。这一阶段国际资本移动的主要特点表现为：

（1）国际直接投资以私人对外投资为主，投资者到海外创办的企业大多为自由式的独立企业，即往往由企业家在母国筹集资本，然后携其家产移民到海外，创建新的企业。这类企业大都采用英国传统的家族集中管理方式。这一时期英国的对外投资者还常常能得到英国贸易商会分布在世界各地的网点提供的商机信息情报方面的支持，以及伦敦作为当时世界金融中心所带来的各种便利。

（2）由于这一时期各被投资国（东道国）大都还处于自由竞争的市场经济阶段，故私人的对外投资较少受到当地政府的干预和限制。

（3）以借贷资本形式和证券形式的间接投资在各国投资总额中所占比重较大。

（4）对外投资主要流向原料和农产品的主要产地、铁路业以及利率较高的外国证券。

2. 第二阶段：1914—1945 年

两次世界大战期间的国际资本移动具有以下特点：①美国对海外直接投资增长较快。第一次世界大战后，美国开始取代英国而成为中长期国际资本的新的来源地。②国际资本流动和贸易开始受到各国政府的种种限制和干预，如外汇管制、关税壁垒等。③由于第一次世界大战，以及发生在 20 世纪 30 年代初的美国经济大萧条所导致的全球性经济不景气，这一阶段国际资本移动的增长比较缓慢。

9.1.2　第二次世界大战后国际资本移动对国际贸易的影响

1.国际资本移动加速了战后国际贸易的发展

第二次世界大战后，国际资本移动的加快和规模的扩大是国际贸易迅速发展的一个重要原因。

战后初期，美国政府便开始向西欧和日本等国和地区进行国际资本输出。美国国家进出口银行的贷款仅限于全部购买美国商品，并必须由美国船只装运和由美国的保险公司承保。同时，美国的跨国公司通过在海外的直接投资，把本来由于本国公司内的部门间和部门内的分工扩展到全世界范围，将这种分工扩大为各国间的相互依赖和合作。同时将机器设备的进出口原材料和零部件等中间产品的贸易密切联系起来，从而迅速扩大了美国与西方国家的贸易，并在一定程度上加速了国际贸易的发展。

第二次世界大战后，发达国家对发展中国家的资本输出和私人出口信贷，成为扩大其大型机械设备和成套设备出口的重要手段，扩大了发达国家和发展中国家的双向贸易。

国际资本移动成为确保原料进口的手段，第二次世界大战后至20世纪60年代，资本移动主要流向原材料采掘、冶炼行业，从而保证了发达国家经济发展所需的原材料供应。特别是有些发达国家的跨国公司与东道国先做好投资规模的研究，然后签订长期贸易合同，保证投资者在较长时间内得到稳定的、有保证的原料供应。

2.国际资本移动对国际贸易地理分布和商品结构的影响

第二次世界大战后，发达国家集中了企业海外直接投资的75%以上，这种直接投资的地区格局致使发达国家间的分工与协作不断加强，促进了发达国家之间贸易的发展。

战后的国际贸易70%以上是在发达国家之间进行的。这一方面是由于发达国家经济发展水平相同，生产、消费结构相类似，另一方面则与企业的直接投资行为密切相关。

第二次世界大战以后，国际贸易商品结构发生了重大变化，工业制成品的比重超过初级产品的比重，在工业制成品中，中间产品比重增长很快，这些都与国际资本移动，特别是大量的直接投资集中于制造业有着密切的联系。

中间产品比重的持续增长在一定程度上与跨国企业的经营方式有关。跨国企业是从全球的角度依照各地的具体条件进行资源配置的。其经营方式为内部企业间分工协作、定点生产、定点装配、定点销售，这样便会出现大量零部件在国家间的往返运输，由此增加了中间产品的贸易比重。

3.国际资本移动加强了国际贸易中的竞争和垄断

国际资本移动特别是对外直接投资，作为企业争夺国外市场的手段具有以下三个有利的因素：

（1）建立商业信息情报网络。在国外的生产和贸易部门进行投资的跨国企业可利用自身优势，及时、准确地搜集当地市场的商业信息，并于其他地区建成信息网络。这对企业根据市场状况适时地生产适销对路的产品，改进产品的销售都是极其有利的。

（2）增强产品的竞争能力。通过对外直接投资，就地生产并就地或到邻近的地区销售商品，减少了运输成本和其他销售费用，同时利用东道国廉价的劳动力，又有效地提高了商品的竞争能力。

（3）争夺市场份额。发达国家通常利用技术上的优势，通过对外直接投资的方式在国外建立使用本国专有技术或其他知识产权生产新产品的企业，在其他企业仿造或制造类似产品以前抢占对方市场，从而获得生产和销售的垄断权并获得垄断利益。

4.国际资本移动使国际贸易方式多样化

在二战后国际资本的移动中，跨国公司的对外投资迅速增加。跨国公司通过在海外设置自己的贸易机构或建立以贸易为主的子公司，经营进出口业务，并扩大跨国公司内部的交换范围，使跨国公司内部贸易扩大。与传统贸易相比，贸易中间商、代理商的地位则相对下降。与此同时，国际贸易的方式也多样化，出现了加工贸易、补偿贸易、租赁贸易等业务。

5.国际资本移动使各国贸易政策发生了变化

跨国公司作为国际资本移动的载体，对国际资本移动的加速发展起着重要的作用。跨国公司倡导贸易自由化原则，要求政府为其创造良好的自由贸易环境，这必然会影响本国政府的贸易政策。所以，跨国公司及其代表的投资国不仅需要实现资本的自由移动，也更加需要实现商品的自由流动。

9.2 跨国公司概述

9.2.1 跨国公司的定义与特征

1.联合国经社理事会的定义

跨国公司不仅在名称上有差异，定义也是众说纷纭，这反映人们对其含义的理解不同。关于跨国公司的定义，各派学者和各国政府都有不同的认识和解释。

1978年，联合国秘书处在一份研究报告中，给跨国公司下了一个权威性的简单定义："凡是在两个或更多国家里控制有工厂、矿山、销售机构和其他资产的所有企业，不管是私营或是国营、股份公司或合作经营，都属于跨国公司。"但该定义对跨国公司经营活动的基本特征没有做出相应的界定。

1983年联合国跨国公司中心阐述了跨国公司定义的三种基本要素，这些要素在1986年联合国《跨国公司行为守则》中得到进一步明确。即：

The term "transnational corporation" as used in this Code means an enterprise whether of public, private or ownership, comprising entities in two or more countries, regardless of the legal form and fields of activity of these entities, which operates under a system of decision-making permitting coherent policies and a common strategy through one or more decision-making centers, in which the entities are so linked by ownership or otherwise, that one or more of them may be able to exercise a significant influence over the activities of others, and, in particular, to share knowledge, resources and responsibilities with the others.

该定义明确了跨国公司定义的三种基本要素：①包括设在两个或两个以上国家的实体，不管这些实体的法律形式和领域如何；②在一个决策体系中进行经营，能通过一个或几个决策中心采取一致对策和共同战略；③各实体通过股权或其他方式形成的联系，使其中的一个或几个实体有可能对别的实体施加重大影响，特别是同其他实体分享知识、资源和分担责任。

这个综合性定义既点明了跨国公司的跨国性及在跨国经营条件下的独有经营和管理特征，又强调了控制力和其涉足行业的广泛性，因而被世界各国的人们广泛接受。

2.跨国公司划分标准的纷争

长期以来，学术界对跨国公司的理解之所以存在分歧，主要是由于对跨国公司定义的标准不同。20世纪80年代后，学术界对于衡量跨国公司的三大标准基本形成了共识。

（1）结构性标准（Structural Criterion）。它是指以企业从事生产经营活动跨越的地理区域和企业的资产所有权作为衡量跨国公司经营的标准与尺度。有学者指出，跨国公司一般应有相当广泛的地理分布，对于那些只在本国基地以外的一个或两个国家拥有子公司的企业，一般不能称之为跨国公司。从企业所有权来看，一般认为，一个企业只有拥有国外企业一定比例的股份所有权才能构成跨国公司。

目前普遍使用的权威性标准是由国际货币基金组织提出的，这一标准规定跨国公司控制境外企业所有权的合理比例应不低于25%。

（2）行为特性标准（Behavioral Characteristics Criterion）。"行为"是指企业在经营和决策时的心态、思维方法和策略取向。作为跨国公司的企业，其最高领导层的决策行为不是片面的或带有歧视性的，而是公平地对待和处理世界各地所面临的机遇和挑战，只有这样才能使得企业的经营具有世界性、跨国性。这一观点在Peter F. Drucher（皮特·F.杜鲁特）1969年出版的《断层时代》（The Age of Discontinuity）一书中得到淋漓尽致的体现：虽然跨国公司的总部只设在某地，但其生产经营、组织形式和区域分布都是全球性的。公司的高层主管不是局限或偏爱于本国市场或其他某一国市场的企业家，由于他们的思维和决策行为，其掌握的公司就具有浓厚的跨国色彩。美国宾州大学教授帕尔默特在他的《国际公司的曲折演变》（1969）一文中指出：企业从国内走向国外，直接定位于全面的国际导向，其价值观念和行为方式一般都会经历三个阶段。

第一阶段：母国取向（Ethnocentric，民族中心），是指以母国为中心进行决策，经营中也优先考虑母国企业的利益，并经常搬用母国的一套经营方式，不能适应东道国当地的环境，海外机构的主管仍由母国派遣职工担任。

第二阶段：东道国取向（Polycentric，多元中心），决策权较前者分散和下放，不再集中于母国总部，经营中考虑母国利益，也兼顾国外当地企业的利益，企业业绩以当地环境和条件为基础。

第三阶段：世界取向（Geocentric，全球取向），从全球竞争环境出发做出决策，经营中要求母国企业与海外企业相互依存、相互协作，无论是母公司还是海外公司都要服从全球范围内的整体利益，考核业绩的标准也是面向全球，对母国职工和东道国职工同等重视。

（3）经营业绩标准（Performance Characteristics Criterion）。按跨国公司全球经营业

绩状况来界定跨国公司，就是指企业的国外活动在整个公司业务中，其资产额、销售额、产值（产品和劳务）、盈利额和雇员人数应占若干百分比以上才算是"多国"。也就是说以相对额来表示跨国公司的国际化经营程度，这一点与早年弗农提出的跨国国家数量和销售绝对额概念有了很大的不同。一些人主张的是25%的衡量临界点，但问题是，如果进行纵向的时间序列考察，某些企业可能在某一特定时点上合格，但在另一时点却又可能处在25%的临界点以下。①

根据《财富》杂志统计数据，不同时期的公司营业额差别很大，有将营业额超过1亿美元才称为跨国公司的，如弗农。联合国贸发会议1993年则认为营业额在10亿美元以上的为跨国公司，即"10亿美元俱乐部"（Billion Dollar Club）。当然大大超过10亿美元的跨国公司是非常之多的，如美国通用汽车公司1997年的营业额就在1 700亿美元以上，而荷兰的壳牌石油2012年营业额则高达4 817亿美元。

9.2.2　跨国公司的产生、发展和产业发展趋势

1.跨国公司的产生与发展

（1）早期的跨国公司。跨国公司是垄断资本主义高度发展的产物，跨国公司的出现与资本输出密切相关，可以说，资本输出是跨国公司形成的物质基础。

早期跨国公司起源于19世纪60年代，当时在发达资本主义国家，一些大型企业通过对外直接投资，在海外设立分支机构和子公司。当时具有代表性的是3家制造业企业：1865年，德国弗里德里克·拜耳化学公司在美国纽约州的奥尔班尼开设一家制造苯胺的工厂；1866年，瑞典制造甘油、炸药的阿佛列、诺贝尔公司在德国汉堡开办炸药厂；1867年，美国胜家缝纫机公司在英国的格拉斯哥建立缝纫机装配厂，开始它以格拉斯哥的产品供应欧洲和其他地区的市场，到1880年，该公司又在伦敦和汉堡等地设立销售机构，负责世界各地的销售业务，这家公司可以称得上是美国第一家以全球市场为目标的早期跨国公司。

（2）两次世界大战期间的跨国公司。两次世界大战期间，由于受第一次世界大战创伤的影响，加之出现资本主义有史以来最大的经济萧条，使得世界性的金融秩序混乱，对外投资数额徘徊不前，增长缓慢。1913—1938年的25年间，对外投资仅增加了70亿美元，增长16%，年平均增长0.6%。其中间接投资比重下降，从1913年占90%下降到第二次大战前夕的75%，但仍居主要地位，绝对额未减少；而对外直接投资则有相当增加，主要资本主义国家对外直接投资的绝对额增加了两倍，比重也有较大提高。其中，美国对外直接投资上升为第二位，仅次于英国。同时，对外直接投资的行业范围扩大，对制造业投资比重有较大提高，尤其是美国的变化更为明显。美国1914年对外直接投资以矿业居首位，1940年即以制造业为首位。

尽管对外直接投资有一半仍在殖民地和经济落后国家，但随着直接投资制造业的比重增加，对经济发达和比较发达国家的直接投资也有所增加。在这期间，对外投资的发展极不平衡，英国资本输出虽然仍居世界首位，但优势相对下降。战前仅居第四位的美

① 林康.跨国公司与跨国经营［M］.北京：对外经济贸易大学出版社，2000：3.

国急剧扩展，对外直接投资额由 26.5 亿美元增至 73 亿美元，由 18.5% 增至 27.7%，投资额比战前增加了 2.4 倍，稳居第二，从债务国跃为主要债权国。原居第二、第三位的法国和德国，投资额急剧减少，被挤出资本输出大国。

随着各国企业实力的增长，在一些实力接近的部门如铝制品、电器设备、化学和重型机械等，纷纷建立国际卡特尔以维护相互的利益。其内容也从单纯的限定产量和价格发展到分割世界市场和投资场所等方面。而在各国企业发展不平衡的工业部门，国际卡特尔则很少出现，如在汽车工业，通用和福特这两家美国企业拥有很强的技术和市场销售方面的优势，在此期间，这两家公司迅速扩大了在欧洲的直接投资。

（3）第二次世界大战后到 20 世纪末的跨国公司。第二次世界大战后，跨国公司进入了空前发展的新时期。这一时期，由于第三次科技革命的发生和国际分工的进一步深化，跨国公司的发展呈现出一些新的特点。

①跨国公司数量增多、规模不断扩大。据联合国跨国公司中心的资料，主要发达国家的跨国公司 1969 年有 7 276 家，到 1978 年已达到 10 727 家。自 20 世纪 60 年代开始，发达国家跨国公司子公司的数目迅速增长，从 1969 年的 2.73 万家增加到 1980 年 9.8 万家。1972 年，年销售额 10 亿美元以上的制造业（含石油业）跨国公司有 211 家，1976 年此种规模的工矿业跨国公司已达 422 家。同时，在一些资本密集型和技术密集型的工业中，整个世界的生产集中在几家或十几家巨型跨国公司手中，如 1980 年农机工业世界销售总额的 80% 以上集中在 11 家跨国公司手中。在 10 家最大的计算机跨国公司总销售额中，国际商业机器公司（IBM）一家就占了将近一半。随着跨国公司的发展，在一些工业部门中，跨国公司不仅控制了国内市场，而且控制了相当份额的世界市场。

②对外直接投资迅速发展并主要集中于少数几个发达国家。20 世纪 60 年代以来，全球对外直接投资的增长速度超过了同期世界生产总值和世界贸易的增长速度。例如，1960—1973 年间，世界生产总值年均增长率为 5.5%，世界贸易年均增长率为 8% 左右，而同期世界对外直接投资年均增长率高达 15.1%。在 1974—1980 年间，世界生产总值和贸易年均增长率分别为 3.6% 和 4.0%，而同期对外直接投资年均增速高达 18.9%。从投资来源国看，二战后美国取代英国成为世界最大的对外直接投资国。1960 年在全球的对外直接投资总额中，美国占 71.1%，英国占 17.1%。1970 年美国占 62.9%，英国占 10.9%。20 世纪 70 年代后，前联邦德国、日本对外直接投资的比重也分别由 1960 年的 1.2% 和 0.8% 上升至 1981 年的 8.6% 和 7.0%。

③跨国投资的流向逐步由发展中国家转向发达国家。据联合国秘书处《国际组织年鉴》提供的资料，20 世纪 60 年代中到 60 年代末跨国公司投资的 78% 投向发达国家，70 年代中到 70 年代末这一比例更高达 87%。

发达国家相互间直接投资较战前显著增加的原因在于：发达国家经济发展水平较高，接受投资容量大；消费习惯、市场结构比较接近，容易组织国际生产；各国产业结构不同，技术优势各异，可以相互取长补短；政治稳定，对对方的法律规范熟悉；语言障碍少，技术、管理人才可以就地招聘；交通、通信等基础设施较为完善；寡占市场的反应等。

发达国家跨国公司对发展中国家的直接投资大都集中在工业化进展快、人均国民收入高、市场容量较大的新兴工业化国家和地区，如亚洲的韩国、新加坡、中国台湾和中国香港地区，拉丁美洲的巴西、墨西哥、阿根廷、秘鲁等。

④跨国投资的行业分布从战前的初级产品生产转向制造业和第三产业。许多发展中国家开始调整吸引外资的政策，进一步扩大利用外资的领域，允许外资进入商业、基础产业、金融、保险、房地产等行业，同时鼓励外资对国内资本和技术密集型项目进行投资。这在一定程度上减少了发达国家在发展中国家制造业中的投资比重，同时促进了对外直接投资逐步向资本和技术密集型行业及第三产业转移。据联合国统计，截止到1998年流入发达国家的对外直接投资的分布是：第一产业为86亿美元，第二产业为350亿美元，第三产业为340亿美元；流入发展中国家的对外直接投资的产业分布是第一产业为18亿美元，第二产业为178亿美元，第三产业为665亿美元。伴随着跨国公司投资产业的变化，出现了越来越多的跨领域和跨行业经营的跨国公司。例如，美国通用汽车公司在汽车行业继续保持垄断地位的同时，还控制了美国铁路基本生产总量的85%，柴油机引擎生产总量的75%，电冰箱生产总量的30%。

⑤发展中国家和地区跨国公司有所发展。据联合国跨国公司中心资料，在1970—1972年间，发展中国家和地区年均对外投资额为4 300万美元，但到1978—1980年，已增加到6.82亿美元。截至1980年年末，有41个发展中国家和地区的企业在海外从事生产经营和资源开发活动。20世纪80年代初，发展中国家和地区对外投资总额已达200亿美元左右，占全球对外直接投资累计总额的3.2%，其在国外的子公司或分支机构已猛增到6 000～8 000家。到20世纪末，发展中国家的对外直接投资占全球输出存量的份额在过去20多年增加了3倍，从1980年的4%增加到2001年的12%。亚洲发展中国家的跨国公司不断崛起，并逐渐成为区域内投资的主要力量，发展中国家和地区的对外直接投资输出以中国香港为龙头，独占近一半（48%）。其次为东亚的另外三小龙（新加坡、中国台湾和韩国）以及中国大陆和马来西亚。

（4）新世纪跨国公司的发展趋势。2023年，全球外国直接投资（FDI）小幅下降2%，降至1.3万亿美元。排除部分中转效应后，全球FDI流量比2022年下降了10%以上。2024年，国际投资的全球环境仍面临挑战。增长前景疲软、经济分化趋势等因素正在重塑FDI模式，导致一些跨国公司对海外扩张采取谨慎态度。

①对外直接投资增长减缓。以流入额计算，2000年，全球对外直接投资达到了14 150亿美元的历史纪录后出现了一个较大幅度的下降，直到2006年全球的对外直接投资流入量才又达到了14 816亿美元，而2007年和2015年分别达到18 894亿美元和20 498亿美元，2023年全球的对外直接投资的流入额为13 318亿美元（如图9-1所示）。

大多数地区出现下降趋势，2023年，在发达国家，由于中转经济体的波动，欧洲的FDI流量从2022年的负1 060亿美元跃升至正160亿美元；其他欧洲地区FDI的流量则下降了14%。其他发达国家的FDI流量也停滞不前，北美下降了5%，其他地区也大幅下降。

流向发展中国家的外国直接投资下降7%，至8 670亿美元。亚洲发展中经济体的总体降幅为8%；流向非洲的外国直接投资下降3%；拉丁美洲和加勒比地区降幅为1%；流向欧洲大部分地区和北美的外资分别减少了14%和5%。国际项目融资交易数量减少了1/4。

相比之下，流向结构薄弱和脆弱经济体的外国投资逆势而上，在最不发达国家、内陆发展中国家和小岛屿发展中国家均略有增加。

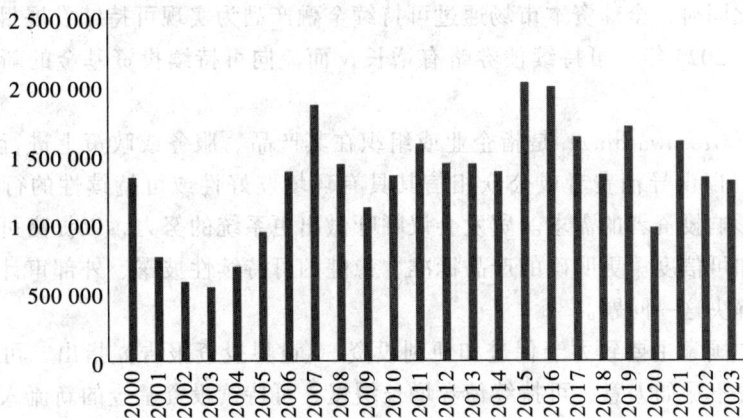

图9-1　2000—2023年世界FDI流入金额图单位（百万美元）

资料来源　联合国经社理事会网站，http://unctadstat.unctad.org.

②发达国家仍然是对外直接投资的主要输出方，也是对外直接投资的主要输入方。发达国家一直占据着国际直接投资的主导地位，这与发达国家的企业占据着所有权优势与内部化优势不无关系。发达国家的对外直接投资输出在发展中国家各有其势力范围。拉丁美洲主要是美国对外直接投资的东道国，日本则将其超过1/4的对外直接投资输往东亚。西欧则在拉丁美洲和非洲有其势力范围。对外直接投资在发展中国家的分布也极不均匀。世界排名前10位的东道国的对外直接投资输入占整个发展中国家的73%，主要是在东亚及拉丁美洲。

虽然发达国家仍然占据着国际直接投资的主体地位，但是由于经济加速衰退的严重影响，一方面，投资者对于经济状况及经济衰退潜在风险的担忧影响了发达经济体与发展中经济体的投资流量；另一方面，紧缩的金融环境进一步抑制了国际项目融资与跨境并购。2000年，发达国家资本流入11 424亿美元，约占全球的81%，之后逐年下降，降到2023年的4 643亿美元（如图9-2所示）。

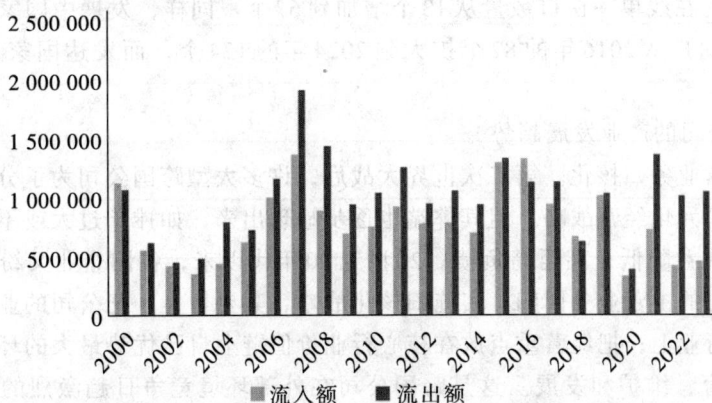

流入额　　流出额

图9-2　2000—2022年发达国家FDI流出流入金额图 单位（百万美元）

③投资不足减缓可持续发展。2023年，融资条件的收紧，对电力和可再生能源等

基础设施和公共服务领域至关重要的国际项目融资交易数量减少了1/4。这导致与可持续发展目标相关的行业投资减少了10%，其中受影响最大的是农业食品系统、水和卫生设施。与此同时，全球资本市场通过可持续金融产品为实现可持续发展目标筹资的速度正在放缓。2023年，可持续债券略有增长，而流向可持续投资基金的新资金下降了60%。

"漂绿"（Greenwashing）是指企业或组织在其产品、服务或政策上进行虚假或夸大的环保宣传，以误导消费者或公众相信其具有环境友好性或可持续性的行为。"漂绿"问题正日益影响投资者的需求。贸发会议呼吁做出更系统的努力，以提高可持续基金市场的透明度和可信度。更明确的产品标准、稳健的可持续性披露、外部审计和第三方评级将有助于解决这一问题。

④发展中国家主要致力于促进和便利投资。《世界投资报告》指出，可持续金融产品的市场表现不尽如人意，可持续债券增长缓慢，可持续投资基金的新流入量更是大幅下跌60%。投资者对产品的担忧增加，呼吁加强产品标准的清晰度、可持续性披露、外部审计及第三方评级，以提升市场信任度。

报告同时指出，为应对挑战，全球范围内正加速推动投资便利化，尤其是通过数字工具优化信息访问、提高透明度并简化行政程序。数字政府服务的扩展成为自下而上提高成本效益的新方法，通过逐步扩大服务范围，不仅及时提升了用户体验，还为政府开拓了收入潜力，无须大规模立法改革即可实现。这种方法对发展中国家尤为有益，为其在全球化竞争中创造了新的增长点。

报告特别对发展中国家持续提高投资便利化的努力做出肯定。报告指出，2023年，发展中国家投资政策中有86%对投资者更为有利。相比之下，发达国家有57%的措施对投资者较为不利，他们正在采取更多的限制性措施用于解决国家安全问题。

商业和投资便利化是发展中国家发展私营部门和吸引外国直接投资的重要举措。发展中国家在这一领域表现尤为积极，在线单一窗口和商业注册信息门户数量大幅增长，为私营部门发展和外资吸引创造了更有利的环境。

数据显示，自联合国贸发组织于2016年提出《投资便利化全球行动方案》以来，发展中国家的在线单一窗口数量从13个增加到67个。同样，发展中国家的企业和投资者注册信息门户从2016年的82个扩大到2024年的124个，而发达国家从43个增加到48个。

2.跨国公司的产业发展趋势

（1）经营业务归核化。第二次世界大战后，许多大型跨国公司为了分散风险，曾普遍采用业务多元化经营战略。但其弊端也逐步显现出来，如摊子过大或不熟悉非相关领域等，导致收益降低，甚至高负债。20世纪90年代以来，各国企业又纷纷由多元化扩张向有竞争力的主营业务回归，实施归核化战略，其要旨是：把公司的业务归拢到最具竞争优势的行业上；把经营重点放在核心行业价值链上自己优势最大的环节上；强调核心能力的培育、维护和发展。这是跨国公司在外部环境竞争日趋激烈的情况下"有所为，有所不为"的一种主动选择，是为了更好地发展核心主业、提高竞争力而实施的战略转移。可以说，归核化已成为21世纪各国大企业或跨国公司的主导型战略。

（2）投资经营服务化。其主要有两方面的含义：一是指跨国公司直接投资全球范围内加速向服务行业倾斜。20世纪70年代初，服务业只占全球外商直接投资总量的1/4。1990年，服务业吸收的外商直接投资超过了第一、第二产业之和，在跨国投资总额中所占比重达到了50.1%，而到了2005年，服务业占据了世界内对外直接投资存量的近2/3。就具体行业来说，主要集中在贸易和金融领域，两者2002年仍占服务业对外直接投资存量的47%和流量的35%。然而，诸如供电、供水、电信和企业活动（包括IT带动的商业服务）正在占据越来越显要地位。例如，1990—2002年，发电和电力配送方面的对外直接投资存量值增长了14倍；电信、仓储和运输增长了16倍；企业服务增长了9倍。二是指制造业公司把服务环节作为增加附加值和利润的重要领域。例如，美国Dell公司的卓越服务在电脑业掀起一场革命，迫使IBM、惠普、富士通等老牌电脑制造巨头们纷纷调整战略：由硬件制造商向软件和服务商的战略转变。在汽车、家电、医药等制造业也出现了向服务业的转变。例如，美国福特汽车公司在1999年5月宣布了"从组装到销毁"的全程服务新战略；家电先导日本索尼公司正在实施从一个家电硬件制造商转变为娱乐服务商的新战略；医药制造业大公司近年来纷纷向医疗保健服务领域进军，也是这种新趋势的表现。

跨国公司投资和经营行为服务化，主要是由于：①服务业在经济整体上的地位上升。②第三产业的投资面广，比制造业和采掘业投资风险低，投资回收期短，有利于获得更高的投资收益。③经济发展使全球对现代化服务的需求提高，特别要求贸易、金融、房地产、咨询、保险、教育、文化、酒店旅游、交通通信、保健等产业，提供更全面多样而周到的服务。此外，发展中国家以及中东欧国家，在经济加速发展及向市场经济的转轨过程中，也需要充分利用银行、保险、电讯、会计和法律等方面服务。巨大的潜在市场和利润无疑成为吸引跨国公司直接投资的重要动力。④乌拉圭协议《服务贸易总协议》和世界贸易组织通过的《多边金融服务贸易协定》推动了服务业国际直接投资自由化的步伐。⑤随着高科技的发展，同类企业普遍掌握了先进的技术和工艺，产品的设计、品种、制造、质量和价格彼此间已无明显的差异，它们已经不是绝对可靠的竞争手段，精明的企业家无不根据市场竞争状况和自身条件而努力探求具有独创性的优质服务，以赢得更多的市场和顾客。

（3）不可逆转的跨国公司联合趋势。一是面对国际经济中日益激烈的竞争，技术进步和技术扩散速度的加快，使大公司不再在所有技术领域保持尖端优势，大型跨国公司为了共担研究开发新产品的成本和风险，以适应日新月异的新技术要求，采取战略联盟方式作为彼此之间竞争与合作的"双赢"方式，跨国公司之间广泛缔结的国际战略联盟，是一种尤为引人注目的新趋势。

国际性战略联盟可以优势互补，形成一种在协调中竞争的合作关系。这种合作使双方既能从对方获得各自所需，又能保持经营上的独立性。新型战略联盟的形成，大多集中在汽车、航空、信息技术和生物技术业等资本技术密集型企业。1979年美国福特公司与日本马自达公司的结盟应是最早的跨国企业战略联盟，先后共同研制了10种新车型，由福特公司负责大部分汽车式样设计，马自达开发关键工程部件。双方各自扬长避短，前者长于市场营销和资金筹措，后者则善于产品开发和制造。显然，跨国公司之间的战略联盟具有特殊的优势，因此自20世纪80年代以来就颇受国际企业的青睐，战略联盟的数量直线上升。例如东芝、IBM和西门子共同协议合作开发256兆位高级芯片；NEC与AT&T、日立与德州仪器公司的合作研究与开发，均是跨国战略联盟的典型范例。在航空产业，最为著名的事例当为波音公司与富士、三菱、川崎重工合作开发超级777喷气式客机，以及法国、德国、英国、西班牙四国联手创建的空中客车公司共同研制新型客机等等。

二是跨国并购成为国际投资的主要形式。从19世纪末起，西方发达国家就发生了多次大规模的企业并购浪潮，由此造就了大批大型、超大型企业。但是，在第二次世界大战之前，并购大多发生在一国国内企业之间。二战之后，这些企业为了在全球化的竞争中取得有利地位，又纷纷举起了跨国并购这个武器，先后曾发生过四次并购浪潮。进入20世纪90年代，发生了第五次并购浪潮，其特点是跨国并购的产业仍集中在制造业和服务业，但是制造业的并购份额呈下降趋势，服务业呈上升趋势。1999年服务业占60%，制造业占30%。制造业由原来的资源、劳动密集行业转向资本、技术密集行业，如化工、电气、机械和汽车。服务业内部的跨国并购主要集中在电信、金融和商业服务领域，尤其是高新技术产业。

9.3 跨国公司理论介评

9.3.1 垄断优势理论

垄断优势理论是最早研究对外直接投资的独立理论，它产生于本世纪60年代初，在这以前基本上没有独立的对外直接投资理论。1960年美国学者海默（Stephen Hymer）在他的博士论文中提出了以垄断优势来解释对外直接投资的理论。以后美国学者金德尔伯格（Charles Kindleberger）以及其他学者又对这一理论进行了发展和补充。

垄断优势理论认为，企业对外直接投资必须满足两个条件：①企业必须拥有竞争优势，以抵消在与当地企业竞争中的不利因素；②不完全市场的存在，使企业拥有和保持这些优势。

海默研究了美国企业对外直接投资的工业部门构成，发现直接投资和垄断的工业部门结构有关，美国从事对外直接投资的企业主要集中在具有独特优势的少数部门。美国企业走向国际化的主要动机是为了充分利用自己独占性的生产要素优势，以谋取高额利润。独占性的生产要素是指企业所具有的各种优势，这些优势具体表现在：技术先进、规模经济、管理技能、资金实力、销售渠道等方面。海默认为，其他国家的对外直接投资也与部门的垄断程度较高有关。另一方面海默还分析了产品和生产要素市场的不完全性对对外直接投资的影响。在市场完全的情况下，国际贸易是企业参与国际市场或对外扩张的唯一方式，企业将根据比较利益原则从事进出口活动。但在现实生活中，市场是不完全的，这种产品和生产要素市场的不完全性为对外直接投资打开大门。市场的不完全性指的也就是市场上存在着不完全竞争，市场上存在着一些障碍和干扰，如关税和非关税壁垒的存在，少数卖主或买主能够凭借控制产量或购买量来影响市场价格决定的现象的存在，政府对价格和利润的管制等等。正是由于上述障碍和干扰的存在严重阻碍了国际贸易的顺利进行，减少了贸易带来的益处，从而导致企业利用自己所拥有的垄断优势通过对外直接投资参与国际市场。

9.3.2 内部化理论

1.内部化理论的产生

内部化理论又称市场内部化理论，它是20世纪70年代以来西方跨国公司研究者为了建立跨国公司一般理论时所提出和形成的理论，是当前解释对外直接投资的一种比较流行的理论，有时也称其为对外直接投资的一般理论。这一理论主要是由英国学者巴克莱（Peter Bukley）、卡森（Mark Casson）和加拿大学者拉格曼（Alian M.Rugman）共同提出来的。

内部化是指企业内部建立市场的过程，以企业的内部市场代替外部市场，从而解决由于市场不完整而带来的不能保证供需交换正常进行的问题。内部化理论认为，由于市场存在不完整性和交易成本上升，因此企业通过内部市场的买卖关系不能保证企业获利，并导致许多附加成本。因此，建立企业内部市场即通过跨国公司内部形成的公司内市场，就能克服外部市场和市场不完整所造成的风险和损失。

2.内部化实现的条件

内部化理论建立在三个假设的基础上：①企业在不完全市场上从事经营的目的是追求利润的最大化；②当生产要素特别是中间产品的市场不完全时，企业就有可能以内部市场取代外部市场，统一管理经营活动；③内部化超越国界时就产生了跨国公司。

市场内部化的过程取决于四个因素：一是产业特定因素，这与产品性质、外部市场的结构和规模经济有关；二是区位特定因素，如区位地理上的距离、文化差异和社会特点等；三是国家特定因素，如有关国家的政治和财政制度；四是公司特定因素，如不同企业组织内部市场的管理能力。在这几个因素中，产业特定因素是最关键的因素。因为如果某一产业的生产活动存在着多阶段生产的特点，那么就必然存在中间产品，若中间产品的供需在外部市场进行，则供需双方无论如何协调，也难以排除外部市场供需间的剧烈变动，于是为了克服中间产品的市场不完全性，就可能出现市场内部化。市场内部化会给企业带来多方面的收益。

9.3.3 国际生产折中理论

1.企业对外直接投资应满足的条件

国际生产折中理论又称国际生产综合理论，是20世纪70年代由英国著名跨国公司专家、雷丁大学国际投资和国际企业教授邓宁（John H.Dunning）提出的。

邓宁认为，自20世纪60年代以来，国际生产理论主要沿着三个方向发展：①以垄断优势理论为代表的产业组织理论。②以阿利伯的安全通货论和拉格曼的证券投资分散风险为代表的金融理论。③厂商理论即内部化理论。但上述三种理论对国际生产的解释是片面的，没有能够把国际生产与贸易或其他资源转让形式结合起来分析。国际生产折中理论吸收了上述三种理论的主要观点，并结合区位理论解释跨国公司从事国际生产的能力和意愿，解释它们为什么在对外直接投资、出口或许可证安排这三种参与国际市场的方式中选择对外直接投资。这一理论目前已成为世界上在对外直接投资和跨国公司研究领域中最有影响的理论，并广泛被用来分析跨国公司对外直接投资的动机和优势。

国际生产折中理论认为，一个企业要从事对外直接投资必须同时具有三个优势，即所有权优势、内部化优势和区位优势。

（1）所有权优势主要是指企业所拥有的大于外国企业的优势。它主要包括技术优势、企业规模优势、组织管理优势、金融和货币优势以及市场销售优势等。

（2）内部化优势是指企业在通过对外直接投资将其资产或所有权内部化过程中所拥有的优势。也就是说，企业将拥有的资产通过内部化转移给国外子公司，可以比通过市场交易转移获得更多的利益。企业到底是选择资产内部化还是资产外部化取决于理论的比较。

（3）区位优势是指企业在具有上述两个优势以后，在进行投资区位要素选择上是否具有优势，也就是说可供投资地区是否在某些方面较国内优势。区位优势包括：劳动成本、市场需求、自然资源、运输成本、关税和非关税壁垒、政府对外国投资的政策等方面的优势。

如果一家企业同时具有上述三个优势，那么它就可以进行对外直接投资。这三种优势的不同组合，还决定了对外直接投资的部门结构和国际生产类型。

2.对三大优势的进一步解释

邓宁将对外直接投资划分为五种类型：资源开发型；生产或加工专业化型；贸易和销售型；服务型；其他。每一种类型的对外直接投资都是由不同的所有权优势、内部化优势和区位优势组合决定的。

国际生产折中理论认为：决定对外直接投资的三项因素之间是相互关联、紧密联系的。与外国企业相比，本国企业拥有的所有权优势越大，则将资产内部化使用的可能性也越大，从而在国外利用其资产比在国内可能更为有利，更有可能发展对外直接投资。如果本国企业在这三方面都处于劣势，则有可能吸引国外直接投资。

邓宁认为，国际生产折中理论不仅可以结识一国企业的对外直接投资，还可以结识一国企业对参与国际经济方式的选择，亦即可以将对外贸易、技术转让、对外直接投资三者有机结合起来。一般来讲，如果企业仅拥有一定的所有权优势，则可能只选择对外技术转让的形式参与国际经济活动；如果企业同时拥有所有权优势和内部化优势，则出口贸易是参与国际活动一种较好形式；如果企业同时拥有所有权优势、内部化优势和区位优势，则发展对外直接投资是参与国际经济活动的较好形式。

以上我们分析和介绍了西方学者在研究国际直接投资时提出的3种主要的理论，除此之外还有其他一些理论，如资本化率理论等。理论的发展源于实践的发展和丰富。可以相信，随着各国对外直接投资活动的不断发展，有关这方面的理论研究也必将会不断有所创新。

▓ 案例讨论

国际生产折中理论分析宝洁公司的海外投资

一、所有权特定优势

（一）资本优势

宝洁总部创始于1837年，至今有175年之久。无论科技，产品历史，销售经验，人才储备上都有很大优势。宝洁公司的各个品牌已经具有了广泛的号召力和影响力，在市场中的份额占很高的比例。

（二）技术优势

宝洁公司在世界各地都有属于自己的科研所，并吸纳各地的科研人才，各中心之间进行科研成果的信息分享与相互竞争，达到提高整体水平的目的，并聘请专业担任技术顾问专家进行指导。科研人员负责研究适合当地气候、人群肤质和消费能力、爱好的气味的不同配方，而不是全球就使用一种配方。即使偶尔其他公司研制出新产品、新技术，宝洁公司也能在一个月或者更短时间内克隆出一样的配方并将新产品推出市场，不让竞争对手拉开销售距离。该公司拥有的专利就超过29 000项。

（三）规模经济优势

宝洁公司是财富500强中第十大最受赞誉的公司，同时也是财富500强中第十大最受赞誉的公司。分公司分布超过80个国家，产品销售超过160个国家，产品种类织物及家居护理、美发美容、婴儿及家庭护理、健康护理、食品及饮料等品牌约300个。作为宝洁在全球第二大市场，宝洁通过优质的产品和服务，亲近和美化超过14亿的大中华区消费者的生活。

（四）交易性所有权优势

多年前，好迪、拉芳、霸王等本土日化企业被家乐福告知要想继续上架，就要缴纳8%～15%的额外费用，这部分加价足以抵消其卖场利润，甚至被迫退出卖场。但想对霸王条款说"NO"并不容易，退出卖场就等于将大块市场拱手让人，而宝洁、联合利华就不会面临这样的问题。家乐福中国区副总戴玮向时代周报记者否认家乐福是搞区别对待，"如果小品牌占据的货架越来越少，那也是市场选择的结果。"但众所周知的是，家乐福、沃尔玛等大卖场一向是宝洁良好的合作伙伴，宝洁和沃尔玛开创的销售模式甚至被命名"宝玛模式"。由此可见，宝洁公司在抢占市场份额的同时，通过与卖场达成良好的合作伙伴关系，让卖场给予其他的竞争对手施压，从而达到其垄断行业的目的，其野心可见一斑。

二、内部化优势

市场存在风险，宝洁公司作为一家如此大的跨国公司，当然知道市场的风险，为了避免外部市场不完全对企业利益的影响，也为了规避风险，宝洁公司在全球80多个国家设有工厂及分公司，它将企业生产销售和资源配置都调度得合理完备，堪称完美。

三、区位优势

宝洁公司充分利用了许多国家的地理区位优势。拿中国来说，目前，宝洁公司已陆续在广州、北京、上海、成都、天津等地设有十几家合资、独资企业。这些城市都是中国国内较大的省会城市，是人口聚集的稠密地区。宝洁公司将分公司设在那儿，显然开始看中了那里得天独厚的地理区位优势—市场优势。要知道，中国可是拥有14多亿人口的人口大国。人多的地方自然就有大量的需求，需求带动了企业的业绩销售。宝洁美国总部的 Ropha Penn 和中国总部发言人张群翔说，对中国消费者来说，宝洁是一个中国公司，宝洁中国99%的员工都是中国人，80%的原料都来自中国本地。所以从此可以看出宝洁公司进行海外投资的区位优势非常明显。

资料来源　作者根据网络资料整理而成.

思考：

（1）宝洁公司是怎样运用国际生产折中理论成为日化行业的龙头老大的？

（2）列举其他运用国际生产折中理论成功的案例。

复习思考题

本章小结

一、简答题

1.何谓跨国公司？它应具备哪三个要素？

2.跨国公司的经营特点是什么？

3.跨国公司对国际贸易有何影响？

4.第二次世界大战后到20世纪末的跨国公司的发展特点有哪些？

5.新世纪跨国公司的发展趋势有哪些？

6.简述投资经营服务化的含义。

7.何谓垄断优势理论？

8.何谓内部化理论？

二、分析题

1.跨国公司对外扩张的动态过程与产品生命周期理论有哪些异同？

2.国际生产折中理论是如何分析跨国公司的各种国际经济行为的？

第 10 章

国际贸易体制

学习目标

知识目标：

1.了解什么是区域经济一体化，区域经济一体化组织形式有哪些，中国参与了哪些区域一体化组织；

2.掌握世贸组织的基本原则，了解合法背离关贸总协定义务的例外有哪些内容；

3.理解什么是倾销，了解《反倾销协议》的主要内容；

4.了解《反补贴协议》的内容；

5.了解中国加入世界贸易组织时间，及中国为加入世界贸易组织做了哪些经贸政策和体制改革。

能力目标：

1.通过梳理区域经济一体化组织形式的发展，使学生认识和理解国际经济中的一些主要现象、历史演变和发展趋势；

2.通过中国参与区域经济一体化的进程，为学生植入中国的政策、意识与文化，提升学生的大局观意识，引导学生树立正确的价值观；

3.培养学生的全球化意识、提升学生的创新性、批判性思维能力及跨国交流的能力。

素养目标：

1.培养学生理论联系实际分析问题的能力，使学生具备一定的综合分析能力、解决问题的能力，使其具备今后从事对外经贸工作的职业素养；

2.各国的政治制度、法律体系不同，文化背景互有差异，价值观念也有所不同，要求学生能够熟悉国际贸易法则，为更好的从事相关工作做好准备。

引导案例

2011年11月，美国商务部就中国光伏产品立案启动"双反"调查。2012年10月，美国商务部做出终裁，决定对中国输美光伏产品征收最高约250%的"双反"关税。2014年1月，美国商务部再次对我国输美光伏产品发起"双反"调查。2015年5月，美国商务部做出终裁，决定对中国大陆光伏制造商执行最高165%的惩罚性关税。多年来，美国当局持续炒作"中国光伏低价倾销"，这对中国的科技发展和产业升级有着极其不利的影响，中国及中国光伏企业应该如何应对这样的情况，并在光伏等新能源领域有不断的产能提升及技术突破呢？

10.1 区域经济一体化

10.1.1 区域经济一体化的含义

区域经济一体化（Regional Economic Integration），指区域内两个或两个以上的国家或地区，在一个由政府授权组成的并具有超国家性的共同机构下，通过制定统一的对内对外经济政策、财政与金融政策等等，消除国别之间阻碍经济贸易发展的障碍，实现域内互利互惠、协调发展和资源优化配置，最终形成一个政治经济高度协调统一的有机体的过程。

10.1.2 区域经济一体化的形式

1.按范围划分：部门一体化和全盘一体化

部门一体化是指区域内成员间的一个或几个部门（或商品）进行一体化。例如，欧洲煤钢联营（ECSC）、欧洲原子能联营（EURATOM）便属此类。全盘一体化，是指区域内成员的所有经济部门实行一体化的形态，如欧洲经济共同体。

2.按参加国经济发展水平划分：水平一体化和垂直一体化

水平一体化是指经济发展水平大致相同或相近的国家共同形成的经济一体化组织。垂直一体化是指经济发展水平不同的国家所形成的一体化组织。

3.按贸易壁垒拆除的程度划分：

（1）优惠贸易安排（Preferential Trade Agreement，PTA）。这是一种较低级和松散的区域经济一体化形式，在实行优惠贸易安排的成员间，通过协议或其他形式对全部货物或部分货物规定特别的关税优惠或非关税方面的优惠，如1932年英国与其以前的殖民地之间实行的英联邦特惠税制。

（2）自由贸易区（Free Trade Area，FTA）。它通常指签订有自由贸易协定的国家所组成的经济贸易集团，在成员方的货物贸易或服务贸易之间彼此取消关税和非关税的贸易限制，但对非成员仍维持各自的贸易政策。例如1960年成立的欧洲自由贸易联盟（EFTA）就属此种类型的区域经济合作，成立时的成员有英国、葡萄牙、瑞士、奥地利、丹麦、瑞典及挪威，现在有4个成员，即挪威、冰岛、瑞士及列支敦士登。此外，还有北美自由贸易区（NAFTA）、东盟自由贸易区（AFTA）等。

（3）关税同盟（Customs Union）。它是由两个或两个以上的国家（地区）所组成的区域经济一体化组织，完全取消关税或其他壁垒，并对非同盟国家（地区）实行统一的关税税率。其目的在于使关税同盟成员方的商品在统一关境内的市场上处于有利的竞争地位，排除非同盟国家（地区）商品的竞争。如比荷卢经济联盟、欧洲经济共同体的关税同盟等。关税同盟是比自由贸易区层次更高的经济一体化组织，其特点是在自由贸易区的基础上，建立起对非同盟国家（地区）统一的关税税率。

（4）共同市场（Common Market）。它是比关税同盟更高一级的区域经济一体化形式，是指各成员之间不仅实现了自由贸易，建立了共同对外关税，而且还实现了服务、资本和劳动力的自由流动。其特点是成员之间不仅实现了商品的自由流通，还实现了生产要素和服务的自由流通。1992 年的欧共体（EEC）就达到了共同市场的一体化水平。

（5）经济联盟（Economic Union）。实行经济联盟的国家不仅实现商品、生产要素的自由流动，对外实行共同关税，并且制定和执行统一对外的某些经济政策和社会政策，逐步消除政策方面的差异，使一体化的程度从商品交换扩展到生产、分配乃至整个国民经济，形成一个有机的经济实体。其特点是在共同市场的基础上，还要求有共同的货币政策、财政政策和汇率政策。欧洲联盟就属于经济联盟的形式。

（6）完全的经济一体化（Perfectly Economic Integration）。它是指成员在实现了经济联盟目标的基础上，进一步实现经济制度、政治制度和法律制度等方面的协调乃至统一的经济一体化形式。如果说其他四种形态是经济一体化过程的中间阶段，那么完全的经济一体化就是经济一体化的最终阶段。

完全的经济一体化的特点是就其过程而言是逐步实现经济及其他方面制度的一体化。从结果上看，他是类似于一个国家的经济一体化组织。完全经济一体化的形式主要有两种：一是联邦制，其特点是各成员的权力大于超国家的经济一体化组织的权利；二是联邦制，其特点是超国家的经济一体化组织的权力大于各成员的权利。联邦制的国际经济一体化组织类似于一个联邦制的国家。

10.1.3　二战后区域经济一体化的产生与发展

1. 20 世纪 80 年代前

20 世纪 50 年代至 60 年代，随着世界政治经济发展不平衡和社会主义国家的崛起，区域经济一体化组织有了迅速发展。

1949 年 1 月苏联和东欧国家成立了经济互助委员会（简称"经互会"）。1951 年 4 月，法国、德国、意大利、比利时、荷兰和卢森堡 6 国在巴黎签订了为期 50 年的《欧洲煤钢联营条约》，决定于 1952 年 7 月建立煤钢共同市场。1957 年 3 月 25 日，上述六国外长又在罗马签订了《欧洲经济共同体》和《欧洲原子能联营》两个条约，总称《罗马条约》。1958 年 1 月 1 日起条约生效。为了与之抗衡，英国联合瑞典、丹麦、挪威、瑞士、奥地利和葡萄牙，于 1959 年 6 月 30 日在瑞典首都奥斯哥尔摩举行部长级会议，通过了《欧洲自由贸易联盟草案》。1960 年 1 月 4 日，签订了《建立欧洲自由贸易联盟公约》，同年 5 月 3 日起生效，建立了欧洲自由贸易联盟，20 世纪 60 年代以后，发展中国家也建立了 20 多个区域经济一体化组织，主要有：亚洲的东南亚国家联盟和南亚地区合作组织；拉美地区的拉美一体化协会、安第斯条约组织、中美洲共同市场，非洲的西非国家经济共同体、西非共同体；阿拉伯世界的海湾合作委员会、阿拉伯合作委员会和阿拉比马格里布联盟等。

20世纪70年代中期至80年代中期，由于世界资本主义经济处于经济危机、能源危机和货币制度危机，经济增长停滞并伴随着高失业率。高通货膨胀率，市场萎缩，贸易保护主义抬头，贸易与投资自由化受到较大阻力。除了欧洲经济共同体及经互会仍然在缓慢地推进经济一体化以外，其余的经济一体化组织几乎都停滞发展，有的甚至中断活动或解体。

2. 20世纪80年代后

20世纪80年代中期以来，区域经济一体化迅猛发展并实现新的飞跃。这一时期参与经济一体化的国家日益增多，经济一体化的层次越来越高，经济一体化逐渐走向开放型，并突破某一地区的界限，实现跨区域、跨地区的区域经贸合作。欧洲联盟、北美自由贸易区、亚太经济组织和东盟等一些重要的区域经济合作组织。

（1）欧洲联盟。欧洲联盟（简称"欧盟"）（EU，European Union）是当今世界一体化程度最高的区域政治、经济集团组织，其前身是1958年1月1日启动的欧洲经济共同体。20世纪80年代中期以来，欧洲经济一体化进程大大加快。

① 基本建成内部统一大市场。1986年2月，欧共体12个成员国（法国、德国、意大利、比利时、荷兰、卢森堡、丹麦、爱尔兰、英国、希腊、西班牙和葡萄牙）签署了《欧洲单一法案》（SEA，Single European Act），决定于1992年12月31日以前在欧共体内建成一个没有国界的"单一市场"即共同市场，实现商品、劳务、人员和资金的自由流通。1993年初，该共同市场开始运行。

② 签署并实施《马斯特里赫特条约》。欧共体成员国于1992年2月7日签署了《马斯特里赫特条约》（又称《欧洲联盟条约》）。这一条约大幅度修订了《建立欧洲经济共同体条约》等三项条约的内容，规定了欧洲经济与货币联盟的具体目标和实施步骤，将欧共体原有的"政治合作"升格为共同外交和安全政策，并建立起内政和司法方面的合作机制，从而使欧共体的活动范围突破了经济活动的界限，将欧共体的经济一体化推进到经济联盟的阶段，欧洲联盟宣告诞生，标志着欧共体从经济实体向政治实体过渡。《马斯特里赫特条约》于1993年11月1日开始正式生效，并自该日起欧洲经济共同体改名为欧洲联盟（简称"欧盟"）。

③ 建设欧洲经济区。欧共体还与欧洲自由贸易联盟于1991年10月22日在卢森堡达成了建设欧洲经济区的协定，按照该协定，欧洲19个发达国家将建成一个能保证货物、服务、资本和人员自由流动的贸易集团，1994年1月1日，欧洲经济区正式启动。

④ 欧盟与中东欧4国签订，实施《欧洲协定》。1991年12月，欧共体成员国通过了《欧洲联盟条约》，规定欧盟内部实行共同的外交和防务政策、共同的公民身份政策，统一货币等。1995年2月1日，欧盟与捷克、斯洛伐克、罗马尼亚和保加利亚四国签订的《欧洲协定》正式生效。根据协定规定，双方将在协定生效后5～10年内逐步相互取消关税及其他贸易壁垒，同时实行一定程度的人员和资本的自由流动。该协定将使东欧国家完全融入欧洲一体化进程，为其日后加入欧盟创造了条件。

⑤ 欧盟实现第四次扩大。1995年1月1日，奥地利、瑞典、芬兰正式加入欧盟，使欧盟成员国扩大为15个，从地理上将地中海国家和斯堪的纳维亚国家连为一体，使欧洲主要工业国家纳入到欧洲联盟的一体化轨道，成为一个具有近330万平方公里土地，

近 3.8 亿人口和近 9 万亿美元国内生产总值的经济集团。

⑥欧洲货币联盟的启动及欧盟的进一步扩大。1999 年 1 月 1 日，欧盟中的 11 个国家（德国、比利时、奥地利、荷兰、法国、意大利、西班牙、葡萄牙、卢森堡、爱尔兰和芬兰）开始启动欧元，2002 年 1 月 1 日，欧元纸币和硬币在市场上正式流通。希腊也于 2001 年 1 月 1 日加入欧元区。另外，1998 年 10 月起，欧盟加快了与中东欧国家和波罗的海 3 国加入欧盟的谈判步伐，内容涉及政治、经济、司法、文化和社会等领域。2002 年 10 月 9 日，欧盟委员会发表了关于欧盟扩大的战略文件和对 13 个候选国的评估报告，确定其中的波兰、匈牙利、斯洛伐克、立陶宛、拉脱维亚、爱沙尼亚、捷克、斯洛文尼亚、塞浦路斯和马耳他 10 个候选国于 2002 年底前结束加入欧盟谈判，并将于 2004 年加入欧盟。2002 年 12 月欧洲首脑哥本哈根会议就欧盟扩大问题于 10 个候选国达成了全面协议。波兰、匈牙利、斯洛伐克、立陶宛、拉脱维亚、爱沙尼亚、捷克、斯洛文尼亚、塞浦路斯和马耳他已于 2004 年 5 月 1 日成为欧盟正式成员国。这是欧盟的第五次扩大，也是规模最大的一次扩大。2007 年 1 月，罗马尼亚和保加利亚加入欧盟。2013 年 7 月 1 日，克罗地亚加入欧盟。至此，欧盟经历 7 次扩大，成为一个涵盖 28 个国家、总人口超过 4.8 亿、地区生产总值高达 12 万亿美元的当今世界上经济实力最强、一体化程度最高的区域经济组织。欧元区也在继续扩大，随着斯洛文尼亚（2004）、塞浦路斯（2004）、马耳他（2004）、斯洛伐克（2009）、爱沙尼亚（2011）、拉脱维亚（2014）、立陶宛（2015）的陆续加入，至 2015 年 1 月，欧元区成员国已达 19 个。

（2）北美自由贸易区。美国和加拿大于 1986 年 5 月开始谈判，1987 年 10 月达成《美加自由贸易协定》，1988 年 1 月 2 日经两国领导人签署，并于 1989 年 1 月 1 日正式开始生效执行。根据协定，两国将最终建成美加自由贸易区，实现双边自由贸易，同时该协定还对双边服务贸易自由化、双边投资以及贸易争端的解决做出许多具体规定。

1988 年 12 月萨利纳斯担任墨西哥总统之后，便积极寻求与美国的自由贸易协定的谈判，后来加拿大也主动加入谈判。三国于 1991 年 6 月 12 日在多伦多召开第一次部长级会议。经过 14 个月的谈判，1992 年 8 月 12 日宣布三国就北美自由贸易协定达成协议。克林顿上任后积极推动北美自由贸易协定有关劳工与环保的附属条款的谈判。1993 年 8 月 13 日，美加、墨三国达成附属条款的协议，以保障美国劳工权与墨西哥的生态环境。

北美自由贸易区（NAFTA）从 1994 年 1 月 1 日起正式建立，其人口 3.67 亿，地区生产总值 8 万多亿美元。

1994 年 12 月 10 日，美洲 34 个国家的领导人在美国的迈阿密签订协议，同意建立"美洲自由贸易区"，并将 2005 年确定为完成谈判的最后期限。在美洲国家首脑会议《原则宣言》中，确定了美国与其他国家"发展与繁荣伙伴关系"，通过经济一体化和自由贸易促进社会与经济的繁荣，在 2005 年前就贸易和投资障碍的逐步取消列出时间表。认识到投资与服务业发展的重要性，《原则宣言》决定建立强有力的机构，通过合同合作促进投资，以建立一个更开放、更透明、更一体化的市场，并促进资本市场的发展和逐步一体化。作为繁荣的基础，美洲各国（除古巴外）决定在电信、能源与交通运输等领域做出共同努力，加强合作，争取建立西半球内较先进的服务设施，以便货物、服务、资本、信息与技术能自由流动。考虑到本地区各国经济发展水平差异较大，《原则宣言》也规定对发展中国家及低收入发展中国家给予优惠待遇，以免受制于大、中等国家。此外，各国也强调了环境保护的重要性。

（3）亚太经合组织及东盟自由贸易区。1989年11月6—7日，由澳大利亚倡议召开的亚太经济合作组织（APEC）首次部长级会议在堪培拉召开。1991年11月在韩国汉城举行的APEC第三届部长级会议通过了《汉城宣言》，正式确立APEC的宗旨和目标为"相互依存，共同受益，坚持开放的多边贸易体制和减少区域贸易壁垒"。1992年9月第四届曼谷部长级会议决定成立常设性秘书处，拉开了亚太地区经贸合作的序幕。1993年11月20日至21日，亚太经济合作组织第一次领导人非正式会议在美国西雅图举行。

至2001年10月，亚太经济合作组织包括21个国家和地区，分别是中国、澳大利亚、文莱、加拿大、智利、印度尼西亚、日本、韩国、墨西哥、马来西亚、新西兰、巴布亚新几内亚、秘鲁、菲律宾、俄罗斯、新加坡、泰国、美国、越南，以及中国香港、中国台湾。

东盟自由贸易区（AFTA，ASEAN Free Trade Area）于1992年提出，现包括原东盟6国（印尼、马来西亚、菲律宾、新加坡、泰国、文莱）和4个新成员国（越南、老挝、缅甸、柬埔寨），共10个国家，陆地总面积为450万平方公里，人口5.3亿。经过10年的构建，原东盟6国于2002年正式启动自由贸易区，其他新成员国也将加快关税的削减速度。

（4）TPP与TTIP谈判。2010年以来，世界范围内开始了若干个影响深远的巨型区域自由贸易区谈判，比如TPP和TTIP谈判。新的经济贸易规则将会在WTO的多边框架之外出现——由数量有限的几个发达国家协商形成。

跨太平洋伙伴关系协定（TPP）也被称作"经济北约"，前身是跨太平洋战略经济伙伴关系协定。这是2002年，由亚太经济合作会议成员国中的新西兰、新加坡、智利和文莱四国发起，开始酝酿的一组多边关系的自由贸易协定，原名亚太自由贸易区，旨在促进亚太地区的贸易自由化。

2015年10月5日，跨太平洋伙伴关系协定（TPP）取得实质性突破，美国、日本和其他10个泛太平洋国家就TPP达成一致。12个参与国加起来所占全球经济的比重达到了40%。TPP谈判始于2010年3月，最初由新西兰、新加坡、智利和文莱四国发起的一项多边自由贸易协定，目前由美国主导，日本、加拿大、澳大利亚、墨西哥、越南、秘鲁、马来西亚、新西兰、新加坡、智利和文莱12个成员参与。

作为面向21世纪、高标准、全面的自由贸易协议，TPP除了在2015年前要为1.1万项货品达成零关税目标外，还包括金融服务、电信服务、知识产权、原产地规则、技术性贸易壁垒、卫生与检验检疫、外商投资、竞争政策、贸易救济、医疗保健和医药的透明度、环境、劳工、规制一致性、政府采购、国有企业、电子商务、中小企业、货品市场进入途径及争端解决机制等29项议题。

美国在太平洋地区构筑自由贸易区的同时，也加快了在大西洋地区构建自由区的步伐。2013年6月17日，美国与欧盟正式宣布将启动《跨大西洋贸易与投资伙伴关系协定》（简称"TTIP"）的谈判，计划在2015年之前完成这一构建世界上最大自由贸易区的谈判，在2016年使TTIP一揽子协议获得欧洲议会和美国国会的批准确认。TTIP的目的是进一步扩大跨大西洋地区之间的贸易和投资，主要是消除美国和欧盟之间的关税和非关税壁垒，统一双边贸易中的相关规则和监管标准，加强美国与欧盟在国际贸易规则制定上的合作。[①]

（5）中国参与区域经济一体化的进程[②]。2001年以来，中国也加快了区域经济一体化的进程。截至2015年10月中国已签署了14个区域自由贸易协定，涵盖22个国家（地区），分别是：《中国–东盟自由贸易协定》、《中国–巴基斯坦自由贸易协定》、《中国–智利自由贸易协定》、《中国–新西兰自由贸易协定》、《中国–新加坡自由贸易协定》、《中国–哥斯达黎加自由贸易协定》、《中国–瑞士自由贸易协定》、《中国–秘鲁自由贸易协定》、《中国–冰岛自由贸易协定》、《中国–韩国自由贸易协定》、《中国–澳大利亚自由贸易协定》、《内地与香港、澳门更紧密经贸关系安排》（香港、澳门CEPA）、《海峡两岸经济合作框架协议》。另外中国还是优惠贸易安排《亚太贸易协定》的参与方。

正在谈判进程中的自贸协定有：中国–海合会FTA，中国–挪威FTA，中日韩FTA，《区域全面经济合作伙伴关系协定》（RCEP），中国–东盟自贸协定（"10+1"）升级谈判，中国–斯里兰卡FTA，中国–巴基斯坦自贸协定第二阶段谈判，中国–马尔代夫FTA。

尚在研究中的FTA有：中国–印度FTA，中国–哥伦比亚FTA，中国–格鲁吉亚FTA，中国–摩尔多瓦FTA。

10.2 多边贸易体制

10.2.1 关税与贸易总协定的产生、宗旨及重要作用

关税与贸易总协定（简称"关贸总协定"）（General Agreement on Tariffs and Trade, GATT）是在美国倡导下，由23个国家于1947年10月30日在日内瓦签订并于1948年正式生效的一项规范缔约国对外贸易政策和调整它们权利和义务关系的国际多边贸易协定。1995年1月1日世界贸易组织成立前，占世界贸易额90%以上的128个国家和地区参加了GATT。

1.关贸总协定的产生

20世纪30年代，随着世界经济陷入危机，资本主义国家间爆发了关税战。美国国会通过《1930年霍利–斯穆特关税法》，将关税提高到历史最高水平，其他国家也纷纷效仿。高关税阻碍了商品的国际流通，造成国际贸易额大幅度萎缩。

为扭转困境，扩大国际市场，1934年美国国会通过了授权总统签署互惠贸易协定的法案。随后，美国与21个国家签订了一系列双边贸易协定，将关税水平降低30%～50%，并根据最惠国待遇原则，把这些协定扩展到其他国家。这一举措对于缓解当时的经济危机起到了重要作用。

第二次世界大战期间，许多国家面临经济衰退、黄金和外汇储备短缺等问题。美国为在战后扩大世界市场份额，试图从金融、投资、贸易三个方面重建国际经济秩序。

① 全毅. 全球区域经济一体化发展趋势及中国的对策［J］. 经济学家，2015（1）.
② 中国自由贸易区服务网 http://fta.mofcom.gov.cn/index.shtml.

1944年7月，在美国提议下召开了联合国货币与金融会议，分别成立了国际货币基金组织和国际复兴开发银行（称"世界银行"）；同时，倡导组建国际贸易组织，以便在多边基础上，通过相互减让关税等手段，逐步消除贸易壁垒，促进国际贸易的自由发展。

1946年2月，联合国经济及社会理事会成立了筹备委员会，着手筹建国际贸易组织。同年10月，在伦敦召开了第一次筹委会会议，讨论美国提出的《国际贸易组织宪章》草案，并决定成立宪章起草委员会对草案进行修改。1947年1—2月，该宪章起草委员会在纽约召开专门会议，根据《国际贸易组织宪章》草案中的贸易规则部分，完成了关税与贸易总协定条款的起草工作。

1947年4—8月，美国、英国、法国、中国等23个国家在日内瓦召开了第二次筹委会会议。会议期间，参加方就具体产品的关税减让进行了谈判，并达成了协议。这次谈判后来被称为关税与贸易总协定第一轮多边贸易谈判。

1947年11月至1948年3月，在哈瓦那举行的联合国贸易和就业会议，审议并通过了《国际贸易组织宪章》，又称《哈瓦那宪章》。

《哈瓦那宪章》的目标是建立一个全面处理国际贸易和经济合作事宜的国际组织。该宪章共9章和1个附件，主要内容有：宗旨与目标、就业和经济活动、经济发展与重建、一般商业政策、限制性贸易措施、政府间商品协定、国际贸易组织的建立、争端解决、一般规定等。

由于美国国会认为《哈瓦那宪章》中的一些规定，限制了美国的立法主权，不符合美国的利益，因而美国国会没有批准《哈瓦那宪章》。受其影响，56个《哈瓦那宪章》签字国，只有个别国家批准了《哈瓦那宪章》，建立国际贸易组织的计划因此夭折。

第二次世界大战给世界经济造成了很多困难，大多数国家希望尽快排除战争时期产生的贸易障碍，早一点实施1947年关税谈判的成果。因此，在联合国贸易与就业会议期间，美国联合英国、法国、比利时、荷兰、卢森堡、澳大利亚和加拿大，于1947年11月15日签署了关税与贸易总协定《临时适用议定书》，同意从1948年1月1日起实施关税与贸易总协定的条款。1948年，又有15个国家签署该议定书，签署国达到23个。这23个国家成为关税与贸易总协定创始缔约方，分别是：澳大利亚、比利时、巴西、缅甸、加拿大、锡兰（今斯里兰卡）、智利、中国、古巴、捷克斯洛伐克、法国、印度、黎巴嫩、卢森堡、荷兰、新西兰、挪威、巴基斯坦、南罗得西亚（今津巴布韦）、叙利亚、南非、英国、美国。各缔约方还同意，《哈瓦那宪章》生效后，以宪章的贸易规则部分取代关税与贸易总协定的有关条款。

由于绝大多数国家最终没有批准《哈瓦那宪章》，关税与贸易总协定一直以临时适用的多边协定形式存在。关贸总协定从1948年1月1日开始实施，到1995年1月1日世界贸易组织正式运行，共存在和延续了47年。1947—1994年，关贸总协定共进行了八轮多边贸易谈判，缔约方之间的关税水平大幅度下降，非关税措施受到约束。在第八轮多边贸易谈判（"乌拉圭回合"）基础上，建立了世界贸易组织。截至1994年年底，关税与贸易总协定共有128个缔约方。

2.关贸总协定的宗旨

虽然关贸总协定只是一个准国际性组织，但在国际上有"经济联合国"之称。尽管它与国际货币基金组织、世界银行三足鼎立调节世界经济、贸易和金融，但是其作用和影响都超过了国际货币基金组织和世界银行。它既是一整套关于关税和贸易措施的国际通行法规，又是进行多边贸易谈判和解决缔约方贸易争端的国际机构。

关贸总协定自建立起就明确了它的宗旨：缔约方在处理他们的贸易和经济事务关系时，应以提高生活水平，保证充分就业，保证实际收入和有效需求的巨大持续增长，扩大世界资源的充分利用以及发展商品生产与交换为目的。实现这一目的的办法是，通过达成互惠互利协议，导致大幅度削减关税和其他贸易障碍，取消国际贸易中的歧视待遇，为实现这一目的做出贡献。

3.关贸总协定的积极作用及局限性

（1）关贸总协定的积极作用

第一，总协定制定了国际贸易活动的"行为准则"，使国际贸易行为规范化、国际市场秩序化。

一是23个创始缔约国在1947年所建立的《关税与贸易总协定》，初步而全面地确定了二战后国际贸易应当遵循的基本原则。

二是由总协定所主持的战后八轮多边国际贸易谈判，通过了一系列"协议"，这些"协议"，又进一步地规范了国际贸易行为。在前六轮谈判中，各缔约国集中地讨论关税减少问题，达成双边和多边关税减让"协议"数百项。在第六轮的"肯尼迪回合"谈判中，还达成了"反倾销协议"，并在总协定中增加了关于发展中国家成员方的特殊要求和发达国家应当承诺的义务的有关条款。这些条款构成总协定的第四部分内容，使总协定的内容更加完整。这些条款的重要补充，使国际贸易行为朝合理化方向迈出了重大步伐。在第七轮"东京回合"谈判中，除了签订了一系列关税减让协议外，还突出地表现在签订了6项反对非关税壁垒的协议。此外，还通过了给广大发展中国家更多和具体的贸易优惠待遇的"保障条款"。在最新一轮"乌拉圭回合"谈判中，涉及的内容更加广泛。拟议中的协议除了关税递减和非关税壁垒外，还将包括过去历次谈判中从未涉及过的议题，如农产品贸易，知识产权，与贸易有关的投资问题等，最突出的是关于"服务贸易"的协议。这一协议确定了服务贸易的基本框架，清除服务贸易领域中的各种障碍，逐步实现服务贸易的多边自由化。

第二，关贸总协定通过大幅度地削减关税和限制非关税壁垒，奠定了国际自由贸易的基础。

一是大幅度地削减关税。在第一轮谈判中，23个参加国家达成双边关税减让协议123项，涉及商品税目45 000项，使应征税进口值54%的商品平均降低关税35%，涉及100亿美元的贸易额。在第二轮谈判中，33个参加国家达成双边减税协议147项，涉及关税减让5 000项，使应征税进口值5.6%的商品，平均降低关税35%。在第三轮谈判中39个参加国家达成双边减税协议150项，涉及关税减让8 700项，使应征税进口值11.7%的商品，平均降低关税26%。在第四轮谈判中，28个参加国，使应征税进口值16%的商品，平均降低关税15%，涉及25亿美元的贸易额。在第五轮谈判中，45个参加国家，使应征税进口值20%的商品平均降低关税20%，涉及43亿美元的贸易额。在第六轮谈判中，54个参加国家使工业品的进口关税下降35%，涉及贸易额400亿美元。

在第七轮"东京回合"谈判中，99个参加国家采取了一揽子办法，按照一定的公式，使关税水平降低30%左右。通过这七轮谈判，发达国家的平均关税税率已从1948年的36%降到80年代的5%，发展中国家的平均关税税率，也在同期下降到13%左右。新的一轮乌拉圭回合谈判，各国的关税税率还将进一步地下降。根据尚未被各国签字的关税削减草案，各国的关税将在现有关税水平的基础上削减1/3。

二是积极地限制各种非关税壁垒。在第七轮"东京回合"谈判中，非关税壁垒成为重要的谈判议题，并最终达成了六个限制非关税壁垒的协议。这些协议是《海关估价协议》《进口许可证手续协议》《技术性贸易壁垒协议》《补贴和反补贴协议》《反倾销守则》《政府采购协议》。在最新一轮"乌拉圭回合"谈判中，非关税壁垒得到了更高程度的重视，可望达成一系列新的协议。

三是反对各国政府制定外贸政策方面的"内部规定"，增强国际贸易的透明度。总协定明确地要求各国政府要增强对外贸易的透明度。为了实现外贸的透明度，关贸总协定定期汇总世界各国的贸易统计和投资数据，并向各缔约国公布。关贸总协定秘书处定期出版国际贸易方面的刊物、专题研究资料。其主要的出版刊物有《国际贸易》、季刊《论坛》、《出口促进技术手册》、《市场研究》，此外还不定期出版一些专家撰写的专题报告。这些刊物和资料的出版有利于各国对世界贸易情况的了解。

第三，充当国际"商务法庭"，发挥贸易仲裁作用。总协定运用它的调解、仲裁机构有效地解决了众多的国际贸易纠纷。虽然总协定所做出的裁决不可能像法院那样具有权威性，但仍具有一种道义上的约束力。因为，任何一国都不愿因违反总协定而受到缔约国全体的公开谴责。由此，关贸总协定事实上起到了国际"商务法庭"的作用。总协定的这一作用，对处于发展中的经济小国来说，具有重要的意义。当与经济大国发生贸易争端时，它们借助总协定的争端解决程序，可以取得有共同利益的其他国家的支持，从而加强自己的谈判地位，通过多边渠道促成双边问题的解决。东京回合以后，总协定的争端解决程序又有进一步的改进和发展，对缩短争端解决的时间做出了明确规定，缔约各国还承诺要特别注意发展中缔约国特殊问题和特殊利益。

第四，推动发展中国家的经济发展。总协定为广大发展中国家提供了一系列优惠，从而为推动发展中国家的贸易发展和经济发展起到了一定的作用。

在总协定设立之初，发展中国家处于无权的地位。但是随着形势的发展，越来越多的发展中国家加入了关贸总协定，并积极参与了总协定的各项活动，在可能的范围内运用有关规定，努力扩大自己的出口贸易。

（2）关贸总协定的局限性。

第一，关贸总协定在成立之初就是一个"临时协定"。1948年1月1日生效后，逐步演变成一个越来越庞大的国际组织，但又不是正式的国际组织，只能算一个准国际组织。

第二，关贸总协定的许多规则不严密，执行起来有很大空隙，有些缺乏法律的约束力。

一些国家按照各自的利益理解协定条文。总协定又缺乏必要的核查和监督手段。例如总协定"用倾销手段将一国产品以低于正常价值的办法进入另一国国内市场，如因此对某一国领土内已建立的某项工业造成实质性损害或产生实质性威胁"的规定，实际执行起来很难界定。于是一些国家就用国内立法来征收倾销税，使其成为这些国家推行贸易保护主义的重要手段。后来"东京回合"虽补充了有关的多边协议，但贸易保护主义浪潮迭起。

第三，关贸总协定中还存在着大量"灰色区域"，有很多例外。某些缔约国违背关贸总协定的原则，用国内立法和行政措施来对别国实行贸易歧视。它们利用"灰色区域"，通过双边安排，强迫别国接受某些产品的出口限制的事屡见不鲜。由于关贸总协定原则的例外过多，致使许多原则不能得到很好的贯彻实施。例外过多和滥用例外，已侵害到关贸总协定的一些基本原则。尽管关贸总协定在关税减让方面成绩显著，但由于总协定中存在着漏洞，许多缔约国便绕开关税采用非关税壁垒。尽管规定了一般取消数量限制，但由于例外，数量限制仍是贸易保护主义的主要手段。

第四，纠纷常常无法通过议决解决，难以取得实际成效。关贸总协定在解决国际经济贸易纠纷上，起到了不小的作用。但关贸总协定解决国际经济贸易纠纷的主要手段是协商，最后是缔约方的联合行动。至今没有具有法律约束性的强制手段，这就使许多重大国际贸易争端无法解决。

10.2.2　合法背离关贸总协定义务的例外

1. 一般例外

成员方如采取一般例外措施，可不受世界贸易组织规则及该成员承诺的约束，但应遵守非歧视原则。成员方援引一般例外条款采取有关措施的依据，主要有国内法和国际公约。

（1）货物贸易领域的一般例外

《1994年关税与贸易总协定》第20条，具体规定了可免除成员方义务的10种一般例外措施：

① 为维护公共道德所必需的措施。

② 为保护人类、动植物的生命或健康所必需的措施。

③ 与黄金或白银进出口有关的措施。

④ 为保证与《1994年关税与贸易总协定》不相抵触的国内法律、法规得到遵守所必需的措施，包括与海关执法、实行有关垄断、保护专利权、商标、版权以及防止欺诈行为等措施。

⑤ 与监狱囚犯产品有关的措施。

⑥ 为保护具有艺术、历史或考古价值的国宝所采取的措施。

⑦ 保护可用竭的自然资源的措施，但此类措施应与限制国内生产或消费一同实施。

⑧ 为履行任何政府间商品协定项下义务而实施的措施，且其他成员方对该商品协定不持异议。

⑨ 在政府实施稳定计划，将国内原料价格控制在国际价格水平以下时期，为保证国内加工业获得基本的原料供应而采取的原料出口限制措施。但此类限制不得用于增加国内加工业的出口或保护，也不得违背非歧视原则。

⑩ 在供应短缺的情况下，为获取或分配产品所必须采取的措施。但其他成员方均有权在此类产品的供应中获得公平的份额，且实施条件不复存在时应停止此类措施。

世界贸易组织判断成员所采取的一般例外措施是否符合规定，关键是看这些措施是不是必要的和无法替代的。

（2）服务贸易领域的一般例外。《服务贸易总协定》第14条规定，成员方在不对其他成员构成歧视，或不对服务贸易变相限制的情况下，可以实施如下6种一般例外措施：

① 为维护公共道德所必需的措施。

② 为维护公共秩序所必需的措施，但只有在社会的某一根本利益受到真正和足够严重的威胁时方可采取。

③ 为保护人类、动植物的生命或健康所必需的措施。

④ 为保证与世界贸易组织规定不冲突的国内法的执行而采取的措施，包括防止欺骗、欺诈行为的措施，处理服务合同违约后果的措施，保护与个人信息处理和传播有关的个人隐私的措施，保护个人记录和账户机密性的措施，以及有关安全的措施。

⑤ 与国民待遇不一致的措施。成员方实施这种措施，是为了保证公平、有效地对其他成员的服务或服务提供者课征直接税。

⑥ 与最惠国待遇不一致的措施。成员方实施这种措施，是为了履行避免双重征税协定，或执行其他国际协定的相关规定。

2.安全例外

关税与贸易总协定的安全例外，允许成员方在战争、外交关系恶化等紧急情况下，为保护国家安全利益采取必要的行动，对其他相关成员不履行世界贸易组织规定的义务。在关税与贸易总协定时期，实施安全例外的案例有10多起，如美国对古巴和尼加拉瓜贸易禁运案，马尔维纳斯群岛战争期间欧洲共同体对阿根廷贸易限制案。

一般来说，采取安全例外措施的成员，是其安全利益需要的唯一判断者。换言之，国家安全利益是否要求采取贸易限制措施，如贸易禁运、限制进出口乃至解除与其他成员方的权利义务关系，只有成员方自己有决定权，其他成员方的干预能力有限，除非当事方所采取的措施明显地与国家安全无关。比如，1975年瑞典对鞋实行进口配额管理案。瑞典以国家安全为由，要求对重要工业维持最低的国内生产能力。瑞典认为，国内鞋业生产的下降对国防计划构成威胁，如本国无制鞋业，战时将面临鞋子匮乏。瑞典据此对进口鞋实施全球配额。当时，不少缔约方对瑞典实施进口限制的理由提出异议。两年后，瑞典取消了这项措施。

3.取消数量限制的例外

"数量限制的一般取消"规定了禁止使用数量限制的一般性原则。该条第一款规定：任何缔约国除征收税捐或其他费用以外不得设立或维持配额，进出口许可证或其他措施以限制或禁止其他缔约国领土的产品的输入，或向其他缔约国领土输出或销售出口产品。但同时，该条第2条又指出，上述规定可以不适用于粮食，其他生活必需品和农副产品。第12条："为保障国际收支而实施的限制"。该条专门对因为国际收支问题而实施的数量限制做出了规定，允许国际收支困难的国家采用数量限制，以保障其对外的金融地位，但规定实行限制的总水平应与货币储备情况相对应。

4.发展中国家保护幼稚工业的例外

允许成员为促进建立某一特定产业而背离承诺，实施关税保护和数量限制的措施。这就是"保护幼稚产业条款"。

建立某一特定产业的含义是指：建立一项新的产业；在现有产业中建立新的分支生产部门；现有产业的重大改建；只占国内供应相对较小份额的现有产业重大扩建；因战争或自然灾害而遭到破坏的产业重建。

为促进建立某一产业，成员方可修改或撤回业已承诺的某些关税减让项目。成员方在通知世界贸易组织后，要立即与受影响的成员方开始谈判有关关税减让的项目。如不能达成协议，则将此事提交世界贸易组织货物贸易理事会。无论结果如何，该成员方仍可修改或撤回有关关税减让项目，受影响的成员方则可在对等范围内采取相应措施。斯里兰卡（1955—1957 年）、希腊（1956 年，1965 年）、苏里南（1958 年）、韩国（1968年）曾使用过这种措施。

如果采取上述关税措施仍无法达到促进建立某一产业的目的，世界贸易组织允许成员方采取非歧视性的数量限制措施，但应与受影响的成员方进行磋商。在磋商中，该成员方要提供详细的材料。这些材料包括：建立"特定产业"的重要性，要解除的义务，受影响成员方名单及有关进口产品的数量与金额，限制措施的实施期限，逐步放宽直至取消限制的计划等。

采取限制措施的成员方通知世界贸易组织后的 60 天内磋商未果，世界贸易组织要讨论该成员方为达成协议是否已尽合理努力，受影响成员方的利益是否已得到合理保障。一旦获得世界贸易组织同意，该成员方在必要的程度内可以实施数量限制。只要这些数量限制措施没有偏离世界贸易组织批准的范围，其他成员方不得诉诸争端解决程序。采取数量限制的成员方每年要接受世界贸易组织的审议。

5. 国际收支困难的例外

允许成员方因国际收支困难而中止关税减让和其他承诺。对发展中成员的规定，体现在《关税与贸易总协定》第 18 条。对发达成员的规定，体现在《关税与贸易总协定》第 12条，但发达成员几乎没有援引过该规定。上述两项规定的区别在于，对发展中成员程序更简便，适用条件更宽松。历史上，发展中成员实施进口限制多数与国际收支困难有关。

《服务贸易总协定》也允许成员方在国际收支恶化的情况下，对业已承诺开放的某服务贸易部门采取限制措施，或对与该服务贸易有关的支付或转移实施限制。

6. 互不适用条款

由于政治或其他原因，一些成员不同意相互之间适用世贸组织协定，即互不适用。尽管世贸组织允许这种做法，但并不鼓励。《建立世界贸易组织协定》规定，有关成员应在自己或另一成员成为正式成员时明确表明互不适用的立场，才能互不适用。在关贸总协定向世贸组织过渡时，为避免互不适用条款被用作新的贸易限制手段，任何关贸总协定缔约方之间不能相互引用互不适用条款，此前已经相互援引了该条款的除外。

10.2.3　反倾销协议

1. 概述

反倾销是世界贸易组织允许的、世界各国均可采用的维护公平贸易秩序、抵制不正当竞争的重要手段之一。世界贸易组织《反倾销协议》源自于关贸总协定第 6 条第 1 款以及第 2 款规定：如果某一产品以倾销方式，即以低于正常价值的价格输出到其他国家，使得输入国的国内产业蒙受损害，那么，输入国可以征收不超过倾销差额的反倾销税。这里的"正常价值"规定为"供输出国消费的同种产品，通常交易的可能比较的价格"，或者如果没有这样的价格，正常价值则是"输出到第三国的同种产品，通常交易的可能比较的最高价格，或者是原产国产品的生产成本，加上适当的销售经费以及利润"。这里所指的"损害"规定为"对已经确立的产业带来实质的损害，或者可能带来损害，或者实质上推迟国内产业的确立"。

可见，《关贸总协定》认为，倾销输出是一种不公正的贸易行为，如果因此对输入国的国内产业带来损害，输入国就可以通过提高关税，即征收反倾销税的方法来保护本国产业，以确保贸易在公正的竞争状态下进行。但是，由于《关贸总协定》只是抽象地规定了反倾销税的发动要件，缺少对反倾销调查程序的具体规定，使得通过解释可能会导致不正当使用，并在个别案件的处理上产生混乱，严重脱离反倾销制度的宗旨，成为贸易保护的一种手段。因此，为了明确揭示基准和调查程序，《关贸总协定》在肯尼迪回合缔结了《反倾销协议》，并在东京回合修改了《反倾销协议》，进而形成了现在的世界贸易组织的《反倾销协议》。

2.倾销的确定

根据《反倾销协议》的规定，如果输出商以低于产品的正常价值的价格输出到其他国家，使得输入国的国内产业蒙受实质性损害，那么输出商就对输入国构成倾销。可见，这与《关贸总协定》的规定基本相同，所不同的是《反倾销协议》还规定了要排除的几种输出价格。为了防止母公司同子公司交易过程中隐藏的倾销，即名目输出价格不是倾销价格，但是输出商的子公司在输入国以低于名目输出价格的倾销价格进行销售，或者输出商同属如果或者第三者之间有联合关系，或者有联合关系，或者有补偿关系，就不能以输出价格作为基本价格。这时可以考虑采用输入产品独立买方最初的销售价格，如果没有这种价格，则由当局根据合理标准来决定输出价格。

在判定倾销的时候，同输出价格进行比较的，原则上是面向消费的"同种产品的通常交易可能比较的价格"。这里的"同种产品"定义为"各方面都相似，或尽管并非在各方面与所审议的产品相似，但应与其特点十分相似"。如果输出国不是原产国，即产品不是直接从原产国进口的，而是经过中间商出口到进口国的，倾销的确定最终还是根据输出国的国内销售价格来决定。但是，如果输出国只是该产品的转运地，该产品在输出国没有生产，或者输出国对该产品没有提供比较的价格，可以用原产国的价格进行比较。对于输出价格（或者相当于它的价格）同国内销售价格（或者相当于它的价格）的比较，规定为商业交易要在同一阶段（通常是工厂交付的阶段），而且尽可能是在同一时间进行的销售。这样，销售条件的差异和课税上的差异等对价格比较有影响的差异，可以给予适当的考虑。

低于单位成本的销售不属于"正常贸易"，为世界贸易组织所反对。低于单位成本的销售包括两个数量概念：一是低于单位成本的销售必须是长时间延续性的，通常为1年，最少不能少于6个月；二是低于单位成本的销售价，不能少于正常价值的20%。成本费用通常应以根据受调查的出口商或生产商所保持的纪录来计算。如果该记录符合出口国普遍接受的会计原则，并合理地反映与生产有关的成本及有关产品的销售，当局应考虑全部现有的成本适当分配的情况，其前提是这种分配在历史上一直被出口商或生产商所使用，特别应当对有关分期付款和折旧期限、投资费用以及其他开发成本的补助费用等项目加以适当考虑。除非根据本款项规定，已在成本分配中得到反映，否则成本应对那些有利于将来，以及（或）当前生产的非经常性项目成本做出适当的调整，或对在调查期间成本费用因刚开始生产而受到影响的情况做出适当的调整。也就是说，在计算成本费用时，对现在及将来的生产有影响的固定成本、生产刚开始后成本要进行适当的调整。管理费、销售费和一般费用以及利润数额，应以与生产有关的实际数据以及受调查的出口商或生产商在正常贸易过程中相关产品的销售为依据。如果不能以生产和销售的实际数据为根据，那么，应以下列数据为根据：第一，该出口商或生产商在国内市场上有关生产和销售原产地的一般同类产品所产生和实现的实际费用；第二，其他受调查的出口商或生产商在国内市场上有关生产和销售原产地相同产品所产生和实现的实际费用数额的加权平均值；第三，任何其他合理的方法，假设确定的利润数额，不超过其他出口商或生产商通常在国内市场上销售原产地的一般同类产品所获得的利润数额。为了确保出口价格同正常价值进行比较的公正性，《反倾销协议》还规定了间接销售经费的调整、外汇汇率的换算方法、价格变动的对策等，以调整销售条件的差异性。

3. 损害的确定

（1）损害的确定。损害是指对输入国已经确立的产业有实质性的损害，或对输入国已经确立的产业可能带来实质性的损害，或实质上延缓输入国产业的确立。"损害"或者"实质性损害"，分别或共同构成发动反倾销的要件。

损害主要根据以下事实来确定：倾销的输入量；倾销输入对价格的影响；对同种产品的国内生产价格的影响；因果关系的认定。必须严格认定倾销产生的影响和倾销带来的实质性损害的事实。确定倾销进口产品造成的损害威胁必须根据事实，而不是仅仅依据宣称、猜测或极小的可能性。某种倾销将会导致出现损害的状况，必须是明确地被预见得到的，并且是"迫近的"。具体的要考虑以下因素：第一，倾销的进口产品以极大的增长比例进入进口国国别市场，表明由此引起进口大幅增加的可能性；第二，出口商能充分自由处置"迫近的"大量增长的情况，表明存在着倾销产品向进口方市场出口大量增长的可能性；第三，进口产品是否对进口国国别价格带来重大的抑制性的影响；第四，受调查产品的库存情况。这四个全部被考虑的因素必须导致得出这样一个结论：除非采取保护性措施，否则进一步倾销出口产品的情况迫在眉睫，重大损害将会发生。

（2）产业的定义。国内产业，指同种产品的国内生产者的总体，或者是占有该产品产量相当部分的国内生产者。国内产业的范围与反倾销税保护的范围是同义的，如果倾销产品的输出商或者输入商同生产商之间有关系，或者产品的输入商就是生产商，这样的生产商可以归为国内产业。这里，"有关系"的解释很重要。如果生产者存在以下情况，可以看作"有关系"的：一方直接或间接支配另一方；两者直接或间接被第三方支配；两者共同直接或间接支配第三方。

在一国中的区域，如果满足以下两个条件，就可以把该区域的生产者看作国内产业（这称为区域产业）：区域内生产商在区域内销售全部产品或者几乎是全部产品；区域外的生产者在该区域内对该产品进行实质性销售。

4.反倾销调查的实施

新的《反倾销协议》，对反倾销的调查实施作了如下规定：

（1）由于倾销造成国内产业的损害而要求征收反倾销税，要由国内产业或者代表向调查当局提出书面申请。新的《反倾销协议》明确规定了申请书的记载事项。

（2）调查当局是否开始调查，还要根据该申请是否"由国内产业或者代表国内产业"提出的。新的《反倾销协议》规定，"如果申请受到国内生产商的支持，其集体产量构成了国内产业相同产品生产商全部产品的50%以上，他们对申请表示支持或者反对"，则该申请就应被非正规部门"由国内产业或者代表国内产业"提出。同时，表示支持申请的国内产业的产量不足国内产业相同产品全部生产量的25%，则调查不应发起。

（3）为了提高倾销调查的效率，新的《反倾销协议》规定了调查的期限，"除特殊情况外，调查应在1年之内结束，无论如何不得超过从调查开始之后的18个月"，一般要在1年内完成倾销调查，最长不超过18个月。

（4）如果倾销调查牵涉到的出口商很多，无法对所有的出口商都进行调查，新的《反倾销协议》规定可以选出部分出口商进行抽样调查，调查结果原则上对所有的出口商都适用。如果确定属于倾销，对所有的出口商都可以征收反倾销税。

倾销幅度的计算，原则上是对每个调查对象（出口商或者生产商）的产品单独计算倾销幅度的，"当局对每一个已知的有关出口商或生产商单独调查的产品倾销幅度，应做出裁定，这应作为一条准则"。但是，如果涉及的调查对象很多，以至于不能一一对调查对象的倾销幅度进行确定时，可采用抽样调查的方法，具体做法是，"当局可以对其审查做出限制：一是使用有效的抽样调查的方法，即以当局在抽样选择时的现有信息资料为基础，对一个合理数目的有利害关系的当事人或者生产者进行审查；二是对能合理进行调查的，该国出口产品数量系占最大百分比的对象进行审查"，抽样调查不是随机抽样，而是把最大的出口商作为调查对象。

在选择调查对象时，新的《反倾销协议》还规定，如果对出口商、生产商、进口商或者产品类别做出的选择，最好应与被选择到的有关的出口商、生产商或进口商进行协商，并取得他们的同意。

没有被选为调查对象的出口商或者生产商，新的《反倾销协议》规定，要尽可能根据他们提供的资料，对倾销幅度进行单独确定，"调查过程中仍应对那些虽没有被选择到，而及时提供了必要资料的每一个出口商或生产商，单独做出倾销幅度的裁定"，除非这些出口商或生产商的数目特别大，以致单独审查会对当局造成过分的负担，并妨碍调查的及时完成。

5.反倾销税的征收

反倾销税的征收，新的《反倾销协议》制定了以下新的规定：

（1）如果通过抽样调查来决定倾销额的，没有作为抽样调查对象的出口商或者生产商的反倾销税，不能超过选为抽样调查的倾销额的加权平均数额，具体做法是："被选择为受审查的出口商或生产商所确立的倾销幅度的加权平均数"，或者"在反倾销税的支付责任系按照预期正常价值基础估算时，被选择为受审查出口商或生产商的加权平均正常价值，与没有被单独受审查的出口商或生产商的出口价格之间的差额"，没有作为抽样调查的出口商或者生产商，但是提供必要的信息资料的，可以"适用单独税或正常价值"。

（2）当某国的出口产品在进口国被征收了反倾销税，而在调查期间出口商或生产商并没有出口该产品，而他们又能证明自己与被征收反倾销税的出口国的出口商或生产商没有任何联系即不是母公司与子公司的关系时，当局应迅速进行审查并确定这些出口商或生产商的单独的倾销幅度。

（3）如果出口商与进口商或者第三者之间存在特殊关系（联合或者补偿关系），而使出口价格不可靠时，则要以进口产品的首次转售价格，或者以推定价格来决定。新的《反倾销协议》规定，如果出口价格规定推定价格的，"在对是否予以偿还，以及偿还的范围和程度做出决定时，当局应考虑到正常价值的变化，进口与转售之间产生的成本费用的变化，以及转售价格反映在其后的销售价格中的合理波动，当局还应考虑在当事人提供上述真凭实据时，对于不扣除已支付的反倾销税数额的出口价格进行计算"，即已经支付的超出反倾销幅度的返还部分，要根据正常的价值变化——从进口到转售过程中发生的成本变化、转售价格的变化（转售地的销售价格要适当地反映出来）——来决定。如果提出确定的证据，已经支付的反倾销税额就不应扣除转售价格，而直接计算出口价格。

（4）反倾销税的期限，根据新的《反倾销协议》的规定，"反倾销税应一直有效，直至抵消倾销造成的损害"（第11条第五款），有利害关系的当事人，有权要求审查继续征收反倾销税是否对抵消倾销是必要的，或者取消反倾销税损害是否将重新发生，"如果根据本款审查的结果，当局确定征收反倾销税不再是合理时"，应立即终止反倾销税的征收。但是，"最终反倾销税仍应自征税之日起不超过5年之内结束"，即反倾销税的实施原则上应在5年内结束。

10.2.4　《补贴与反补贴措施协议》

1.协议产生的背景

为了扩大出口，世界各国（地区）纷纷对出口实行补贴，而进口国家为了保护本国市场和产业的发展，以反补贴措施拒之。其结果，国际贸易中的补贴与反补贴措施影响了国际贸易的健康发展，扭曲或损害了贸易各国的利益，故需要予以规范。第二次世界大战后，《哈瓦那宪章》第四章第三部分以9个条款，专门就补贴作了规定。在1947年10月30日签署的"关贸总协定"中，第六条、第十六条和第二十三条中对之作了原则性规定，但它们未能有效地制约补贴与反补贴措施的滥用。国际贸易中的补贴与反补贴措施实施范围不断扩大、种类不断增加，成为国际贸易中非关税壁垒的一种重要形式。

2.协议的构成及主要内容

（1）构成。《补贴与反补贴措施协议》（简称《反补贴协议》）由11个部分32个条款和7个附件构成。

（2）主要内容。按《反补贴协议》，补贴是指"在一成员方（以下称"政府"）领土内由一个政府或任一公共机构做出的财政支持"。它包括"政府的行为涉及一项直接的资金转移（即赠予、贷款和资产投入），潜在的资金或债务（即贷款保证）的直接转移；政府预定的收入的扣除或不征收（即税收方面的财政激励）；政府对非一般基础设施提供货物或服务，或者购买货物；政府向基金组织或信托机构支付或指示某个私人机构执行上述所列举的、一般由政府行为承担的作用"或1994年关贸总协定第十六条所指出的任何形式的收入或价格支持和"由此而授予的利益"。

3.补贴的分类

《反补贴协议》把补贴分为三大类，即禁止的补贴、可申诉的补贴和不可申诉的补贴。

（1）禁止的补贴。它是指"在法律上或事实上仅向出口活动，或作为多种条件之一而向出口活动提供的有条件的补贴；在法律上或事实上仅向使用本国产品以替代进口，或作为多种条件之一向使用本国产品以替代进口而提供的有条件的补贴"。具体而言，禁止的补贴包括如下内容：政府按出口实绩对企业或产业的直接贴补；外汇留成计划或任何涉及出口奖励的相似活动；由政府提供或授权的，在条件上使出口商品享受比国内运输更优惠的交通、运输费用；由政府或它的代理机构或间接通过政府计划，对出口生产中使用的进口或国内产品或服务，提供比用于国内消费生产中使用的相似的，或直接竞争的产品或服务更优惠的条件，以使有关产品享有的条件比世界市场上出口商所应用的更为优惠；出口直接税或由工业或商业企业支付或应支付的社会福利的全部或部分豁免，或特别延期。

（2）可申诉的补贴（Actionable Subsidies）。它是指在一定范围内允许实施，但如果在实施过程中对其他成员方的经济贸易利益造成了严重损害，或产生了严重的歧视性影响时，则受到损害和歧视影响的成员方可对其补贴措施提出申诉。

《反补贴协议》所列出的补贴如对其他进口成员方造成了不利影响，即成为可申诉的补贴。"不利影响"包括三个方面：第一，损害其他成员方的国内产业；第二，抵消或损害了其他成员方在1994年关贸总协定下直接或间接享受的利益，尤其是1994年关贸总协定第二条下的减让利益；第三，严重歧视其他成员方的利益。

（3）不可申诉的补贴。它是指各成员方在实施这类补贴时，一般不受其他成员方的反对或因此而采取反补贴措施。

不可申诉补贴是指补贴不具有专向性。所谓专向性，是指向特定的企业或行业的部分企业提供的补贴；如有专向性，则应符合《反补贴协议》的规定条件。

4.反补贴措施的确定与实施

（1）反补贴调查的发起。调查不能妨碍海关程序，调查应自发起日的一年内，最长不能多于18个月内结束。

（2）反补贴调查的程序。在反补贴调查中，有关利益成员方和全部利益方以书面形式提出其认为与调查有关的情况和意见，并尽快通知所有有利害关系的各当事者。出口商、外国生产商或有利害关系的成员方应在收到问卷调查后的30天内予以答复，必要时可再延长30天。在调查中，调查当局对属于机密性质的资料、信息，如未经同意，不得泄露。在征得企业、当事成员方的同意后，可到其他成员方境内进行调查。在利益成员方或利益各方在合理的时间内拒绝接受或不提供必要的信息，或严重阻碍调查，则肯定的和否定的，初步和最终的裁决，可在已有事实的基础上做出。在做出最终裁决以前，调查当局应就形成决定的重要事实通告利益成员方和所有利益方，以使利益各方有足够时间维护其利益。调查当局也应对被调查产品的工业用户、消费者组织提供机会，由其提供被调查产品的补贴、损害和因果资料。在利益各方，尤其是小公司遇到提供资料的困难时，调查当局要进行帮助。

（3）对补贴损害和实质性损害威胁的确认。反补贴调查的目的是确认相同产品的产业是否因补贴受到损害。

① 损害的依据。损害的依据有二：一是受补贴产品的进口量及补贴产品对国内相同产品的价格影响；二是受补贴产品进口对国内同类产品的生产者的后续冲击。

② 实质性损害威胁的认定。在做出存在实质性损害威胁的认定时，调查当局应特别考虑下述因素，它们包括：补贴的性质或受控补贴对贸易的影响；受补贴产品进口国国内市场的高增长率表明进口的巨大增长；出口商有足够自由处置能力的巨大增长表明受补贴产品对进口成员方市场出口的巨大增长；受补贴商品进口后的价格对国内价格的重大压低或抑制作用，将使进口需求提高；受调查的国产品的库存状况。

③ 受补贴的进口产品造成的损害和实质性损害威胁被认定后，可做出采取反补贴措施的申请。

（4）反补贴措施的种类与实施。

① 采取临时措施。如果反补贴调查当局初步认定存在补贴，且对进口成员方国内产业已造成实质性损害或严重威胁，为防止在调查期间继续造成损害，可采取临时措施。临时措施可采用临时反补贴税的形式，临时反补贴税由初步确定的补贴额所存交的现金存款或债券来担保。临时措施不得早于自发起调查之日起后的60天；实施临时措施应限定在尽量短的时期内，不得超过4个月。如果最终确认了损害，或在认定损害威胁的同时又认定在不采取临时措施而其影响肯定会导致损害时，对于本应实施临时措施的那一段时期可以追溯征收反补贴税。

② 补救承诺。如果在反补贴调查期间，出现下述情况，反补贴调查可停止或中止。第一，出口成员方政府同意取消补贴，或采取其他措施；第二，出口商同意修正其价格，使调查当局满意地认为补贴所造成的损害性影响已消失。这样就算达成了"补救承诺"。补救承诺达成后，则反补贴调查应停止或中止。如果以后的情况表明不存在产业损害或损害威胁，补救承诺应自动取消。补救承诺可以由出口成员方提出要求，也可以由反补贴调查当局提出建议，但不能强迫出口商承担这一承诺。补救承诺的期限不得长于反补贴税所执行的期限。

③ 反补贴税。如果反补贴调查最终裁定存在补贴和产业损害，进口成员方当局便可决定对受补贴进口产品征收反补贴税，但它不得超过经确认而存在的补贴额，且应无歧视地征收。但对于已撤回的补贴或已按本协定规定做出承诺的供应国的进口应给予例外。反补贴税的执行期限只能以抵消补贴所造成的损害所必需的时间为准执行期限，一般不得超过5年。如调查当局通过调查确认有"充分理由"继续执行，可适当延长期限。

（5）反补贴调查与裁定透明度的保持。为使反补贴调查与裁定的公正与有效，《反补贴协议》要求透过下述办法保持其透明度：第一，公告反补贴调查的发起。进口成员方政府当局在发起调查时，应向有关当事者发出通知并公开通告。其内容主要有：出口国名称和涉及的产品发起调查的日期；有关补贴行为的说明；对造成所提及的损害的因素的简要证明；有利益关系的当事者投寄陈述的地址及陈述意见的时限。第二，对于任何初步的或最终的肯定或否定的裁定，或接受价格承诺的决定、承诺终止或承诺撤回的决定，都要予以公开通告。

（6）反补贴措施实施的机构与措施：①成立补贴与反补贴委员会（Committee on Subsidies and Countervailing Measures）；②通告补贴内容并接受监督。

10.2.5 世界贸易组织

1.WTO的成立

乌拉圭回合的重大成果之一是建立了世界贸易组织（简称世贸组织）（World Trade Organization，WTO）。1995年1月1日，WTO作为关贸总协定的继承组织，在瑞士日内瓦正式成立。关贸总协定与其共同运行一年时间后，于1995年底自动退出历史舞台。从此，世界贸易组织与世界银行、国际货币基金组织并列为世界经济贸易中的三大支柱。

建立世界贸易组织这一构想已有半个多世纪的历史。20世纪40年代，以美国为首的西方工业发达国家曾积极策划与筹备，但终因各种原因而未能成功。作为《哈瓦那宪章》中的一个临时协定——《关税与贸易总协定》，承担起了建立国际贸易秩序的历史使命。《关贸总协定》这一"临时适用"一用就是四十多年。在将近半个世纪的历程中，虽然8轮谈判取得了如前所说的重大成果，但总也摆脱不了"名不正，言不顺"的"临时"地位。为此，乌拉圭回合对多边贸易体制的建立尤为重视。最后终于在1994年4月15日，由包括中国在内的104个国家和地区的政府正式签署了建立世界贸易组织的协议。WTO于1995年1月1日正式运行。截至2024年2月，世界贸易组织有166个成员，23个观察员。

2.WTO与GATT的区别

（1）世界贸易组织是具有国际法人资格的永久性组织。关税与贸易总协定是在美国发动下，由23个国家于1947年10月30日在日内瓦签订并于1948年临时生效的关于调整缔约国对外贸易政策和国际贸易关系方面的相互权利、义务的国际多边协定。

关税与贸易总协定原为一个"临时规则"的协定，准备以各国政府批准的"国际贸易组织宪章"取而代之。但是由于"国际贸易组织宪章"没有被有关国家的国会批准，这个总协定就成为缔约方调整对外贸易政策和措施以及国际经济关系方面的重要法律准则。

关税与贸易总协定顾名思义只是一项"协定"，随着形势的发展才在其基础上逐渐形成了一个临时性国际经济组织。

世界贸易组织的成立，改变了关贸总协定临时适用和非正式性的状况。根据其协定，建立起一整套的组织机构，成为具有法人地位的正式国际经济组织。从法律地位上看，其与国际货币基金组织、世界银行具有同等地位，都是国际法主体，其组织机构及有关人员，均享有外交特权和豁免权。

（2）世贸组织管辖范围广泛。关贸总协定的多边贸易体制及其所制定的一整套国际贸易规则，适用于货物贸易。

世界贸易组织的多边贸易体制，不仅包括已有的和经乌拉圭回合修订的货物贸易规则，而且还包括服务贸易的国际规则，与贸易有关的知识产权保护的国际规则和与贸易有关的国际投资措施规则。这一整套国际规则涉及货物贸易、服务贸易、知识产权保护和投资措施等领域，表明世界贸易组织所管辖内容更为广泛。

（3）世贸组织成员承担义务的统一性。关贸总协定体制基本上是以关贸总协定文本为主的协议，对有关缔约方权利和义务方面作了规定和安排，但在1979年东京回合谈判中达成的 9 个协议以及多边纺织品协议却是选择性的，成了选择性贸易协议，即这些协议可由关贸总协定缔约方和非缔约方自行选择签署参加，如果不参加便无须履行该协议的义务，因而缔约方在关贸总协定中的权利与义务就不尽平衡。

乌拉圭回合多边贸易谈判达成的《乌拉圭回合多边贸易谈判成果的最后文件》是一个"一揽子文件"，即必须全部接受或全部拒绝，不能接受一部分，拒绝另一部分。

世界贸易组织要求缔约方必须无选择地以"一揽子"方式签署乌拉圭回合达成的所有协议，因为《乌拉圭回合多边贸易谈判成果的最后文件》包括了东京回合及其他有关协议的内容，所以，其是完整的、不可选择的、不可分割的统一体。权利和义务的平衡是在所有协议的基础上达成的，从而加强了缔约方的权利和义务的统一性和约束性，维护了多边贸易体制的完整性。

（4）世贸组织争端解决机制以法律形式确立了权威性。

关贸总协定原有的争端解决机制存在着一些缺陷。例如，争端解决的时间拖延很长，专家小组的权限很小，监督后续行动不力等。

世界贸易组织所实施的综合争端解决机制是一套较为完善的机制。自 1995 年 1 月 1 日开始正式运转以来，争端解决机制已经经历了实践的检验。世界贸易组织的成员纷纷将争端诉诸新的争端解决机制，以致争端解决机制成为世贸组织中最活跃的机构。截至 2003 年 9 月 11 日，世贸组织共对 301 起贸易争端使用了争端解决程序，平均每年处理 30 多起争端。而世界贸易组织的前身关贸总协定在近半个世纪的时间里总共才处理了 238 起争端，平均每年仅处理 5 起争端。

3. 世界贸易组织的基本原则

在世界贸易组织建立的协定中，明确指出了五个基本原则，即非歧视原则、贸易自由化原则、可预见性原则、促进公平竞争原则和鼓励发展与改革的原则。

（1）非歧视原则。国际贸易中的非歧视原则在关贸总协定中已经作了明确的规定，即要贯彻最惠国待遇和国民待遇。在世界贸易体系建立的基本原则中重新明确这一重要原则的意义，不仅在于原则本身，还在于这一原则适用的范围更广。它不仅适用于成员之间的货物贸易，还适用于服务贸易及与贸易有关的知识产权问题。

不过，这种非歧视原则也有例外。如它不适用于世界贸易组织的非成员，也不适用于对那些实行不公平贸易政策的国家和地区采取报复行动的成员。

（2）贸易自由化原则。贸易自由化原则是指通过减少贸易障碍，促进贸易的扩大。这些贸易障碍不仅是指进口关税，还包括各种数量限制、政府的某些限制进口的规定及汇率政策等方面的限制措施。这就要求世界贸易组织的成员根据要求加以调整。世界贸易组织允许各成员采取渐进的方法实现贸易自由化，而且从实际出发，发展中国家和地区需要的时间的确可能要长一些。

（3）可预见性原则。可预见性原则是指各成员在其贸易政策或规定执行以前，要对成员公开并通知世界贸易组织。世界贸易组织认为，各成员不应重新人为地增加贸易障碍，以保证国际贸易环境的稳定，因此，一方面世界贸易组织反对重新提高贸易障碍的行为；另一方面也反对使用除关税以外的其他保护措施。从制度上，世界贸易组织要求各成员将它们将要执行的贸易政策和措施尽快公布，并上报世界贸易组织；世界贸易组织将对此做出评估，以确定其对贸易自由化可能带来的影响。

（4）促进公平竞争原则。促进公平竞争原则是指世界贸易要在公开、公正和不受干扰的情况下开展，因而该贸易体系反对倾销、补贴及政府的歧视性采购等。

（5）鼓励发展和改革原则。鼓励发展和改革原则是指对发展中成员的经济发展和改革采取鼓励原则。由于世界贸易组织3/4的成员是发展中国家和地区，因此对它们的经济发展和市场经济改革要给予特别的关注。世界贸易组织规定，发展中成员在执行协定内容的时间方面应该具有某种灵活性，即允许它们经过较长的时间达到世界贸易组织的要求。世界贸易组织给了发展中成员调整与世界贸易组织规定不相适应方面的过渡期。

由此可见，世界贸易组织在上述原则的指导下，对处在经济发展不同阶段的国家和地区具有广泛的吸引力。

10.3 中国与WTO

10.3.1 中国与GATT/WTO关系的演变

中国是GATT的23个创始缔约国之一。由于种种历史原因，中国与GATT的关系中断了40多年。80年代以来，中国一直以积极的态度申请恢复GATT缔约国地位和加入WTO。

1.中国是关贸总协定最早的缔约方

1948年4月21日，中国政府签署关贸总协定《临时适用议定书》，并从1948年5月21日正式成为关贸总协定缔约方。1950年3月6日，台湾有关方面由其所谓"联合国常驻代表"以所谓"中华民国"的名义照会联合国秘书长，决定退出总协定。1965年1月21日，台湾有关方面提出观察总协定缔约方大会的申请，同年3月，第22届缔约方大会接受台湾有关方面派观察员列席缔约方大会。

1949年10月1日，中华人民共和国成立。1971年10月，联合国大会通过了关于恢复中华人民共和国合法席位的第2758号决议，恢复了中华人民共和国在联合国的合法席位。关贸总协定按照在政治上服从联合国决议的原则，于1971年11月26日终止了台湾有关方面的"观察员"地位。1972年5月，中国成为联合国贸发会议和关贸总协定下属机构国际贸易中心的成员。此后，中国逐步与关贸总协定恢复了联系。

1981年，中国代表列席了关贸总协定纺织品委员会第三个《多种纤维协议》的谈判，并于当年5月获得了纺织品委员会观察员资格。1984年1月，中国正式参加了第三个《多种纤维协议》，并成为关贸总协定纺织品委员会的成员。

1982年11月，中国第一次派代表团以观察员身份，列席了关贸总协定第36届缔约国大会。1984年11月，作为观察员，中国获准出席关贸总协定理事会及其附属机构的会议。此后，中国每年都列席关贸总协定缔约方大会。

2.中国从复关到入世的过程

（1）第一阶段：从20世纪80年代初到1986年7月，主要是酝酿、准备复关事宜。

1985年4月，中国成为关贸总协定发展中国家非正式磋商小组的成员。1986年7月10日，中国驻日内瓦联合国常驻代表团代表钱嘉东大使向关贸总协定总干事邓克尔提交了中国政府关于恢复中国在关贸总协定中缔约国席位的申请照会。申请照会中表示，中国政府基于中国是关贸总协定创始缔约国之一这一事实，决定申请恢复在关贸总协定中的席位。中国经济改革的进程有助于扩大其同缔约各方的经济和贸易联系。中国作为一个缔约国参加关贸总协定工作将有助于促进关贸总协定目标的实现。

中国提出这样的要求是基于政治上和法律上的考虑，而且是有历史事实根据的：

首先，从政治上来说，中华人民共和国政府是代表中国的唯一合法政府。作为一个在政治上强大的发展中国家，特别是作为联合国有否决权的常任理事国，在关贸总协定中的席位必须予以恢复，这是事关国家威望和尊严的重大问题。

其次，从法律上看，台湾有关方面代表中国退出关贸总协定是非法的和无效的。中国要求恢复关贸总协定缔约方地位是符合国际法的。根据国际法上的"有效统治"原则，一个国家的新政府必须在本国领土内建立起实际上的控制和有效地行使政权，才有能力和资格代表该国独立地进行国际交往，并履行国际权利和义务。从1949年10月1日起，被推翻的国民党当局无权代表中国。因此，1950年3月6日擅自决定退出关贸总协定是非法的和无效的。根据国际法，在一国发生政权更迭的情况下，旧政府在国际条约中的权利和义务，应由新政府根据需要决定是否予以继承。《中国人民政治协商会议共同纲领》第55条规定，对于国民党当局与国外政府所订立的各项条约和协定，中华人民共和国中央人民政府应加以审查，按其内容，分别予以承认，或废除，或修订，或重订。按照这条规定，条约是否继承要以条约的性质和内容为依据。这既符合中国的实际情况，又符合国际法的继承权利。因此，中国有权要求恢复关贸总协定缔约方地位。

另外，从史实上看，中国是关贸总协定缔约方，只是由于历史上的原因，曾一度中断了与关贸总协定的联系，因此，根本不存在"重新加入"的问题。

（2）第二阶段：从1986年7月到1992年10月，主要是审议中国的经贸体制，中方要回答的中心题目是到底要实行市场经济还是计划经济。

中国在1986年7月10日提出恢复关贸总协定缔约方地位的申请，此后便开始了长达9年的复关谈判（从1995年7月开始，又转入入世谈判）。其间从1986年7月提出复关申请到1989年5月中美第五轮双边磋商达成了谅解。这期间，中国与主要缔约方进行了十几次双边磋商，并就中国复关的一些核心问题基本达成了谅解，而且中国工作组通过连续召开7次会议，也已基本结束了对中国外贸制度的答疑和综合评估工作，中国复关议定书基本成型，无论在多边谈判，还是在双边磋商中已基本达成共识。1989年，复关谈判结束。

这一时期美欧对中国复关谈判的关心和要价主要集中在贸易政策的透明度与统一实施、关税与非关税措施的减让、价格改革的时间表和选择性保障条款等五个中心问题上。基于这种要价的复关谈判，内容和范围不仅少而窄，而且涉及的问题也大都是关于中国贸易管理体制方面的，未全面涉及中国国内经济政策和外汇政策。各方面的反应表明，中国复关指日可待，国内媒体开始描绘中国复关之后的繁荣景象。

但是，从1989年6月到1992年2月第10次中国工作组会议召开期间，以美国为首的西方国家对华实行经济制裁，把暂时不让中国复关作为其经济制裁的一项主要内容，加之国内经济处于治理整顿阶段，复关谈判涉及的双边磋商和以日内瓦工作组会议形式进行的多边谈判（这期间曾召开过第8次和第9次工作组会议，均为象征性例会）事实上陷入停顿，而且还危及中国复关谈判前一时期所取得的成果，致使这一阶段复关谈判陷入停顿。

（3）第三阶段：从1992年10月到2001年9月，中方进入实质性谈判，即双边市场准入谈判和围绕起草中国入世法律文件的多边谈判。1993年11月，江泽民同志在第一次参加在美国西雅图举行的亚太经合组织领导人非正式会议时，提出了著名的中国复关"三原则"：第一，关贸总协定没有中国的参与是不完整的；第二，中国必须以发展中国家身份复关；第三，中国复关坚持权利与义务的平衡。

这一阶段，复关谈判重新启动并进入权利与义务敲定的最后攻坚阶段。在这期间，因1992年邓小平发表南方谈话而引发的深化改革和全方位对外开放为中国经济的高速发展注入了新的推动力，十四大的召开为中国经济体制改革确立了建立社会主义市场经济和现代企业制度的目标，并相应的实行了一系列深化改革的重大措施。

这一系列改革开放的新举措本应为及早结束中国复关谈判提供契机，但由于冷战后出现的新国际形势和乌拉圭回合形成的《世贸组织协议》生效在即，中美脱钩，美对华贸易政策中唯一可以向中国施压的工具就是复关谈判，加之主要西方国家基于中国经济贸易迅猛发展而对未来中国复关对其本身和多边贸易体制上影响的重新认识，使上述出现的一系列积极因素对中国复关谈判不仅未能起到推动作用，相反却扩大了中国复关谈判的内容，拖长了谈判时间。主要缔约方对中国复关谈判采取了"滚动式要价"的做法，它们无视中国现阶段经济发展水平，要求中国提前从发展中国家行列中"毕业"，承担发达国家在关贸总协定中所承担的义务。

主要西方国家对中国议定书谈判和市场准入谈判的要价不仅涉及贸易管理、关税与非关税措施、贸易政策统一实施和透明度等问题，而且把当时一些不属关贸总协定的义务，如知识产权、服务业市场开放、农产品与纺织品贸易以及纯属中国国内宏观经济调控措施和司法主权的事务，如制定经营、价格协调、财税政策和司法审查等也统统放入要价中，使中国复关后期谈判陷入一个怪圈，即复关谈判面对变化中的中国经贸体制和关贸总协定多边贸易体制，不是谈判问题减少、谈判范围集中，而是越谈问题越多，越谈问题越广。似乎中国无论如何深化改革，完善经贸体制，离复关要求和目标都不是越谈越近而是越谈越远。

为及早摆脱和打破这一谈判怪圈，增加有关各方的责任感与紧迫感，中国于1994年11月28日及时明智地做出了"1994年底为结束中国复关实质性谈判最后期限"的重大决定，以推动主要缔约方丢掉幻想，要价适可而止，对中国复关谈判采取务实灵活的态度，但谈判仍未能最终达成协议。

1998年，时任美国总统克林顿首次访问中国，中国入世问题再次成为世人关注的焦点。然而中美谈判并未取得实质性的成果。1999年，中美双边谈判可谓一波三折，但是通过双方的共同努力，终于在11月15日正式签署了关于中国入世的双边协议，从而为结束长达13年的复关/入世谈判铺平了道路。

2001年9月17日，世贸组织中国工作组第18次会议在世贸组织总部举行正式会议，通过了中国加入世贸组织的所有法律文件，具体包括：中国工作组报告书、中国入世议定书、货物贸易减让表和服务贸易减让表。中国长达15年的入世谈判宣告完成。

2001 年 11 月 10 日，世界贸易组织第四届部长级会议在卡塔尔首都多哈以全体协商一致的方式，审议并通过了中国加入世贸组织的决定。2001 年 11 月 11 日，中国政府代表签署中国加入世贸组织协定书，并向世贸组织秘书处递交中国加入世贸组织批准书，30 天后，即 2001 年 12 月 11 日，中国正式成为世界贸易组织的第 143 个成员。

10.3.2　中国为加入 WTO 而进行的经贸政策与体制改革

1. 大幅度降低进口商品关税

1994 年《关贸总协定》第二十八条附加第一款规定：各成员方"在互惠互利基础上进行谈判，以大幅度降低关税和进出口其他费用的一般水平，特别是降低那些使少量进口都受阻碍的高关税。"目前发达成员方的加权平均进口税已从 40% 下降到 3.8% 左右，发展中成员方也下降到 11% 左右。而中国由于种种原因，当时的平均税率仍高于发展中国家的平均水平。所以，中国"入世"的首要义务就是要逐步将中国关税加权平均水平降到关贸总协定要求的发展中国家水平，并将最高关税一般地约束在 15% 以下，这将使中国许多产业更直接地面临国外产品的竞争，同时国家财政收入有可能会相应减少，但最终可使广大国内消费者受益。

2. 大批量取消非关税壁垒措施

1994 年《关贸总协定》第十一条第一款规定"不得设立或维持配额、进出口许可证或其他措施，以限制或禁止其他缔约方本土的产品的输入，或向其他缔约方本土输出或销售出口产品"，从而为实现自由贸易创造条件。自 1947 年关贸总协定成立以来，由于进口关税一再降低，各缔约方转向求助各种非关税壁垒来达到保护贸易的目的，据统计，世界各国的非关税措施一度从 20 世纪 60 年代末的 600 种增加到 80 年代初的 2 400 多种，1947 年关贸总协定的谈判也主要从关税措施转移到非关税措施。乌拉圭回合谈判中对各种非关税壁垒规定了"维持现状和逐步回退"的原则，在谈判结果中要求各参加方拿出基本取消的时间表。中国本来是实行贸易管制的国家，当然除关税外，也存在种种非关税措施，因此在复关和"入世"谈判中主要议题之一就是要求中国削减如进口许可证、配额以及外汇管制、技术检验标准等非关税措施。这些非关税措施和关税一起被纳入市场准入的谈判，在市场准入的谈判中达成的任何协议都将按世贸组织的最惠国待遇原则，同等给予一切成员方。

3. 取消出口补贴

1994 年《关贸总协定》第十六条第二节第二、三款规定：一成员方对某一出口产品给予补贴，可能对其他的进口和出口成员方造成有害的影响，对其正常贸易造成不适当的干扰，并阻碍总协定目标的实现，因此，各成员方应力求避免对产品的输出实施补贴。中国自 1991 年 1 月开始，在调整汇率的基础上，对所有产品，包括工业制成品和初级产品出口实行企业自主经营、自负盈亏的经营机制，已达到了世贸组织的有关要求。取消补贴后，亏损商品主要通过汇率调整和出口退税的方式获得补偿。1994 年关贸总协定附件九第十六条规定："退还与所缴数量相当的关税或内地税，不能视为一种补贴。"目前，中国出口商品退税中，尚存未退足退净的问题，为加强中国商品的出口竞争力，应利用 1994 年关贸总协定上述条款，充分退足退净一切税款。

4.提升外贸透明度

1994年《关贸总协定》第十条第一款规定："成员方有效实施的关于海关对产品的分类或估价，关于税捐和其他费用的征收率，关于对进口货物及其支付转账的规定、限制和禁止，以及关于影响进出口货物的销售、分配、运输、保险、仓储、检验、展览、加工、混合或使用的法令、条例与法规和一般援用的司法判决及行政决定，都应迅速公布，以使各国政府及贸易商对它们熟悉。"此外，世贸组织还要求成员方经常提供国内经济贸易情况的报告，并定期接受审议。世贸组织建立了对各成员方贸易制度定期审查和通报的制度。中国以往除公开颁布一些重要法律、条例外，一般习惯于制定若干内部决定，因此被认为是缺乏透明度的国家。中国已分步公布或废除了以往众多的内部决定，以适应要求。

5.扩大知识产权的保护范围

世贸组织实施管理的"与贸易有关的知识产权协定"要求各成员方扩大对知识产权的保护范围。发达国家在先进科技工艺专利、名牌商标、科技文化著作及计算机软件等方面拥有很大优势和利益，扩大知识产权的保护无疑是符合他们的愿望的。中国作为发展中国家在知识产权管理方面和法规的执行、行政管理方面与发达国家水准尚有一段距离。1991年和1995年中美有关"特殊301条款"的谈判，就是专门讨论对知识产权扩大保护范围等问题的，在双方均做出让步的情况下达成了知识产权协议。中国"入世"对知识产权扩大保护范围以后（如扩大到对化工产品、药品、食品、计算机软件等），促使中国有关企业必须通过支付专利许可证费用来合法地购买西方发达国家的专利，政府也采取措施严惩任何有损国家和企业名誉的侵权行为，如假冒外国名牌商标的行为将受到法律处理。

6.我国的外贸体制确立了市场导向的改革目标

世贸组织实施管理的"与贸易有关的投资措施协议"与我国引进外资工作有密切的关系。中国自改革开放以来已颁布了有关引进外资的多种法律和条例，对外资引进实行各种鼓励和优惠。这些鼓励和优惠不是特定给予某一国家或地区的，而是对一切外国投资者的无差别待遇，这是符合世贸组织非歧视待遇原则的。但中国引进外资的相关法规还不够完善，特别是在给予外国投资者"国民待遇"方面，一方面在税收等重要项目上给予了外国投资者"超国民待遇"，使国内企业遭受不平等竞争，另一方面在若干国内收费上实行双重作价，导致外商产生很多抱怨，今后在这两方面的政策应做出必要的调整。允许外商投资的范围应进一步扩大，"硬件"和"软件"环境也应进一步改善。特别是随着服务业市场的对外开放和人民币汇率体制改革后，修改外资"三大基本法"的工作就提到了议事日程。

7.逐步开放服务市场

乌拉圭回合谈成的服务贸易总协定（GATS），要求成员方对服务贸易执行与货物贸易同样的无歧视和无条件的最惠国待遇、国民待遇、透明度，并逐步降低贸易壁垒，开放银行、保险、运输、建筑、旅游、通信、法律、会计、咨询、商业批发、零售等行业。世贸组织统计的服务行业多达150多种，都将属于开放范围。对中国来说，应逐步地、有选择地、有范围地开放一些服务业，引进竞争机制，提高中国服务业的质量，并带动服务业的出口。

10.3.3 中国入世以来外贸政策的调整及发展的成绩

1.中国入世以来外贸政策的调整

延伸阅读10-1

中国入世二十余年大事记

（1）加强对国家经济安全的研究。在与世界经济全面接轨、对外资进一步开放之际，应加强对国家经济安全的研究。要高度警惕任何对国家经济安全造成的危害。国家在改善宏观调控、确保经济平稳发展的同时，应进一步完善市场经济的法律体系，尤其是在反倾销、反补贴、反垄断、反不正当竞争、实施保障措施等方面的法律体系，以确保国家经济安全和维护我国企业的正当权益。此外，完善国家标准体系，更多地采用国际标准，制定更严格的产品卫生安全标准也是势在必行。

（2）积极开展经济外交，参与国际贸易规则的修改和制定。中国要在国际舞台上，特别是在世界贸易组织内积极活动，全面参与多哈发展议程的谈判，参与修改完善已有规则体系和制定新的多边国际贸易规则，并积极参与对其他国家的贸易政策审议。中国作为一个较特殊的发展中大国，可以在WTO充当发达国家和发展中国家之间的桥梁，推动谈判。中国在多边和双边的外交活动中要积极争取在更多的国家获得市场经济地位，使企业获得公平待遇。加快推进中国-东盟自由贸易区建设，积极参与多种形式的区域经济合作，也可为中国经济贸易发展创造更好的外部环境。

（3）进一步转变政府职能，强化透明度和效率、服务意识。政府的监管必须到位，但不要越位，要减少微观干预。要让企业诚信，政府首先必须诚信、廉洁。对外国的知识产权应给予更严格的保护，同时要切实保护消费者的利益。政府有关部门要恰当地运用好公平贸易机制（尤其是两反一保）和WTO的争端解决机制，妥善解决好与其他世贸成员的贸易纠纷，一方面维护国家和我国企业的正当利益，同时又应维系与贸易伙伴的良好经贸关系，实现共赢。商会、行业协会必须充分发挥制定行业规范、实行行业自律、提供信息服务和协调等功能。

（4）企业要强化竞争规则意识，提高创新能力，改变竞争战略。入世后，国内市场和国际市场全面接轨，我国企业的竞争对手都是谙熟市场的国际游戏规则的，所以我国企业必须深入研究、熟练掌握WTO规则，对最惠国待遇、国民待遇、透明度原则、两反一保（反倾销、反补贴、保障措施）、知识产权保护、保障性救济措施、技术性贸易壁垒等领域的规则都必须相当熟悉并能熟练运用，以提高竞争能力和应对能力。否则稍不留神就可能违反规则，造成重大损失。在经济全球化的浪潮中，中国企业家要有战略眼光，要有驾驭WTO规则的能力，不要等到出了问题才去了解竞争规则。

企业要不断提高创新能力，在技术、产品、管理、营销、市场、服务方式等方面不断创新。必须加大对R&D（技术研发）的投入，要有自主技术和自主知识产权，不断提高核心竞争力。

企业还要改变竞争战略，从价格战略转变为品牌/名牌战略、优质战略、服务战略等。企业应有自己的品牌，提高出口产品的附加值，改善售后服务，尽量避免低价竞争，授人以倾销之柄。

2.中国入世20余年来发展取得的成绩

加入WTO后，中国对外经贸取得了长足发展，对外贸易、引进外商直接投资和对外直接投资皆然，尤以对外贸易特别是出口贸易规模加速扩张表现最为抢眼。2001—2023年，中国出口从2 660亿美元上升至33 792亿美元。对外贸易绝对规模增速远远超过其他各国和地区，其结果是中国在世界贸易体系中排名不断提升。1980年，中国出口总值排名全球第26位，1990年列第15位，2001年排名第6位，2007年上升至第2位，2009年以来至今一直稳居世界第一。①

入世20余年来，中国经济获得高速发展，取得了较好成绩。主要表现在：第一，中国经济迅速崛起。入世后，很快在几年内就超过了英国，然后超过了德国，2010年超过日本，成为全球第二大经济体。第二，中国企业获得了长足的发展。入世以来中国的企业经受住了来自国外企业的竞争，获得了迅速的发展，2001年，世界500强企业中国上榜15家，入世之后，经过20余年的发展，截至2023年，中国共有133家企业上榜。城市层面，北京凭借其作为国企中心的优势，成为拥有最多世界500强企业总部的城市，达到49家。上海以13家紧随其后，深圳和杭州则各有9家上榜，展现出强大的经济活力。第三，中国商品销往全球，中国成为世界工厂。"中国制造"（Made in China）这个名词是在2001年以后突然间走向了全世界。2001年以后中国东南沿海的江苏、浙江、福建、广东的外贸依赖度从25%左右逐渐增加到了70%，Made in China成为全球经济一个非常亮丽的风景线。

▎案例讨论

入世20年，中国与世界共赢

20年前，那个时候中国没有叫得响的汽车自主品牌。入世后的20年，也是中国汽车工业蓬勃发展的20年。入世20年后的事实表明，更高水平的开放，不但没有成为国内企业的发展障碍，反而令开放的行业更加具有竞争力和生命力。

在中国，有一家民营汽车企业与入世相伴相生，也在20多年间走出了一条超出人们想象的上升之路。2001年11月9日，吉利获得了汽车准入牌照，成为中国首家获得轿车生产资格的民营企业；2010年8月2日，吉利控股集团完成对沃尔沃轿车全部股份的收购，该次收购成为中国首个跨国汽车并购案；2020年，吉利集团共销售超过200万辆汽车，名列世界500强企业第243位。

吉利是入世后中国企业成长壮大具有说服力的典型之一。中国入世，让全球企业拥有了中国市场，也让中国企业拥有了全球市场。

入世给中国汽车产业带来难得的发展机会，入世也使中国汽车产业面对"晋级战"。从2002年开始，我国汽车进口关税逐步下调。至2010年，中国入世的降税承诺基本履行完毕，关税总水平由入世前的15.3%进一步降至9.8%。也是在那一年，中国汽车产销量达到1 800万辆，成为世界汽车第一大市场，几乎所有的汽车品牌都把中国当作发展的必争之地。

---

① 梅新育. 入世十年，谁是赢家［J］. 国际技术装备与贸易，2011（5）：60-61.

2018年，中国又将税率分别为25%、20%的汽车整车关税降至15%。关税的降低，让更多国外品牌进入中国市场，市场竞争更加激烈，同时也激励了国产品牌的崛起和发展。

中国世界贸易组织研究会副会长李铭林表示，加入世贸组织是中国深度参与经济全球化的里程碑，标志着中国改革开放进入历史新阶段。

2001年，中国轿车年产量仅7万辆。2020年，中国全年汽车产量2 522.5万辆，连续10年位居全球首位。中国已经具备较强的汽车生产制造能力，自主品牌在全球市场占有率不断增加。更重要的是，从2015年开始，国产品牌在以电动化、智能化、网联化、共享化为趋势的新赛道上逐渐并跑和领跑。2021年前10个月，中国汽车企业出口159.4万辆，同比增长1.2倍。其中，新能源汽车产量达到136.6万辆，创历史新高。

入世后，汽车产业积极利用外资。中国进一步扩大开放的一系列举措持续推进，2018年取消专用车、新能源汽车外资股比限制，汽车行业迎来"股比放开"的新阶段。从2012年进入中国市场，再到2019年上海超级工厂投产，中国首家外国独资车企特斯拉已经越来越离不开中国市场。同时，具有强劲韧性的中国企业不仅在国内市场站稳了脚跟，还主动走向了世界市场，通过对外投资和全球并购加速自身的发展壮大。

回首这20年，中国始终是全球经贸一体化的重要贡献者和推动者，20年间，中国已从入世之初的跟随者、模仿者，实现了到领跑者和创新者的角色转化，逐步成长为维护国际多边经贸体系的重要力量。入世给中国带来了发展的机会，同样也给世界带来发展的机会；中国受益于世界，世界同样受益于中国。

资料来源　佚名. 入世20年，中国与世界共赢［EB/OL］. ［2024-03-15］. https: //baijiahao.baidu.com/s？id=1718817973232088721&wfr=spider&for=pc.有删改。

思考：

（1）入世后，中国汽车产业是如何适应新的贸易新环境而发展自身的？

（2）入世后，中国汽车产业的发展对其他产业的启示有哪些？

复习思考题

本章小结

1.何谓区域经济一体化？

2.区域经济一体化的组织形式有哪些？

3.中国参与了哪些区域一体化组织？

4.世贸组织的基本原则是什么？

5.世界贸易组织和关贸总协定的主要区别是什么？

6.合法背离关贸总协定义务的例外有哪些？

7.什么叫作倾销？《反倾销协议》的主要内容有哪些？

8.《反补贴协议》的内容有哪些？

9.中国是何时加入世界贸易组织的？

10.中国为加入世界贸易组织进行了哪些经贸政策调整和经济体制改革？

第11章

国际货物交易的商品条件

■ 学习目标

知识目标：

1.认识在国际货物买卖合同中列明商品品名、品质、数量与包装条款的重要意义；

2.明确商品品名及其品质、数量与包装条款的具体内容；

3.掌握商品品质的表示方法、规定品质条款时应注意的事项；

4.掌握计重方法、规定数量条款时应注意的事项；

5.掌握运输标志、中性包装和定牌生产的相关内容。

能力目标：

1.从实践和法律角度熟悉商品名称和品质的重要性；

2.从实物表示、说明表示等角度衡量商品的品质；

3.从实践角度熟悉包装的分类和合同中的包装条款。

素养目标：

1.从国际货物贸易交易的条件视角引导学生立足经济全球化视角，关注、了解国际贸易新闻和热点，并能够对这些事件进行深入剖析；

2.培养学生学会遵守国际贸易规则和惯例，熟悉货物交易的商品条件，更好地维护国家和企业的利益；

3.使学生具备国际视野和家国情怀，重视交易信用，遵守国际规则、职业道德与职业规范。

■ 引导案例

合同中商品的质量条款技术性比较强，不同商品有不同的规格和质量标准。无论是初级农业产品还是具有一定科技含量的工业产品，都可能在购买意向的范围内存在很多不同类型的产品。作为进口方，需要在质量条款方面做到产品对象以及质量标准的明确性，才能最大限度减少后续因产品不明确导致的争议和风险。出口方也应严格按照合同规定交付商品，否则将承担违约责任。2008年4月11日，中化国际（新加坡）有限公司（以下简称中化新加坡公司）与德国蒂森克虏伯冶金产品有限责任公司（以下简称德国克虏伯公司）签订了购买石油焦的采购合同，其中约定该合同应当根据美国纽约州当时有效的法律订立、管辖和解释。中化新加坡公司按约支付了全部货款，但德国克虏伯公司交付的石油焦HGI指数仅为32，与合同中约定的HGI指数典型值应为36~46不符。中化新加坡公司认为德国克虏伯公司构成根本违约，请求判令解除合同，要求德国克虏伯公司返还货款并赔偿损失。

　　资料来源　王漠.涉外实务 | 国际贸易中合同条款设置问题探析 [EB/OL].[2024-05-29].https://mp.weixin.qq.com/s/wCvKIcKJSf6eTaF4LaYkZw.

　　在国际货物买卖过程中很少采用一手交钱、一手交货的现货买卖，一般是先签订合同，卖方再组织货源和交货。因此，双方在洽商时通常看不到具体商品，而是凭借对拟买卖商品的必要描述来确定交易标的物。商品描述一般包括商品的品名和品质两部分内容。在国际货物买卖过程中，成交量的多少直接影响到成交价格的高低及交易条件，也是卖方备货、买方支付货款的依据，是构成一份有效买卖合同不可缺少的内容。此外，国际贸易中，货物运输距离长、风险大，要保证货物在流通中品质完好和数量完整，适当的货物包装是必要条件。商品的品名、品质、数量和包装条款直接关系到买卖双方的权益，是国际货物买卖合同中的基本条款。

11.1　商品的名称

　　商品名称（Name of Commodity）或称"品名"是指能使某种商品区别于其他商品的一种特定称呼或概念，是对合同交易标的物的描述。

11.1.1　列明商品名称的意义

　　在国际货物买卖合同中列明商品名称具有非常重要的意义。

　　（1）列明商品名称是买卖双方交接货物的基本依据。从卖方来说，列明商品名称后才能进行生产、加工或收购，交货才有依据；从买方来说，接货才有据可循。

　　（2）列明商品名称是买卖双方洽谈和拟订其他条款的基础。因为不同商品对包装、运输、商检、保险等事项的具体要求不同，只有在列明具体商品名称后，买卖双方才可以详细洽谈和具体拟订合同中其他交易条款。

　　（3）列明商品名称是买卖双方确定买卖双方的权利和义务的基础。按照有关的法律和惯例，若卖方交付的货物不符合约定的名称或品名，买方有权提出损害赔偿要求，直至拒收货物或撤销合同。

11.1.2　合同中的品名条款

1.品名条款的内容

　　国际货物买卖合同中的品名条款并无统一的格式，一般比较简单，通常都是在"商品名称"或"品名"的标题下，列明缔约双方同意买卖的商品名称；有时为了省略起见，也可以不加标题，只在合同的开头部分，列入双方同意买入卖出某种商品的文字。

对商品品名条款的规定还取决于成交商品的品种和特点。有些商品只要列明商品的名称即可，如"马口铁"；但对于品种复杂，存在不同等级和型号的商品，为了更加明确，也可把有关具体品种、等级和规格型号等也加列其中，在此情况下，该条款不是单纯的品名条款，而是品名与品质条款的合并，称为商品的描述（Description of the Goods），如"纯亚麻床单，规格200cm×220cm"。

2.规定品名条款的注意事项

（1）商品的名称必须明确、具体。国际买卖合同中的品名条款虽然有统一的规定，但在表达条款内容时，仍应力求做到明确、具体，切实反映出商品的特性。切忌使用空泛、笼统的文字，以免产生歧义和误解。

（2）尽可能使用国际上通行的名称。对于某些商品，世界上不同国家或地区的称呼可能不一致，为了避免误解，应尽可能使用国际通用名称。当前，国际上使用最广泛、影响最大的商品分类标准当属世界海关组织（原海关合作理事会）制定的《商品名称及编码协调制度》（Harmonized Commodity Description and Coding System，简称《HS制度》）。对某些新商品的定名及其译名，应力求准确、易懂，并符合国际上的习惯称呼。

（3）对商品名称不要做不切实际的描述。合同条款中规定的商品品名，必须是卖方能够提供的商品，凡是做不到或不必要的描述性词句，都不应列入，以免给履行合同带来不利影响。

（4）注意选用合适的品名以降低有关税费。如果一种商品可以有不同的名称，那么在确定商品名称时，必须注意有关国家的海关关税和进出口限制的有关规定，在不影响国家有关政策的前提下，从利于降低关税或方便进口的角度选择合适的商品名称作为合同的品名。由于商品名称不统一，存在着同一商品因名称不同而收取的费率不同的现象。从这个角度看，选择合适的品名，也是降低储、运费的一个方法。

11.2 商品的品质

商品的品质即商品的质量（Quality of Goods）是指商品的内在素质和外观形态的综合，前者包括商品的物理性能、机械性能、化学成分和生物特征等自然属性，一般需要借助仪器分析测试才能获得；后者包括商品的外形、色泽、款式和透明度等，可以通过人们的感觉器官直接获得。

11.2.1 列明商品品质的重要性

1.从实践角度看商品品质的重要性

品质的优劣直接影响商品的使用价值和价值，它是决定商品使用效能和影响商品价格的重要因素。在当前国际竞争空前激烈的条件下，许多国家都把提高商品品质作为非价格竞争的一个主要组成部分，它是加强对外竞销的重要手段之一。

2.从法律角度看商品品质的重要性

合同中的品质条款是构成商品说明的重要组成部分，是买卖双方交接货物的依据。

《联合国国际货物销售合同公约》规定，卖方交付货物，必须符合约定的质量。如卖方交货不符合约定的品质条件，买方有权要求损害赔偿，也可以要求修理或交付替代货物，甚至拒收货物和撤销合同。这进一步说明了品质的重要性。

11.2.2　对进出口商品的品质要求

商品质量的好坏，不仅关系到商品的使用价值和商品价格的高低，关系到买卖双方的权益，而且还会影响企业乃至国家的信誉。进出口商品的质量必须符合以下基本要求：

1.对进口商品的品质要求

（1）进口商品应是国内生产建设、科学研究和人民生活急需的商品。进口商品质量优劣，直接关系到国内用户和消费者的切身利益，凡品质、规格不符合要求的商品，不应进口。

（2）进口商品的品质应满足安全卫生、环境保护要求。要防止进口危害国家安全或者社会公共利益的商品、对人民生命和健康产生危害的商品以及破坏生态环境的商品。

（3）进口商品的品质规定应符合进口国国情。要考虑人民生活水平和消费能力，不应超越国内的实际需要，不能盲目追求高规格、高档次、高质量，以免造成不必要的浪费。

2.对出口商品的品质要求

（1）出口商品质量要符合"目标市场"的需求。在商品出口之前出口商应该首先做好目标市场的市场调研工作，从而确保出口商品的品质、规格、花色、式样等符合目标市场的消费水平和消费习惯。

（2）出口商品质量要求高、求变。在技术进步日益加快、市场竞争日益激烈的今天，要想保住市场份额、增强商品在国际市场上的竞争力，出口商必须注意研究开发新产品，以满足多样化、个性化的消费需求。

（3）出口商品质量要符合进口国的有关法令规定。为确保消费安全、环保以及出于其他目的，进口国会制定相关法律规定要求进口商品质量必须符合其指定的质量要求，因此，出口商必须充分了解各国对进口商品的法令规定和管理制度。

（4）出口商品质量要适应自然条件、交易季节及销售方式的变化。商品在运输、装卸、存储和销售过程中，其质量有可能会因种种非人为因素的影响而出现某种变化，如温度对商品质量的影响。

（5）交货品质必须符合合同规定。若交货品质低于合同要求，显然是违约行为。若交货品质高于合同要求，也有可能构成违约。

11.2.3　商品品质的表示方法

国际贸易中所交易的商品，种类繁多，特点各异，所以表示品质的方法也多种多样。归纳起来，表示品质的方法可以分为两大类：一类是用实物表示商品的品质；另一类是用说明表示商品的品质。

1.以实物表示商品的品质

以实物表示商品品质通常包括凭成交商品的实际品质和凭样品两种表示方法，前者为看货买卖；后者为凭样品买卖。

（1）看货买卖（Sales by Actual Quality）。它是指买卖双方根据成交商品的实际品质进行交易。通常是先由买方或其代理人在卖方所在地验看货物，达成交易后，卖方应按照验看过的商品交付货物。只要卖方交付的是验看的商品，买方就不得对品质提出异议。

在国际贸易中，由于交易双方距离遥远，交易洽商多通过函电方式进行。看货买卖适用范围有限，多用于寄售、拍卖和展卖业务中，主要适用于某些特殊商品，如珠宝、首饰、字画、特种工艺品（玉雕）等交易中。因为这些商品既无法用文字概括其品质，也没有品质完全相同的样品可以作为交易的品质依据，只能看货洽商，按货物的实际情况成交。

（2）凭样品买卖（Sale by Sample）。样品（Sample）通常是指从一批商品中抽取出来的或由生产、使用部门加工、设计出来的，足以反映和代表整批商品品质的少量实物。凡是凭样品作为品质依据进行的交易称为"凭样品买卖"。

在凭样品买卖时，可依据样品来源的不同分为三类：

① 凭卖方样品买卖（Sale by Seller's Sample），是指由卖方提供样品并作为交货的品质依据。一般来说，国际货物买卖中的样品大多由卖方提供。卖方送交的样品即原样（Original Sample）或标准样（Type Sample）应该具有代表性，同时卖方还应留存一份或数份同样的样品即复样（Duplicate Sample）或称留样（Keep Sample），以备将来组织生产、交货或处理质量纠纷时作核对使用。

② 凭买方样品买卖（Sale by Buyer's Sample），是指由买方提供样品并作为品质依据进行买卖，又称之为"来样成交"或"来样制作"。由于买方对目标市场的需求状况熟悉，为了使订购的商品符合消费要求，买方会向卖方提供样品要求卖方依样承制，卖方在确认按买方提供的样品成交之前，必须充分考虑按来样制作特定产品所需要的原材料供应、加工技术、设备和生产安排的可行性，以确保日后能正确履行交货义务。

③ 凭对等样品买卖（Sale by Counter Sample），其实是将"凭买方样品买卖"转变成"凭卖方样品买卖"。谨慎的卖方一般不愿承接凭买方样品买卖的交易；因原材料、技术、设备等多方面因素影响，卖方或许认为按买方来样交货没有切实把握。为了保证将来顺利交货，免除因交货品质与买方样品不符而招致买方索赔或退货的危险，卖方可根据买方来样加工复制或从现有货物中选择品质相近的样品提交给买方，这种样品称为对等样品（Counter Sample）或"回样"（Return Sample）或"确认样品"（Confirming Sample）。

无论凭何种样品买卖，合同一旦成立，凭以成交的样品就成为买卖双方交接货物的品质依据，卖方必须承担交货时商品的品质与样品完全一致的责任。为了避免买卖双方在履约过程中产生质量争议，必要时还可使用封样（Sealed Sample），即由第三方或公证机关如商品检验机构在一批货物中抽取同样质量的样品若干份，烫上火漆并铅封，由第三方或公证机关留存一份备案，其余供交易当事人使用。封样可以在出现品质纠纷时作为品质依据。

此外，买卖双方为了发展贸易关系和增进彼此对对方商品的了解，往往采用互相寄送样品的做法。这种以介绍商品为目的而寄出的样品，被称为参考样品（Reference Sample），对买卖双方均无约束力。为避免以后可能的纠纷，最好在寄送这种样品时标明"仅供参考"（For Reference Only）字样，以免与标准样品混淆。

【条款示例】用样品表示商品品质

长毛绒玩具熊　　　样品号NT006　　　尺码24英寸

Plush Toy Bear　　Sample NT006　　size 24″

2.用说明表示商品的品质（Sale by Description）

国际货物买卖中，大多数商品都采用以说明来表示商品品质。常用的有下列几种方式：

（1）凭规格买卖（Sale by Specification）。商品规格（Specification of Goods）是指一些足以反映商品品质的主要指标，如化学成分、含量、纯度、性能、容量、长短、粗细等。表示商品质量的指标因商品不同而不同，即使同一种商品也会因用途不同而需要不同的指标。比如大豆交易，若大豆用于榨油，则需要列明含油量指标；若作食用，则需要列明蛋白质含量。由于凭规格买卖简单易行、明确具体，所以在国际贸易中应用最广、最普遍。

【条款示例】用规格表示商品品质

阿拉斯加鳕鱼粉

蛋白质：最低65%　脂肪：最高10%　灰粉率：最高22%　水分：最高10%

Alaska Pollock fishmeal

Protein：65% Min.　Fat：10% Max.　Ash：22% Max.　Moisture：10% Max.

（2）凭等级买卖（Sale by Grade）。商品的等级（Grade of Goods）是指对同一类商品，按其规格上的差异，用文字、数字或符号所作的分类，以表示商品品质存在差异的程度，如特级、一级、二级等。

【条款示例】用等级表示商品品质

鲜鸡蛋：蛋壳呈浅棕色，清洁、品质新鲜、大小均匀（Fresh Hen Eggs： Shell light brown and clean，even in size）

特级：每枚净重60~65克（Grade AA：60~65gm per egg）

一级：每枚净重55~60克（Grade A：55~60gm per egg）

二级：每枚净重50~55克（Grade B：50~55gm per egg）

三级：每枚净重45~50克（Grade C：45~50gm per egg）

（3）凭标准买卖（Sale by Standard）。商品的标准（Standard of Goods）是指将商品的规格和等级予以标准化。商品的标准一般由标准化组织、政府机关、行业团体、商品交易所等规定并公布，可分为国际标准、国家标准、行业标准、地方标准和企业标准。在合同品质条款规定"凭标准买卖"时，必须说明标准的制定机构、版本名称和年份。目前国际上普遍采用的是国际标准化组织（International Organization for Standardization，ISO）推出的ISO 9000质量管理和质量保证系列标准。

对于某些品质变化较大而难以规定统一标准的农副产品，买卖双方常常采用"良好平均品质"标准或"上好可销品质"标准来表示。

【条款示例】

东北大豆，2023年收成，F.A.Q.

含油量：最低17%　水分：最高15%　含杂质量：最高1%

Northeast Soybean，2023 New Crop，F.A.Q.

Oil content：17%（min.），Moisture：15%（max.），Admixture：1%（max.）

（4）凭说明书和图样买卖（Sale by Descriptions and Illustrations）。在国际贸易中，有些机器、电器和仪表等技术密集型产品，因其结构复杂，数据较多，很难用几个简单的指标来表明其品质的全貌，而且有些产品，即使其名称相同，但由于所使用的材料、设计和制造技术的某些差别，也可能导致功能上的差异。因此，对这类商品的品质，通常是以说明书并附以图样、照片、设计、图纸、分析表及各种数据来说明其具体性能和结构特点。这种用说明书和图样来确定商品品质的交易就称为"凭说明书和图样买卖"。

（5）凭商标或品牌买卖（Sale by Trade Mark or Brand）。对某些质量稳定且在市场上有着良好声誉的商品，买卖双方在磋商和签订合同时，直接采用这些商品的商标或牌号来表示商品的品质。如"张小泉"剪刀、"Software"软件等。在用商标或品牌来表示商品品质时，如果同一种商标或品牌的商品具有不同的型号或规格，那么在品质条款中除了规定以商品或品牌作为交货品质的依据外，还必须同时订明型号或规格。"凭商标或品牌买卖"一般适用于那些品质稳定而且在国内外市场上已经树立起良好信誉的知名品牌商品。

（6）凭产地名称买卖（Sale by Name of Origin）。在国际货物买卖中，一些传统的农副产品和土特产品因产区的自然条件、传统加工工艺等因素的影响，在品质方面具有独特风格和特色，在国际上享有盛誉。例如：烟台红富士苹果、重庆涪陵榨菜、龙口粉丝等。对于这类产品，一般也可用产地名称来表示其独特的品质。

11.2.4　合同中的品质条款

在国际贸易中，同种商品存在着不同的品质。为了避免关于品质的贸易纠纷，买卖双方应在合同中具体规定卖方交货的品质。这就是国际货物买卖合同中的品质条款。品质条款的内容及其繁简，一般视不同商品和不同表示品质的方法而定。在规定品质条款时需要注意下列事项：

1.正确运用各种表示品质的方法

采用何种表示品质的方法，应视商品特性而定。一般来讲，凡能用科学的指标说明品质的商品，则适于凭规格、等级或标准买卖；有些难以规格化和标准化的商品，如工艺品，则适于凭样品买卖；某些性能复杂的机器、电器和仪表，则适于凭说明书和图样买卖；凡具有地方味和特色的产品，则适于凭产地名称买卖。

各种表示商品品质的方法，可以单独运用，也可以根据商品的特点、市场或交易的习惯结合起来运用。

若在合同中规定采用多种方法来确定商品品质，那么卖方就必须承担所交易商品的品质必须符合各项依据的责任。因此，从卖方角度来说，在表示商品品质时，如果能使用一种方法表示商品品质的，尽量不要使用两种或两种以上的方法来表示。

2.品质条款的规定要有科学性和合理性

品质条款不仅关系到买卖双方的切身利益，而且还关系到合同能否顺利履行，因此，品质条款规定一定要明确、具体，避免过高、过低、过繁、过细，同时又要注意条款内容和文字上的科学性和灵活性，避免使用绝对化词句。具体来讲，要注意以下几方面的问题：

（1）要从实际出发，防止品质条款偏高或偏低。规定商品的品质条款时，既要考虑国外客户的要求，又要考虑我国的实际生产情况。

（2）合理规定影响品质的各项重要指标。在规定合同中的品质条款时，注意主要指标不能遗漏，次要指标不要过多罗列，避免因难以兼顾而影响交货。

（3）要注意各项指标之间的联系。表示商品品质的各项指标都是从不同角度来说明同一商品品质的，各项指标之间是相互联系的，签订合同时要注意各项指标之间的平衡。

3.品质条款的规定要注意明确、具体，并兼顾灵活性

为了便于检验和明确责任，规定品质条款时，应力求明确、具体，不宜采用诸如"大约""左右"之类的笼统含糊字眼，以避免在交货的品质上引起争议；但也不宜把品质条款定得过死，因为这样会给卖方履行交货义务带来障碍。

在国际贸易中，为了避免因交货品质与买卖合同稍有不符而造成违约，保证合同的顺利履行，可以在合同品质条款中做出某些灵活规定。常见的有下列这些：

（1）交货品质与样品大体相等或类似条款。在凭样品买卖时，如果由于所买卖商品的特性或生产加工技术的原因，卖方难以保证交货质量与样品完全相同，则应在磋商、订约时与买方约定交货质量与样品相似或大体相同，并在合同中做出明确规定。例如："布娃娃，品质按×年×月×日卖方第×号样品，品质与样品大致相符"。

（2）规定品质公差（Quality Tolerance）。品质公差是指国际上公认的对某些产品一定范围内的品质误差。品质公差主要适用于工业制成品，只要卖方交货品质在公差范围内，也不能视为违约。但为了明确起见，还是应在合同品质条款中订明一定幅度的公差。凡在品质公差范围内的商品，买方不得拒收或要求调整价格。

（3）规定品质机动幅度（Quality latitude）。品质机动幅度是指商品的特定质量指标在一定幅度内可以浮动。只要卖方所交货物的品质没有超出机动幅度的范围，买方就无权拒收货物。品质机动幅度主要适用于初级产品以及某些工业制成品的质量指标。具体规定方法一般有三种：规定范围、规定极限、规定上下差异。

卖方交货质量在合同品质条款允许的范围内，一般均按照合同单价计收价款。但有些货物，在使用品质机动幅度时，为了体现按质论价，也可根据交货的质量状况调整价格，这就需要在合同中规定质量增减价格条款，对约定的机动幅度内的品质差异，可按照实际交货品质规定予以增价或减价。例如："东北大豆，实际装运货物的含油率高或低于1%，价格相应增减1%"。

11.3 商品的数量

在国际贸易中，商品的数量是国际货物买卖合同中的主要交易条件之一，买卖双方必须事先约定买卖商品的数量，以作为履行合同的依据。

11.3.1 约定商品数量的意义

商品的数量是国际货物买卖合同中不可缺少的主要条件之一。按照《联合国国际货物销售合同公约》的规定：按约定的数量交付货物是卖方的一项基本义务。如卖方交货数量大于约定的数量，买方可以收取或拒收多交部分中的一部分或全部，如果买方收取多交部分货物的一部分或全部，必须按合同价格付款。如卖方交货数量少于约定的数量，卖方应在规定的交货期届满前补交，但不得使买方遭受不合理的不便或承担不合理的开支，即使如此，买方也有保留要求损害赔偿的权利。

由于交易双方约定的数量是交接货物的依据，因此，正确掌握成交数量和订好合同中的数量条款具有十分重要的意义。买卖合同中的成交数量的确定，不仅关系到进出口任务的完成，而且还涉及对外政策和经营意图的贯彻；正确掌握成交数量，对促进交易的达成和争取有利的价格，也具有一定的作用。

11.3.2 计量单位、度量衡制度

在国际贸易中，由于商品的种类、特性和各国度量衡制度的不同，所以计量单位和计量方法也多种多样。了解各种度量衡制度，熟悉各种计量单位的特定含义和计量方法，是从事对外经贸人员必须具备的基本常识和技能。

1.计量单位（Measuring Unit）

商品的计量单位应根据商品的不同性质而定，国际贸易中常用的计量单位有以下六种：

（1）重量单位（Weight）。如克（Gram）、公斤（Kilogram）、盎司（Ounce）、磅（Pound）、公吨（Metric Ton）等，主要适用于初级产品（如大米、花生、煤、铁矿），以及部分工业制成品。

（2）个数单位（Number）。如件（Piece）、套（Set）、打（Dozen）、罗（Gross）等。大多数工业制成品，尤其是日用消费品、轻工业品、机械产品以及部分土特产品，均习惯按数量进行买卖。

（3）面积单位（Area）。如平方米（Square Metre）、平方英尺（Square Foot）、平方码（Square Yard）等。面积单位主要适用于木板、玻璃、部分装潢材料（地砖、地毯）等。

（4）长度单位（Length）。如米（Meter）、英尺（Foot）、码（Yard）等，主要适用于布匹、电线电缆、绳索等。

（5）容积单位（Capacity）。如升（Liter）、加仑（Gallon）、蒲式耳（Bushel）等，主要适用于部分谷物及流体货物，如燕麦、汽油等。

（6）体积单位（Volume）。如立方米（Cubic Meter）、立方英尺（Cubic Foot）、立方码（Cubic Yard）、立方英寸（Cubic Inch）等，主要适用于木材、天然气和化学气体等。

2.度量衡制度（Measuring System）

在国际贸易中，确定商品数量不仅会涉及计量单位、计量方法，同时还会涉及度量衡制度。世界各国采用的度量衡制度不尽相同，通常采用的度量衡制度有公制、英制、美制和国际标准计量组织在公制基础上颁布的国际单位制。

（1）公制（The Metric System），基本单位为千克和米，为欧洲大陆及世界大多数国家所采用。

（2）英制（The British System），基本单位为磅和码，为英联邦国家所采用，而英国因加入欧盟的需要，在一体化进程中已宣布放弃英制而采用公制。

（3）美制（The U.S. System），基本单位和英制相同，为磅和码，但有个别派生单位不一致。如容积单位加仑和蒲式耳，英美制名称相同，大小不同。

（4）国际单位制（The International System of Units），是国际标准计量组织在公制基础上制定公布的，其基本单位包括千克、米、秒、摩尔、坎德拉、安培和卡等七种。

由于世界各国的度量衡制度不同，同一计量单位所表示的数量不一。为了解决由于各国度量衡制度不同带来的弊端，国际标准计量组织在各国广为通用的公制的基础上发展出国际单位制。现在已有越来越多的国家采用国际单位制。

我国出口商品，除照顾对方国家贸易习惯约定采用公制、英制或美制计量单位外，应使用我国法定计量单位。《中华人民共和国计量法》第三条规定："国家采用国际单位制。国际单位制计量单位和国家选定的其他计量单位，为国家法定计量单位。"

11.3.3 计算重量的方法

在国际贸易中按重量计量的商品很多，根据一般商业习惯，计算重量的方法通常有下列几种：

1.毛重（Gross Weight）

毛重是指商品本身的重量加上包装物的重量。此种计重方法一般适用于大宗低值商品如粮食、饲料、铁矿石、矿砂等。

2.净重（Net Weight）

净重是指商品本身的重量，即除去包装物重量后的商品实际重量。净重是国际贸易中最常见的计重办法。对于价值较低的农产品以及因包装关系不便分别计算皮、净重的商品，有时也采用"以毛作净"（Gross for Net）的办法计重，即把毛重作为净重来计量。

在采用净重计重时，对于如何计算包装物的重量即皮重（Tare），国际上有下列几种做法：

（1）按实际皮重（Actual Tare or Real Tare）计算。实际皮重指包装物的实际重量。它是指对每件商品的包装逐一过称，加总起来得到全部商品的总皮重。

（2）按平均皮重（Average Tare）计算。如果商品所使用的包装比较一致，重量相差不大，就可以从全部商品中抽取几件，称其包装物的重量，然后除以抽取的件数，得出平均数即平均皮重。平均皮重乘以总件数，即可求得全部商品的皮重。

（3）按习惯皮重（Customary Tare）计算。有些商品所使用的包装材料已经标准化，皮重已为市场所公认，因此在计算其皮重时，就无需对包装逐件过秤，按习惯上公认的皮重乘以总件数即可。

（4）按约定皮重（Computed Weight）计算。即以买卖双方事先约定的单件包装重量作为计算的基础。用事先约定的单件包装重量乘以总件数，即可求得全部商品的皮重。

3.公量（Conditioned Weight）。公量是指用仪器抽去商品实际含有的水分，得出商品的干净重，再加上标准水分重量求得的重量。经济价值较高但含水量受环境影响较大的商品，如羊毛、生丝、棉花等一般采用此种计重方法。

公量的计算公式有两种：

公量=干净量×（1+标准回潮率）

公量=商品净重×［（1+标准回潮率）/（1+实际回潮率）］

其中，标准回潮率又叫公定回潮率，是交易双方约定的货物中的水分和干量之比，实际回潮率是实际的货物中的水分和干量之比。国际上公认的羊毛、生丝、棉花的标准回潮率分别是16%、11%和8.5%。

4.理论重量（Theoretical Weight）

对一些具有固定规格、尺寸、形状的商品，每件重量基本一致，一般可从件数推算出总重量，即理论重量，以方便买卖双方交接货物。但是，这种计重方法是建立在每件货物重量相同的基础上的，单件货物重量如有变化，其实际重量也会发生差别，因此只能作为计重时的参考。

5.法定重量（Legal Weight）

商品重量加上直接接触商品的包装物料（即销售包装）的重量称为法定重量。法定重量是海关依法征收从量税时，作为征税基础的计重方法。

11.3.4　合同中的数量条款

1.数量条款的内容

国际货物买卖合同中的数量条款，主要包括成交商品的数量和计量单位；按重量成交的商品，还需订明计算重量的方法。

《联合国国际货物销售合同公约》第56条规定："如果价格是按货物重量规定的，如有疑问，应按净重确定。"

2.约定数量条款的注意事项

（1）数量条款应当明确具体。为了便于履行合同和避免引起争议，国际货物买卖合同中的数量条款应当明确具体。比如，在规定成交商品数量时，要明确规定该商品的计量单位，注意不同计量单位之间的换算。对于按重量计算的商品，合同中应具体规定计算重量的方法。合同中的成交数量一般不宜采用"大约""近似""左右"等带伸缩性的字眼来表示。

若成交数量前使用了"大约""近似"等字眼，根据《跟单信用证统一惯例》

（Uniform Customs and Practice for Commercial Documentary Credits，UCP600）的规定，这个约数可解释为交货数量有不超过10%的增减幅度。

另外，UCP600还规定："在信用证未以包装单位件数或货物自身件数的方式规定货物数量时，货物数量允许有5%的增减幅度，只要总支取金额不超过信用证金额。"比如，如果合同规定出口2 000台电视机，则数量不能使用5%的增减幅度，卖方必须交付2 000台电视机。

（2）合理规定数量机动幅度。为了使交货数量具有一定范围内的灵活性以便于履行合同，买卖双方可以在合同中合理规定数量机动幅度，只要卖方交货数量在约定的增减幅度范围内，就算按合同规定数量交货，买方不得以交货数量不符为由而拒收货物或提出索赔。该条款被称为溢短装条款（More or Less Clause）或数量增减条款。订好溢短装条款，需要注意下列几点：

① 数量机动幅度的大小要适当。数量机动幅度的大小，通常都以百分比表示，如3%或5%不等，究竟百分比多大合适，应视商品特性、行业或贸易习惯和运输方式等因素而定。当合同明确规定可以分批装运时，应对各批和总量的增减幅度予以规定。

② 机动幅度选择权的规定要合理。在合同规定有机动幅度的条件下，应酌情确定由谁来行使这种机动幅度的选择权。通常有三种情况：由卖方选择、由买方选择、由船方选择。如果采用海运，交货数量的机动幅度应由负责安排船舶运输的一方选择；也可规定由船长根据舱容和装载情况做出选择。

③ 溢短装数量的计价方法要公平合理。目前，对机动幅度范围内超出或低于合同数量的多装或少装部分的计价，一般有两种方法：一是按照合同价格计价；另一种是按照装船时的市价计价。按照国际市场的惯例，合同中如果没有具体规定机动幅度作价办法，通常是按合同价格计算。按装船时的市价计价主要是为了防止享受溢短装权利的一方利用物价波动而故意多装货或少装货。因此，为了防止有权选择多装或少装的一方当事人利用行市的变化，有意多装或少装以获取额外的好处，应注意在合同中规定，多装或少装的部分按装船时或货到时的市价计算，从而体现公平合理的原则；或者可以规定"此项机动幅度，只是为了适应船舶实际装载量的需要时，才能适用"。例如，2 000公吨，卖方可溢短装5%，溢短装的计价按合同价（2 000 metric tons，5% more or less at seller's option，value of the excess or shortage quantity to be calculated at the contract price）。

11.4 商品的包装

国际贸易中的商品一般都有包装，只有少数商品没有包装而采取散装和裸装的方式。凡需要包装的商品，只有通过包装才算完成生产过程，商品才能进入流通领域和消费领域，才能实现商品的使用价值和价值。

11.4.1 约定商品包装的意义

国际货物买卖中，包装是说明货物的重要组成部分，包装条件是买卖合同中的一项主要条件。根据《联合国国际货物销售合同公约》的规定，卖方必须按合同规定的方式装箱或包装，如果卖方提供的商品包装与合同规定不符，就构成违约，买方可以拒收货物和拒付货款。由此可见，搞好包装工作和按约定的条件包装，具有重要意义。

11.4.2 包装的分类

1.依据商品是否需要包装，可以分为散装、裸装和包装。

（1）散装（in Bulk），指无须包装，商品可直接置于承载的运输工具上。散装适用于大宗的不易碰损的商品，这些商品一般不容易包装或不值得包装，如粮食、矿砂、食盐、煤炭、石油等。这类商品称为散装货（Cargo in Bulk）。

（2）裸装（Nude），指将商品用铁丝、绳索等加以捆扎或以其自身捆扎成捆、堆或束，不加任何包装物料，如规格统一、不受外界环境影响的圆铁、钢板、橡胶等。这类没有包装或稍加捆扎即可自然成件的商品称为裸装货（Nude Cargo）。

（3）包装（Packed），指因为保护或促销商品而需要加以包装。国际货物买卖中的大多数商品都需要加以包装。这类需加包装的商品称为包装货（Packed Cargo）。

2.依据流通过程中包装作用的不同，可以将包装分为运输包装和销售包装。

（1）运输包装（Transport Package）。它又称为"外包装"或"大包装"，是指在出口商品储运过程中，为了保护商品，防止损坏、散失所设计的包装。

①对运输包装的要求。由于国际贸易中的运输条件较为复杂，为了保证货物安全到达，货物的运输包装必须科学合理，且符合下列条件：

a.要适应商品的特性，防止货物破损、变质、污染等损失发生。

b.要适应各种不同运输方式的要求。如海运包装要求牢固、防挤压、防碰撞，铁路运输要求包装防震，而航空运输要求包装轻便等。

c.必须符合有关国家法律法规的规定和客户的要求。如美国政府规定，凡未经过处理的木制包装，一律不准入境；阿拉伯国家规定进口商品的包装禁用六角星图案等。此外，如果客户对包装提出某些特定要求，也应根据需要和可能予以满足。

d.要便于各环节有关人员进行操作。这就要求包装设计合理，包装规格、重量、体积适当，包装方法科学，包装标示清楚，以适应运输包装标准化的要求。

e.要适度包装，在保证包装牢固的前提下节省包装费用。运输成本的高低往往与运输包装的重量、体积有着直接的关系。包装费用直接影响着企业的经济效益，因此，选用的包装材料要轻便、结实、适度。

②运输包装的分类。

a.按包装方式划分，运输包装有单件包装和集合包装。前者是将货物在运输过程中以单个包装作为计件单位进行包装，后者将若干单件运输包装组合成一件大包装，以利更有效地保护商品、提高装卸效率和节省运输费用。在国际贸易中，常见的集合运输包装有集装包、集装袋、集装箱、托盘。

b.按包装造型不同，运输包装可分为箱、袋、包、桶、捆等不同形状的包装。

c.按包装材料不同，运输包装可分为纸制包装、金属包装、木制包装、塑料包装、麻制品包装、玻璃制品包装和陶瓷包装等。

d.按包装质地划分，运输包装有软性包装、半硬性包装和硬性包装。

e.按包装程度划分，运输包装可分为全部包装和局部包装。

在国际贸易中，究竟采用何种运输包装，应根据商品的特性、形状、贸易习惯、运输路线的自然条件、运输方式及有关费用的开支等因素综合考虑，并在合同中谈妥订明，否则极易产生贸易纠纷。

③运输包装的标志。它是指货物因运输、装卸、仓储的识别需要，在运输包装上刷写的文字和图形。运输包装的标志按其用途可分为运输标志、指示性标志和警告性标志三种：

a.运输标志（Shipping Mark）。它又称唛头，它通常是由一个简单的几何图形和一些字母、数字及简单的文字组成，其作用在于指明货物运输的去向，使货物在装卸、运输、保管过程中容易被有关人员识别，以防止错发错运。

b.指示性标志（Indicative Mark）。它又称注意标志、操作标志，是对具有特殊性、易碎、易损、易变质货物，用简单、醒目的文字或图形做出标示，以提示人们在装卸、运输和存储过程中需要注意的事项。文字标示如"小心轻放"（Handle with Care）、"此端向上"（This Side Up）。

c.警告性标志（Warning Mark）。它又称危险货物包装标志，凡在运输包装内装有危险货物时，都必须在运输包装上标明用于各种危险品的标志，说明危险货物的危险性质和危险等级，使装卸、运输和保管人员按货物特性加强相应的防护措施，从而保护物资和人身的安全。例如"爆炸物品"（Explosive）、"易燃物品"（Inflammable）。

为保证国际危险货物运输的安全，国际海事组织、国际铁路合作组织和国际民航组织分别制定了国际海上、铁路、航空危险货物运输规则。我国出口危险品的外包装上，应分别依据上述规则，刷制必要的危险品标志。

（2）销售包装（Sales Package）。它又称内包装，是直接接触商品并随商品进入零售网点和消费者直接见面的包装。这种包装的特点是外形美观、有必要的装潢，包装单位适于顾客的购买以及商店陈设的要求。在流通过程中，商品越接近顾客，越要求包装能起促进销售的作用。

①销售包装的分类。销售包装可采用不同的包装材料和不同的造型结构与式样，这就导致了销售包装的多样性。目前市场上流行的销售包装有便于陈列展销的挂式包装、堆叠式包装，有便于识别的透明包装、习惯包装，有便于消费者使用的软包装、便携式包装、礼品类包装。

②销售包装的内容。在销售包装上，一般都标有装潢画面和文字说明，有的还印有条形码的标志。在设计和制作销售包装时，应一并做好以下几方面的工作：

a.包装的装潢画面。装潢画面要美观大方，富有艺术吸引力，以突出商品特点，同时还要适应有关国家的民族习惯和宗教信仰，如伊斯兰国家忌用猪作为图案。

b.文字说明。在销售包装上应有必要的文字说明，如商标、品牌、品名、产地、数量、规格、成分、用途和使用方法等。文字说明要同装潢画面紧密结合，互相衬托，彼此补充，以达到宣传和促销的目的。

c.条形码。商品包装上的条形码是由一组带有数字的黑白及粗细间隔不等的平行条纹所组成。只要将条形码对准光电扫描器，计算机就能自动地识别条形码的信息，从而能够更有效地为客户服务，提高货物管理效率。

3.按对商品包装上有关生产商信息和商标品牌的标注有无特殊要求划分。

（1）中性包装和定牌包装。中性包装（Neutral Packing），是指在出口商品内外包装上不标明生产国家、地名和厂商名称的包装。采用中性包装，是为了打破某些进口国家与地区的关税和非关税壁垒以及适应交易的特殊需要（如转口销售等），它是出口国家厂商加强对外竞销和扩大出口的一种手段。

定牌（Brand Designated by the Buyer）俗称"贴牌"，是指卖方按买方要求在其出售的商品或包装上标明买方指定的商标或牌号，这种做法也叫定牌生产。

（2）普通包装，即对商品包装上有关生产商信息和商标品牌的标注没有特殊要求。除中性包装和定牌包装外的包装都是普通包装。

11.4.3　合同中的包装条款

1.包装条款的基本内容

包装条款一般包括包装材料、包装方式、包装规格、运输标志和包装费用的负担等内容。例如，纸箱包装，每箱50件（Packed in cartons of 50 pieces each）。

2.订立包装条款应注意的问题

为了订好包装条款，以利合同的履行，在商定包装条款时，需要注意下列事项：

（1）要考虑商品特点和不同运输方式的要求。对于精密机械仪器和贵重商品，应增加防潮、防震、防锈乃至防盗等具体要求。

（2）对包装的规定要明确具体，一般不宜采用"海运包装"（Seaworthy Packing）和"习惯包装"（Customary Packing）之类的术语。

（3）明确包装由谁供应和包装费由谁负担。包装由谁供应，通常有下列三种做法：第一，由卖方供应包装，包装连同商品一块交付买方。第二，由卖方供应包装，但交货后，卖方将原包装收回。关于原包装返回给卖方的运费由何方负担，应作具体规定。第三，由买方供应包装或包装物料。采用此种做法时，应明确规定包装或包装物料的到达时间，及逾期不到时买方应负的责任。

包装费用一般包括在货价之中，不另计收；但也有不计在货价之内而规定由买方另行支付的情况，如因买方对包装的特殊要求而带来的额外包装费用。包装费用究竟由何方负担，买卖双方应在包装条款中做出明确的规定。

■ 案例讨论

1.中国A公司曾向B外商出售一批农产品。成交前，该公司给外商寄送过样品。签约时，在合同品质条款中规定了商品的具体规格。签约后，卖方经办人员又主动电告买方，确认"成交商品与样品相似"。在货物装运前，中国进出口商品检验检疫局进行了检验并签发了品质规格合格证书。但该批货物运到目的地后，买方认为，所交货物品质比样品低，要求减价。卖方认为，合同并未规定凭样成交，而且所交货物，经检验符合约定的规格，故不同意减价。于是买方便请当地检验机构检验，出具了交货品质比样品低7%的证明，并据此提出了索赔要求，卖方拒赔。由于合同中未规定仲裁条款，而发生争议后双方又无法达成仲裁协议，买方遂请中国仲裁机构协助解决。你认为中国仲裁机构会如何处理？我方应该吸取哪些教训？

2.我国某公司出口风扇 1 000 台，国外来证规定不许分批装运。装船时发现有 40 包包装破裂，风罩变形或开关脱落。为保证质量，卖方认为：UCP600 有规定，即使不许分批装运，数量上可以有 5% 的溢短装。于是，少装 40 台，但最终遭到银行的拒付。请问：按照 UCP600 的规定，银行的拒付是否有理？为什么？

3.广西某粮油进出口公司向俄罗斯出口某商品，合同规定：数量为 1 000 公吨，散装，每公吨 200 美元，以信用证方式支付。合同签订后，俄罗斯进口商开来信用证，金额为 200 000 美元。请问：广西公司最多、最少可交多少公吨小麦？为什么？

同年 5 月，该粮油进出口公司又向南非出口食糖。合同规定：食糖，数量 500 公吨，每公吨 120 美元，数量和金额均可有 3% 增减，由卖方选择，增减部分按合同价格计算。如果在交货前食糖市场价格上涨，在不违反合同的情况下，卖方要想获利，可装多少公吨？如果市场价格下降呢？

复习思考题

一、名词解释

样品、对等样品（Counter Sample）、良好平均品质（FAQ）、毛重（GW）、净重（NW）、以毛作净（gross for net）、公量（Conditioned Weight）、溢短装条款（more or less clause）、运输标志（唛头 Shipping Mark，S/M）、中性包装（Neutral Packing）、定牌

二、问答题

1.商品品质的表示方法有哪些？如何结合商品的特点，合理选择和运用各种表示品质的方法？

2.规定品质条款时应注意哪些事项？

3.什么是溢短装条款？约定溢短装条款需注意哪些问题？

4.运输包装有哪些主要标志？各有何作用？

5.标准唛头包括哪些内容？

6.何谓中性包装和定牌生产？使用时应注意哪些问题？

本章小结

第 12 章

国际货物交易的价格条件

学习目标

知识目标：

1. 了解贸易术语的产生背景、概念、作用，及不同的作价方法；

2. 熟悉与贸易术语有关的国际贸易惯例，理解象征性交货和装运合同的含义，理解选用贸易术语应考虑的各种因素；

3. 掌握国际贸易惯例的性质，掌握适用 Incoterms®2020 的注意事项，掌握 Incoterms®2020 解释的11种贸易术语的含义、交货地点、适合的运输方式、风险和费用的划分界限、运输和保险责任的划分等，掌握正确的报价规范。

能力目标：

1. 运用 Incoterms®2020 分析解决涉及贸易术语的贸易纠纷案例；

2. 综合考虑各种因素选用合适的贸易术语；

3. 具备规范报价的能力。

素养目标：

1. 熟悉国际贸易惯例规则，树立法治观念、运用法治思维和方式处理贸易争端；

2. 具备科学思维，能全方位、多角度分析涉及贸易术语的综合案例。

引导案例

我国 A 公司按 CIF 伦敦向英国出口一批货物，向中国人民保险公司投保了一切险。A 公司在规定的期限、指定的我国某港口装船完毕，船公司签发了提单，并准备好全套合格单据去中国银行议付款项。第二天，A 公司接到客户来电，称装货的海轮在海上失火，货物全部烧毁，客户要求 A 公司出面向中国人民保险公司提出索赔，否则要求 A 公司退回全部货款。问题：按照 Incoterms®2020 的规定，该损失应该由买卖双方哪一方来承担？A 公司是否需要退回货款？哪一方应向保险公司提出索赔？为什么？

由于商品价格的高低直接关系到买卖双方的经济利益，因此讨价还价便成为交易磋商的核心内容，商品的价格条款便成为国际货物买卖合同中的核心条款。商品的价格与买卖双方在交易中承担的责任、费用和风险息息相关。国际贸易中商品单价不仅包括国内贸易商品单价，还包括计量单位、单价金额、计价货币、贸易术语四个组成部分。例如，每公吨 2 000 美元 CIF 伦敦，"CIF 伦敦"就是贸易术语，它说明了买卖双方在交接货物的过程中所承担的责任、费用和风险。

12.1　贸易术语与国际贸易惯例

12.1.1　贸易术语概述

1.贸易术语的产生和发展

国际贸易具有线长、面广、环节多、风险大的特点。买卖双方在交接货物的过程中需要办理运输、装卸、存储、结算、商检、通关、保险等方方面面的事情，需要支付发生的各项费用，承担货物可能遭受损失的各种风险。有关这些事项应该由谁办理，费用应该由谁支付，风险应该由谁承担，买卖双方在磋商交易和订立合同时，必须明确予以规定。在国际贸易的长期实践中，贸易界、法律界对这些问题逐渐形成了一整套相对固定的习惯做法，并给每一种做法赋予一定意义的名称加以区别。这就形成了在国际贸易中广泛使用的贸易术语。贸易术语在长期的贸易实践中，无论在数量、名称及其内涵方面，都经历了很大的变化。随着贸易发展的需要，新的术语应运而生，过时的术语则逐渐被淘汰。

2.贸易术语的概念及性质

所谓贸易术语（Trade Terms）是指用三个英文字母来说明买卖双方有关责任、费用、风险的划分和商品的价格构成。因此，贸易术语具有两重性，一方面表示交货条件，另一方面表示成交价格的构成因素。

3.贸易术语的作用

（1）有利于买卖双方洽商交易和订立合同。买卖双方只需商定按何种贸易术语成交，即可明确彼此在交接货物方面所应承担的责任、费用和风险，这就简化了交易手续，缩短了洽商交易的时间。

（2）有利于买卖双方核算价格和成本。买卖双方确定成交价格时，必须要考虑采用的贸易术语包含哪些从属费用，如运费、保险费、装卸费、关税、增值税和其他费用。这有利于买卖双方进行比价和加强成本核算。

（3）有利于解决履约中的争议。买卖双方商定合同时，如对合同的价格条款考虑欠妥，使某些事项规定不明确或不完备，致使履约当中产生的争议不能依据合同规定解决时，可以援引有关贸易术语的一般解释来处理。因为贸易术语的一般解释已成为国际上广泛采用的贸易惯例。

12.1.2　有关贸易术语的国际贸易惯例

在国际贸易业务实践中，各国历史、文化、法律、法规的差异往往导致对同一种英文表述的贸易术语的不同解释，合同当事人对于对方国家的习惯解释不甚了解，便极易引起贸易纠纷。为了避免各国在对贸易术语解释上出现分歧和引起争议，促进国际贸易的发展，国际商会、国际法协会等国际组织以及美国一些著名商业团体分别制定了解释贸易术语的规则，这些规则在国际上被广泛采用，成为国际贸易惯例。目前，国际上影响较大的与贸易术语有关的国际贸易惯例主要有以下三种：

1.《1932年华沙–牛津规则》（Warsaw–Oxford Rules 1932）

国际法协会于1928年在波兰首都华沙开会，制定了关于CIF合同的统一规则，称为《1928年华沙规则》，共包括22条。其后，将此规则修订为21条，并更名为《1932年华沙–牛津规则》，沿用至今。这一规则对于CIF的性质、买卖双方所承担的风险、责任和费用的划分以及所有权转移的方式等问题都作了比较详细的解释，在欧洲大陆国家使用较多。

2.《美国对外贸易定义修订本》（Revised American Foreign Trade Definitions）

《美国对外贸易定义修订本》由美国九大商业团体制定。它最早于1919年在纽约制定，原称为《美国出口报价及其缩写条例》，后来于1941年该条例被修订，命名为《1941年美国对外贸易定义修订本》。为顺应贸易环境的变化，1990年再次修改，这次修改细化了原有买卖双方的责任划分。

《美国对外贸易定义修订本》解释的贸易术语共有六种，分别为：①Ex（Point of Origin），原产地交货；②FOB（Free on Board），在运输工具上交货；③FAS（Free alongside Ship），在运输工具边交货；④C & F（Cost and Freight），成本加运费；⑤CIF（Cost，Insurance and Freight），成本、保险费加运费；⑥Ex Dock，目的港码头交货。其中，根据交货地点的不同，FOB术语又分为六种类型。

《美国对外贸易定义修订本》主要在北美国家采用。由于它对贸易术语的解释，特别是对FOB和FAS术语的解释与其他贸易惯例的解释不同，因此在同北美国家进行交易时应特别注意在合同中明确规定贸易术语所依据的惯例。

3.《国际贸易术语解释通则》（International Rules for the Interpretation of Trade Terms）

（1）通则的修订历程。国际商会于1936年提出了一套解释贸易术语的国际性统一规则，定名为"International Commercial Terms"（以下简称Incoterms），其副标题为"International Rules for the Interpretation of Trade Terms"。此后，国际商会又先后于1953年、1967年、1976年、1980年、1990年、2000年、2010年和2018年对该规则进行数次修订。最新版本于2020年1月1日生效，简称为《2020年通则》（Incoterms®2020），前两个版本分别为《2000年通则》和《2010年通则》。国际商会之所以对该规则进行历次修订，总的来说是为了适应国际贸易实践领域发生的变化，如集装箱运输的发展，商业交易中电子信息的普遍应用，无关税区不断扩大，以及根据货物性质和运输灵活安排保险的需要等。Incoterms是当前得到国际上多数国家接受的、应用范围最广的、影响最大的、与贸易术语有关的国际贸易惯例。

（2）通则对贸易术语的分组情况。由于惯例在适用的时间效力上不存在"新法取代旧法"的说法，因此《2020年通则》的生效并非意味着以前版本的通则就自动作废。当事人在订立贸易合同时仍然可以选择适用之前的通则。因此，有必要了解不同版本通则解释的贸易术语。

　　《2000年通则》是按照术语缩写首字母分成四组，即E组、F组、C组和D组，共解释了13种贸易术语，见表12-1。这种分类和排序反映了卖方承担的责任由小到大的程度。

表12-1　　　　　　　　　　　《2000年通则》对贸易术语的分组情况

E组（起运）	
EXW（Ex Works）	工厂交货（……指定地点）
F组（主要运费未付）	
FCA（Free Carrier）	货交承运人（……指定地点）
FAS（Free alongside Ship）	船边交货（……指定装运港）
FOB（Free on Board）	船上交货（……指定装运港）
C组（主要运费已付）	
CFR（Cost and Freight）	成本加运费（……指定目的港）
CIF（Cost，Insurance and Freight）	成本、保险费加运费（……指定目的港）
CPT（Carriage Paid to）	运费付至（……指定目的地）
CIP（Carriage and Insurance Paid to）	运费、保险费付至（……指定目的地）
D组（到达）	
DAF（Delivered at Frontier）	边境交货（……边境指定地点）
DES（Delivered Ex Ship）	目的港船上交货（……指定目的港）
DEQ（Delivered Ex Quay）	目的港码头交货（……指定目的港）
DDU（Delivered Duty Unpaid）	未完税交货（……指定目的地）
DDP（Delivered Duty Paid）	完税后交货（……指定目的地）

　　《2010年通则》按照适合的运输方式将贸易术语分成了两类，并删除D组术语的前四种，增加DAT、DAP两种术语，共解释了11种贸易术语，见表12-2。这种分类方法是为了帮助使用者正确选择与运输方式对应的最适合的术语，清楚地告诉使用者什么样的运输方式应该选用什么样的贸易术语。Incoterms®2020延续这种分类方式，贸易术语的数量依然是11种，但是将术语DAT改成DPU。

表12-2　　　　　　　　　　　《2010年通则》对贸易术语的分组情况

适用于任何运输方式或多种运输方式的术语	适用于海运及内河水运的术语
EXW（Ex Works）工厂交货	FAS（Free alongside Ship）船边交货
FCA（Free Carrier）货交承运人	FOB（Free on Board）船上交货
CPT（Carriage Paid to）运费付至	CFR（Cost and Freight）成本加运费
CIP（Carriage and Insurance Paid to）运费和保险费付至	CIF（Cost，Insurance and Freight）成本、保险费加运费
DAT（Delivered at Terminal）运输终端交货	
DAP（Delivered at Place）目的地交货	
DDP（Delivered Duty Paid）完税后交货	

（3）Incoterms®2020 的内容。与以往版本的通则相同，Incoterms®2020 也是将各种贸易术语下卖方和买方各自应承担的义务相互对比地各列出 10 项，但是内部顺序进行了重新编排，如将交货和风险转移调整到更显著的位置，即分别移到 A2/B2 和 A3/B3。另外，条款内容进行了修改，将原来 A3/B3 下的运输与保险的义务分成两条，分别是 A4/B4（运输）和 A5/B5（保险）；考虑到货物运输中的安全问题日益受到关注，在 A4/B4（运输）、A7/B7（出口/进口清关）和 A9/B9（费用划分）中加入与安全有关的要求；原来的费用划分体现在 A6/B6 中，现在通过 A9/B9 列出每一术语划分的所有费用，目的是向用户提供一站式费用清单。买卖双方承担的 10 项义务见表 12-3。

表 12-3　　　　　　　　　　买卖双方承担的各项义务

A The seller's obligations（卖方义务）	B The buyer's obligations（买方义务）
A1：General obligations（一般义务）	B1：General obligations（一般义务）
A2：Delivery（交货）	B2：Taking delivery（提货）
A3：Transfer of risks（风险转移）	B3：Transfer of risks（风险转移）
A4：Carriage（运输）	B4：Carriage（运输）
A5：Insurance（保险）	B5：Insurance（保险）
A6：Delivery/Transport document（交货/运输单据）	B6：Delivery/Transport document（交货/运输单据）
A7：Export/Import clearance（出口/进口清关）	B7：Export/Import clearance（出口/进口清关）
A8：Checking/Packing/Marking（查验、包装、标记）	B8：Checking/Packing/Marking（查验、包装、标记）
A9：Allocation of costs（费用划分）	B9：Allocation of costs（费用划分）
A10：Notices（通知）	B10：Notices（通知）

（4）适用 Incoterms 时的注意事项。

① 国际贸易具体包括国际货物贸易、国际技术贸易、国际服务贸易，而 Incoterms 仅适用于国际货物贸易，即有形贸易，不包括无形贸易，如计算机软件等。

② 完成一笔国际贸易不仅需要买卖合同，而且还涉及运输合同、保险合同等。Incoterms 仅适用于买卖合同，只规定卖方和买方因交付出售的货物而产生的权利和义务。

③ Incoterms 只涉及买卖双方的义务中与交货和交单有关的事项，如办理运输与保险、办理进出口清关手续、转移货运风险、划分费用、通知义务以及提供履行义务的凭证等，不涉及货物所有权和其他产权的转移、违约、违约行为的后果以及某些情况的免责等。这说明贸易术语并不代表一套完整的买卖合同条款。

④ 贸易术语在传统上被用于货物跨越国界的国际销售合同。然而，无关税区的扩大使得原本存在的边界通关手续已无实际意义。因此，Incoterms®2010 和 Incoterms®2020 都确认贸易术语对国际和国内货物买卖合同适用。

⑤ 因为 Incoterms 仅仅是惯例，对当事人不具有强制约束力，而且"Incoterms"是国际商会已在很多国家注册的驰名商标。因此，如果贸易当事人欲接受最新通则的约束，应当在合同中的贸易术语和指定地点之后附加"Incoterms®2020"，这一形式构成一个整体符号。

12.1.3 国际贸易惯例的性质和作用

国际贸易惯例是在长期的国际贸易实践中逐渐形成和发展起来的一些较为明确和固定的贸易习惯和做法，由国际性组织或商业团体修订整理成文并在国际上得到普遍应用。国际贸易惯例不是法律，没有强制约束力，它的适用以当事人的意思自治为基础。因此国际贸易惯例对买卖双方不具有强制性，可采用也可不采用。买卖双方有权在合同中做出与某项国际贸易惯例不相符的规定，只要这些规定和本国法律不矛盾，就以合同规定为准。

国际贸易惯例虽然不具有强制性，但对国际贸易实践仍具有较强的指导性。首先，如果买卖双方在合同中明确表示采用某种惯例，则被采用的惯例对买卖双方均有约束力。其次，如果买卖双方在合同中对某一问题既未做出明确规定，也未载明采用某一种惯例，那么，当发生争议付诸诉讼或提交仲裁时，法院或仲裁机构可引用国际贸易惯例作为判决或裁决的依据。另外，国际贸易惯例还可以弥补法律的空缺和立法的不足，稳定双方当事人的经济和法律关系。

12.2 Incoterms®2020中的贸易术语

Incoterms®2020共解释了11种贸易术语，其中FOB、CFR、CIF、FCA、CPT、CIP这六种术语使用较为广泛。

12.2.1 六种主要的贸易术语

1.FOB术语

FOB的全称是Free on Board（insert named port of shipment），即船上交货（……指定装运港），习惯上称为"装运港船上交货"，它是国际贸易实践中最常用的贸易术语之一。

（1）FOB术语的含义。FOB是指卖方以在指定装运港将货物装上买方指定的船上或通过取得已交付至船上货物的方式交货（"取得"一词适用于商品贸易中常见的交易链中的链式销售，以满足大宗商品销售中对已装船货物作转售交易的需要）。货物灭失或损坏的风险在货物交到船上时转移，同时买方承担自那时起的一切费用。

FOB术语仅适用于海运或内河运输，术语后面应标明装运港，如"FOB Qingdao"，指定的装运港就是交货地点。

（2）买卖双方承担的基本义务。

第一，卖方义务：①在合同规定的时间或期限内，在指定的装运港，按照习惯方式将货物交到买方指派的船上或以取得已在船上交付的货物方式交货，并及时通知买方。②自负风险和费用，取得出口许可证或其他官方批准证件。在需要办理海关手续时，办理货物出口所需的一切海关手续。③负担货物在装运港装上船为止的一切费用和风险。④负责向买方提交商业发票和证明卖方已按规定交货的通常单据或同等作用的电子记录或程序。

第二，买方义务：①负责自付费用订立从指定的装运港运输货物的合同，支付运费，并就船名、装船地点和要求的交货时间给予卖方充分通知。②自负风险和费用取得进口许可证或其他官方批准的证件。在需要办理海关手续时，办理货物进口和在必要时从他国过境所需的一切海关手续，并支付有关费用及过境费。③负担货物在装运港装上船之后的一切费用和风险。④接受卖方提供的交货凭证，受领货物，并按合同规定支付货款。

（3）使用FOB术语应注意的问题。

①货物交付及风险转移。

a. 风险的正常转移。按照Incoterms®2020的解释，风险的转移和货物的交付是密切联系的。所有贸易术语下，卖方都是承担完成交货前货物灭失或损坏的一切风险，即FOB下，卖方承担货物装上船之前的风险。然而在《2000年通则》及以前的通则版本中，对于FOB、CFR和CIF都以"船舷"作为风险划分的界限。

b. 风险的提前转移。如上所述，卖方承担的风险随着交货义务的完成而转移，但Incoterms®2020在解释卖方风险转移时提到了几种例外情况：买方未通知指定的船名；或买方指定的船舶未按时到达导致卖方未能履行义务或该船舶不能装载货物或早于通知的时间停止装货。这些情形的发生将导致风险的提前转移。对于风险提前转移的时间界限，一般理解为自约定日期或约定交货期限届满之日起。风险的提前转移也会导致费用的提前转移。

FOB术语下，无论是风险在"船上"正常转移还是风险提前转移，都需要具备一个前提条件，那就是货物需要"特定化"，即货物已清楚地确定为合同项下的货物为限。对于包装货物来说，对货物"特定化"的常见方式就是在包装上刷制唛头。其他贸易术语下风险的转移也都必须具有此前提条件。

②关于船货衔接。采用FOB术语时，买方必须负责租船或订舱，并将船名和装船时间通知卖方，而卖方必须负责在合同规定装船期和装运港，将货物装上买方指定的船只。这里有个船货衔接的问题。处理不当会影响到合同的顺利执行。如果买方指定的船舶延迟到达装运港，则货等船引起的仓储等费用的增加和延收货款而造成的利息损失等都由买方承担；反之，若船舶按时到达而卖方未备妥货物而不能及时装运，则卖方要承担由此引起的空舱费（Dead Freight）或滞期费（Demurrage）。如果买方委托卖方办理租船订舱，卖方也可酌情接受。但这属于代办性质，其风险和费用仍由买方承担。

③关于"装运合同"（Shipment Contract）。它是指卖方在合同规定的装运地将符合合同约定的货物交付装运后就完成交货义务，对货物之后可能发生的风险不再承担责任。即卖方只需要负责按时装运而不负责货物按时到达。采用FOB术语的合同属于"装运合同"。

④关于装货费用的负担。在装船作业的过程中涉及各项具体费用，如将货物运至船边的费用、吊装上船的费用、平舱费、理舱费等，由于存在对"装船"概念的不同理解，因此采用FOB术语时便出现了装船的有关费用由谁负担的问题。

如果采用班轮运输，船方管装管卸，装卸费打入班轮运费之中，那么在装运港的装货费用自然由负责租船订舱的买方承担。若采用程租船运输，船方一般不负担装卸费用，这些费用到底应由谁负担，买卖双方应在合同中用文字做出具体规定，也可以采用在FOB术语后加列字句或缩写，即所谓FOB术语的变形来表示。FOB术语的变形主要包括以下几种：

a. FOB Liner Terms（FOB班轮条件），是指装船费用按照班轮的做法处理，即由买方承担。

b. FOB Under Tackle（FOB吊钩下交货），是指卖方负担费用将货物交到买方指定船只的吊钩所及之处，而吊装入舱以及其他各项费用，概由买方负担。如果载货船舶因港口吃水浅而不能靠岸时，则卖方应将货物驳运到载货船舶的吊钩所及之处，有关的驳运费由卖方负担。

c. FOB Stowed（FOB理舱费在内），是指卖方负责将货物装入船舱并承担包括理舱费在内的装船费用。理舱费是指货物入舱后进行安置和整理的费用。

d. FOB Trimmed（FOB平舱费在内），是指卖方负责将货物装入船舱并承担平舱费在内的装船费用。平舱费是指对装入船舱的散装货物进行平整所需的费用。

e. FOB Stowed and Trimmed（FOB包括理舱费和平舱费），是指卖方不仅要负担装货费，还要负担理舱费和平舱费。

需要注意的是，Incoterms中从未规定贸易术语的变形，也未对已变形的术语提供指导，不过在引言中指出，对贸易术语的变形不禁止使用，但是告知当事人这样做有风险，提醒当事人需要在合同中清晰地明确他们希望通过修改达到的效果。

⑤《美国对外贸易定义修订本》和Incoterms对FOB术语解释的区别。

第一，表达方式不同。Incoterms解释的FOB只有一种形式；而美国惯例把FOB笼统地解释为在某处某种运输工具上交货，其适用范围很广，共有6种类型，其中只有第5种，即装运港船上交货（FOB Vessel...named port of shipment），才与Incoterms中FOB的含义大体相同。

因此，我国企业在同美国商人订立FOB进口合同适用美国惯例时，若买方希望在装运港的船上交货，则应在FOB和港口之间加上"Vessel"（轮船）字样，如"FOB Vessel New York"。

第二，出口清关手续及费用的负担方不同。美国惯例规定，只有在买方提出请求，并由买方负担费用的情况下，卖方才有义务协助买方取得由出口国签发的为货物出口或在目的地进口所需的各种证件，并且出口税和其他税捐费用也需由买方负担；而Incoterms解释为：FOB下卖方负责办理出口清关手续并承担相应的税捐费用。

2.CIF术语

CIF的全称是Cost, Insurance and Freight（insert named port of destination），即成本、保险费加运费（……指定目的港）。它是国际贸易实践中最常用的贸易术语之一。

（1）CIF术语的含义。CIF是指卖方在装运港将货物装上船或取得已交付至船上货物的方式交货。货物灭失或损坏的风险在货物交到船上时转移。卖方必须自费办理运输和保险并承担相关费用，以将货物运至指定的目的港。

CIF术语仅适用于海运或内河运输，术语后面应标明目的港，如"CIF New York"，该指定目的港是卖方运费和保险费付至的地点，不是交货地点。

（2）使用CIF术语应注意的问题。

①采用CIF术语的合同属于"装运合同"。由于在CIF术语后所注明的是目的港，卖方负责运输和保险，商品价格中除了包含商品成本外，还包括货物由装运港运达目的地的运费和保险费，因此CIF术语常被称为"到岸价"，然而CIF合同的法律性质常被误解为"到货合同"（Arrival Contract）。"到货合同"是指合同的卖方必须负责将货物运送到约定的目的地或目的港，并负担货物交至该处为止的一切风险和费用。

其实，CIF术语下，交货点和风险划分的分界点都是"指定装运港货物装上船"，货物装上船之后灭失或损坏的风险，以及由于各种意外事件造成的除运费、保险费之外的额外费用，全部由买方负担。此时费用分界点与风险分界点分离，有两个关键点，指定目的地是费用划分点，装运地是风险划分点。卖方只需要负责按时装运，但对于装运后货物可能发生的任何风险均不承担责任。所以，采用CIF术语的合同属于"装运合同"。

②关于卖方投保的性质及保险险别。由于CIF货价中包含保险费，从卖方的责任讲，卖方必须按约定条件自费办理保险。其实，Incoterms®2020的11种贸易术语中只有CIF和CIP这两种术语涉及保险问题，其他术语下，Incoterms®2020都解释为"买方对卖方（或卖方对买方）无订立保险合同的义务"。

CIF术语下，卖方办理保险主要是为了保障货物装船后在运输途中的风险，而这种风险是由买方承担。所以，卖方投保主要是为了买方的利益，属于代办性质。

在实际业务中，为了明确责任，在采用CIF术语时，买卖双方一般应在合同中具体规定保险金额、保险险别和适用的保险条款，否则就按照Incoterms®2020的规定，卖方按合同金额的110%投保最低责任的保险险别。

③关于交货性质。从交货方式来看，CIF是一种典型的象征性交货（Symbolic Delivery）。象征性交货是针对实际交货（Physical Delivery）而言的。实际交货是指卖方要在规定时间和地点，将符合合同规定的货物提交给买方或其指定人，而不能以交单代替交货。

在象征性交货方式下，卖方是凭单交货，买方是凭单付款，只要卖方按时向买方提交了符合合同规定的全套单据，即使货物在运输途中损坏或灭失，买方也必须履行付款义务；反之，如果卖方提交的单据不符合要求，即使货物完好无损地运达目的地，买方仍有权拒付货款。由此可见，CIF交易实际上是一种单据的买卖。但是，必须指出，按CIF术语成交，卖方履行其交单义务，只是得到买方付款的前提条件，除此之外，他还必须履行交货义务。如果卖方提交的货物不符合要求，买方即使已经付款，仍然可以根据合同的规定向卖方提出索赔。

既然CIF术语的交货性质属于象征性交货，就要防止在CIF合同中出现"要求卖方保证到货或以到货作为付款条件"等的陷阱条款，否则会与CIF术语的性质相违背。

就本章的引导案例来看，按照Incoterms®2020的规定：第一，双方采用的是CIF术语，卖方在装运港将货物装上船，就完成了交货义务，风险实现转移，此案中货物是在海上航行中失火灭失的，该风险应由买方承担。第二，CIF术语属于象征性交货，卖方凭单交货，买方凭单付款，卖方已提交全套合格单据完成交货，买方应该付款，所以出口公司不需要退回货款。第三，CIF术语下，卖方办理的保险是为了买方的利益，所以买方付款赎单后，凭保险单及相关单据向保险公司提出索赔。

④关于卸货费用的负担。采用CIF术语时，卖方负责将合同规定的货物运往合同规定的目的港，并支付正常的运费。至于货到目的港后的卸货费用由谁负担也是一个需要考虑并加以明确的问题。如果采用班轮运输，船方管装管卸，装卸费打入班轮运费之中，那么在目的港的卸货费用自然由负责租船订舱的卖方承担。如果采用程租船运输，则船方一般不负担装卸费用，这些费用到底应由谁负担，买卖双方应在合同中用文字做出具体规定，也可以采用在CIF术语后加列字句或缩写，即所谓CIF术语的变形来表示。CIF术语的变形主要包括以下几种：

a. CIF Liner Terms（CIF班轮条件），是指卸货费按班轮办法处理，由支付运费的卖方负担卸货费。

b. CIF Landed（CIF卸到岸上），是指由卖方负担卸货费，其中包括驳船费和码头费在内。

c. CFR EX Tackle（CIF吊钩下交货），是指卖方负责将货物从船舱吊起卸到船舶吊钩所及之处的费用。在船舶不能靠岸的情况下，租用驳船的费用和货物从驳船卸到岸上的费用，概由买方负担。

d. CIF Ex Ship's Hold（CIF舱底交货），是指货物运到目的港后，由买方自行启舱，并负担货物从舱底卸到码头的费用。

如前所述，Incoterms®2020中未对CIF的变形提供指导。为明确责任，买卖双方应在合同中明确规定使用变形来解决的问题。

3.CFR术语

CFR的全称是Cost and Freight（insert named port of destination），即成本加运费（……指定目的港）。它是国际贸易实践中最常用的贸易术语之一。

（1）CFR术语的含义。CFR是指卖方在装运港将货物装上船或取得已交付至船上货物的方式交货。货物灭失或损坏的风险在货物交到船上时转移。卖方必须自费办理运输并承担运费，将货物运至指定的目的港。

CFR术语仅适用于海运或内河运输，术语后面应标明目的港，如"CFR New York"，该指定目的港是卖方运费付至的地点，不是交货地点。

（2）买卖双方承担的基本义务。与CIF术语相比，CFR术语下卖方除了不负责办理保险手续、支付保险费和提供保险单外，其余买卖双方的义务及使用中注意的问题基本是相同的。

（3）使用CFR术语应注意的问题。以CFR术语订立合同，须特别注意的是卖方及时发出装船通知的问题。因为卖方负责租船订舱、安排运输，买方负责办理货运保险，所以卖方装船后必须及时向买方发出"装船通知"。若卖方不及时发出"装船通知"告知买方货已装船，那么买方就无法及时办理货运保险，甚至有可能出现漏保货运险的情况。如果货物在运输途中遭受损失或灭失，由于卖方未发出或未及时发出"装船通知"

而致使买方漏保，那么卖方就不能以"装运港货物装上船"后风险转移至买方为由而免除责任。

FOB、CFR与CIF作为三种传统的贸易术语在国际贸易实践中得到了普遍应用，它们的共同点有：交货地点是装运港；风险转移界限是货物装上船；交货性质属于象征性交货；成交的合同性质属于装运合同；只适用于海洋及内河运输；由卖方办理出口清关手续，由买方办理进口清关手续。三种贸易术语的主要区别有：买卖双方各自承担的运输和保险责任及运费、保险费不同，从而导致成交价格高低不同。

4.FCA术语

FCA的全称是Free Carrier（insert named place of delivery），即货交承运人（……指定地点）。

（1）FCA术语的含义。FCA是指卖方在其所在地或其他指定地点将货物交给买方指定的承运人或其他人，或以取得已如此交付货物的方式交货。该术语可适用于任何运输方式，也可适用于多种运输方式。

（2）使用FCA术语应注意的问题。

①交货地点及卖方的交付义务。FCA术语后标明的地点是卖方完成交货的地点。该地点可以是运输集散场地，如铁路车站、货运站、集装箱码头或堆场；也可以是卖方所在处所（如工厂、仓库等）。

FCA术语下交货地点的不同选择会影响卖方在该地点装货和卸货的义务。按照Incoterms®2020的解释，若指定地点是卖方所在地，则当货物被装上买方提供的运输工具时，卖方即完成交货义务；在任何其他情况下，当货物在卖方的运输工具上可供卸载，并可由承运人或买方指定的其他人处置时，卖方完成交货义务。

②风险转移问题。风险转移与货物交付密切联系，因此FCA术语下，买卖双方的风险划分界限也是以货交承运人为界。这与FOB、CFR、CIF术语相比，对卖方而言，风险可提前由卖方转移给买方，即卖方承担的风险范围缩小。

③买方安排运输事宜。FCA术语下，买方必须自负费用订立运输合同或安排运输，其中买方可以"安排运输"的规定是Incoterms®2020中的新规定，说明买方可以使用自己的运输工具。如果买方提出请求，或如果按照商业惯例，在与承运人订立运输合同时，需要卖方提供协助的话，卖方可代为安排运输，但有关费用和风险由买方负担。

④关于"装运合同"。FCA术语下，交货点和风险划分的分界点都是"装运地指定地点货交买方指定承运人"。买方必须承担货交承运人之后发生的一切费用以及货物灭失或损坏的一切风险。所以，采用FCA术语的合同属于"装运合同"。

5.CPT术语

CPT的全称是Carriage Paid to（insert named place of destination），即运费付至（……指定目的地）。CPT是指卖方将货物在双方约定地点交给与其订立运输合同的承运人，或以取得已如此交付货物的方式交货。卖方必须签订或取得运输合同并支付将货物运至指定目的地的所需费用。卖方将货物交给承运人，而不是当货物到达目的地时，即完成交货。

该术语可适用于任何运输方式，也可适用于多种运输方式。术语后面应标明目的地，该指定目的地是卖方运费付至的地点，不是交货地点。

6.CIP术语

CIP的全称是Carriage and Insurance Paid to（insert named place of destination），即运费、保险费付至（……指定目的地）。CIP是指卖方将货物在双方约定地点交给与其订立运输合同的承运人，或以取得已如此交付货物的方式交货。卖方必须签订或取得运输合同并支付将货物运至指定目的地的所需费用。

该术语可适用于任何运输方式，也可适用于多种运输方式。术语后面应标明目的地，该指定目的地是卖方运费和保险费付至的地点，不是交货地点。

CIP术语下，卖方还必须为买方在运输途中货物的灭失或损坏风险签订保险合同。关于卖方投保的险别，不同于CIF最低险别的规定，Incoterms®2020规定，CIP术语下，卖方需要投保最高责任的保险险别。

FCA、CPT、CIP三种术语是分别从FOB、CFR、CIF三种传统术语发展起来的，这六种术语都是在出口国交货，术语的性质都属于象征性交货，以每个术语订立的合同都属于装运合同，但它们也有区别。以下分成两组进行比较，即FCA、CPT和CIP作为一组（以下简称FCA一组），FOB、CFR和CIF作为一组（以下简称FOB一组）。

第一，适合的运输方式不同。FOB一组只适用于水上运输，其承运人一般是船公司；而FCA一组适用于各种运输方式，也适用于多式联运，其承运人可以是船公司、铁路局、航空公司，也可以是安排多式联运的联合运输经营人。

第二，交货地点和风险转移地点不同。FOB一组的交货地点均为装运港，风险均以卖方将货物在装运港装上船或取得已交付船上货物时从卖方转移至买方；而FCA一组的交货地点，需视不同的运输方式和不同的约定而定，它可以是在卖方处所由承运人提供的运输工具上，也可以是在铁路、公路、航空、内河、海洋运输承运人或多式联运承运人的运输站或其他收货点。风险则于卖方将货物交由承运人或其他人保管时，由卖方转移至买方。

第三，装卸费用负担不同。按FOB一组术语成交，卖方承担货物在装运港装上船为止的一切费用。但由于货物装船是一个连续作业，各港口的习惯做法又不尽一致，因此在使用程租船运输的FOB合同中，应明确装船费由何方负担，而在CFR和CIF合同中，则应明确卸货费由何方负担，进而使用了贸易术语的变形；而在FCA一组术语下，如涉及海洋运输，并使用程租船装运，卖方将货物交给承运人时所支付的运费（CPT、CIP术语），或由买方支付的运费（FCA术语），已包含了承运人接管货物后在装运港的装船费和目的港的卸货费，不需要使用贸易术语的变形。

第四，卖方提交的运输单据的种类、性质及出单时间不同。在FOB一组术语下，卖方一般应向买方提交已装船清洁提单，如果抬头做成指示性的，它就是物权凭证，可以背书转让；而在FCA一组术语下，卖方提交的运输单据视不同的运输方式而定。如果在海运和内河运输方式下，卖方则应提供可转让的提单，有时也可提供不可转让的海运单和内河运单；如果在铁路、公路、航空运输或多式联运方式下，卖方则应分别提供铁路运单、公路运单、航空运单或多式联运单据。

就运输单据出单时间来说，FOB一组术语下，卖方一般在货物装船后才得到运输单据；而FCA一组术语下，卖方只需将货物交付给承运人，就可从承运人处得到运输单据，所以出单时间缩短，有利于卖方的资金周转。

总之，从卖方的角度来考虑，采用FCA一组术语成交比采用FOB一组术语成交有以下好处：可以提前转移风险；可以提早交单结汇，提高资金的周转率；可以减少卖方的责任费用，尤其对内陆地区的企业来讲，出口时采用FCA一组术语成交更有利。

12.2.2 其他贸易术语

1.EXW术语

EXW的全称是Ex Works（insert named place of delivery），即工厂交货（……指定地点）。EXW是指当卖方在其所在地或其他指定的地点（如工厂、车间或仓库）将货物交给买方处置时，即完成交货。此术语下，费用划分和风险划分的分界点一致，都是"卖方所在地货交买方"。卖方不需将货物装上任何前来接收货物的运输工具。该术语是卖方承担责任义务最小的术语，买方则承担自卖方所在处所提取货物至目的地所需的一切费用和风险。

EXW术语适用于任何运输方式，也可适用于多种运输方式。EXW术语更适合国内贸易，其性质属于实际交货，是11种术语中唯一的一个需要买方办理出口清关手续的术语。

2.FAS术语

FAS的全称是Free alongside Ship（insert named port of shipment），即船边交货（……指定装运港）。FAS是指当卖方在指定的装运港将货物交到买方指定的船边（如置于码头或驳船上）或取得已在船边交付的货物，即为完成交货。货物灭失或损坏的风险在货物交到船边时发生转移，同时买方承担自那时起的一切费用。

该术语仅适用于海运或内河运输。术语后面应标明装运港。

《美国对外贸易定义修订本》与Incoterms®2020对FAS的不同解释。

① 美国惯例中FAS是"Free alongside"的缩写，即运输工具旁边交货。实际应用时，只有FAS Vessel（...named port of shipment）术语一种，表示"船边交货"；而Incoterms®2020中的FAS为Free alongside Ship的缩写，直接表示"船边交货"。

② 按照美国惯例的解释，只有在买方请求并由其负担费用的情况下，卖方才有义务协助买方取得原产地及／或装运地国家签发的为货物出口所需的各种证件，而且买方需要支付出口税及因出口而征收的其他税捐费用；而Incoterms®2020规定卖方负责出口清关手续并承担与此相关的税费。

3.DAP术语

DAP的全称是Delivered at Place（insert named place of destination），即目的地交货（……指定目的地）。DAP是指当卖方在指定目的地的约定地点（如有的话）将还在运抵运输工具上可供卸载的货物交由买方处置时，或取得已如此交付货物时，即为交货。

卖方承担将货物运送到指定地点的一切风险。

该术语可适用于任何运输方式，也可适用于多种运输方式。术语后面应标明指定目的地，该地点就是交货地点。

从交货性质上来看，DAP术语属于实际交货，以DAP成交的合同性质属于"到货合同"。DAP术语下，卖方不需要将货物从抵达的运输工具上卸载，也没有义务办理进口清关或交货后经由第三国过境的清关、支付任何进口关税或办理进口清关手续。

4.DPU术语

DPU的全称是Delivered at Place Unloaded（insert named place of destination），即目的地卸货后交货（……指定目的地）。DPU是指当卖方在指定目的地的约定地点（如有），以将货物从抵达的运输工具上卸下并交由买方处置，或以取得已如此交付货物的方式交货。卖方承担将货物运送到指定目的地以及卸载货物的一切风险。该术语可适用于任何运输方式或多种运输方式。术语后面应标明指定目的地，该地点就是交货地点。

DPU是Incoterms®2020新增的一种术语，取代Incoterms®2010中的DAT（运输终端交货），强调了目的地可以是任何地方，而不仅仅是"运输终端"。DPU术语下，买卖双方的义务与DAP非常类似，唯一的区别在于，DAP术语下，卖方不负责卸货；DPU术语下，卖方要负责目的地的卸货。

5.DDP术语

DDP的全称是Delivered Duty Paid（insert named place of destination），即完税后交货（……指定目的地）。DDP是指卖方在指定目的地将仍处于运抵运输工具上，但已完成进口清关，且可供卸载的货物交由买方处置时，或取得已如此交付货物时，即为交货。卖方承担将货物运至指定目的地的一切风险和费用，并有义务办理货物出口和进口清关手续，支付所有出口和进口的税费。

该术语可适用于任何运输方式，也可适用于多种运输方式。术语后面应标明指定目的地，该地点就是交货地点。

DDP术语是唯一一个需要卖方办理进口清关手续的术语。若卖方不能直接或间接地办理进口清关手续，则不应使用此术语。若双方希望买方承担进口清关的风险和费用，则应使用DAP术语。

由于DDP术语代表卖方的最大责任，双方承担的义务过于失衡，因此对从事国际贸易的卖方来说应谨慎使用该术语。

12.2.3　贸易术语的选用

贸易术语不仅决定了合同价格的高低，还关系到合同的性质，甚至还会影响贸易纠纷的解决。因此，贸易术语的选择和运用是直接关系买卖双方经济效益的重要问题。

1.11种贸易术语列表总结

Incoterms®2020共解释了11种贸易术语，按照适合运输方式分成两大类，现列表归纳，见表12-4。

表12-4   11种贸易术语归纳对比

贸易术语	适合的运输方式	交货地点	风险划分界限	运输责任及运费的负担方	保险责任及保险费的负担方	出口清关责任及费用的负担方	进口清关责任及费用的负担方
EXW	任何或多种运输方式	商品产地或卖方所在地	货交买方处置	买卖双方均无义务	买卖双方均无义务	买方	买方
FCA	任何或多种运输方式	出口国内地或港口	货交承运人	买方	买卖双方均无义务	卖方	买方
CPT	任何或多种运输方式	出口国内地或港口	货交承运人	卖方	买卖双方均无义务	卖方	买方
CIP	任何或多种运输方式	出口国内地或港口	货交承运人	卖方	卖方	卖方	买方
DAP	任何或多种运输方式	进口国指定目的地	目的地货交买方处置	卖方	买卖双方均无义务	卖方	买方
DPU	任何或多种运输方式	进口国指定目的地	目的地货交买方处置	卖方	买卖双方均无义务	卖方	买方
DDP	任何或多种运输方式	进口国指定目的地	目的地货交买方处置	卖方	买卖双方均无义务	卖方	卖方
FAS	海运和内河运输	指定装运港	货物交至船边	买方	买卖双方均无义务	卖方	买方
FOB	海运和内河运输	指定装运港	货物装到船上	买方	买卖双方均无义务	卖方	买方
CFR	海运和内河运输	指定装运港	货物装到船上	卖方	买卖双方均无义务	卖方	买方
CIF	海运和内河运输	指定装运港	货物装到船上	卖方	卖方	卖方	买方

2. 选用贸易术语应考虑的因素

（1）体现平等互利和双方自愿的原则。选择贸易术语时，买卖双方应本着平等互利原则，从方便贸易和促进成交出发，在双方自愿基础上商定。如果大多数客户习惯上按FOB、CFR或CIF这三种传统的贸易术语成交，则我们应尊重客户的贸易习惯。另外，有些国家为了支持本国保险事业的发展，规定在进口时，须由本国办理保险，我方为表示与其合作的意向，出口可采用FOB或CFR术语。又如，我方在出口大宗商品时，国外买方为了争取到运费和保险费的优惠，要求自行办理租船订舱和保险，为了发展双方贸易，可采用FOB术语。

（2）有利于我国远洋运输业和保险业的发展，增收减支。从宏观经济利益的角度来考虑，出口业务应为我国增加外汇收入，进口业务应为我国节省外汇支出，以扶持和促进我国的运输业和保险业的发展。在可能的条件下，我国企业在进口贸易中，尽量采用FOB或FCA等术语；在出口贸易中，则应争取按CFR、CPT、CIF或CIP条件成交。

（3）考虑运输条件和运费因素。Incoterms®2020对每种贸易术语所适用的运输方式都做出了规定。例如，FOB、CFR和CIF术语只适用海洋运输和内河运输，如买卖双方拟使用空运、铁路和公路运输，则应选用FCA、CPT或CIP术语。即使是海洋运输，随着集装箱运输和多式联运方式的不断扩大和发展，作为卖方应尽量采用FCA、CPT或CIP术语。此类贸易术语有利于卖方提早转移风险，提前取得运输单据，早日收汇，加快资金周转。

运费是货价构成因素之一，在选用贸易术语时，还应注意运费变动的趋势。当运费看涨时，为了避免承担运费上涨的风险，应选用由对方安排运输的术语。如因某种原因，采用由我方安排运输的贸易术语时，则应对货价进行调整，将运费上涨的风险考虑到货价中去，以免承担运价变动的损失。

（4）考虑办理进出口清关手续的难易程度。当某出口国政府当局规定，买方不能直接或间接办理出口清关手续时，双方不宜按 EXW 术语成交，而应选用 FCA 术语。当某进口国政府当局规定，卖方不能直接或间接办理进口清关手续时，双方不宜按 DDP 术语成交，而应选用 DAP 术语。

（5）重视规避运输途中的货运风险。在国际贸易中，交易的商品一般需要通过长途运输，货物在运输过程中可能遇到各种自然灾害、意外事故等风险，特别是当遇到战争或正常的国际贸易遭到人为阻碍与破坏的时期和地区，运输途中的风险更大。为规避风险，应争取选用由对方承担货运风险的贸易术语，如卖方可争取选用除 DAP、DPU 或 DDP 之外的其他贸易术语。

12.3　买卖合同中的价格条款

在国际贸易中，成交商品价格的确定是买卖双方最关心的一个重要问题。因此，买卖双方在洽商交易和订立合同时，要正确掌握进口商品价格，合理运用各种行之有效的作价办法，并切实订好买卖合同中的价格条款。

12.3.1　合同价格条款的内容

价格条款通常包括单价和总值两项内容，而单价的作价方法以及与单价有关的佣金和折扣的运用，也属于价格条款的内容。

1. 单价与总值

（1）单价（Unit Price）。在国际货物买卖业务中，单价必须由四个部分组成，缺一不可。这四个部分是计量单位、计价货币、单价金额和贸易术语。具体写法如：USD 58.50 per Carton CIF London（每箱 58.50 美元 CIF 伦敦）。

（2）总值（Total Value/Total Amount）。总值是单价同数量的乘积。

2. 作价方法

（1）固定作价。交易双方通过协商就计量单位、计价货币、单位价格金额和使用的贸易术语达成一致，在合同中以单价条款的形式规定下来。合同价格一经确定，就要严格执行。

固定价格的做法具有明确、具体、便于核算的优点，在国际货物买卖中得到普遍采用。但由于国际市场行情多变，固定作价也意味着买卖双方要承担从定约到交货付款以至转售时价格波动的风险。这种方法适用于交货期较短、价格相对稳定的商品交易。

（2）非固定作价。有些商品的交易，如大宗初级产品交易或生产周期较长的成套设备的交易，为了减少价格波动的风险，买卖双方可协商采用非固定作价的办法，包括暂不作价、暂定价或滑动价格等做法。

第一，暂不作价，即合同中只规定作价方式，具体作价留待以后确定。例如，"在装船月份前40天，以当地商品交易所该商品的收盘价为基础加减1美元"。

第二，暂定价。在合同中暂定一个初步价格，作为买方开立信用证和初步付款的依据，待以后双方确定最终价格后再进行清算，多退少补。

暂定价同暂不作价相类似，都是由于一时难以确定价格，或不适宜采用固定作价办法。二者都存在到时协商不成无法确定价格，从而导致无法履行合同的可能。

第三，滑动价格。此种作价方法主要在一些机械设备的交易中采用。由于加工周期较长，为了避免原料、工资等变动带来的风险，交易双方可在合同中规定基础价格，并约定如交货时原料、工资发生变化且超过一定比例，可对价格进行调整。

（3）部分固定、部分不固定作价。在一些长期分批交货的交易中，双方可以协商规定，对于近期内交货的部分采用固定价格，其余采用不固定作价办法。

3.佣金和折扣

（1）佣金、折扣的概念。佣金（Commission）是指卖方或买方支付给中间商代理买卖或介绍交易的服务酬金。折扣（Discount）是卖方在原价格的基础上给予买方的一定比例的价格减让。

（2）佣金、折扣的表示方法。

第一，明佣的表示方法：①用文字说明。比如，每公吨1 000美元CFR伦敦包含佣金2%（USD 1 000 per M/T CIF London including 2% Commission）。②在贸易术语后面加注Commission的缩写字母"C"和佣金的百分比。比如，每公吨1 000美元CIFC2%伦敦（USD 1 000 per M/T CIFC2% London）。

第二，折扣的表示方法。折扣通常以文字来表示。比如，每箱20美元CIF伦敦减5%折扣（USD 20 per Carton CIF London Less 5% Discount）。

（3）佣金、折扣的计算。

第一，佣金的计算。交易双方必须在合同中订明佣金率和计佣基础。计佣基础是计算佣金的依据。包含佣金的合同价格，称为含佣价，通常以含佣价乘以佣金率，得出佣金额，其计算公式为：

佣金=含佣价×佣金率

净价=含佣价−佣金

净价=含佣价×（1−佣金率）

含佣价=净价/（1−佣金率）

第二，折扣的计算。折扣的计算比较简单，按照习惯做法，不论使用何种贸易术语，都是以合同金额（即发票金额）为基础直接计算，其计算公式如下：

折扣额=合同金额×折扣率

12.3.2 规定价格条款时的注意事项

（1）单价中的计量单位应与数量条款中所用的计量单位一致且要明确。如果计价数量单位为"公吨"，则数量和单价中均应用"公吨"，而不要一个用"公吨"，另一个用"长吨"或"短吨"。计量单位使用"吨"不确切，一般明确为"公吨"。

（2）合理选择计价货币并规范表述。首先，要注意计价货币的选择。在确定计价货币时，应选择国际上通用的可自由兑换的货币，应充分考虑汇率波动可能带来的风险，尽量选用对自己有利的货币。一般原则是，出口应选择那些币值相对比较稳定或呈上浮趋势的"硬币"，进口应使用币值有下浮趋势的"软币"。其次，要明确计价货币的名称，如"＄"应明确是"USD"还是"HKD"。

（3）贸易术语的选用要恰当，表述要完整。需综合考虑各种因素尽量选择对己有利的贸易术语，而且贸易术语的表述要完整规范，其后一定要标明具体的地点，不能用国家名称代替。例如，FOB术语后要标明装运港，CIF和CFR术语后要标明目的港。

（4）货款总金额要计算准确、填写清楚。总值所使用的货币应与单价所使用的货币一致。

（5）参照国际贸易的习惯做法，注意佣金和折扣的合理运用。

■ 案例讨论

中国A公司与新加坡B公司签订出口某商品的合同，约定使用DPU新加坡指定交货地点。货物到达新加坡港口，卸货过程中遭遇暴风雨袭击致使部分货物受损。于是，进口商B公司要求A公司赔偿损失。A公司认为货物已经到达目的港并卸货，风险已经转移给进口商，该损失不应该由A公司承担。

问题：按照Incoterms®2020的规定，该损失应该由谁来承担？为什么？

分析要点：该损失应该由A公司承担，因为按照Incoterms®2020的规定，DPU术语下，卖方要承担将货物送至指定目的地约定交货地点并完成卸货的一切风险。此案例中，货物发生损失是在卸货过程中，说明卸货并没有完成，卖方没有完成交货义务，风险就没有转移给买方。

■ 复习思考题

本章小结

一、单项选择题

1.《1932年华沙-牛津规则》对（　　　）术语进行了解释。

A.FOB　　　　　B.CIF　　　　　　　C.DDP　　　　　　　D.CPT

2.Incoterms®2020的规定适用于（　　　）合同。

A.买卖　　　　　B.运输　　　　　　　C.保险　　　　　　D.融资

3.中国海宁出口皮革产品，最适合用（　　　）成交。

A.FCA海宁　　　B.FAS上海　　　　　C.FOB上海　　　　D.FCA上海

4.Incoterms®2020解释的贸易术语中，买方承担责任义务最大的术语是（　　　）。

A.EXW　　　　　B.FOB　　　　　　　C.DDP　　　　　　　D.CIF

5.Incoterms®2020解释的贸易术语中，需要卖方办理进口海关手续的术语是（　　　）。

A.EXW　　　　　B.FOB　　　　　　　C.DDP　　　　　　　D.CIF

二、多项选择题

1.按照Incoterms®2020的解释，若将DAP和CIP做比较，下列说法正确的有（　　　）。

A.就卖方承担的风险而言，DAP大于CIP

B.卖方都不需要承担进口清关责任和费用

C.卖方都要承担货物运到目的地为止的风险

D.CIP合同是装运合同，DAP合同是到达合同

2.按照 Incoterms®2020 的解释，FOB、CFR 与 CIF 的共同之处表现在（　　）。

A.均适合水上运输方式　　　　　　　　　　B.风险转移均为货物在装运港装上船

C.都属于象征性交货　　　　　　　　　　　D.交货地点均为装运港

3.下列报价写法不正确的有（　　）。

A.FOB QINGDAO USD10.00/PC　　　　　　B.CIF LIVERPOOL GBP125.00/TON

C.CPT SHANGHAI \$15.25/PC　　　　　　　D.FOB JINAN USD200.00/KG

三、判断题

1.Incoterms®2020 在国际贸易中广泛应用，对国际货物买卖合同当事人具有强制约束力。　　　　　　　　　　　　　　　　　　　　　　　　　　　　（　　）

2.我方按FOB旧金山从美国购进一批小麦，卖方理所当然应将货物装到旧金山港口的船上。　　　　　　　　　　　　　　　　　　　　　　　　　　　（　　）

3.含佣价=净价/（1-佣金率），其中的净价一定是FOB净价。　　（　　）

四、简答题

1.如何理解国际贸易惯例的性质？

2.如何理解象征性交货？哪些术语属于象征性交货？

3.装运合同和到达合同有何区别？哪些术语成交的合同是装运合同？哪些术语成交的合同是到达合同？

五、计算题

我国某公司出口商品，对外报价为 CIF 洛杉矶每公吨400美元，现外商要求改报为 CIFC5%，请问价格如何调整？佣金如何计算？

六、案例分析

1.我国某出口公司按 CIF London 向英国进口商出售一批核桃仁，由于该商品季节性较强，双方在合同中规定：买方须于9月底前将信用证开到，卖方保证运货船只不得迟于12月2日驶抵目的港。若货轮迟于12月2日抵达目的港，则买方有权取消合同。若货款已收，则卖方须将货款退还买方。问题：这一合同的性质是否属于 CIF 合同？若货运船只最终12月5日到达目的港，买方是否有权取消合同？若对方一定要卖方保证到货时间，则应选用什么术语？

2.美国出口商与韩国进口商签订了一份 CFR 合同，合同规定由卖方出售2 000公吨小麦给买方。小麦在装运港装船时是混装的，共装运了5 000公吨，准备在目的地由船公司负责分拨2 000公吨给买方。但载货船只在途中遇高温天气，小麦发生变质，共损失2 500公吨。卖方声称其出售给买方的2 000公吨小麦在运输途中全部损失，并认为根据 CFR 合同，风险在装运港装上船时起已经转移给买方，因此卖方对损失不负责任。买方则要求卖方履行合同。问题：按照 Incoterms®2020 的解释，该损失应该由哪一方承担？为什么？

3.我国某公司向日本客商发盘，供应棉织浴巾，每打80美元 CIF 大阪，装运港大连。现日商要求改报 FOB 大连价。问题：我国出口公司对价格应如何调整？若最后按 FOB 成交，按照 Incoterms®2020 的解释，买卖双方在责任、费用和风险的承担方面有什么变化？

第13章

国际货物运输与保险

学习目标

知识目标：

1. 学习和掌握国际货物运输的相关概念，班轮运输、租船运输的特点与方式，海运提单的性质、作用等，铁路运输的特点，航空、公路、内河及其他运输方式，集装箱运输与多式联运的优点等；

2. 学习和掌握国际货物保险的相关概念，以及国际货物运输保险范围、险别等。

能力目标：

1. 把握班轮运输基本运费的计收标准和计算方法，具备办理国际货物运输一般程序、制定买卖合同中运输条款的能力；

2. 具备办理国际货物保险一般程序、计算赔付金额、制定买卖合同中保险条款的能力。

素养目标：

具备在与"国际货物运输""国际货物保险"相关业务情境中分析问题、决策设计和道德研判的素养。

引导案例

1995年11月28日，海南丰海粮油工业有限公司（以下简称丰海公司）在中国人民财产保险股份有限公司海南省分公司（以下简称海南人保）投保了由印度尼西亚籍"哈卡"轮所运载的自印度尼西亚杜迈港至中国洋浦港的4 999.85吨桶装棕榈油，投保险别为一切险，货价为3 574 892.75美元，保险金额为3 951 258美元，保险费为18 966美元。投保后，丰海公司依约向海南人保支付了保险费，海南人保向丰海公司发出了起运通知，签发了海洋货物运输保险单，并将海洋货物运输保险条款附于保单之后。根据保险条款的规定，一切险的承保范围除包括平安险和水渍险的各项责任外，海南人保还"负责被保险货物在运输途中由于外来原因所致的全部或部分损失"。该条款还规定了5项除外责任。上述投保货物是丰海公司以CNF价格，向新加坡丰益私人有限公司（以下简称丰益公司）购买的。根据买卖合同的约定，发货人丰益公司与船东代理梁国际代理有限公司（以下简称梁国际）签订一份租约。该租约约定由"哈卡"轮将丰海公司投保的货物 5 000 吨棕榈油运至中国洋浦港，将另 1 000 吨棕榈油运往香港。

1995 年 11 月 29 日，"哈卡"轮的期租船人、该批货物的实际承运人 PSI 公司签发了编号为 DM/YPU/1490/95 的已装船提单。该提单载明船舶为"哈卡"轮，装货港为印度尼西亚杜迈港，卸货港为中国洋浦港，货物唛头为 BATCH NO.80211/95，装货数量为 4 999.85 吨，清洁、运费已付。据查，发货人丰益公司将运费支付给梁国际，梁国际已将运费支付给 PSI 公司。1995 年 12 月 14 日，丰海公司向其开证银行付款赎单，取得了上述投保货物的全套（3 份）正本提单。1995 年 11 月 23 日至 29 日，"哈卡"轮在杜迈港装载 31 623 桶、净重 5 999.82 吨四海牌棕榈油启航后，由于"哈卡"轮船东印度尼西亚 PT.PERUSAHAAN PELAYARAN BAHTERA BINTANG SELATAN 公司（以下简称 BBS 公司）与该轮的期租船人 PSI 公司之间因船舶租金发生纠纷，"哈卡"轮中止了提单约定的航程，对外封锁了该轮的动态情况。

为避免投保货物的损失，丰益公司、丰海公司、海南人保多次派代表参加"哈卡"轮船东与期租船人之间的协商，但船东以未收到租金为由不肯透露"哈卡"轮行踪，经多方会谈未果。此后，丰益公司、丰海公司通过多种渠道交涉并多方查找"哈卡"轮行踪，海南人保也通过其驻外机构协助查找"哈卡"轮。直至 1996 年 4 月，"哈卡"轮走私至中国汕尾被我海警查获。根据广东省广州市人民检察院穗检刑免字（1996）64 号《免予起诉决定书》的认定，1996 年 1 月至 3 月，"哈卡"轮船长埃里斯·伦巴克根据 BBS 公司指令，指挥船员将其中 11 325 桶、2 100 多吨棕榈油转载到属同一船公司的"依瓦那"和"萨拉哈"货船上运走销售，又让船员将船名"哈卡"轮涂改为"伊莉莎 2（ELIZA Ⅱ）"号。1996 年 4 月，更名为"伊莉莎 2"号的货船载剩余货物 20 298 桶棕榈油走私至中国汕尾，同年 4 月 16 日被我海警查获。上述 20 298 桶棕榈油已被广东省检察机关作为走私货物没收上缴国库。1996 年 6 月 6 日，丰海公司向海南人保递交索赔报告书，同年 8 月 20 日丰海公司再次向海南人保提出书面索赔申请，海南人保明确表示拒赔。丰海公司遂诉至海口海事法院。

资料来源 佚名.海南丰海粮油工业有限公司诉中国人民财产保险股份有限公司海南省分公司海上货物运输保险合同纠纷案［EB/OL］.［2018-11-19］.http：//sptx.jlsfy.gov.cn/spywwj/348079.jhtml.有改编.

国际货物运输是进出口合同顺利履行的重要环节，而且是一项非常复杂的工作，它涉及运输方式的选择、各项装运条款的规定及装运单据的运用等多项内容。目前，国际贸易货物运输方式很多，主要有海洋运输、铁路运输、航空运输、集装箱运输、邮政运输、公路运输、内河运输、管道运输、大陆桥运输以及由各种运输方式组合的国际多式联运等。

13.1 国际货物运输方式

13.1.1 海洋运输

1.海洋运输的特点

在国际货物运输中，运用最广泛的是海洋运输（Ocean Transport）。据统计，目前国际贸易货运总量的约2/3、我国进出口货物运量的90%左右都是通过海洋运输进行的。海洋运输之所以被如此广泛采用，是因为它与其他国际货物运输方式相比，主要有下列明显的特点：

（1）通过能力强。海洋运输可以利用四通八达的天然航道，不像火车、汽车受轨道和道路的限制。

（2）运量大。海洋运输船舶的运载能力远远大于铁路运输车辆和公路运输车辆，如一艘万吨船舶的载重量，一般相当于250～300个车皮的载重量。

（3）运费低。因为运量大，航程远，分摊于每货运吨的运输成本就少，运价相对低廉。

（4）适应性强。打破了其他运输方式在尺寸、重量、适货性等方面的局限，几乎可以承载所有种类和规格的货物。

（5）绿色环保。相比其他运输方式，海洋运输在碳排放和能源消耗方面更具优势，是一种可持续发展的运输方式。

虽然海洋运输有上述优点，但也存在不足之处。例如，海洋运输受气候和自然条件的影响较大，航期不易准确，且风险较大。此外，海洋运输的速度也相对较慢。

2.海洋运输船舶经营方式

海洋运输按照船舶经营方式的不同，可分为班轮运输（Liner Transport）和租船运输（Charter Transport）。

（1）班轮运输。它又称定期船运输，是指在一定的航线上，定期开航，停靠固定港口的船舶运输方式。班轮运输具有以下特点：

①船舶按固定的船期表、沿着固定的航线和港口来往运输，并按相对固定的运费率收取运费，即"四个固定（船期表、航线、港口、费率）"的特点。

②由船方负责配载装卸，装卸费包括在运费中，货方不再另付装卸费，船货双方也不计算滞期费和速遣费。

③船货双方权利、义务及豁免，以船方签发的提单条款为依据。

④班轮承运货物的品种、数量比较灵活，货运质量较有保证，而且班轮运输一般在码头仓库交接货物，为货主接货提供便利条件。

（2）租船运输。它又称不定船期运输。与班轮运输相比，它没有预定的船期表，航线和停靠港口也不固定，须依据船舶所有人和承租人双方签订的租船合同安排船舶航线。因此船舶的航线、运输货物种类、航行时间由船货双方在租船合同中议定，运费或租金也由双方根据租船市场的行市在租船合同中加以约定。租船运输适用于大宗货物如粮食、油料、矿物、化工等运输。目前，国际市场上租船运输的方式分为：

①定程租船（Voyage Charter）。它又称航次租船，它是由船舶所有人负责提供船舶，在指定港口之间进行一个航次或数个航次，承运指定货物的租船运输。程租船又可分为单程租船、来回航次租船、连续航次租船和包运租船等。

②定期租船（Time Charter）。它是船舶所有人将船舶出租给承租人，供其使用一定时期的租船运输，租赁期内，船舶由承租人掌握和调度。租赁期短的是几个月，长的可达几年或十几年。

拓展阅读13-1

定程租船与
定期租船

③光船租船（Bareboat Charter）。它是船舶所有人将船舶出租给承租人，供其使用一个时期，但船舶所有人所提供的船舶是一艘空船，既无船长，又无船员。这种光船租船，实际上属于单纯的财产租赁。这种租船方式，在当前国际贸易中很少使用。

④航次期租（Time Charter on Trip Basis）。它是一种介于航次租船和定期租船之间的租船方式，以完成一个航次运输为目的，按完成航次所花的时间，按约定的租金率计算租金。

3.海上货物运输费用

（1）班轮运输费用。班轮公司运输货物收取的运送费用是按照班轮运价表的规定计收的。不同的班轮公会或不同的轮船公司有不同的运价表。班轮运费包括基本运费和附加费两个部分：

基本运费是指货物从装运港到卸货港的基本运输费用，其中包括在装运港的装货费和在目的港的卸货费。基本运费的计收标准，通常采用下列几种：

①按货物实际重量计收，称之为重量吨，运价表中用"W"表示。1重量吨为1公吨或1长吨，视船公司采用公制还是英制而定。

②按货物的体积/容积计收，称之为尺码吨，运价表中用"M"表示。1尺码吨以1立方米或40立方英尺为计算单位。

③按重量或体积计收，由船公司选择其中收费较高的作为计费标准，运价表中用"W/M"表示。按此计价时，应以积载系数确定其是重货还是轻货，积载系数是用货物的毛重与体积的比例来确定的。若积载系数大于1的为重货，以重量计征；反之，则为轻货，以体积计征。

④按商品价格计收，称之为从价运费，运价表中用"A.V."或"Ad Val"表示。从价运费一般按货物的FOB价格的百分之几计收。该方法适用于贵重商品或高价商品，如古玩、稀有金属等。

⑤按货物重量或体积或从价计收。在重量吨或尺码吨或从价运费中选择最高的一种标准计收，在运价表中用"W/M or A.V."表示。

⑥先按照货物重量或体积计收，再另加一定百分比的从价运费。也就是说，先在重量吨或尺码吨两种标准中选择较高的一种计收，再加上一定百分比的从价运费，在运价表中用"W/M plus A.V"表示。

⑦按货物个数（件数）计收，如卡车按辆、活牲畜按头。在运价表中用"Per Unit"表示。

⑧由货主和船公司临时议定。这种办法通常是在承运粮食、矿石、煤炭等运量大、货价低、装卸容易、装卸速度快的农副产品和矿产品时选用，在运价表中一般只列出"议价货"或用"Open"表示。

附加费是指除基本运费外，对一些需要特殊处理的货物，或者由于突发事件或客观情况变化等原因而需另外加收的费用。班轮运费中的附加费名目繁多，其中常见的包括超长超重附加费、选港附加费、变更卸货港附加费、燃油附加费、港口拥挤附加费、绕航附加费、货币贬值附加费、转船附加费和直航附加费等。

班轮运费的计算公式：

运费总额=基本运费+各项附加费

第一步：从有关运价表中查出该货物的计费标准及运价等级；

第二步：找出等级货物的基本费率，基本运费=基本费率×运费吨（重量吨或尺码吨）；

第三步：查出各种附加费的费率及计算方法；

第四步：计算出总运费额，总运费=基本运费+各种附加费。

如果是从价运费，则按规定的百分率乘以FOB货值即可。

（2）程租船运输费用。它包括定程租船的运费和装卸费两个部分。

第一，定程租船的运费。它是指货物从装运港至目的港的海上运费。其计费方法一般按装运货物的数量计费，即规定每单位重量或单位体积的运费额，按装船时或卸货时的货物重量计算运费，或者按航次包租金额计收，即规定一笔整船运费，不管租方实际装货多少，一律按整船包价付费。

第二，定程租船的装卸费。装卸费依据装卸费用条款，即在定程租船运输合同中规定装卸费由谁承担的条款。其主要规定方式有以下四种：①船方负担装货费和卸货费（Gross Terms；Liner Terms），又称"班轮条件"，一般用于装卸包装货或木材，而不用于散装货。②船方管装不管卸（Free out，F.O），即船方负担装货费，但不负担卸货费。③船方管卸不管装（Free in，F.I），即船方负担卸货费，而不负担装货费。④船方装和卸均不管（Free in and out，F.I.O），即船方既不负担装货费，也不负担卸货费。这种条件主要是针对散装货的。采用此法须明确理舱费和平舱费由谁负担。若规定由租方负担，则称为"船方不管装卸、理舱和平舱（Free in and out Stowed Trimmed，F.I.O.S.T）"。

采用租船运输时，由于装卸时间的长短和装卸效率的高低直接关系到船方的利益，因此船方出租船舶时，都要求在定程租船合同中规定装卸时间和装卸率，并规定延误装卸时间和提前完成装卸任务的罚款与奖励办法，以约束租船人。如果在规定的装卸期内，租船人未能完成装卸作业，为弥补船方的损失，对于超过的时间，租船人则应向船方支付一定的罚款，这种罚款称为滞期费（Demurrage）；反之，如果在规定的装卸期内，租船人提前完成装卸作业，对于节省的时间，船方则应向租船人支付一定的奖金，这种奖金称为速遣费（Dispatch Money）。速遣费一般为滞期费的1/2。

（3）期租船租金。定期租船的租金一般按租期每月每吨计算。

4.海上货运单据

（1）海运提单（Ocean Bill of Lading）。它简称提单（B/L），是指用以证明海上货物运输合同和货物已经由承运人接收或装船，以及承运人保证据以交付货物的凭证。鉴于海运提单在长期国际贸易实践中所处的独特地位，其性质与作用，可以概括为三个方面：

①货物收据（Receipt of Goods）：提单作为承运人或其代理人出具的货物收据，证明承运人已收到或接管提单上所列的货物。

②运输契约的证明（Evidence of Contract）：提单是持有人和托运人之间的运输契

拓展阅读13-2

班轮运费计算

约，提单条款规定了承、托双方的权利、义务、责任和豁免。

③ 物权凭证（Document of Title）：提单在法律上具有物权凭证的作用，承运人在货抵目的港后向提单的合法持有人交付货物。而提单也可背书（Endorsement）转让，从而转让货物的使用权。提单还可用于抵押贷款。

海运提单的格式很多，每个船公司都有自己的提单格式，但基本内容大致相同，通常包括下列事项：托运人、收货人、被通知人、收货地或装货港、目的地或卸货港、船名及航次、唛头及件号、货名及件数、重量和体积、运费预付或运费到付、正本提单的份数、船公司或其代理人的签章、签发提单的地点及日期等。

提单作为运输契约的证明，其背面印有承运人与托运人双方的权利、义务、责任和豁免条款。最初运输条款是由船方单独规定的，后来船方不断加列免责条款，使货方的利益失去保障，为缓解船货双方的矛盾，平衡双方的利益，国际上为统一提单背面条款的内容，曾先后签署了管辖海运提单的有关国际公约，其中包括：

① 《统一提单的若干法律规则的国际公约》（International Convention for the Unification of Certain Rules of Law Relating to Bills of Lading），简称《海牙规则》于1924年生效。其主要内容：确保船舶适航和适货；适当处置和保管货物；向托运人出具正本提单；对货物的灭失和损坏负责。

② 《修改统一提单的若干法律规则的国际公约的议定书》（Protocol to Amend the International Convention for the Unification of Certain Rules of Law Relating to Bills of Lading），简称《维斯比规则》，于1977年6月23日生效。与《海牙规则》相比较，《维斯比规则》对以下两点做出修改：一是，提高了赔偿金额。《海牙规则》规定对每件或每单位货物的灭失或损坏赔偿金额不超过100英镑或相当于100英镑的其他货币。《维斯比规则》对每单位货物的赔偿金额改为不超过10 000金法郎或每公斤不超过30金法郎，二者中以较高的数额为准。二是，减少了承运人的免责条款。但《维斯比规则》只是对《海牙规则》做了局部的修改和补充，没有实质性的改动，所以影响力有限。需要说明的是，这两个规则互相独立。

③ 《1978年联合国海上货物运输公约》（United Nations Convention on the Carriage of Goods by Sea, 1978），简称《汉堡规则》，1978年3月6日由联合国贸易法委员会在德国的汉堡通过，于1992年11月正式生效。目前参加该公约的成员没有一个是经贸大国，所以影响力很有限。

《中华人民共和国海商法》对承运人的责任、责任期间、免责事项和诉讼时效等规定与《海牙规则》基本相似，但为兼顾船货双方的利益，对承运人的赔偿责任进行了修改，即对每件或每单位货物的灭失或损坏赔偿金额，按照货物件数或者其他货运单位数计算，每件或者每个其他货运单位为666.67计算单位，或者按照货物毛重计算，每公斤为2计算单位，以二者中赔偿限额较高的为准。

运输单据是证明货物已经装船或发运或已由承运人接受监管的单据。随着国际航运业务的不断发展，海运提单的种类也日益丰富，目前常见的有以下几种：

① 根据货物是否已装船，可分为已装船提单和备运提单。已装船提单（On Board B/L），是指轮船公司已将货物装上指定船舶后所签发的提单，其特点是提单上必须以文

字表明货物已经装船，并载有装船日期，同时还应由船长或者其代理人签字。备运提单（Received for Shipment B/L），又称收讫待运提单，是指船公司已收到托运货物等待装运期间所签发的提单。

② 根据提单上有无对货物外表状况的不良批注，可分为清洁提单和不清洁提单。清洁提单（Clean B/L），是指货物在装船时"表面状况良好"，船公司在提单上未加注任何有关货物受损或包装不良等批注的提单。不清洁提单（Unclean B/L），是指船公司在提单上对货物表面状况或包装有不良或存在缺陷等批注的提单。在结算时，银行通常不接受不清洁提单。

③ 根据提单收货人抬头的不同，可分为记名提单、不记名提单和指示提单。记名提单（Straight B/L），是指提单上的收货人栏内填明特定收货人名称，只能由该特定收货人提货，由于这种提单不能流通，因此在国际贸易中很少使用。不记名提单（Bearer B/L），是指提单收货人栏内没有指明任何收货人，承运人交货，只凭单，不凭人，采用这种提单风险大，因此在国际贸易中也很少使用。指示提单（Order B/L），是指提单上的收货人栏内填写"凭指定"（To Order）或"凭某某人指定"（To Order of...）字样。指示提单可经过背书转让，因此在国际贸易中被广为使用。在实际业务中，使用最多的是"凭指定"，并经空白背书的提单，习惯上称为"空白抬头、空白背书提单"。

④ 根据运输方式的不同，可分为直达提单、转船提单和联运提单。直达提单（Direct B/L），是指轮船中途不经过换船而直接驶往目的港卸货所签发的提单，凡规定不准转船者，必须使用这种直达提单。转船提单（Transshipment B/L），是指从装运港装货的轮船不直接驶往目的港，而是需要在中途港换装其他船舶所签发的提单。在转船提单上要注明"转船"字样。联运提单（Through B/L），是指经过海运和其他运输方式组成联合运输时由第一程承运人所签发的包括全程运输的提单。虽然联运提单包括全程运输，但签发联运提单的承运人一般只承担自身负责运输的一段航程内的货损责任。

⑤ 其他种类提单。a.集装箱提单（Container B/L），是指凡用集装箱运货物而由承运人签发给托运人的提单。b.舱面提单（On Deck B/L），是指货物装在船舶甲板上运输所签发的提单，故又称甲板货提单，在这种提单中应注明"在舱面"（On Deck）字样。c.过期提单（Stale B/L），是指错过规定的交单日期或者晚于货物到达目的港的提单。前者是指卖方超过提单签发日期21天才交到银行议付的提单，根据UCP600第14条c款的规定，如信用证无特殊规定，银行将拒绝接受这种过期提单；后者是在近洋运输时容易出现的情况，因此在近洋国家的贸易合同中，一般都订有"过期提单可以接受"的条款。d.倒签提单（Antedated B/L），是指承运人或其代理人应托运人要求，在货物装船完毕后，以早于货物实际装船完毕的日期作为提单签发日期的提单，其目的是使提单上记载的签发日期符合信用证关于装运期的规定，以便托运人能顺利结汇。e.预借提单（Advanced B/L），是指在信用证所规定的结汇期即将届满，而货物尚未装船或尚未装船完毕的情况下，托运人为了能及时结汇，而要求承运人提前签发的已装船清洁提单。预借提单和倒签提单都属于托运人与承运人勾结而对收货人实施的联合欺诈行为，一旦发

现，双方要承担连带责任，赔偿提单持有人的损失。

值得注意的是，承运人签发的正本提单有一式若干份，凭其中任何一份提货后，其余各份均失效。

（2）海运单（Sea Waybill）。它又称海上货运单，是证明海上运输合同和货物由承运人接管或装船，以及承运人保证据以将货物交付给单证所载明的收货人的一种不可流通的单证，通常又称"不可转让海运单"（Non-negotiable Sea Waybill）。海运单不是物权凭证，因此不可转让。收货人不能凭海运单提货，而是凭到货通知单提货。近年来，欧洲、北美和中远东地区的贸易界开始倾向于使用不可转让海运单，主要是因为海运单方便进口商及时提货，简化手续，节省费用，减少单据诈骗。

拓展阅读13-3

海运提单和海运单的区别

13.1.2　铁路运输

铁路运输是指利用铁路进行进出口货物运输的一种方式。铁路运输具有运量大、速度快、风险小的优点，而且铁路运输一般不受自然条件的影响，可保障全年的正常运输。它是仅次于海洋运输的主要运输方式。铁路运输按照营运方式的不同，可分为国际铁路联运和国内铁路运输两种。

1.国际铁路联运

凡是使用一份统一的国际联运票据，由铁路负责经过两国或两国以上铁路的全程运送，并由一国铁路向另一国铁路移交货物的，不需要发货人或收货人参加，这种运输称为国际铁路货物联运。

目前，我国对朝鲜、越南、俄罗斯等国家的大部分进出口货物，以及对东欧一些国家的小部分进出口货物都是采用国际铁路联运方式运送的。为适应东欧、北欧一些国家的需要，1980年我国成功地试办了通过西伯利亚的集装箱国际铁路联运，其运程比海运缩短了 1/3~1/2，这对节省运费和加速货运速度都有重要意义。

2.国内铁路运输

国内铁路运输是指仅在本国范围内按《国内铁路货物运输规程》的规定办理的货物运输。我国出口货物经铁路运至港口装船及进口货物卸货后由铁路运往全国各地，均属国内铁路运输范畴。随着我国经济贸易的发展，国内铁路运输在促进对外贸易发展过程中发挥越来越大的作用。另外，海洋运输的大量进出口货物大多也是靠铁路运输进行集中和分散的。

我国供应港澳地区的物资经铁路运往香港、九龙，也属于国内铁路运输的范围，但它既不同于国际联运，又不同于一般的国内货物运送，属于一种特殊的运送方式。对港澳运送货物的全过程由两个部分组成，即内陆段铁路运送和港段铁路运送。其大致做法是：对港供应货物先运至深圳北站，中国对外运输公司深圳分公司作为收货人，深圳分公司作为各外贸公司的代理人，负责在深圳与铁路局办理货物运输单据的交换，然后办理港段托运手续，将货物运至九龙港，后由香港中国旅行社货运有限公司收货后再转交给买方。出口单位则凭外运机构出具的货物收据办理收汇手续。

13.1.3　航空运输

航空运输（Air Transport）是一种现代化的运输方式，具有运输速度快、货运质量高且不受地面条件限制等优点。航空运输对易腐商品、鲜活商品、急需物资的运送更加便利。

1.国际空运货物的运输方式

（1）班机运输。班机是指在固定时间、固定航线、固定始发站和目的站运输的飞机，通常班机是使用客货混合型飞机和全货航班。班机运输具有定时、定航线、定站的特点，且舱位有限，只适用于运送运粮量少的急需物品、鲜活商品和节令性商品。

（2）包机运输。包机是指由发货人包租整架飞机或由几个发货人（或航空货运代理公司）联合包租一架飞机来运送货物。因此，包机又分为整包机和部分包机两种形式，前者适用于运送数量较大的商品，后者适用于多个发货人，但货物到达站又是同一地点的货物运输。

（3）集中托运。集中托运是指航空货运代理公司把若干单独发运的货物（每一货主货物要出具一份航空运单）组成一整批货物，用一份总运单（附分运单）整批发运到预定目的地，由目的地的代理人收货、报关、分拨后交给实际收货人。集中托运的运价比国际空运协会公布的班机运价低7%～10%，因此使用较普遍。

（4）航空急件传递。它是目前航空运输中最快捷的方式，它由专门经营此项业务的部门和航空公司合作，以最迅速的方式传送急件，如药品、图纸资料、货样单证和文件合同等小件物品。航空急件传递实现了"桌到桌"的运输服务。

2.航空运输的承运人

（1）航空运输公司。它是航空运输业务的实际承运人，负责办理从启运机场至到达机场的全程运输，并对全程运输负责。

（2）航空货运代理公司（货主和/或航空公司的代理人）。作为货主的代理人，负责办理航空货运的订舱、交接货和报关等；作为航空公司的代理人，办理接货并以航空公司承运人身份签发航空运单，对运输过程负责。

3.航空运单（Air Waybill，AWB）

航空运单是承运人与托运人之间缔结的运输合同的书面凭证，也是承运人或其代理人签发的接受货物的收据，但航空运单不是物权凭证，不能背书转让。收货人提货不是凭航空运单而是凭航空公司的提货通知单。

航空运单以签发人不同分为主运单（Master Air Waybill）和分运单（House Air Waybill）。前者由航空运输公司签发，后者由航空货运代理公司签发。航空运单共有三份正本：第一份注明"original for the shipper"，应交托运人；第二份注明"original for the issuing carrier"，由航空公司留存；第三份注明"original for the consignee"，由航空公司代交收货人。

4.航空运价

航空运输的运费包括从启运机场到目的地机场的运价，不包括其他额外费用。一般按重量（千克）或体积重量（6 000立方厘米折合1千克）计价，从高不从低。空运货物按一般货物、特种货物和货物的等级来规定运价。

13.1.4 集装箱运输

集装箱运输（Container Transport）是以集装箱作为运输单位进行货物运输的一种现代化运输方式。它是承租运输的一种高级形态，主要适用于海洋运输、铁路运输及国际多式联运。20世纪90年代，集装箱运输有了快速发展，目前越来越多的国家正在积极发展集装箱运输业务。

1. 集装箱运输的优点

集装箱运输有以下优点：①提高装卸效率和加快船舶周转；②提高运输质量和减少货损货差；③节省各项费用和降低货运成本；④简化货运手续和便利货物运输；⑤把传统单一运输变成连贯的成组运输，促进国际多式联运的发展。

国际标准化组织为统一集装箱的规格，推荐三个系列13种规格的货柜，但国际航运主要使用20英尺和40英尺两种。目前，我国港口一般使用20英尺的集装箱。国际上都以20英尺集装箱作为计算统计单位，并用TEU（Twenty Foot Equivalent Unit）来表示，即相当于20英尺单位。

2. 集装箱运输货物的交接

集装箱运输有整箱货和拼箱货之分。整箱货（Full Container Load，FCL）是指由货方在工厂或仓库装箱，货物装箱后直接运交集装箱堆场（Container Yard，CY）待运。拼箱货（Less Container Load，LCL）是指货量不足一整箱，须由承运人在其集装箱货运站（Container Freight Station，CFS）拼箱，并运交集装箱堆场。集装箱到达目的港后，整箱货由收货人直接提取，拼箱货由承运人在目的港拆箱分拨给收货人。

集装箱的交接地点，可以按惯常的"港港交接"办法，在港口办理交接货手续，也可以延伸到内地，按"门到门"的交接办法，在买卖双方各自的工厂或仓库交货或接货。由于"门到门"的交接办法很普遍，因此集装箱运输多用于陆、海（空）多种运输方式的联合。

3. 集装箱运费

集装箱运输的费用构成和计算方法与传统运输方法不同。它由船舶运费和有关杂费组成，包括内陆或装运港市内运费、拼箱服务费、堆场服务费、海运费、集装箱及设备使用费等。目前有两种计费方法：①件杂货运费率加附加费。计费方法以每运费吨为计算单位，另收取一定的附加费。②集装箱包箱费率。计费方法以每个集装箱为计费单位。

另外，集装箱运输公司为了保证营运收入不低于成本，还有最低运费的规定。也就是说，在费率表中规定了最低运费，任何一批货的运费金额低于规定的最低运费，则按最低运费金额计收。

4. 集装箱运输的主要单证

集装箱运输下的货运单证主要有集装箱装箱单（Container Load Plan，CLP或Unit Packing List，UPL）、场站收据（Dock Receipt，D/R）、集装箱提单（Container B/L）、设备交接单（Equipment Receipt，E/R）、收（交）货记录（Delivery Record）等。

（1）集装箱装箱单。它是详细记载每个集装箱内所装货物情况的单据，其内容包括船名、航次、装卸港口；集装箱的规格、种类、编号、铅封号；场站收据或提单号、收货人名称、地址、货物名称、重量、尺码、件数、包装、运输标志等，最后由装箱人签署，以明确责任。整箱货由发货人自行填制，拼箱货由货运站填制。

（2）场站收据。它是集装箱运输专用出口货运单证，它是由承运人委托集装箱堆场（CY）或货运站（CFS）在收到FCL或LCL后，签发给托运人的证明已收到托运货物并对货物开始负有责任的凭证。一般由发货人自己填制，承运人签发，可直接换取提单结汇。

（3）集装箱提单。它是集装箱运输方式下主要的货运单据，由负责集装箱运输的经营人或其代理，在收到货物后签发给货物托运人的货物凭证。集装箱提单有两种形式：一种是在普通的海运提单上加注"用集装箱装运"（Containerized）字样；另一种是使用"多式联运提单"，这种提单内容增加了集装箱号码（Container Number）和封号（Seal Number）。使用多式联运提单，应在信用证上注明"多式联运提单可以接受"（Combined Transport B/L Acceptable）或类似的条款。

集装箱提单与传统提单的作用和法律效力基本相同，但也有其自身的特点。

① 集装箱提单的装运地和目的地可以是港口，也可以是内陆城市；而传统提单只能是港口。集装箱货物的交接地点不受限制，一般情况下，由堆场或货运站交接货物并签发场站收据，以此换取集装箱提单。

② 海运承运人或多式联运经营人，包括无船公共承运人均可签发集装箱提单；而传统提单只能由船公司或海运承运人或他们的代理签发。

③ 集装箱提单上通常没有"装船"（Shipped On Board）字样，即不是"已装船提单"，提单上一般不载明船名或装船日期，它是收讫待运提单；而传统提单上没有"收讫待运"字样。

④ 集装箱提单上不出现"甲板货"字样，即承运人对装在甲板上的集装箱如同装在舱内一样负责，而不必注明"On Deck"。

⑤ 集装箱提单承运人的责任是从收到货物时起到交付货物时止，责任范围可以从"船到船"延伸到"码头到码头"、"装货地收货站到卸货地收货站"或"门到门"。

⑥ 对FCL一般注明：发货人装箱、计数、铅封或据称内载条款（Shipper's Pack/load/Count/Seal or Said to contain）。

13.1.5 国际多式联运和大陆桥运输

1. 国际多式联运

国际多式联运（International Multimodal Transport）是在集装箱运输的基础上产生和发展起来的一种综合性的连贯运输方式，它一般是以集装箱为媒介，把海、陆、空各种传统的单一运输方式有机地结合起来，组成一种国际上的连贯运输。《联合国国际货物多式联运公约》规定："国际多式联运系指由多式联运经营人按照多式联运合同，以至少两种不同的运输方式，将货物从一国境内接受货物的地点运至另一国的境内指定地点交货的运输方式。"按照这一定义，构成国际多式联运需具备下列几个条件：①必须有一个多式联运合同。②必须使用一份包括全程的多式联运单据。③必须至少是两种不同运输方式的连贯运输。④必须是国际上的货物运输，并且必须由一个联运经营人对全程运输负责。⑤必须是全程单一的运费费率。

《国际多式联运公约》对多式联运经营人（Multi-modal Transport Operator）的规定为："多式联运经营人是指其本人或通过其代表与托运人订立多式联运合同的任何人，他是事主，而不是发货人的代理人或代表，也不是参加多式联运的承运人的代理人或代表，负有履行合同的责任，承担自接管货物起到交付货物时止的全程运输责任"。多式联运经营人对全程运输负责，它可以是实际承运人，也可以是无船经营人

开展国际多式联运是实现"门到门"运输的有效途径，它简化了手续，减少了中间环节，加快了货运速度，降低了运输成本，并提高了货运质量。

2.大陆桥运输

大陆桥运输（Land Bridge Transport），是指以横贯大陆的铁路或公路系统作为中间桥梁，把大陆两端的海洋连接起来的集装箱连贯运输。大陆桥运输属于国际多式联运。大陆桥运输产生于1967年，到目前已形成西伯利亚大陆桥、欧亚大陆桥、北美大陆桥三条运输线路。

（1）西伯利亚大陆桥。它将俄罗斯西伯利亚铁路作为桥梁，把太平洋远东地区与波罗的海和黑海沿岸以及西欧大西洋口岸连接起来，是世界上最长的运输陆桥。经过多年的发展，这条路线西端发展到了整个欧洲和伊朗、阿富汗、远东各国；东端发展到了中国大陆、中国香港、韩国、朝鲜、菲律宾、中国台湾等地。在运输方式的结合上有铁路与铁路运输、铁路与海洋运输、铁路与公路三种运输方式。

（2）欧亚大陆桥。它又称中荷大陆桥或新欧亚大陆桥。它于1992年投入运营，东起我国连云港和日照市，经陇海线、兰新线，接北疆铁路，出新疆阿拉山口，西至荷兰鹿特丹、阿姆斯特丹等西欧主要港口，全长约1.2万公里。

（3）北美大陆桥。它包括美国大陆桥和加拿大大陆桥。它以横贯北美洲大陆东西的两条铁路干线为基础，即温哥华—温伯尼—哈利法克斯，以及鲁珀特港—温尼伯—魁北克，形成两条路线：一条是从西太平洋口岸至东大西洋口岸的铁路（公路）运输系统；另一条是西部太平洋口岸至南部墨西哥湾口岸的铁路（公路）运输系统，能将远东地区的货物运往欧洲。

13.1.6　公路、内河、邮政和管道运输

1.公路运输。

公路运输是一种现代化的运输方式，具有机动灵活、速度快和方便等优点，公路运输还可以实现"门到门"的服务。但公路运输载货量有限，运输成本高，容易造成货损。公路运输在我国对外贸易运输中占有重要地位。我国同许多周边国家如朝鲜、越南、缅甸等国有公路相通，我国同这些国家的进出口货物，可以经由过境公路运输。此外，我国同香港、澳门地区的部分进出口货物也是通过公路运输的。

2.内河运输

内河运输是水上运输的重要组成部分，它是连接内陆腹地与沿海地区的纽带，在运

输和集散进出口货物中起着重要作用。我国内河航运发达，特别是长江、珠江水系，航运十分便利，为我国进出口货物通过内河运输提供了便利条件。

3.邮政运输

邮政运输（Parcel Post Transport）是一种较简便的运输方式。各国邮政部门之间订有协定和公约，通过这些协定和公约，各国的邮件包裹可以相互传递，从而形成国际邮包运输网。由于国际邮包运输具有国际多式联运和"门到门"运输的性质，加之手续简便，费用也不高，故其成为国际贸易中普遍采用的运输方式之一。

邮政运输包括普通邮包和航空邮包两种。国际邮包运输，对邮包的重量和体积均有限制，如每包裹重不超过20公斤，长度不得超过一公尺。因此，邮包运输只适用于重量轻、体积小的货物，如精密仪器、机器零部件、药品、金银首饰、样品等零星物品。

4.管道运输

它是在管道内借助高压气泵的压力将货物输往目的地的一种运输方式，主要是用于运输液体和气体货物。因为管道运输速度快、流量大、运费低的特点，许多生产石油的国家都积极发展管道运输。近年来我国管道运输发展迅速，我国同朝鲜之间有管道相通。我出口到朝鲜的石油就是通过管道运输的。

13.2 国际货物运输保险

保险是国际货物买卖业务中不可或缺的重要环节。国际贸易中货物往往需要长途运输，货物在运输、装卸、储存过程中，有可能遭遇各种风险和损失。为保障货物在遭受损失时能够获得经济上的补偿，就必须办理货物运输保险。

国际货物运输保险，指保险人在收取约定保险费后，对被保险货物遭受承保责任范围内的风险而发生损失时承担赔偿责任，它属于财产保险的范畴。

13.2.1 保险的基本原则

1.保险利益原则（Principle of Insurable Interest）

保险利益原则又称可保利益原则，是投保人对保险标的物所拥有的某种合法的经济利益。只有对保险标的物具有保险利益的人才能投保，这是保险的基本原则之一，是成立保险契约的基础。被保险人在投保时具有预期的保险利益，赔偿时被保险人须具有保险利益。它实际上反映了保险的标的物与被保险人之间的一种经济关系。鉴于国际货物运输保险的特殊性，即进口货物的预约保险制度，所以国际货运保险仅要求被保险人在保险标的发生损失时具有保险利益，即为合法。

2.最大诚信原则（Principle of Utmost Good Faith）

就是要求保险双方在签订和履行保险合同时，必须最大限度地保持诚意，恪守信用，否则，保险合同无效。贯彻最大诚信原则对投保人来说，主要是如实告知并保证承担违反诚信原则所受处分；对保险人来说，不得有下列行为：①欺骗投保人、被保险人或受益人；②对投保人隐瞒与保险合同有关的重要情况；③阻碍投保人、被保险人履行如实告知义务，或诱导投保人不履行如实告知义务。英国《1906年海上保险法》规定：

海上保险合同是建立在最大诚信基础上的。如果任何一方不遵守这一原则，他方可以宣告合同无效。

3.补偿原则（Principle of Indemnity）

当被保险人的财产发生保险事故而遭受损失时，保险人按照保险合同约定的条件和保险标的的实际损失程度，在保险金额以内进行赔偿。它包括三层含义：①保证被保险人能够按合同约定获得充分赔偿；②被保险人所获得赔偿应恰好是受损保险标的恢复到事故发生前的状态，既不能多赔，也不能少赔；③赔偿要以保险标的实际损失为限。

4.近因原则（Principle of Proximate Cause）

近因原则指保险赔偿或给付须以所保风险的发生与损失结果的形成之间存在因果关系为条件，即在因果关系的推断中只需观察近因，而不必观察远因。若近因属于保险风险，则造成的损失由保险人负责；否则，保险人不负责赔偿责任。近因并非指在时间上最接近损失的原因，也不一定是最终的原因，而是指直接促成结果的原因。近因原则是保险标的发生损失时，用以确定保险标的所受损失能否获得保险赔偿的重要依据，也是保险理赔必须遵循的基本原则。

13.2.2　海上货物运输保险的范围

海上货物运输保险的保障范围，包括保障的风险、保障的损失和保障的费用三个方面。正确理解海上货物运输保险的保障范围，对我们了解保险条款、选择投保险别，以及一旦货物发生损坏与灭失如何正确处理索赔等方面，都具有十分重要的意义。

1.保障的风险

保障的风险（Risks）是指保险人即保险公司承保哪些风险。海上货物运输保险的保险人主要承保两类风险：一类是海上风险；另一类是外来风险。

（1）海上风险。它又叫海难，一般是指船舶或货物在海上航行中发生的或随附海上运输所发生的风险。现代海上保险业务中，保险人承保的海上风险指海上发生的自然灾害和意外事故，包括内容如下：

① 自然灾害。它是指不以人们意志为转移的自然界力量所引起的灾害。但在海上保险业务中，它并不是泛指一切由于自然力量所造成的灾害，而是仅指恶劣气候、雷电、海啸、地震、或火山爆发等人力不可抗拒的灾害。

② 意外事故。它一般是指由于偶然的非意料中的原因所造成的事故。在海上保险业务中，意外事故并不是泛指海上发生的所有意外事故，而是仅指运输工具遭受搁浅、触礁、沉没、船舶与流冰或其他物体碰撞以及失踪、失火、爆炸等。

（2）外来风险。它通常是指海上风险以外的其他外来原因所造成的风险。外来风险可分为一般外来风险和特殊外来风险。

一般外来风险是指被保险货物在运输途中由于偷窃、短量、雨淋、沾污、渗漏、破碎、受热受潮、串味、碰撞、锈损等外来原因所造成的风险。

特殊外来风险是指由于军事、政治、国家政策法令以及行政措施等特殊外来原因所造成的风险与损失。例如，战争、罢工、因船舶中途被扣而导致交货不到以及货物被有关当局拒绝进口或没收而导致的损失等。

2.保障的损失

保障的损失是指保险人承保哪些性质的损失，由于是海上货物运输保险，因此保险公司承保的损失属于海损。海损一般是指海运保险货物在海洋运输中由于海上风险所造成的损失和灭失。根据各国海运保险业务的习惯，海损通常也包括与海陆连接的陆运过程中所发生的损坏或灭失。海损按照损失的程度不同，可分为全部损失与部分损失；按照损失的性质不同，又可分为共同海损和单独海损。

（1）全部损失（Total Loss）。它简称全损，指运输中的整批货物或不可分割的一批货物的全部损失。全损又有实际全损（Actual Total Loss）和推定全损（Constructive Total Loss）两种。

①实际全损。它是指被保险货物完全灭失或完全变质，或者货物实际上已不可能归还被保险人而言的损失。构成被保险货物"实际全损"的情况有下列几种：

其一，保险标的物完全灭失。例如，船只遭遇海难后沉没，货物同时沉入海底；

其二，保险标的物的丧失已无法挽回。例如，船只被海盗劫走，货物被敌方扣押等或虽然船、货本身并未遭到损失，但被保险人已失去了这些财产，无法复得；

其三，保险标的物已丧失商业价值或失去原有用途。例如，茶叶经水泡后，虽没有灭失，仍旧是茶叶，但已不能饮用，失去商业价值；

其四，船舶失踪达到一定时期。例如，半年仍无音讯，则可视为全部灭失。

②推定全损。它指货物发生保险事故后，认为实际全损已经不可避免，或者为避免发生实际全损所需支付的费用与继续将货物运抵目的地的费用之和超过保险价值的损失。

判断货物的推定全损有两个相互独立的标准：一是实际全损已经不可避免，包括两种情形：①被保险人丧失对保险标的的自由使用，不大可能在合理时间内重新获得该保险货物的情况；②还未达到完全灭失的损失程度，但将无法避免实际全损。二是为避免实际全损所需支付的费用与继续将货物运抵目的地的费用之和超过保险价值。

在推定全损的情况下，被保险人获得的损失赔偿有两种情况：一是被保险人获得全损的赔偿；另一种是被保险人获得部分损失的赔偿。

被保险货物发生推定全损时，被保险人可以要求保险人按部分损失赔偿，也可以要求按全部损失赔偿。如果要求按全部损失赔偿，被保险人必须向保险人发出委付通知。所谓委付（Abandonment），是指被保险人在保险标的处于推定全损状态时，向保险人声明愿意将保险标的的一切权益，包括财产权及一切由此而产生的权利与义务转化给保险人，而要求保险人按全损给予赔偿的一种行为。委付必须经保险人同意后方能生效，但是保险人应当在合理的时间内将接受委付或不接受委付的决定通知被保险人。委付一经保险人接受，不得撤回。若被保险人不办理委付而保留对残余货物的所有权，则保险人将按部分损失予以赔偿。

（2）部分损失（Partial Loss）。它是指运输中的整批货物或不可分割的一批货物没有达到全损程度的损失。部分损失按照损失的程度，又可以分为共同海损（General Average）和单独海损（Particular Average）。

①共同海损。它是指载货的船舶在海上遇到自然灾害或者意外事故，威胁到船、货

等各方的共同安全，为了解除这种威胁，维护船货安全，或者使航程得以继续完成，由船方有意识地、合理地采取措施，所做出的某些特殊牺牲或支出的某些额外费用，这些损失和费用叫共同海损。例如，某一货船在途中遭遇暴风雨，船身严重斜倾，即将倾覆，船长为了避免船只覆没，命令船员抛弃船舱内的一部分货物以保持船身平衡，这种抛弃就是为了避免船、货的全部损失而采取的措施，被抛弃的货物属于特殊牺牲，即为共同海损牺牲。又例如，船舶搁浅时，为了使船舶脱险，雇用拖驳船强行脱浅的费用，即为共同海损费用。

构成共同海损须具备以下条件：第一，共同海损的危险必须是实际存在的，或者是不可避免地产生的，而不是主观臆测的；第二，必须是自动有意采取的行为；第三，必须是为船货共同安全而采取谨慎的合理的措施；第四，必须是属非常性质的损失，共同海损的费用必须是额外支付的，即支付的费用是船舶营运所支付的正常费用以外的费用；第五，牺牲和费用的支出最终必须是有效的，即经过采取某些措施后，船舶和/或货物的全部或一部分最后安全抵达航程的目的港。

共同海损牺牲和费用都是为了使船舶、货物和运费方免于遭受损失而支出的，因而应该由船舶、货物或运费方按最后获救价值共同按比例分摊，这种分摊叫共同海损的分摊。

②单独海损。它是指除共同海损以外的意外损失，即由于承保范围内的风险所直接导致的船舶或货物的部分损失。单独海损不涉及其他各方的利益，该损失仅由各受损者单独负担。如果受损者投保了相应的险种，且在保险单上载明了保险人承担单独海损责任，那么不论是船舶、货物或运费，在受损后均可向保险人要求赔偿。

以上分析表明，共同海损和单独海损是有区别的，这主要表现在两个方面：

第一，造成海损的原因有别。单独海损是承保风险所直接导致的船货损失；共同海损则不是承保风险所直接导致的损失，而是为了解除船、货共同危险而有意采取合理措施所造成的损失。

第二，损失的承担责任有别。单独海损由受损方自行承担；而共同海损应由各受益方按照受益大小的比例共同分摊。

3.保障的费用

保障的费用是指保险人即保险公司承保的费用。保险货物遭遇保险责任范围内的事故，除了能使货物本身受到损毁导致经济损失外，还会产生费用的支出。这种费用，保险人也将给予赔偿，主要有：

（1）施救费用（Sue and Labour Expenses）。它是指当保险标的物遭遇保险责任范围内的灾害事故时，被保险人或者他的代理人、雇佣人员和受让人等为防止损失的扩大而采取抢救措施所支出的费用，称为施救费用。保险人对这种施救费用负赔偿责任。

（2）救助费用（Salvage Charge）。它是指保险标的物遭遇保险责任范围内的灾害事故时，由保险人和被保险人以外的第三者采取救助行动，而向其支付的费用。

施救费用和救助费用是不同的，其主要区别为：

第一，采取行为的主体不同：施救的行为主体是被保险人、代理人、雇佣人或受让人；救助的行为主体是保险人、被保险人以外的第三者。

第二，给付赔偿的原则不同：施救时不考虑成功与否，只要有施救行为就给予赔偿；救助则是"无效果，无报酬"。

第三，保险人赔偿的责任或金额不同：施救费用可在保险货物本身的保额之外，再赔一个保额；而保险人对救助费用的赔偿是以不超过获救财产的价值为限，即救助费用与保险货物本身损失的赔偿金额二者相加，不得超过货物的保额，而且是按保险金额与获救的保险标的价值比例承担责任。

第四，救助行为一般都与共同海损联系在一起的；而施救费用并非如此。

13.2.3　我国海洋运输货物保险险别与条款

中国人民保险公司为了适应我国对外贸易的发展，根据我国保险工作的实际情况并参照国际上的一般做法，制定了我国的海洋运输货物保险条款，其内容包括保险人的承保责任范围、除外责任、责任起讫、被保险人的义务和索赔期限等。

1.承保责任范围

承保责任范围是指保险人对被保险人的风险和损失承保的险别。它既是保险人承保责任大小的依据，也是被保险人缴纳保险费多少的基础。根据中国人民财产保险股份有限公司修订的《海洋运输货物保险条款》（Ocean Marine Cargo Clauses）（2018版）的规定，我国海洋运输货物保险的险别概括起来可分为基本险和附加险两大类别。

基本险亦称主险，是可以独立承保的险别。我国海运货物保险的基本险分别有平安险（Free from Particular Average，FPA）、水渍险（With Particular Average，WPA或WA）和一切险（All Risks）三种。

（1）平安险。这一名称在我国保险行业中沿用甚久，其英文原意是指单独海损不负责赔偿。平安险原来的承保范围，只负责赔偿海上风险造成的全部损失和共同海损的分摊，但在长期实践过程中，平安险的责任范围已超过只赔偿全部损失的限制。

平安险的责任范围包括：①恶劣气候、雷电、海啸、地震、洪水造成整批被保险货物的全损，包括实际全损或推定全损；②水上运输工具遭受搁浅、触礁、沉没、与水以外的任何外部物体碰撞或触碰造成被保险货物的全损或部分损失；③陆上运输工具遭受碰撞、倾覆或出轨造成被保险货物的全损或部分损失；④火灾、爆炸造成被保险货物的全损或部分损失；⑤在船舶或驳船装卸时，任何整件被保险货物落海或跌落造成该货物的全损或部分损失；⑥保险事故发生后，被保险人为防止或减少被保险货物的损失而支付的必要的合理的费用，但以不超过该批被救货物的保险金额为限；⑦水上运输工具遭遇天灾、海上或者其他可航水域的危险或者意外事故，致使运输或运输合同在保险单载明的目的地以外的港口或地点终止，由于卸货、存仓及运送被保险货物至本保险单载明的目的地所产生的必要的合理的额外费用；⑧共同海损牺牲、分摊和救助费用；⑨运输合同订有"双方互有过失碰撞"条款，保险事故发生后，根据该条款规定应由货方偿还承运人的损失。

（2）水渍险。其英文原意是指单独海损负责赔偿。目前，水渍险的责任范围，除包括上列"平安险"的各项责任外，还负责被保险货物由于恶劣气候、雷电、海啸、地震、洪水等自然灾害所造成的部分损失。

（3）一切险。其责任范围除包括平安险和水渍险的所有责任外，还包括货物在运输过程中，因一般外来原因所造成的被保险货物的全损或部分损失。实际上，一切险是平安险、水渍险以及一般附加险的总和。

（4）附加险。它是不能单独承保的险别，必须依附于基本险项下，即只有投保基本险其中的一种之后，才可加保附加险，并须另外支付一定的保险费。目前，我国海运货物保险的附加险有一般附加险和特殊附加险。

①一般附加险。其归纳起来共有11种：偷窃、提货不着险（Theft，Pilferage and Non-delivery）、淡水雨淋险（Fresh Water Rain Damage）、短量险（Risk of Shortage）、混杂和沾污险（Risk of Intermixture & Contamination）、渗漏险（Risk of Leakage）、碰损和破碎险（Risk of Clash & Breakage）、串味险（Risk of Odour）、受热和受潮险（Damage Caused by heating & Sweating）、钩损险（Hook Damage）、包装破裂险（Loss or Damage Caused by Breakage Packing）、锈损险（Risks of Rust）。

由于一般附加险包含在一切附加险责任范围内，所以，如果已投保了一切险，就不需要加保一般附加险。

②特别附加险。它是指承保由于军事、政治、国家政策法令以及行政措施等特殊外来原因所引起的风险与损失的险别。中国人民财产保险公司承保的特别附加险包括：战争险（War Risk）、罢工险（Strikes Risk）、交货不到险（Failure to Delivery Risks）、进口关税险（Import Duty Risk）、舱面险（On Deck Risk）、拒收险（Rejection Risk）、黄曲霉素险（Aflatoxin Risk）、海关检验条款和码头检验条款。

由于特殊附加险不包括在一切险的责任范围之内，因此，被保险人如欲取得特殊附加险各险别责任范围内的风险保障，不论已投保何种基本险，均需另行加保有关的特殊附加险。

拓展阅读13-4

特殊附加险

2.承保责任的起讫期限

承保责任的起讫期限又称保险期限，是指保险人承担责任的起讫时限。我国海运货物保险条款对基本险和战争险分别做出了规定。

（1）基本险的责任起讫期限。根据中国海洋运输货物保险条款规定，基本险承保责任的起讫，均采用国际保险业中惯用的"仓至仓条款"（Warehouse to Warehouse，W/W）规定的办法处理。

"仓至仓条款"规定保险公司所承担的保险责任，是从被保险货物运离保险单所载明的起运港（地）发货人仓库开始，包括正常运输中的海上、陆上、内河和驳船运输在内，一直到货物到达保险单所载明的目的港（地）收货人的仓库时为止。当货物一进入收货人仓库，保险责任即行终止。但是，当货物从目的港卸离海轮时起满60天，不论保险货物有没有进入收货人的仓库，保险责任均告终止。例如，上海某出口公司与马来西亚商人签订出口机械设备出口合同，货物从上海出口被运往吉隆坡，海轮于9月11日抵达吉隆坡港并开始卸货，9月13日全部卸在码头货棚而未运往收货人仓库，那么该保险责任到11月2日即告终止，如果在11月2日前这批设备运进了收货人仓库，则不论在哪一天进入该仓库，保险责任都告终止。如上述保险期限内保险货物需转运到非保险单所载明的目的地时，则以该项货物开始转运时终止。另外，被保险货物在运至保险单所载明的目的港或目的地以前的某一仓库而发生分配、分派的情况,则该仓库就作为被保险人的最后仓库,保险责任也从货物运抵该仓库时终止。

此外,保险人可以要求扩展保险期限。如对某内陆国家的出口货物,如在港口卸货转运内陆,无法在保险条款规定的保险期限内到达目的地,则可申请扩展,经保险公司出具凭证予以延长,每日加收一定的保费。

(2)战争险的责任起讫期限。战争险的责任起讫与基本险的责任起讫不同,它不采用"仓至仓条款"。战争险的承保仅限于水上危险或运输工具上的危险。例如,海运战争险规定自保险单所载明的起运港装上海轮或驳船时开始,直到保险单所载明的目的港卸离海轮或驳船时为止。如果货物不卸离海轮或驳船,则保险责任最长延至货物到目的港之当日午夜起算15天为止。如在中途港转船,则不论货物在当地卸载与否,保险责任从海轮到达该港或卸货地点的当日午夜起算满15天为止,待再装上续运的海轮时,保险人仍继续负责。

3.除外责任

根据中国人民财产保险股份有限公司《海洋运输货物保险条款》规定,海洋运输货物保险的三种基本险别应有除外责任。所谓除外责任(Exclusion),是指保险公司规定不予承保的损失或费用,主要包括下列内容:①被保险人的故意行为或过失所造成的损失;②属于发货人责任所引起的损失;③在保险责任开始前,被保险货物已存在的品质不良或数量短差所造成的损失;④被保险货物的自然损耗、本质和特性缺陷以及市价跌落、运输延迟所造成的损失或费用;⑤战争险和罢工险条款规定的责任范围和除外责任。

4.被保险人的义务

我国海运货物保险条款对被保险人应承担的义务规定如下:

(1)当被保险货物运抵目的地后,被保险人应及时提货。当发现被保险货物遭受任何损失,应即向保险单上规定的检验、理赔代理人申请检验,并向有关当局(如海关、港务局)索取货损货差证明。如涉及第三者责任,必要时还须取得延长索赔时效的凭证。

(2)对遭受损失的货物,被保险人应采取合理抢救措施,以减少损失。

(3)如遇航程变更或发现保险单所载明的货物、船名或航程有遗漏或错误时,被保险人应在获悉后立即通知保险人。

(4)在向保险人索赔时,应提供下列单证:保险单正本、提单、发票、装箱单、磅码单、货损货差证明,检验报告及索赔清单。如涉及第三者责任,还须提供向责任方追偿的有关函电及其他必要的单证或文件。

5.索赔期限

根据我国《海商法》第264条规定:"根据海上保险合同向保险人要求保险赔偿的请求权,时效期间为二年,这一时效期间自保险事故发生之日起计算。"

13.2.4 海洋运输货物专门保险险别与条款

1.海洋运输冷藏货物保险

海洋运输冷藏货物保险险别分为冷藏险和冷藏一切险两种:

（1）冷藏险。其承保范围除水渍险承保责任外，还承担由于冷藏机器停止工作连续24小时以上所造成的被保险货物的腐败或损失承担赔偿责任。

（2）冷藏一切险。其承保的责任范围，除冷藏险的承保责任外，还承担被保险货物在运输途中由于一般外来原因所造成的腐败或损失承担赔偿责任。

海洋运输冷藏货物保险的责任起讫与海洋运输货物三种基本险的责任起讫基本相同。但货物保险单载明的最后目的港，如在30天内卸离海轮，并将货物存入岸上冷藏仓库后，保险责任继续有效，但以货物全部卸离海轮时起算满10天为限。如果在上述期限内货物移出冷藏仓库，保险责任即告终止。如果货物全部卸离海轮后不存入冷藏仓库，保险责任在卸离海轮时终止。

2.海洋运输散装桐油保险

海洋运输散装桐油保险承保范围为散装桐油在海洋运输途中造成的短少、渗漏、沾污或变质的损失，而不问造成损失的原因。

海洋运输散装桐油保险的责任起讫也按"仓至仓"条款负责，但是如果被保险散装桐油运至目的港后不及时卸载，则海轮抵港期满15天，保险责任自动终止。

13.2.5　我国陆空邮运输货物保险险别与条款

1.我国陆上运输货物保险

陆上货物运输保险的基本险别分为陆运险和陆运一切险两种。陆运险承保责任范围与海洋货物运输保险条款中的水渍险相似。保险公司对被保险货物在运输途中遭受暴风、雷电、海啸、地震、或火山爆发等自然灾害，或陆上运输工具遭受搁浅、触礁、沉没、失踪、失火、爆炸等意外事故造成的全部或部分损失，负责赔偿。

陆运一切险承保责任范围与海洋货物运输保险条款中的一切险相似。保险公司除承担陆运险的责任外，还对被保险货物在运输途中由于偷窃、短量、雨淋、沾污、渗漏、破碎、串味、碰撞等一般外来原因所造成的全部或部分损失负责赔偿。

陆运险和陆运一切险保险的责任起讫与海洋运输货物三种基本险的责任起讫基本相同，采用"仓至仓"条款，即保险责任自被保险货物运离保险单所载明的启运地仓库或储存处所开始运输时生效，直至该项货物运达保险单所载目的地收货人的最后仓库或被保险人用作分配、分派的其他储存出所为止；如未运抵上述仓库或处所，则到被保险货物运抵最后卸载的车站满60天为止。

2.我国航空运输货物保险

航空运输货物保险的基本险别有航空运输险、航空运输一切险两种。航空运输险承保责任范围与海洋货物运输保险条款中的水渍险相似。保险公司对被保险货物在运输途中遭受雷电、火灾、爆炸或由于飞机遭受恶劣气候或其他危难事故被抛弃，或由于飞机遭受碰撞、倾覆、坠落或失踪等自然灾害或意外事故造成的全部或部分损失，负责赔偿。

航空运输一切险承保责任范围除承担航空运输险的全部责任外，还对被保险货物在运输途中由于偷窃、短量等一般外来原因所造成的全部或部分损失负赔偿责任。

航空运输险和航空运输一切险的保险责任起讫也采用"仓至仓"条款，但与海洋运输"仓至仓"条款略有不同。不同处表现为：该项货物运达保险单所载目的地而未运抵保险单所载明的收货人的仓库或储存处所，则以被保险货物在最后卸载地卸离飞机后满30天为止；如在上述30天内该项货物需转运到非保险单所载明的目的地时，则以该项货物开始转运时终止。

3.我国邮政包裹运输保险

邮政包裹运输险的基本险别分为邮包险和邮包一切险两种。邮包险承保责任范围是负责赔偿被保险邮包在运输途中遭受暴风、雷电、海啸、地震、或火山爆发等自然灾害，或由于运输工具遭受搁浅、触礁、沉没、失踪、失火、爆炸等意外事故造成的全部或部分损失。此外还承保海运途中共同海损的牺牲、分摊和救助费用。

邮包一切险承保责任范围保险公司除承担邮包险的全部责任外，还对被保险货物在运输途中由于偷窃、短量、碰撞等一般外来原因所造成的全部或部分损失负赔偿责任。

邮包险和邮包一切险的承保责任期限是自被保险邮包离开保险单所载启运地寄件人的处所运往邮局时开始生效，直至被保险邮包运达保险单载明的目的地邮局，自邮局签发"到货通知书"当日午夜起算满15天为止，但在上述期限内邮包如果递交至收件人的处所时，保险责任即告终止。

13.2.6　伦敦保险业协会海运货物保险条款

在国际货物运输保险业务中，伦敦保险协会所制定的《协会货物条款》（Institute Cargo Clauses，简称ICC），对世界各国保险业有着广泛的影响。《协会货物条款》最早制定于1912年，其后经过多次修改，现在适用的是2009年1月1日修订本。目前，世界上大部分国家和地区在海上保险业务中都采用英国伦敦保险协会所制定的《协会货物条款》。我国在海上保险业务中，虽然一般以中国人民保险公司所制定的保险条款为依据，但是按照CIF或CIP条件出口时，国外客户要求按伦敦保险业协会货物险条款投保，我出口企业也可酌情接受。

ICC共有六种险别，分别是：协会货物（A）险条款（Institute Cargo Clauses A）；协会货物（B）险条款（Institute Cargo Clauses B）；协会货物（C）险条款（Institute Cargo Clauses C）；协会战争险条款（货物）（Institute War Clauses-Cargo）；协会罢工险条款（货物）（Institute Strikes Clauses-Cargo）；恶意损坏险条款（Malicious Damage Clauses）。其中ICC（A）险相当于中国保险条款的一切险；ICC（B）险同中国保险条款的水渍险相当；ICC（C）险相当于中国保险条款的平安险，但他承保的责任范围比平安险小得多。

1.ICC（A）险的承保风险和除外责任

（1）ICC（A）险的承保风险。ICC（A）险条款中，由于承保责任范围广，采用"一切风险减除外责任"的方式，即除了除外责任，其他风险损失均予负责。

（2）ICC（A）险的除外责任。

① 一般除外责任。如被保险人的故意不法行为造成的损失或费用；自然渗漏、自然损耗、自然磨损造成的损失或费用；保险标的物的内在缺陷或特征造成的损失或费用；直接由于延迟所引起的损失或费用；使用任何原子或热核武器造成的损失或费用。

② 不适航、不适货除外责任。指保险标的在装船时，被保险人或其受雇人已经知道船舶不适航，以及船舶、装运工具、集装箱等不适货。

③ 战争险除外责任。由于战争、内战、敌对行为等造成的损失或费用；由于捕获、拘留、扣留、禁止、扣押等（"海盗行为"除外）所造成的损失或费用；由于被遗弃的水雷、鱼雷、炸弹或其他被废弃的战争武器造成的损失或费用。

④ 罢工险除外责任。由于罢工者、被迫停工工人或参加工潮、暴动、民变人员所造成的损失或费用；由于罢工、被迫停工、工潮、暴动、民变所造成的损失或费用；恐怖主义行为所造成的损失或费用；任何人因政治、信仰或宗教动机行为所造成的损失或费用。

2.ICC（B）险的承保风险和除外责任

（1）ICC（B）险的承保风险。其采用"列明风险"的方法，承保的风险包括：

①因火灾、爆炸所造成的损失；②因船舶或驳船触礁、搁浅、沉没或倾覆所造成的损失；③因陆上运输工具倾覆或出轨所造成的损失；④因船舶、驳船或运输工具同水以外的外界物体碰撞或接触所造成的损失；⑤因在避难港卸货造成的损失；⑥因地震、火山爆发或雷电所造成的损失；⑦共同海损牺牲引起的被保险货物的损失；⑧因抛货或浪击落海引起的被保险货物的损失；⑨因海水、湖水或河水进入船舶、驳船、运输工具、集装箱大型海运箱或贮存处所引起的被保险货物的损失；⑩货物在装卸船舶或驳船时落海或摔落，造成整件的全损。

（2）ICC（B）险的除外责任。其与ICC（A）险的除外责任基本相同，但有两点区别：①ICC（A）险除对被保险人的故意不法行为造成的损失或费用不负责赔偿外，对被保险人之外的任何个人或数人故意损害和破坏标的物或其他任何部分的损害，要负责赔偿责任；但ICC（B）对此均不负赔偿责任。②ICC（A）把海盗行为列入风险范围，ICC（B）对海盗行为不负保险责任。

3.ICC（C）险的承保风险和除外责任

（1）ICC（C）险的承保风险。ICC（C）的承保范围比ICC（A）和ICC（B）小得多，它只承保"重大意外事故"，而不承保"自然灾害和非重大意外事故"。其承保风险有：①因火灾、爆炸所造成的损失；②因船舶或驳船触礁、搁浅、沉没或倾覆所造成的损失；③因陆上运输工具倾覆或出轨所造成的损失；④因在避难港卸货所造成的损失；⑤共同海损牺牲引起的被保险货物的损失；⑥因抛货引起的被保险货物的损失；⑦因船舶、驳船或运输工具同水以外的外界物体碰撞或接触所造成的损失。

（2）ICC（C）险的除外责任。其与ICC（B）险的除外责任完全相同。

4.协会货物战争险条款

协会货物战争险由8部分组成，共14条，具有完整的结构体系，可以单独投保。协会货物战争险的承保风险及除外风险与CIC的战争险的规定基本一致，责任起讫的规定也基本相同，都是只负责"水上危险"，在此不再赘述。

5.协会货物罢工险条款

协会货物罢工险由8部分组成，共14条，具有完整的结构体系，可以单独投保。协会货物罢工险的承保风险与CIC的罢工险一样，仅负责由于罢工等风险所造成的保险标的物的直接损失，而不负责由于罢工等风险所产生的费用或间接损失。保险责任的起讫与一般海运货物的保险责任起讫相同，也是采用"仓至仓"条款。

6.恶意损害险

恶意损害险是协会货物条款中唯一的一种附加险别。它所承保的是被保险人以外的其他人（如船长、船员等）的故意破坏行为所致被保险货物的灭失或损害。如果恶意行为是出于政治动机，则不属于本条款的承保范围，但可以在罢工险条款中得到保障。

13.3 进出口货物运输保险实务

进出口货物自装运地运至目的地时，卖方或买方以运输途中的货物为标的，向保险公司投保相应的货物运输险。办理保险时，投保人须选择适当险别、确定保险金额并办理相关业务手续。

13.3.1 确定保险金额

保险金额是被保险人对保险标的物实际投保金额，它是保险人承担保险责任的标准和计收保险费的依据。在保险货物发生保险责任范围内的损失时，保险金额就是保险人赔偿的最高金额。国际贸易货物运输保险金额一般以发票价值为基础确定。从进口成本看，包括商品的货价、运费和保险费，即以 CIF 价值作为保险金额。但实际货物发生损失时，被保险人已支付的经营费用和本来可以获取的预期利润，无法从保险人处获得补偿。因此，各国保险法和国际贸易惯例一般都规定，进出口货物运输保险的保险金额可以在 CIF 基础上适当加成。例如，《跟单信用证统一惯例》第 34 条 f 款规定：除非信用证另有规定，保险单载明的最低投保金额，应为货物的 CIF 价或 CIP 价为基础加成 10%。当然保险人和被保险人根据不同货物、不同地区进口价与当地市场价的差额、不同经营费用和预期利润率，可以单独约定不同加成率。保险金额计算公式是：

保险金额=CIF（或CIP）价格×（1+投保加成率）

如果对 CFR 合同项下的货物投保，需把 CFR 价转变成 CIF 价，再加成计算保险金额。计算公式如下：

CIF=CFR/｛1－［保险费率×（1+投保加成率）］｝

保险费的计算公式是：

保险费=保险金额×保险费率

中国人民保险公司出口货物保险费率分为"一般货物费率"与"指明货物费率"。前者适用于一般货物，投保基本险别；后者针对某些易损货物加收的一种附加费率，由于这些货物在运输途中极易破碎和腐烂，损失率较高，所以将它们单独列出，称之为指明货物。

指明货物中还有一部分货物规定有免赔率。免赔率指对易碎和易短量的货物在运输途中发生的货损货差，如在一定比率之内，保险人不予赔偿。免赔率分为绝对免赔率和相对免赔率：绝对免赔率（Deductible）指保险人只赔偿超过免赔的部分，对免赔率内的损失不予赔偿；相对免赔率（Franchise）指保险人对免赔率内的损失不赔，当损失数超过免赔率时,不扣除免赔率,予以全部赔偿;不计免赔率(Irrespective of Percentage, I.O.P.)指保险人对承保的破碎或短量损失,不论损失程度如何,全部赔偿。中国人民保险公司采取绝对免赔率,并规定在投保一切险或加保某些附加险时才有免赔率。

13.3.2 办理投保和交付保险费

保险人对不同险别承担不同责任范围,收取不同保费。因此被保险人在办理投保前须选择适当险别投保。选择投保险别时需考虑下列各种因素:

(1)货物的性质和特点。货物本身的性质和特点是选择投保险别的重要条件。如价值低的散装货可投保平安险,价值高的贵重货物应选择水渍险或一切险。特种货物要投保特种险,如冷藏货物需投保速冻冷藏险。不同货物有不同的性质与特点,投保人在选择投保险别时,需充分考虑。

(2)运输港口和路线。海洋运输中载货船舶经过的路线和停靠港口对货物风险有较大影响,如经过赤道地区货物容易受热,而某些港口容易发生盗窃。这些因素在选择投保险别时须加以考虑。同时世界各国港口在设备、装卸能力及安全等方面差异较大,也是投保人需考虑的因素。

(3)货物包装情况。不同货物包装对商品的保护程度是不同的,如集装箱包装要比一般普通包装更能保护商品,发生货损的可能性较小。因此可以根据不同包装选择相应的险别。

(4)货物残损规律。通常投保人可根据货物残损情况,进行分析和研究,得出其中规律。掌握某种货物运输时发生危险和可能损失,就可根据货物残损规律选择合适险别投保。

(5)国际政治、经济形势变化。国际政治、经济环境也是投保人选择投保险别时要慎重思考的因素。如我国在建国初期,面对帝国主义对社会主义新中国的扼杀,进口贸易中经常采用CIF加投战争险,以保障进口企业的利益。

投保人支付保费,是保险合同成立的前提条件,也是保险人掌握的保险基金的主要来源。保险费是依据保险费率计算的。我国出口货物保险费率分为"一般货物费率"与"指明货物费率"。前者适用于一般货物,投保基本险别;后者针对某些易损货物加收的一种附加费率。投保人计算保费时,首先从一般货物费率表中查找投保货物保费率,如果投保标的物属指明货物费率表中列明的货物,还应加上指明货物费率,以此为依据计算须交纳的保险费。例如,从上海运往新加坡的坛装榨菜投保一切险,一般货物费率为1%,指明货物费率2%,则应收费率为3%。

13.3.3 保险单据

保险单据是证明保险合同成立的法律文件,其列明了保险人与被保险人之间的权利和义务,既是保险人的承保证明,又是被保险人向保险人索赔的依据。常见的保险单据有:

(1)保险单(Insurance Policy),又称大保单,是一种正规的保险合同,使用也最为广泛。保险单正面内容包括当事人的姓名和住址、货物标记、包装与数量、保险责任开始的日期及保险期限、保险金额、出单日期等。除正面内容外，保险单背面载有保险人与被保险人之间权利和义务等方面的条款。进出口货运险保险单一般由三份正本和两份副本组成，也可根据投保人的要求增设正本或副本保单的份数。保险单是海上保险单中最有代表性、承保形式最完整的一种。它具有法律上的效力，对双方当事人均有约束力。

（2）保险凭证（Insurance Certificate），又称小保单，是一种简化的保险合同。这种凭证除背面不载明保险人与被保险人之间权利和义务等方面的条款外，其余内容与保险单相同。保险凭证背面一般不列保险条款，仅声明："兹依照本公司正式运输险保险单内所载全部条款及本承保所凭证所订立条款，承保下列货物保险，如保险单之条款与本凭证所订条款有抵触时，应以本凭证所订条款为准"。保险凭证与保险单具有同等效力。

（3）联合凭证（Combined Certificate），是一种将发票和保险单相结合的保险单据，是一种比保险凭证更为简化的保险单据。保险公司将承保的险别、保险金额以及保险编号加注在投保人的发票上，其他项目均以发票上列明的为准。此凭证只有我国采用，也仅适用于对港、澳地区中资银行的信用证项下的出口业务且不能转让。

（4）预约保单（Open Policy），又称预约保险合同，是指被保险人（一般为进口人）与保险人之间订立的合同。保险人与被保险人事先约定在一定时期内对指定范围内的货物进行统一承保的协议，凡属合同承保范围的货物，一经装运，在合同有效期内自动承保。这种形式适用于经常有大批货物出运的投保人。被保险人在拥有预约保险单后，每批货物一经装运，就要将该批货物的名称、数量、保险金额、船名、航线等内容以投保声明书的形式及时通知保险人。

上述各种保险单据签发生效后，若保险合同内容需要变动，被保险人应向保险公司申请批改，由其出具批单。所谓批单（Endorsement），是指投保人在接受保险单后，如需要补充或变更其内容时，可根据保险公司的规定，向保险公司提出申请，经同意后即重新开出的一种内容经更改或补充的凭证。保险单经过修改后，保险公司即按此内容承担责任。批单是原保险单据的组成部分，它与上述保险单据具有同样的法律效力，如原保险单据的内容与之有不相符之处，则以批单的内容为准。因此，批改的内容如果涉及增加保险金额或扩大保险责任，必须是在被保险人不知有任何损失事故发生的情况下，在货物到达目的地或在货物发生损失以前申请办理批改手续。需要强调的是只有保险人才有权进行批注，并且应加骑缝章。

和运输单据一样，保险单据可以背书后转让。保险单据的转让无须取得保险人的同意，也无须通知保险人。即使保险标的物发生损失后，保险单据仍可有效转让。但保险单据的出单日期不得迟于运输单据所列明的货物装船或承运人接管的日期。

13.3.4 保险索赔

保险索赔指当被保险货物遭受承保保险责任范围内的风险损失时，被保险人向保险人提出赔偿要求。被保险人向保险人索赔时，应做好下列工作：

（1）损失通知和货损检验。当被保险人获悉或发现被保险货物发生保险责任范围内的损失时，应立即通知保险公司。保险公司接通知后会同有关方面勘查现场、调查损失原因、确定损失性质和损失责任、采取必要的施救措施，并出具联合检验报告。

（2）向承运人等有关方面提出索赔。被保险人或其代理人在提货时发现货物受损痕迹，或整件短少或散装货物已经残损，应立即向承运方及海关、港口等部门索取货损证明，并向有关责任方提出索赔或声明保留索赔权。被保险人在保留向第三者责任方索赔权的情况下，可向保险公司索赔。

（3）采取合理的施救、整理措施。保险货物受损后，被保险人和保险人都有责任采取合理的、可能的施救措施，以防止损失扩大。因抢救、阻止或减少货物损失而支付的合理费用，保险公司负责赔偿，但以不超过该批货物的保险金额为限。按照有关法律和保险条款规定，被保险人有义务对受损货物施救。被保险人能够施救而不履行施救义务，保险人对扩大的损失甚至全部损失有权拒赔。

（4）备妥索赔单证。被保险人向保险公司或其代理人提出索赔时，通常提供下列证据：保险单或保险凭证正本；运输合同，包括海运提单、航空运单、邮包收据、联合运输收据等；商业发票、装箱单、重量单；检验报告；残损、短量证明；向承运人等第三者责任方请求赔偿的函电或其他证明文件；必要时还需提供海事报告；索赔清单，主要列明索赔金额及计算依据，以及有关费用的项目和用途。

13.3.5　代位追偿权

代位追偿权（Right of Subrogation），又称代位权，是指保险人在履行全损赔偿或部分损失赔偿后，在其赔付金额内要求被保险人转让其对造成损失的第三者责任方要求全部赔偿或相应部分赔偿的权利。实际业务中，被保险人在获得保险赔偿的同时签署一份权益转让书，将受损货物的有关权益转让给保险公司，保险人便可凭此向第三者责任方进行追偿。

■ 复习思考题

1.程租船运输与期租船运输的主要区别有哪些？

2.班轮提单的性质和作用表现在哪几方面？

3.构成共同海损的基本条件有哪些？共同海损如何分摊？

4.单独海损与共同海损的区别有哪些？

5.CIC中海运货物保险的基本险别有哪些？

6.贸易术语如何影响"仓至仓"的起讫点？

7.海运战争险与基本险的责任起讫有何不同？

8.ICC规定的保险险别有哪些？

9.采用CIF术语成交时，按照国际惯例，保险金额如何确定？为什么？

本章小结

第14章

国际服务贸易与技术贸易

学习目标

知识目标：

1.学习和掌握国际服务贸易与技术贸易的相关概念、特征、形式与类别；

2.学习和掌握国际服务贸易与技术贸易发展概况，了解国际服务贸易的体制和协议。

能力目标：

1.具备分析国际服务贸易与技术贸易的市场动态、趋势和竞争格局的能力；

2.具备能够在国际服务贸易与技术贸易中有效传达信息、理解对方需求并达成共识，在复杂的国际环境中争取到有利的合同条款和合作机会的能力。

素养目标：

1.培养学生的国际视野，使他们能够关注全球经济的发展趋势和国际市场的变化；

2.培养学生的社会责任感和职业道德观念，使他们能够在国际服务贸易与技术贸易中坚守诚信、尊重知识产权并维护市场秩序。

引导案例

2023年11月1日，国务院服务贸易发展部际联席会议办公室印发《全面深化服务贸易创新发展试点第四批"最佳实践案例"》。2020年以来，在各部门大力支持和指导下，各试点地区深入探索创新服务贸易发展机制，围绕试点总体方案确定的各项试点任务先行先试，在前三批"最佳实践案例"基础上形成新一批制度创新性强、市场主体反映好、具备借鉴推广价值的案例做法。为进一步发挥试点示范带动作用，持续释放试点制度红利，国务院服务贸易发展部际联席会议办公室选择成效较为突出的25个案例，编撰形成试点第四批"最佳实践案例"。其中，上海：①首创国际化期货期权交易品种；②对接国际高标准经贸规则推进无纸贸易，提升国际航运服务质量；③打造世界级演艺集聚区，推动演艺服务贸易发展；④开展出口信保业务模式创新试点，支持服务贸易高质量发展。青岛：创新推出海外电站运维服务贸易金融服务方案。深圳：①创新码头口岸国际中转便捷通关模式；②创新跨境商事法律规则衔接机制；③创新知识产权综合融资新模式。北京：构建数据跨境安全管理机制，打通数据合规出境路径。广州：推动建筑服务贸易智能化、绿色化、国际化发展。

国际贸易是从有形贸易开始发展的，随着国际经济关系的扩大，先是围绕商品购销的各种服务，如运输、保险、金融、通信等大大增加，后来又有旅游服务、专利及技术转让、资本移动及劳务贸易等关系的扩大。20世纪临近结束之际完成的关贸总协定乌拉圭回合多边谈判，将服务贸易（Service Trade）作为国际贸易的一个重要类别单独划分出来。乌拉圭回合达成的《服务贸易总协定》（GATS）、《与贸易有关的知识产权协定》（TRIPS），以及涉及国际知识产权保护的其他协定，为规范与促进国际无形贸易的发展提供了基本依据。

目前，一般来说国际上将国际无形贸易分为国际服务贸易和国际技术贸易两大类，其共同点是以无形商品作为贸易的标的。国际服务贸易是一种跨越国境的服务行为，是服务在国际上的输出和输入，实际上是国际服务的提供与接受；国际技术贸易是国际技术转让的主要形式之一，在实践中有多种表现形式。

14.1　国际服务贸易

14.1.1　国际服务贸易的含义与特点

1.国际服务贸易的含义

国际服务贸易是指服务的跨境有偿交换活动。国际服务贸易包括服务的出口和进口。服务的出口表现为一个国家（地区）的服务生产者向另一个国家（地区）的服务消费者提供有偿服务，并获取外汇收入的过程；服务的进口表现为一个国家（地区）的服务消费主体购买他国（地区）服务提供者的有偿服务的过程。各国的服务进出口交易活动构成全球服务贸易。

国际服务贸易不同于国际货物贸易。货物的进出口涉及货物从出口国向进国的流动，而服务的进出口有多种表现形式。WTO《服务贸易总协定》将服务贸易定义为通过以下四种方式提供服务。

（1）跨境交付（Cross-border Supply）：从一成员境内向任何其他成员提供服务。这种服务不构成人员、物质或资金的流动，而是通过电讯、邮电、计算机网络实现的服务，如视听、金融信息等。这种服务提供方式特别强调买卖双方在地理上的界限，跨越国境和边界的只是服务本身，而不是服务提供者或接受者。

（2）境外消费（Consumption Abroad）：在一成员境内向任何其他成员的服务消费者提供服务，如接待外国游客、提供旅游服务、为国外病人提供医疗服务。这种服务提供方式的主要特点是消费者到境外去享用服务提供者提供的服务。

（3）商业存在（Commercial Presence）：一成员的服务者在任何其他成员境内通过商业存在提供服务，如外国公司到中国来开办银行、商店，设立会计、律师事务所等。这种服务提供方式的特点是：服务的提供者到境外设立商业机构提供服务，和消费者在同一成员的领土内。

（4）自然人流动（Presence of Natural Persons）：一成员的服务提供者在任何其他成员境内通过自然人存在提供服务，如一国的医生、教授、艺术家到另一国从事个体服务。自然人流动与商业存在的共同点是服务提供者到消费者所在国的领土内提供服务；不同点是以自然人流动方式提供服务时，服务提供者没有在消费者所在国的领土内设立商业机构或专业机构。

2.国际服务贸易的特点

同国际货物贸易相比，国际服务贸易具有以下特点：

（1）标的具有无形性。一般情况下，服务贸易的标的具有无形性（物化的服务除外），而商品贸易的标的则是有形的商品。

（2）服务贸易主体地位具有多元性。服务的出口方往往同时是服务的生产者，并作为服务消费过程中的生产要素直接参与服务的消费过程；服务的进口方则常常是服务的消费者，并作为服务生产者的服务对象直接参与服务产品的生产过程。而商品贸易的主体地位则比较单一。

（3）服务产品的生产、交易与消费过程的国际性。无形的服务产品生产、交易与消费过程往往是同步进行、无法分开的，服务的进口方（买方）往往就是服务的消费者。这一同步进行、无法分离的特性，使参与贸易的服务产品的生产、交易与消费过程具有更加明显的国际性。

（4）服务贸易保护方式更具刚性和隐蔽性。由于服务贸易产品的无形性，使各国对本国服务业的保护无法采取关税壁垒形式，而只能采取在市场准入方面予以限制或进入市场后不给予国民待遇等非关税壁垒的形式。这种以国内立法形式实施的"限入"式非关税壁垒，使国际服务贸易受到的限制和障碍更具刚性和隐蔽性。相比而言，商品贸易的关税壁垒具有较高的透明度，通过相互减让的方式来消除障碍也比较容易。而国际服务贸易壁垒主要是国内法规难以量化，也缺乏透明度。

（5）服务贸易惯例、约束具有相对的灵活性。《服务贸易总协定》（GATS）是世界贸易组织处理服务贸易多边规则的框架性文件。这一权威性文件具有较大的灵活性。GATS条款中规定的义务有一般性义务和具体承诺的义务两种。一般性义务适用于GATS缔约国所有服务部门，不论缔约国是否开放这些部门，都具有同样的约束力。一般性义务包括最惠国待遇、透明度、发展中国家更多参与等。具体承诺的义务则是指必须经过双边或多边谈判达成协议之后才承诺的义务，包括市场准入和国民待遇，且只适用于缔约方承诺开放的服务部门，不适用于不开放的服务部门。就市场准入而言，GATS要求可以采取循序渐进、逐步自由化的办法，并非一参加GATS就要立即开放全部服务市场；就国民待遇而言，GATS的规定也不是硬性的，而是可协商的。总之，GATS的约束是有一定弹性的，尤其是对发展中国家，不仅有一些保护和例外，还在国民待遇、最惠国待遇、透明度、市场准入以及对发展中国家服务业发展援助等方面给予了一定的灵活性。

（6）服务贸易市场具有高度垄断性。由于各国服务业发展的严重不平衡，加之服务贸易市场的开放直接涉及一个国家的主权、安全、民族文化和伦理道德等敏感性问题，因此，国际服务贸易市场具有高度的垄断性，以最大限度地保护和获取自身的利益。这一方面表现在少数发达国家在国际服务贸易多数领域的垄断地位；另一方面表现为全球服务贸易壁垒森严，多种贸易障碍林立。据GATS统计，全球服务贸易壁垒多达2 000多种，大大超过商品贸易。从目前形势观察，国际服务贸易市场的这种高度垄断性难以在短期内消失。

（7）服务贸易市场营销具有更大的难度和复杂性。无论在国家的宏观管理方面，还是在企业的微观经营方面，国际服务贸易营销管理都具有更大的难度和复杂性。从宏观上讲，国家对服务贸易出口的管理，不仅涉及与服务相关的资金与实物的管理，还涉及对服务的提供者和消费者个人的管理，其管理包括人员审查签证、劳工政策等一系列极为复杂的问题。一些服务贸易如金融保险、邮电、通信以及影视、文化、教育等，还直接关系到国家主权与安全、文化与价值观念、伦理道德等敏感问题。在微观方面，服务本身固有的特性，也使得企业在营销管理过程中的不确定性因素增多，调控难度增大。其突出表现在对服务的质量控制和供需调节这两个企业营销管理中最为重要的问题上。如前所述，服务具有异质性，使得服务的质量标准具有不确定性，服务也难以像有形商品一样通过保退保换等方式挽回因质量问题造成的损失，从而增大了服务质量管理的难度。

14.1.2　国际服务贸易的分类

与国际货物贸易相比，国际服务贸易涉及的范围更广泛，存在的方式更复杂。至今为止，无论在实际贸易活动中，还是在学术界的讨论中，对于国际服务贸易的分类尚未形成一个统一的分类标准。下面对有代表性和影响力的3种分类进行介绍。

1.国际服务贸易的统计分类

国际服务贸易的统计分类是根据与资本项目和经常项目是否相关为依据进行的分类，具体分为两种类型：一类是同国际收支账户的资本项目相关，即同国际上的资本流动或金融资产流动相关的国际服务贸易，称为"要素服务贸易"（Trade in Factor Services）。在国际服务贸易领域的"要素服务贸易"，专门指资本服务的收益流量的跨国转移，如国际直接投资和国际间接投资即国际信贷。另一类是同国际收支项目中的经常项目相关，而同国际上资本流动或金融资产流动无直接关联的国际服务贸易，称为"非要素服务贸易"（Trade in Non-Factor Services），如国际旅游、国际电信服务贸易。

2.国际服务贸易的逻辑分类

国际服务贸易的逻辑分类是一种理论分类，目前最常见的是以服务贸易同货物的国际转移（或因商品贸易形成，或者因国际投资形成）的关联程度为标准的分类方法。按照这种分类方法，国际服务贸易可分为国际核心服务贸易和国际追加服务贸易。

国际核心服务贸易是同有形商品的国际投资和国际贸易无直接联系的国际服务贸易。在国际服务贸易市场上，这类服务是市场需求和市场供给的核心对象，如国际旅游、国际文艺、体育及娱乐、金融服务、国际咨询、国际通信、国际医疗、卫生服务等都属于国际核心服务贸易。国际追加服务贸易是同有形商品的国际投资和国际贸易有着直接联系的国际服务贸易。一般说来，国际追加服务贸易只有在国际投资涉及跨国货物流动以及国际贸易中涉及跨国货物流动时才会发生。从国际商品贸易涉及的跨国货物流动来看，最主要的国际追加服务项目是运输业，包括海运、空运和陆运。

3.《服务贸易总协定》的分类

按照服务提供及其消费的性质，同时考虑到社会经济统计分类，《服务贸易总协定》（GATS）将国际服务贸易划分为12个大类：

（1）商业服务（Business Services），指在商业活动中涉及的服务交易活动。这类服务又包括专业性（包括咨询）服务、计算机及相关服务、研究与开发服务、不动产服务、设备租赁服务、其他服务6类。

（2）通信服务（Communication Services），主要指所有有关信息产品、操作、存储设备和软件功能等服务，包括邮电服务、信使服务、电信服务等。

（3）建筑及相关工程服务（Construction and Related Engineering Services），主要指工程建筑从设计、选址到施工的整个服务过程。具体包括：工程选址服务，建筑项目、建筑物的安装及装配工程，工程项目施工与监理，固定建筑物的维修服务，以及所有这些环节涉及的其他服务。

（4）分销服务（Distribution Services），指产品销售过程中所涉及的各种商业服务，主要包括批发与零售服务、特许经营服务等。

（5）教育服务（Educational Services），指国际上在国民教育与非国民教育方面的服务交易与合作，涵盖了高等教育、中等教育、初等教育、学前教育、继续教育、特殊教育等一系列正规教育以及非正规教育环节。

（6）环境服务（Environmental Services），包括污水处理服务、废物处理服务、卫生及相似服务等与环保直接联系在一起的服务。

（7）金融服务（Financial Services），涵盖了银行金融与非银行金融的各主要领域。其中银行金融包括商业银行提供的所有服务，非银行金融则主要包括了保险及其相关服务。

（8）健康及社会服务（Health Related and Social Services），主要指医疗服务、其他与人类健康相关的服务，以及社会服务等。

（9）旅游及相关服务（Tourism and Travel Related Services），指旅游业及与之有关联的服务，最主要的有旅馆、饭店提供的住宿、餐饮服务及其他服务，旅行社提供的旅游交通及导游服务等。

（10）文化娱乐及体育服务（Recreational, Cultural and Sporting Services），包括娱乐服务、新闻代理服务、图书馆服务与体育服务等，此外还包括文化交流、文艺演出等服务形式。

（11）交通运输服务（Transport Services）。从海上运输到内河航运，从陆上各种运输手段（轨道运输、汽车运输与管道输送等）到空中运输，从常规空中运输到现代空间运载与卫星发射，统统归入这个类别。

（12）其他服务（Other Services Not Included Elsewhere）。凡是无法归入上述任何类别之一的服务贸易，均可归入此类。

14.1.3 《服务贸易总协定》

《服务贸易总协定》（GATS）是当前适用全球服务贸易领域的国际性协议，此协议于1994年4月15日在马拉喀什关贸总协定（GATT）乌拉圭回合部长会议上正式签署，作为多边贸易体制下规范国际服务贸易的框架性法律文件。

1.服务贸易总协定产生的背景

为推进货物贸易自由化，1947年部分国家签署了《关税与贸易总协定》（GATT）。该协定对缔约国家和地区的货物贸易政策需遵循的纪律与规范做出了规定。随着世界经济的发展，服务贸易越来越成为世界贸易的重要组成部分。然而由于服务贸易自身的特点，关贸总协定规则难以完全适用于服务贸易领域。制定服务贸易规则，推进服务贸易自由化和服务贸易的发展，成为各国面临的重要任务。

由于以美国为代表的发达国家服务业较为发达，在服务贸易中占有优势，因而积极倡导推进服务贸易自由化。以1984为例，美国的商品贸易有1 140亿美元的逆差，而服务贸易却有140亿美元的顺差。作为世界最大的服务贸易出口国，美国急切地希望打开其他国家的服务贸易市场，通过大量的服务贸易出口来弥补贸易逆差，推动经济增长；而各国对服务贸易的不同程度的限制，成为美国利益最大化的障碍。美国国会在《1984年贸易与关税法》中授权政府就服务贸易等进行谈判，并授权对不在这些问题上妥协的国家进行报复。

但美国提出服务贸易问题时，绝大多数发展中国家都坚决反对服务贸易自由化。第一，服务业中的许多部门，如银行、保险、证券、通信、信息、咨询、专业服务等，都是资本和知识密集型行业，发展中国家在这些行业中不具备竞争优势。第二，发展中国家的服务部门尚未成熟，经不起发达国家激烈竞争的冲击，过早地实行服务贸易自由化会挤垮这些尚处于幼稚阶段的民族服务业。第三，有些服务行业还涉及国家主权、机密和安全。

随着发达国家在服务贸易谈判问题上的认识逐步统一，发展中国家坚决抵制的立场有所改变。一些新兴的发展中国家和地区某些服务业已取得相当的优势，如韩国的建筑工程承包就具有一定的国际竞争力，新加坡的航空运输业在资本、成本和服务质量上也具有明显的优势，这些国家希望通过谈判扩大本国优势服务的出口。大部分发展中国家一方面迫于来自发达国家的压力，另一方面也认识到如果不积极地参与服务贸易的谈判，将会形成由发达国家制定服务贸易的规则。而自己只能成为被动的接受者，其利益将会受到更大的损害。因此，许多发展中国家也先后表示愿意参加服务贸易谈判。

1986年9月，GATT埃斯特角部长宣言将服务贸易作为三项新议题之一列入乌拉圭回合多边贸易谈判议程，拉开了服务贸易首次多边谈判的序幕。1994年4月乌拉圭回合谈判结束，GATT缔约方签署《服务贸易总协定》。

2.服务贸易总协定的内容

《服务贸易总协定》分为6个部分、29个条款和一系列附件、部长决定、谅解等。以后达成的许多部门自由化协议，也属于"服务贸易总协定"的一部分。

（1）第一部分"范围与定义"。第一部分，即"服务贸易总协定"第一条，明确规定该协定"适用于各成员影响服务贸易的措施。"该条款将服务贸易定义为通过四种方式提供服务，即跨境提供、境外消费、商业存在和自然人流动。

（2）第二部分"一般义务和纪律"。所谓一般义务和纪律，是与具体承诺相对应的。在第二部分中规定的义务和纪律，不需要成员明示承诺，除非有例外规定或豁免权，各成员方均应该予以遵守。

第二部分包括第二条到第十五条，最主要的就是两个一般义务原则及其例外。这两个一般义务原则就是：最惠国待遇原则和透明度原则。

第一，最惠国待遇原则。第二条对最惠国待遇进行了规定：在本协定项下的任何措施方面，各成员立即和无条件地给予任何其他成员的服务和服务提供者以不低于其给予任何其他国家相同的服务和服务提供者的待遇。

与1994年关贸总协定不同的是，作为关贸总协定一般义务的非歧视待遇原则是由最惠国待遇和国民待遇共同构成的。而在《服务贸易总协定》中，国民待遇并非一般义务，只有最惠国待遇才是一般义务。

第二，透明度原则。其主要体现在第三条中。作为无条件义务的透明度义务要求，除非在紧急情况下，各成员应该迅速并最迟在其生效之时，公布所有普遍适用的有关或影响服务贸易总协定实施的措施。一成员为签字方的有关国际协定也应该予以公布。各成员还有义务对其他成员就这些措施提出的具体资料要求予以迅速答复。

作为有条件义务的透明度义务要求，各成员应该立即或至少每年一次向服务贸易理事会通报其显著影响已作具体承诺部门的新的法律、规章或行政指示，或者有关的任何修改。

为了保证透明度，各成员有义务设立一个或几个咨询点，以便应要求向其他成员提供具体资料。

同时，服务贸易总协定并不要求各成员提供一旦公开则有悖法律实施、公共利益或有关合法商业利益的机密资料。

除了以上两个主要原则，第二部分还对包括发展中国家的更多参与、国内规章、经济一体化、紧急保障措施等做出了规定。

（3）第三部分"具体承诺"。具体承诺包括三条，第十六到第十八条。

各成员对本国服务贸易的开放承诺主要是通过具体承诺表得以实施的。具体服务贸易承诺表类似于1994年关贸总协定下的关税减让表。

在具体承诺表中，各成员承诺的义务分为两部分：一部分叫作普遍承诺（Horizontal Commitments），一部分叫作具体部门承诺（Sector-specific Commitments）。整个表格同时又分为四列：第一列是部门或分部门名称，第二列是市场准入的限制，第三列是国民待遇的限制，第四列是附加承诺。

普遍承诺涉及所有在具体承诺表中列出的部门，其中做出的市场准入限制、国民待遇限制和附加承诺，对这些部门都有效。在普遍承诺中，各成员经常针对商业存在和自然人流动这两种方式做出一些限制。

在具体部门承诺中，各成员按照统一的服务贸易分类目录的顺序，对自己开放的部门逐一列出。同时，分别四种不同的服务提供方式，对有关市场准入和国民待遇的限制以及附加承诺，也一一列出。此外，有关承诺的时间表也逐一列出。

服务贸易总协定并没有明确定义服务贸易市场准入的概念，但是第十六条规定，除非在承诺表中明确规定，在做出市场准入承诺的部门中，不得维持以下六种市场准入限制：限制提供者的数量；限制服务交易或资产总额；限制服务业务的总量；限制雇佣人数；限制或要求某一服务提供者通过特定类型的法律实体或合营企业提供服务的措施；限制外资持股比例或投资金额。

在第十七条中规定，关于国民待遇，在列入其承诺表的部门中，在遵照其中所列条件和资格的前提下，每个成员在所有影响服务提供的措施方面，给予任何其他成员的服务提供和服务提供者的待遇不得低于其给予本国相同服务和服务提供者的待遇。服务贸易的国民待遇只在具体承诺的部门中给予，而不是一种普遍义务。列明的承诺是义务，没有列明的部门则没有国民待遇义务，这被称为"自下而上"的"肯定清单"义务。

在附加承诺（第十八条）中，各国一般就有关资格认可、技术标准、许可规定等事项做出承诺。

（4）第四部分"逐步自由化"。这部分规定了今后要继续举行谈判，逐步实现服务贸易的自由化。并对承诺表的进一步谈判与修改做出了一些规定。

（5）第五部分"制度条款"。这一部分最主要的规定涉及争端解决的问题。争端解决适用世贸组织关于争端解决机制的谅解。另外，这一部分还规定了服务贸易理事会的建立，技术合作，与其他国际组织的关系等事项。

（6）第六部分"最后条款"。这一部分规定一成员可对来自非成员或不予适用成员的服务拒绝给予服务贸易总协定下的利益。另外，还规定了有关名词的定义以及附件与协议的不可分割性。

（7）附件。其包括关于第二条最惠国待遇豁免的附件，以及自然人流动、空运服务，金融服务、海运、电信等方面的附件。

这些附件规定了各个领域的一些具体要求以及进一步协商的内容。

14.2　国际技术贸易

14.2.1　国际技术贸易的基本概念

自古以来各国之间就存在着技术交流，一些先进技术总是通过各种渠道不断传播、扩散到世界各地，对各国的经济发展产生重要影响。当时的技术转移只是一种自然的技术传播，而且转移的周期都很长，远非今天意义的国际技术转让。国际技术贸易是第二次世界大战以后迅速发展起来的一种特殊载体的国际贸易，具有不同于普通商品贸易的显著特征。正确认识和理解国际技术贸易的概念、特征是十分必要的。

1.国际技术转让

（1）国际技术贸易。

国际技术贸易（International Technology Trade）也常被人们称为国际技术转让（International Technology Transfer）。但这两个概念是不完全一致的。国际技术贸易是指地处不同国家的公司、企业、团体或个人，在一定条件下转让或许可技术的行为。国际技术转让是技术供应方将某种内容的技术，通过一定的形式越出国界转让给技术的接受方使用的一种行为。

国际技术转让有两种形式：一种是非商业性的国际技术转让，通常是无偿的技术转让，它是不同国家政府间以技术援助方式进行的技术交流或技术转让；另一种是商业性的国际技术转让，它是指政府机构或企业之间按照商业条件签订技术协议或合同进行有偿的技术转让。后一种技术转让是营利性的，也是我们所指的国际技术贸易。可见，国际技术贸易是国际技术转让的主要形式之一。

（2）国际经济技术合作。从广义看，国际经济技术合作所包含的内容相当广泛，可以说几乎所有涉及经济都可称之为国际经济技术合作。从狭义看，国际经济技术合作是指国家（地区）间，包括国家（地区）和国际经济组织之间、国际经济组织之间、不同国家（地区）的企业之间，通过竞争与协调，在自愿互利的原则基础上，以各种方式，侧重于生产领域内共同进行的，比较长期的经济活动。

就实质而言，国际经济技术合作是各种生产要素（如资本、技术、劳动力、管理、自然资源等）在国际生产领域内进行转移，以实现合理的组合，即有关合作各方将其占有优势的生产要素以一定的方式互相组合，从而获得比较利益的国际经济活动。

国际经济技术合作方式主要有：国际信贷合作、国际投资合作、国际科技合作、国际劳务合作和国际经济援助。

2.技术含义与特性

技术贸易是以技术作为交易对象的特殊贸易，要全面正确地理解技术贸易，应先从对技术的认识入手。

（1）技术的含义。"技术"一词在不同的研究领域中的含义不尽相同。联合国工业发展组织（UNDIO）认为：技术是制造一种或多种产品以及以此为目的而建立的一个企业、工厂时所需的知识、经验和技能的总和。

世界知识产权组织（WIPO）认为：技术是为制造某种产品采用某种工艺过程或提供服务，以设计、安装、开办、维修某工厂和某个工商业或其他协助所需要的系统知识。从国际商业的角度看，可以采用世界知识产权组织对技术的定义。这个定义涵盖面广，把任何可以带来经济效益的科学知识都包括在内。

技术可以从不同角度加以分类，分类的目的是掌握各类技术的特点，以便在国际技术贸易中，对各种类型的技术对象区别对待。依照不同标准，可将技术划分为不同种类：

第一，按技术的公开程度分为：公开技术、专利技术、专有技术。

公开技术是为社会公众所了解和知晓的技术，如公开出版物上发表的学术论文、研究报告、学术会议上发表的学术论文等。这类技术可自由传播、使用。专利技术是指按法律程序，经申请批准后获得专利权的技术。专利技术比一般公开技术的公开程度要低。专有技术又称秘密技术，是一种未公开技术，不受专门的法律保护。专有技术持有人只能靠秘密来维持其专有性和商业性。

第二，按技术的功能，可将技术分为：生产性技术和非生产性技术。

生产性技术指产品的生产、制造和设备、装置的操作使用技术，如化工技术、能源技术。非生产性技术指生产性技术之外的其他技术，如试验技术、文献检索技术等。

第三，按技术的表现形态可分为：硬件技术和软件技术。

软件技术是以文字记述的形式出现的技术，如计算机程序、设计蓝图、工艺等。硬件技术是反映在产品中的技术，如一套新的机器、仪器或设备。

此外，还有许多分类方式，如按技术在一定时期的先进及垄断程度，可将技术分为：尖端技术、先进技术、传统技术。按技术在改造自然界过程中人工化的不同方式，将其分为：机械技术、物理技术、化工技术、生物技术、信息技术等。

（2）技术的特性。

第一，技术是商品，具有商品属性，即具有价值和使用价值，因此它可以在市场上流通，可以进行转让和许可使用。但需要特别注意的是：技术不是普通的商品而是特殊商品，具有明显区别于其他商品的特殊性，如交易的特殊性、价格确定的特殊性以及使用价值的特殊性。

第二，技术是可以实施并能产生经济效益的。技术是人们在生产和经营活动中发明创造或者总结出来的，能够解决实际中的问题并产生经济效益的。经济效益越大，技术价值越高。

第三，技术是一种知识。根据定义，技术是系统的知识，是可以传授的，这是技术进行转让的前提。

第四，技术是无法计量的。我们不能用一斤、两个、三吨等加以衡量。所谓技术的量就是它的价值，技术价值只能看技术投入生产使用后所产生的经济效益，再加以衡量确定。

3.知识产权

知识产权（Intellectual Property）是指人们就其智力创造的成果依法享有的权利。"知识产权"一词最早来源于西方国家。其确切翻译应为"智力财产权"。1986年我国颁布的《中华人民共和国民法通则》中使用了"知识产权"一词，从此，我们开始正式使用这一名称。对于知识产权概念的理解，我们应注意这样两个问题：一是"依法享有的权利"，区别于那些没有得到法律认可，不属于法律保护范畴的技术；二是"智力创造的成果"范围到底有多大。关于这一点，目前世界上有多种解释，甚至存在较大的争议。

在《世界知识产权组织公约》中，知识产权包括下列权利：①与文学、艺术及科学作品有关的权利；②与艺术家表演、录音作品和广播有关的权利；③与人类在一切领域里的发明相关的权利；④与科学发现有关的权利；⑤与工业品外观设计有关的权利；⑥与商品商标、服务商标、商号及其他商业标记有关的权利；⑦与禁止不正当竞争有关的权利；⑧一切在工业、科学、文学或艺术领域由于智力活动而产生的其他权利。

在世界贸易组织《与贸易有关的知识产权协议》中，知识产权的范围包括：①版权与邻接权；②商标权；③地理标志权；④工业品外观设计权；⑤专利权；⑥集成电路布图设计（拓扑图）权；⑦未披露过的信息专有权；⑧许可协议中反竞争行为的控制。

4.技术贸易的基本内容

国际技术贸易是以知识产权为主要交易内容的贸易活动。虽然目前还没有包括全部知识产权的内容，但知识产权的主要内容，如专利权、商标权、专有技术和计算机软件著作权等已经成为国际技术贸易的主要标的。

知识产权包括两类：一是工业产权，如专利权、商标权；二是著作权，如计算机软件等。此外，还包括专有技术、商业秘密等。

（1）工业产权（Industrial Property）。它是指工业、商业、农业和采掘业等领域的智力成果所有者对其成果所享有的一种专有权。它同知识产权一样，也是从西方传来的。"工业产权"一词中的"工业"二字很容易引起误解。这里，我们应将其作最广泛意义上的理解，即不仅是包括狭义的工业，而且还包括商业、林业、采掘业等各个产业部门，适用于一切制成品或天然产品，例如：油类、谷物、花卉、烟草、机械设备等。因此，有人主张把"工业产权"称为"产业产权"则更为严格。

①专利使用权。专利是政府主管机构授予发明人在一定时期内对其发明所享有的一种专有权。取得专利权的人称为专利权人。专利权人在专利有效期内，享有对专利的实施、交换、继承、转让或放弃的权利，并受到法律保护，他人不得侵犯。专利权人义务是将发明内容公开，按时缴纳专利年费。

专利的内容包括：一是发明，即对产品和制造方法所提出的新的技术方案。如物品发明、物质发明、方法发明等。科学发现不能作为发明而申请专利。二是实用新型，即对产品的形状、构成或其组合做出的革新设计。从本质上讲，它也是一种发明，只是其创造性比发明低，所以通常把实用新型称为小发明。它主要指有形的实物，不包括制造方法和无形的物体，如液态产品。三是外观设计，即对产品的外形、图案、色彩、造型或它们之间的相互结合所做出的富有美感的新设计。它必须用在某种产品上才能取得专利权。

专利的特点为：第一，专利具有独占性。独占性也称专有性，对于同一发明，只能授予一次专利权，其他人做出同样的发明，不能再授予专利权。此外，只有专利权人才有权享有或使用该项权利，其他人如欲使用，必须事先获得专利权人的同意，否则就构成侵权行为。第二，专利具有地域性。专利权是一种有地域范围的权利。在哪个国家申请专利，就由哪个国家授予专利权，而只在该国境内有效。第三，专利具有时间性。专利权是一种有时间性的权利。一般专利保护期为10～20年，期限届满权利即告终止。

我国和大多数国家专利法规定，一项发明要取得专利权，必须具备三个条件：一是新颖性，是指所申请的专利在此以前，是从未公开发表、公开使用，也未曾以其他方式为公众所知，即大家闻所未闻、见所未见的首创发明。二是创造性，又称先进性。是指一项发明比现有技术先进。三是实用性，是指一项发明必须能够实际应用于产业部门，并能取得显著的效果。根据各国专利法的规定，实用性应具备三个特征即可实施性、再现性、有益性。

②商标。商标是商品生产者或经营者在其生产或销售的商品上所加的特定标记。这种标记可用文字、图形或其组合来表示。

商标的作用体现在以下方面：标志商品的来源、代表商品的质量、广告宣传的作用、保护消费者利益的手段。

按不同标准商标分为若干种类：按商标的构成分，可分为文字商标、图形商标和组合商标；按商标的使用者划分，可分为制造商标、商业商标、服务商标；按商标的用途划分，可分为营业商标、商品商标、等级商标；按商标的性质划分，可分为未注册商标、注册商标、驰名商标。

商标权是指商标所有人对其依法申请并经商标主管机关核准注册的商标所享有的专用权利。商标权是一种工业产权，受有关法律的保护，商标权人依法享有的权利主要有独占使用权、禁止权、转让权、许可使用权等。

商标权的取得必须由商标使用人书面提出申请，并缴纳申请费用，经主管部门批准登记注册，授予商标权。各国对商标权的确立，大致有三种原则：一种是先使用原则，即商标的最先使用人有权取得商标权。第二种是先注册原则，即商标最先注册的人有权取得商标专用权。第三种是无异议注册原则，即商标专用权原则上授予先注册人，但先使用人可以在规定期限内提出异议，如异议成立，已经授予先注册人的商标专用权即被撤销，而授予先使用人。如果超过规定期限无人提出异议，则商标专用权仍属于先注册人。目前大多数国家采用第二种先注册原则，我国商标法也采用这一原则。

（2）著作权。在我国，著作权与版权是同义语。在英语中，这种权利称为"Copy Right"，译为"版权"，这个词在文学艺术作品方面，是指作者或得到作者许可的其他人依法所享有的权利，如制作文学艺术作品的复制品。在英语以外的多数欧洲语言国家里，强调的是"作者权"，这是大多数国家法律所承认的事实，即作者对其作品享有特定的权利，如防止歪曲的复制品的权利。而其他诸如制作复制品的权利，则可由其他人来行使，比如已经获得作者许可的出版社。

著作权人有权禁止他人未经其许可而以复制、表演、录音、录像、改编、翻译等方式表现该作品。因此，受到保护的是作者的思想的表现，而不是作者的思想本身。

能够享受著作权保护的客体是作品，即创作者表现其思想、感情的，属于文学、艺术和科学技术领域内的智力劳动成果。作品以人们可以感知的各种形式加以体现，如文字、语言、绘画、雕塑、图形、视听资料等。享有著作权保护的作品必须具有独创性，而不得盗窃、抄袭、模仿他人之作，当然，并不排除借鉴他人思想、研究方法之作。

（3）知识产权与有形产品。知识产权作为一种特殊的财产权利，具有不同于普通物质财产的显著的法律特征。

① 知识产权的无形性。作为知识产权保护的对象既不是物，也不是行为，而是对一定智力劳动产品的支配权。它不像一台彩电那样看得见、摸得着，而是一种无形的权利。因此它具有不同于有形财产的一系列法律后果。比如说，知识产权的取得需要经过审查批准或者登记注册手续，有形财产则不必经过这些程序。对有形财产的侵权表现为偷窃、毁坏，对于无形财产的侵权则常常表现为剽窃或仿冒等。

② 知识产权的专有性。专有性有两方面的含义：第一，权利人对其权利的客体——智力成果享有独占权，非经权利人的许可，其他任何人都不得任意使用。第二，对同一个智力成果，不允许有两个以上相同的知识产权并存。如一项发明的专利权已经授予某人，就不可能再将专利权授予做出同样发明的另一人。

③ 知识产权的地域性。根据一国法律取得的知识产权仅在该国家领域内有效，在其他国家则不发生法律效力。这一点和有形财产权是不同的。比如，某人拥有一架数码

相机，其所有权在本国是受法律保护的，当某人把相机带到了另一个国家，该数码相机的所有权自动受另一个国家的法律保护。但当某人在本国做出了一项发明创造获得了专利权，该发明创造到了另一个国家，该国的法律却并不会自动承认该发明创造享有专利权，当然也不会保护该项发明创造。如想得到该国的法律认可和保护，必须履行必要的申请手续并经该国的审查批准。

④ 知识产权的时间性。知识产权在法定期限内受法律保护，期限届满这种法律保护会自动失效，该智力成果进入公有领域，任何人都可以使用而免受专利权的限制。我国法律规定，发明专利权的保护期限是20年，实用新型、外观设计专利权的保护期限是10年，商标权的有效期是10年，作品的使用权和获得报酬的保护期限为作者终生加死后50年。

14.2.2 国际技术贸易与国际货物买卖

国际技术贸易与国际商品贸易有明显区别，弄清区别有助于正确处理国际技术贸易的特有问题。但也不能忽视两者之间的联系，特别是它们之间的内在联系和相互影响。

1.国际技术贸易与国际商品贸易的联系

（1）商品在国际上的流动实际上是各种形式技术的流动。商品是利用一定水平的技术制造出来的，商品成为技术的载体。当商品以国际贸易的形式在国际上交换移动时，技术也随之进行移动，而且商品中的技术含量越高，在国际商品市场上就越容易移动。例如商品在国际市场上的竞争力，表面上是看价格有无竞争力，实质上是看商品的技术含量多少。目前，国际上通常用产业"相对优势"地位理论，解释商品在国际市场上的竞争力。即在技术上国内某产业部门相对优于世界其他国家，则该产业部门的产品在国际市场上的竞争力就强；反之，竞争力则弱。鉴于此，许多国家从事技术贸易的动力之一，就在于通过引进技术加强本国处于"相对劣势"的产业部门，或改变这些部门的生产方向，以加强本国商品在国际市场上的竞争力，或巩固、提高本国商品在国内外市场上的地位和占有率。

（2）技术贸易促进进出口商品结构向高级化发展。目前，发展中国家以出口初级产品或劳动密集型产品为主，或出口凝结熟练劳动和生产经验等低级技术产品为主，而发达国家则以出口技术密集型产品或高附加值产品为主。这种进出口商品结构大大恶化了发展中国家的贸易条件，造成发达国家与发展中国家利益的不平衡，抑制了发展中国家的经济发展。因此，发展中国家纷纷引进国外的先进技术，以优化本国进出口商品结构，加强本国经济实力，改变在国际市场上的不利处境。

（3）技术贸易加速了国际贸易方式多样化的进程。技术作为一种重要的生产要素，决定了商品各生产要素的配置和配置的比例，技术的变动导致商品生产要素发生转移，从而使产品从劳动密集型向资本密集型、技术密集型、知识密集型转变，造成产业资本、人才资本和技术资本等各种生产要素的融合。技术贸易对这种融合起了重要的促进作用，也促使其与商品贸易结合的方式多样化，如商品贸易与技术转让的结合、加工贸易与技术转让的结合、直接投资与技术转让的结合等。

（4）技术贸易成为疏通商品贸易渠道的手段。各个国家为了保护本国弱势产业和就业，对商品的进出口都采取了一些限制性措施，例如关税措施、非关税措施（配额、补贴、反倾销、技术标准、卫生标准等）。企业为了打破有关国家的关税壁垒或非关税壁垒对商品进口的限制，将技术出口到那些国家，利用技术在当地进行商品生产，以避开各种限制，达到扩大商品出口的目的。也有的国家和企业为了获得稳定的原材料来源，采用直接投资或技术出口的办法与当地企业合作，建立原材料供应基地，以保证重要原材料的稳定供应。

2.国际商品贸易与国际技术贸易区别

（1）买卖标的物不同。一般国际商品贸易是有形商品的买卖，而国际技术贸易买卖的是无形的技术知识。虽然在实际交易中，技术贸易常有与相关的机器设备一起买卖的，但是倘若不包含技术知识这部分，那么这种贸易便不能称作国际技术贸易。

（2）买卖标的物所转移的权利不同。一般国际商品贸易一旦成交，则标的物的使用权和所有权一起转移。而国际技术贸易则只转让使用权，所有权不作转让，所以售方一般可将此技术作多次出售，而购方却不得任意转让其购得的技术。

（3）买卖双方的关系不同。首先是买卖双方维系关系的时间长短不同。技术贸易双方当事人签订合同的履约期限通常较长，有的国家规定5~7年，甚至可达到10年。在合同有效期限内，双方当事人在传授和使用技术方面，构成长期的技术合作和技术限制、反限制的关系；而商品贸易合同的履约期限通常较短，从3、4个月到1年，出口信贷的某些合同一般也只2、3年（不包括贷款合同）。其次，国际商品贸易中，买卖双方是互通有无的对手，而国际技术贸易中，买卖双方既是合作关系，又是竞争关系。

（4）买卖标的物的作价不同。这是因为两种标的物的生产成本和价格构成不同。从生产成本上看，商品贸易中，每出售一个单位商品，其生产成本也增加一个单位，而一项技术可以多次转让而不必增加成本。从价格构成上看，一般商品的价格等于生产成本加一定利润，而技术贸易接受方通常采用利润分成作为技术贸易标的作价原则，即技术接受方在使用该技术后的经济效益高、利润大、则技术使用费也高；反之，如使用该技术后的经济效益低、利润小、则技术使用费低。在具体技术贸易中，技术的价格通常由三部分构成：①直接费用，即技术买方在完成技术转让中实际消耗的费用；②间接费用，即分摊一部分研究开发费用；③利润补偿，即技术卖方从技术买方使用该技术的经济效益中分得的份额。

（5）所涉及适用法律不同。技术贸易合同所涉及的法律，除了适用《民法典》外，还受到工业产权法、专利权法、商标法、反托拉斯法、公平交易法等法律规范的制约；而商品贸易合同主要适用国内外的货物买卖法和合同法等。所以，技术贸易合同所涉及的法律较商品合同更为广泛、更为复杂。

（6）国际收支平衡表中存在差异。国际技术贸易的收入和支出属于无形的商品贸易，一般不列入该国的对外贸易收支平衡表中，它通常反映在一国的国际收支平衡表中的经常性项目中。商品进出口则是一国贸易收支平衡表的重要项目。

3.当代国际技术贸易的特点

第二次世界大战后，特别是近一二十年来，国际技术贸易格局发生了深刻的变化，呈现出许多新的特征，主要表现在以下几个方面：

（1）国际技术贸易在国际贸易中的地位愈来愈重要。科技进步以及技术信息的传播加快，促进了国际技术贸易的发展。世界技术贸易额在世界贸易总额中所占比例，在进入90年代时已超过1/3，而在90年代中期，世界技术贸易额已接近世界贸易总额的1/2。1990年至1994年世界技术贸易平均年增长16.37%，1994年技术贸易额与1974年相比在20年间增长了25倍多。而1985年至1994年世界贸易的增长率只有3.3%。

（2）国际技术贸易对国际资本流动的影响愈来愈大。直接投资是国际技术贸易的重要渠道。以经济合作与发展组织成员国对外直接投资为例，1974—1979年成员国年平均直接投资186亿美元，1980—1983年增至213亿美元。与此同时，国际之间技术贸易与资本输出进一步结合。如美国80%的技术输出额，其对象为美国在海外的投资企业。

（3）国际技术贸易主要集中在发达国家。由于技术水平的差异等原因，国际技术贸易主要在发达国家之间进行，发达国家之间成交的技术贸易额占世界技术贸易总额的80%以上，发达国家与发展中国家之间的技术贸易额占技术贸易总额的10%，而发展中国家之间的技术贸易额所占比重还不到10%。由于经济实力雄厚、科技水平高以及技术开发能力强，发达国家在技术出口中一直处于垄断地位。大多数发展中国家特别是技术落后的发展中国家，被排斥于全球经济与技术事务之外，以致落后的发展中国家与工业发达国家的技术差距越拉越大。

（4）发展中国家技术贸易发展迅速。20世纪80年代中期以后，亚洲和拉美一些技术发展水平较高的发展中国家，纷纷从事技术出口交易，从而使技术来源多极化，在国际技术市场发挥着日益重要的作用。亚洲的印度、韩国、中国，拉丁美洲的巴西、墨西哥、阿根廷等国形成了一个约20个国家的新兴工业集团，成为国际技术市场最为活跃的一极。新兴工业化国家认识到，要想在国际技术市场上占有一席之地，本身就必须拥有技术资产，从而导致了主要工业化国家和新兴工业化国家的公司之间展开了全球性竞赛。但是这种竞赛的参与者正越来越相互依赖，它们的技术活动也越来越朝着一体化的趋势发展。

（5）国际技术贸易形成美欧日三足鼎立格局。目前，参与国际技术贸易的国家和地区有100多个，但分布不均匀，大部分技术贸易集中在发达国家。其中，美国是世界最大技术贸易出口国。世界先进技术60%在美国产生，75%在美国开发应用成功，尖端技术贸易发展之快特别引人注目。但是80年代以后其绝对优势开始下降，尤其90年代以后，至少有1/3的关键技术已开始由日本和欧共体所取代，逐渐形成三足鼎立的格局。

（6）国际技术贸易是技术与资本、设备和劳务等生产要素相结合的贸易方式。由于单纯国际技术转让在维系交换双方经济利益等方面存在着某些缺陷，同时，随着国际交往形式增多，技术转让与其他形式的国际经济交往合作在更大范围内进行融合渗透，部分技术拥有者放弃了单纯技术买卖，开始从事产业贸易，或将技术作为投资入股，或作为合资办厂的投入要素，以求参与分享技术产业效益。部分技术拥有者在提供技术时也提供资金，或在提供资金时限定接受为购买其技术。这样，纯粹的技术买卖关系扩展为以技术商品为中心的复合型国际经济合作。

（7）跨国公司是国际技术贸易主要承担者。长期以来，跨国公司控制了相当份额的国际技术贸易，发达国家的500家大型跨国公司垄断了工业发达国家90%的生产技术和75%的国际技术贸易。跨国公司按照其全球规划进行海外投资，在形成规模经济的基础上将其产品销售纳入世界市场销售网，直接构成全球经济的一部分。

此外，跨国公司对发展中国家单纯的资本输出改变为以技术输出带动资本输出和商品输出。跨国公司对发展中国家的传统做法是资本输出，先办原材料基地，然后获取原材料运回国内加工成产品，再销售到发展中国家去。目前许多发达国家的跨国公司都积极发展技术输出，除了核心的关键技术外，将一些即将淘汰的技术和组装技术向其他国家输出，且技术转让多在公司内部进行。据统计，美英两国跨国公司向海外子公司转让技术大约分别占其技术出口额80%和85%。

4.国际技术贸易的方式

在国际技术贸易中，一般转让的只是技术的使用权而非所有权。由于项目复杂，涉及技术、法律、商务等诸多问题，从谈判到达成交易要经过很长一段时间，在合同的执行过程中又需要双方进一步合作，并且合同期限较长。因此，拥有技术的一方将其技术的使用权转让给另一方的形式十分复杂、灵活和多样。目前，国际技术贸易的形式主要有：许可贸易、技术咨询与服务、合作生产、合资经营、外汇贷款、补偿贸易、国际BOT、工程承包和特许专营等。

（1）许可贸易（Licensing Trade）。它是技术贸易最基本、最重要的方式。它是一种交易双方以签订许可合同的形式进行技术使用权让渡的交易方式，拥有技术的一方称为许可方（Licensor）或供方，引进技术的一方称为被许可方（Licensee）或受方。许可贸易就是技术的许可方允许被许可方取得其拥有的专利、商标或专有技术的使用权以及制造、销售该技术项下产品的权利，并由被许可方支付一定数额的报酬。

许可贸易有三种基本类型：专利许可、商标许可和专有技术许可，随着计算机及其软件技术的开发与应用，计算机软件的许可便逐渐成为一种重要的许可方式。这几种方式有时单独出现，但更多的是其中两种或两种以上技术混合起来进行一揽子转移。

（2）技术咨询与服务（Consulting Service）。它是一方利用自己掌握的技术、经验和技术条件（包括雇佣的工程技术人员和技术资料等），协助另一方完成某项特定的技术经济任务，达到双方商定的目标。为此双方要签订技术咨询与服务协议。一般情况下是一些具有较高知识水平的专家组成的咨询公司就委托人所提出的技术课题提供建议或解决方案。

技术咨询与服务内容广泛，灵活性很大。大范围的可以是项目的可行性研究、技术方案的设计和审核、招标任务书的拟定、生产工艺或产品的改进、设备的购买等；小范围的可以是工程项目的监督指导或质量监督等。

（3）合作生产（Co-production）。它是指一项产品或一个工程项目，由双方或多方各自承担其中某些部分、部件的生产来共同完成全部项目的一种方式。合作生产的产品或工程可能是由于技术、材料或设备方面的原因，一方无力单独完成，需要外国合作者共同完成目标；或者虽然一方可以完成，但由于受技术和物质条件的限制，使某些部分的生产成本高、质量差或工期长，但在其他部分生产中却有自己的优越条件，需要与适当的外国合作者合作。这样，利用各方在设备、技术、劳动力、原材料等方面的不同条件，发挥各自的优势，从而比任何一方单独完成全部生产更有优越性。

（4）利用外资引进技术。它是将利用外资和引进技术结合起来，在利用外资的同时，又能引进国外先进技术和设备，这是当前国际经济技术合作领域中一个新的发展潮流，它对一国经济的发展起着重要作用。归纳起来，目前国际上利用外资引进技术的主要方式有如下几种：

①合资经营（Joint Venture）。它是指由两个或两个以上不同国家的公司、企业、其他经济组织或个人依据东道国的法律，在东道国共同投资、共同经营某一企业，并由双方共担风险和共享利润的经营方式。它包括两种形式，即股权式合资企业（Equity Joint Venture）和契约式合资企业（Contractual Joint Venture）。前者在我国又叫中外合资经营企业，中外双方利润的分配和风险的承担均以投资比例为准；后者在我国又叫中外合作经营企业，中外双方利润的分配和风险的承担均在合同中加以约定。

中外合资、合作经营企业的投资双方，可以用现金、实物、工业产权、专有技术和土地使用权等作为出资。在实践中，有许多情况是外方用自己的技术作为投资，这实际上就是向合资的对方进行了技术转让。目前，我国通过合资方式已经引进了不少国外的先进技术，例如汽车制造技术、浮法玻璃制造技术、彩色显像管制造技术等。

利用合资方式进行技术转让已经成为目前国际技术转让领域中一种非常普遍和重要的方式，这种方式对于发展中国家的技术引进尤其具有重要的战略意义。

②外汇贷款（Foreign Exchange Loan）。它是指一国银行为支持本国企业从国外引进技术和进口设备而从国外借贷的款项。外汇贷款方式的好处在于：本国企业有在国际市场上自由选择技术和设备的主动权，从而可以保证引进的技术和所进口的设备先进、适用、可靠；同时可以扩大本国产品的出口，增强本国出口商品的竞争能力。这是一种利用外资引进技术和进口设备对本国企业进行技术改造的好方式。但是，由于目前大多数发展中国家缺乏国内配套资金，采用这种方式会使接受外汇贷款的企业加重负担。加之手续烦琐、贷款审批时间长等原因，采用此法的企业并不很多。

③补偿贸易（Compensation Trade）。它是指交易的一方向另一方提供技术、设备，而引进技术或设备的一方在约定的期限内以其产品形式偿还技术、设备价款本息的做法。它主要有直接补偿和间接补偿两种形式。前者是指用引进的技术、设备所生产的产品返销对方，以返销产品抵偿引进技术、设备的价款，这是补偿贸易最基本的形式；后者是指用双方约定的其他产品，而非用引进技术、设备生产出来的直接产品，来抵偿引进技术、设备的价款。补偿贸易主要用于对现有老企业进行技术改造和技术革新，从而提高现有企业的生产能力和改进产品质量。

④国际BOT方式。BOT是英文Build-Operate-Transfer的缩写，中文意思为建设-经营-转让。它的含义是指：建设方承担一个既定的工业项目或基础设施的建设，包括建设、经营、维修和转让，在一个固定的期限内运营设施并且被允许在该期限内收回对该项目的投资、运营与维修费用以及一些合理的服务费、租金等其他费用，在规定的期限届满后，将该项目转让给项目方的政府。BOT方式一般适用于一个国家的公共部门和基础设施方面的一些大型项目，如电站、高速公路、铁路、桥梁、隧道、港口、机场、钢铁企业、化工企业、灌渠、水库、大坝、教育医疗卫生基础设施、仓库、环保设施、通

信设施以及工业园区等建设项目。BOT的期限一般为15~20年。

（5）工程承包（Project Contracting）。它主要是指"交钥匙"项目（Turn-key Project），即某一工程项目承包人（Contractor）与项目所有人（Project Owner）（也叫业主）签订协议，并按协议规定的条件完成某项工程任务。承包商从工程的方案选择、土建施工、设备供应与安装、人员培训直至试生产承担全部责任，也就是说，承包商自始至终对业主负责。工程承包的方式主要适用于大型的新建项目，如大型发电站的建设、现代化机场的修建，以及机械制造或化工厂等成套生产线的新建或扩建。

（6）特许专营（Franchising）。它一般是指由一家已经取得成功经验的企业，将其商标、商号名称、服务标志、专利、专有技术以及经营管理的方法或经验转让给另一家企业的一项技术转让，在收取一定金额的特许费的前提下，允许其使用。它是在最近二三十年迅速发展起来的一种新的技术转让方式，最初出现于美国，现在在美洲、欧洲和亚洲都相当流行。

▓ 复习思考题

本章小结

一、简答题

1.简述《服务贸易总协定》中对服务贸易的分类。

2.简述国际技术转让与国际技术贸易的关系。

3.简述国际技术贸易的方式。

二、论述题

1.国际服务贸易与国际货物贸易相比较，具有哪些特征？

2.简述《服务贸易总协定》的基本内容。

三、案例研究

2005年6月9日，在上海召开的世界服务贸易论坛上，WTO前副总干事、印度计划委员会安瓦鲁尔·豪达指出，开放的服务业发展进程要高于低自由度的行业，比如印度的航空业开放度低，结果不但航空业本身发展缓慢，也阻碍了旅游业的发展，而印度的电信业开放导致印度成为世界上最开放的呼叫中心和计算机服务市场，同样信息产业的开放，也造就了印度软件业在世界上独树一帜。

1.请你对以上这段话谈谈看法。

2.请分析如何开展我国的服务贸易？

3.你认为我国的服务贸易应该注重哪些行业，并请说明理由。

参考文献

［1］苏庆义．中国对外贸易20年成长路［J］．中国外汇，2021（23）．

［2］克鲁格曼，奥伯斯法尔德，梅里兹．国际贸易［M］．万凯，黄剑．译．11版．北京：中国人民大学大学出版社，2021．

［3］范爱军．国际贸易学［M］．北京：科学出版社，2021．

［4］李丹，崔日明．国际贸易［M］．3版．北京：中国人民大学出版社，2022．

［5］吴国新，毛小明．国际贸易实务［M］．4版．北京：清华大学出版社，2021．

［6］黎孝先，王健．国际贸易实务［M］．7版．北京：对外经贸大学出版社，2020．

［7］冷柏军．国际贸易实务［M］．北京：中国人民大学出版社，2023．

［8］吴鹏杰，何茂春．国际贸易关税治理新趋势与中国选择［J］．国际税收，2023（9）：15-23．

［9］王耀华，彭剑波．美国对华钢铁产业进行反倾销的特点、原因与应对［J］．对外经贸实务，2017（11）：41-44．

［10］薛瑞原．自由贸易区及特殊经济功能区的创新发展研究［J］．商展经济，2024（12）：27-30．

［11］徐晓莉，郭容含．贸易政策不确定性对全球价值链分工地位的影响研究［J］．当代经济研究，2023（11）：114-126．

［12］佚名．特朗普称对钢铝产品征进口关税，"美国优先"搅扰全球［J］．经济导刊，2018（3）：3．

［13］李进兵．后发国家新兴产业竞争优势培育中的产业政策变迁研究——以巴西生物质能源产业为例［J］．拉丁美洲研究，2016，38（04）：111-122；157．

［14］司志宾，秦凤鸣，程敏．"一带一路"倡议下的行业出口质量升级［J/OL］．南开经济研究，2024（05）：1-20［2024-07-09］．https：//doi.org/10.14116/j.nk-es.2024.05.005．

［15］吴鹏杰，何茂春．国际贸易关税治理新趋势与中国选择［J］．国际税收，2023（9）：15-23．

［16］薛瑞原．自由贸易区及特殊经济功能区的创新发展研究［J］．商展经济，2024（12）：27-30．

［17］D. A. MACDOUGALL DA. British and American exports：a study suggested by the theory of comparative costs［J］．Economic Journal，1951（61）．

［18］STERN S M. British and American productivity and comparative costs in international trade［J］．Oxford Economic Papers，1962（14）．

［19］栾信杰．国际贸易摩擦与应对研究［M］．北京：中国人民大学出版社：2011．

［20］张东海．技术性贸易壁垒与中国产业安全［M］．上海：上海财经大学出版社．2006.

［21］薛荣久．国际贸易［M］．7版．北京：对外经济贸易大学出版社，2020.

［22］商务部．中华人民共和国商务部公告2024年第2号［EB/OL］．［2024-01-13］．http：//www.mofcom.gov.cn/article/zcfb/zcwg/202404/20240403501926.shtml.

［23］商务部．自愿出口限制［EB/OL］．［2023-04-06］．https：//training.mofcom.gov.cn/zsk/swcd/gjjjmyll69701/gjmy1762/2023/4/e4fa85dc246148b6a78d2c5c3c93535a962.html.

［24］中华人民共和国中央人民政府．我国正式启动加入世贸组织《政府采购协议》谈判［EB/OL］．［2007-12-28］．https：//www.gov.cn/gzdt/2007/12/28/content_846570.htm.

［25］郭娟娟．外资进入与中国价值链地位提升［M］．上海：上海社会科学院出版社，2022.

［26］赵蓓文．制度型开放与中国吸收外资的发展［M］．上海：上海社会科学院出版社，2022.

［27］何建洪，李林，朱浩．中国企业国际化研发网络构建研究［M］．北京：光明日报出版社，2021.

［28］高璆崚．跨国企业国际化进程中的战略调整［M］．北京：社会科学文献出版社，2020.

［29］黎孝先，王健．国际贸易实务［M］．7版．北京：对外经济贸易大学出版社，2020.

［30］吴百福，徐小薇，聂清．进出口贸易实务教程［M］．8版．上海：格致出版社，2020.

［31］袁其刚，张照玉，张伟．国际贸易惯例规则教程［M］．3版．北京：北京大学出版社，2021.

［32］彭波，施诚．千年贸易战争史［M］．北京：中国人民大学出版社，2021.

［33］刘利平，朱广东．基于不完全契约理论的"双反"法律问题研究［M］．南京：南京大学出版社，2021.

［34］王孝松．全球贸易保护史［M］．北京：中国人民大学出版社，2023.

［35］中国自由贸易区服务网（http：//fta.mofcom.gov.cn/index.shtml）.